마주보기 동남아 학교와 동북아 학교

이 도서는 2009년도 정부(교육과학기술부)의 재원으로 한국연구재단의 지원을 받아
출판되었음(NRF-2009-362-A00002).

중국관행
연구총서
0 0 5

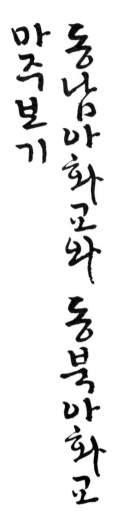

동남아화교와 동북아화교
마주보기

| 편저자 | 송승석(宋承錫)
　　　　　이정희(李正熙)

學古房

『중국관행연구총서』 간행에 즈음하여

우리가 수행하는 아젠다는 근현대 중국의 사회·경제 관행에 대한 조사와 연구를 매개로 한국의 중국연구와 그 연구기반을 재구성하는 것이다. 이러한 작업은 무엇보다 인문학적 중국연구와 사회과학적 중국연구의 학제적 소통과 통합을 모색하는 과정에서 구체화될 수 있을 것이다. 또한 근현대 중국의 사회·경제관행 조사 및 연구는 중국의 과거와 현재를 모두 잘 살펴볼 수 있는 실사구시적 연구이다. 추상적 담론이 아니라 중층적 역사과정을 거쳐 형성되고 검증되었으며 중국인의 일상생활을 지속적이고 안정적으로 제어하는 무형의 사회운영시스템인 관행을 통하여 중국사회의 통시적 변화와 지속을 조망한다는 점에서 우리의 아젠다는 중국연구의 새로운 지평을 열 수 있는 최적의 소재라 할 수 있을 것이다.

우리 연구의 또 다른 지향은 중국사회의 내적 질서를 규명하는 것으로, 중국의 장기 안정성과 역동성을 유기적으로 파악함으로써 한층 더 깊이 있게 중국을 이해하고자 한다. 이러한 문제의식에서 우리는 중국사회의 다원성과 장기 안정성의 기반이라 할 수 있는 다양한 민간공동체 그리고 그 공동체의 광범위하고 직접적인 운영원리로서 작동했던 관행에 주목한다. 나아가 공동체의 규범원리인 관행을 매개로 개인과 공동체 그리고 국가가 유기적으로 결합됨으로써 중국사회의 장기 안정성이 확보될 수 있었다는 점을 규명하고자 한다.

이러한 문제의식에 기초한 연구는 궁극적으로 제국 운영의 경험과 역사적으로 축적한 사회, 경제, 문화적 자원을 활용하여 만들어가고 있는 중국식 발전 모델의 실체와 그 가능성을 해명하는 데 기여할 것이다.

『중국관행연구총서』는 인천대학교 HK중국관행연구사업단이 수행한 연구의 성과물이다. 이 총서에는 우리 사업단의 연구 성과뿐만 아니라 아젠다와 관련된 해외 주요 저작의 번역물도 포함된다. 앞으로 아젠다와 관련된 연구 및 번역 총서가 지속적으로 발간될 것이다. 그 성과가 차곡차곡 쌓여 한국의 중국연구가 한 단계 도약하는 데 일조할 수 있기를 충심으로 기원한다.

2015년 3월
인천대학교 중국학술원
HK중국관행연구사업단
단장 장정아

머리말

'주변'은 외롭다. 그러나 새롭다.

필자에게 중국대륙은 늘 버거운 모양이다. 학위과정에선 타이완문학을 했고, 직(職)을 얻은 뒤엔 화교에 관심을 두고 있겠기에 드는 생각이다. 중국학도에게 '중심'은 언제나 중국대륙이다. '중심'과 '주변'이란 오랜 명제 앞에서 중심은 제쳐두고 주변만 맴도는 것은 그래서 외로운 일이다. 아니, 어쩌면 필자의 반백년이 늘 그런 모양새였는지도 모를 일이다. 인천도 중심은 아니다. 서울과 비견하면, 인천은 '학대받는 도시', '매 맞는 도시'의 인상이 짙다. 그리고 보면 인천에 사는 화교야 더 말할 나위도 없을 게다. 한국의 화교뿐이랴! 세계에 흩어져 살고 있는 수천만에 달하는 화교(화인)들도 중국을 중심에 놓고 보면 항시 주변인이고, 과거엔 '버려진 백성'이었다. 더군다나 자신들의 삶의 터전에서도 그들은 여전히 마이너리티로 남아있다.

주변에 자리한다고 해서 두려워할 일은 아니다. 부끄러워할 일은 더더욱 아니다. 그 나름대로 맛이 있다. 일단 자유롭다. 남의 시선을 그다지 개의치 않아도 되니 하는 말이다. 또 모든 게 새롭다. 누구의 발길도 닿지 않던 미지의 처녀림에 홀로 던져졌을 때 느끼는 생경함 혹은 설렘이라고 할까? 하지만 일이 많다. 하나부터 열까지 일일이 챙겨야 한다. 해서 절로 힘이 솟기도 하고 제풀에 힘이 빠지기도 한다. 주변을 서성인다는 건 늘 이런 모양이다.

　한국화교를 공부한답시고 무작정 인천차이나타운에 발을 들여놓았을 때, 참 막막했다. 그런데 그 막막함이 채 가시기도 전에 더 깊은 칠흑으로 빠져드는 느낌이다. 가보지도 못한 동남아 그것도 그곳에 사는 화교에게까지 시선을 돌리자니 그렇다. 고향을 등지고 낯선 땅에 처음 발을 디뎠을 때, 화교들도 이런 심정이었을까?

　면식이 없던 이들에게 대놓고 전화를 돌리고 메일을 띄웠다. 도움을 청했다. 감사하게도 돌아오는 목소리에서 친근함이 느껴졌다. "동아시아 화교화인과 GLOCALITY"라는 참으로 버거운 이름의 학술대회는 그렇게 해서 성사되었다. 대회가 끝난 지도 벌써 두 달째다. 이제 발표된 글들을 책으로 엮을 심산이다. 먼 곳까지 와 귀중한 가르침을 주신 선배들에게 조그만 보답이라도 해야 하지 않을까 해서다.

　이번 학술회의는 '화교화인의 지역적 특수성과 세계적 보편성을 함께 논의하고' '동남아화교화인과 동북아화교화인의 차이점과 공통점을 상호 비교' 해보자는 취지에서 마련되었다. 너무나 상투적인 표현의 나열이다 보니 자꾸 숨을 자리를 찾게 된다. 더군다나 그 거창한 표현들 속에 도대체 합리적 타당성이란 게 존재는 하고 있는 것인지조차 새삼 의문이 들기도 한다. 심지어 경계의 가로지름을 기본적 속성으로 하는 화교 디아스포라를 임의대로 동남아/동북아 혹은 남한/북한 등으로 구분지어 논하는 것이 과연 이치에 닿기나 한 것인지에 대한 근본적 회의는 지금도 여전하다. 어찌 보면, 무지하다 보니 가능했던 일인지도 모르겠다. 그나마 모든 걸 감안하고 기꺼이 논의에 참여해준 해외 석학 제현들이 그 부족함을 메워주었으니 다행스런 일이다. 물론, 바쁜 시간을 쪼개어 토론을 해준 국내 학자들의 도움도 잊지 않고 있다.

그동안 필자가 지면을 통해 접했던 탄치벵(TAN CHEE-BENG) 선생의 몇 편의 글들은 공교롭게도 해외화인사회에서 유지되고 변화되어온 중국 민간신앙에 관한 것이었다. 이번에도 선생은 그와 유사한 맥락의 글을 발표했다. 중국민간신앙의 사례를 중심으로 중국적 전통이 화교화인의 정체성에 미치는 영향에 대한 고찰이다. 매번 느끼는 거지만 선생의 문체와 그 안에 담긴 내용에는 언제나 미셀러니에서 보는 일상성 같은 것이 느껴진다. 잰 발걸음에 기댄 치밀한 현장조사가 밑바탕에 깔려 있어 더 그렇게 생각되는지도 모르겠다. 세계해외화인연구학회(ISSCO) 회장이기도 한 선생이 참석한 덕분에 대회의 격이 한 단계 높아진 것도 부인할 수 없는 사실이다. 이 자리를 빌려 감사를 드린다.

간명하고 직설적이기까지 한 류홍(劉宏) 선생의 글에서는 사회과학자 본연의 면모를 읽을 수 있다. 해외화인의 기본적 속성이라 할 수 있는 트랜스내셔널리즘이란 거시적 의제 하에, 중국의 급부상이 화교화인사회에 미친 영향과 그에 대한 중국과 거주국의 반응 및 입장에 천착해온 선생은 이번에도 냉전시기를 중심으로 중국의 대외관계의 변화에 따른 해외화인의 위상 변화에 주목한 글을 발표했다. 선생의 해박한 정치경제학적 지식을 바탕으로 한 화교화인 분석은 중국의 대 아세안(ASEAN) 외교정책 및 경제정책을 조감하는 데에도 큰 도움이 된다. 더불어 선생은 이번 학술대회를 본인이 펴내는 싱가포르 학술지에 소개를 자청해준 덕에 필자가 있는 인천대학 중국학술원을 해외에 알릴 수 있는 기회까지 제공해주었다. 고마울 따름이다.

펑자오롱(彭兆榮) 선생의 글은 그다지 길다고 할 수는 없지만, 한국어로 풀어내는 데에는 가장 많은 시간이 들어갔다. 무엇보다 선생이 자주 인용하고 있는 중국의 전적 및 경전을 보아내는 필자의 능력이 일천한 탓이 크다. 이른바 글로벌한 시대에 오히려 지역성이 강조되는 이 글로컬리티(glocality)란 역설을 선생은 '지방(地方)의 이동'이란 추상적 담론과 '업연(業緣)'이란 구체적 사례를 교차해가며 슬기롭게 풀어나가고 있다. 새삼 선생의 학문적 공력이 느껴지는 글이다.

필자의 오랜 벗 왕언메이(王恩美) 선생은 필자가 늘 해야지 하는 생각만 가지고 있던 한국 화교학교에 대한 연구 결과물을 가지고 왔다. 필자로서는 한결 짐을 던 셈이다. 화교학교에 대한 일목요연한 정리에서 여성이 갖는 특유의 섬세함이 느껴진다.

개인적으로 송우창(宋伍强) 선생과의 이번 만남은 매우 특별하게 다가온다. 우선은 유창한 우리말 구사에 놀랐다. 그도 그럴 것이 선생은 북한에서 태어난 이른바 북한화교이다. 얼마 전, 국내에서는 북한화교 모(某)씨와 관련한 공안사건이 사람들의 이목을 끈 적이 있다. 그래서일까? 북한화교를 연구한다는 것은 어느새 정치적으로 예민한 문제가 되었다는 느낌이 든다. 그러나 바로 그렇기 때문에 더욱 주목하고 연구해 볼만한 가치가 있는 새로운 주제이기도 하다. 앞으로 선생의 도움이 절실히 필요한 대목이다.

런나(任娜) 선생과 장보웨이(江柏煒) 선생의 글은 공히 해외화인단체의 초국적 활동을 다루고 있다. 런나 선생은 해외 진장(晉江)인 단체 간의 네트워크 구축에 주목하고 있고, 장보웨이 선생은 싱가포르 진먼회관(金門會館)을 중심으로, 화인단체와 조국 중국 간의 교류와 지역네트워크에 집중하고 있다. 자칫 상호 모순된 것으로 보일 수도 있는 로컬과 글로벌이 해외화인단체의 초국적 실천을 통해 어떻게 조화되고 통일될 수 있는지를 보아내는데 큰 도움이 될 것이라 믿는다.

유일하게 필리핀의 화교화인에 대해 소개를 해준 공닝(龔寧) 선생의 글에서는 젊은 소장학자의 재기와 열정을 느낄 수가 있었다. 다만, 경제학적 그래프에 익숙지 못한 필자가 우리말로 옮기기에는 다소 무리한 대목도 있어 제대로 된 번역이 이루어졌을 지가 걱정이다. 선생의 의도에 누가 되지 않았기를 바랄 뿐이다.

일본화교 출신의 친라이코(陳來幸) 선생의 글은 전후 일본화교사회의 좌경화 현상 특히, 타이완 출신 화교들의 그것에 대해 집중하고 있다. 개인적으로 타이완문학에도 관심이 있는 필자에게 선생의 글은 많은 대목에서 양자 간의 접점을 발견할 수 있어 흥미로웠다. 아울러 이 글을 통해, 화교를 둘러싼 중국과 타이완 간 인적 쟁탈전의 양상을 확인하는 데에도 큰 도움이 되었다.

타이완의 중국인 인력거부를 다룬 왕쉐신(王學新) 선생의 글은 문체부터가 매우 독특하다는 느낌을 받았다. 지나치게 형식에 얽매여 있는 보통의 논문과는 달리, 선생의 글은 마치 한 편의 재미있는 영화를 감상한 것처럼 머릿속에 쉽게 각인이 된다. 개인적으로 필자는 이런 형식의 글을 좋아한다.

고마움을 전해야 할 분이 너무도 많다. 우선은 학술대회에 참여해 꼼꼼한 토론과 원활한 진행을 해주신 국내 선배들에게 고마움을 표하고 싶다. 당일 몸이 편치 않으신 가운데에도 힘들게 와주신 손준식 선생님, 앞으로도 많은 도움을 청해야 할 강진아 선생님, 이창호 선생님, 정은주 선생님 그리고 사실상 지금의 필자를 있게 해준 전인갑 선생님. 정말 감사합니다. 또 멀리 부산에서 와주신 조세현, 이은자, 우덕호 선생님. 고맙습니다. 교통비라도 챙겨드렸어야 했는데 그러지 못해 유감이었습니다. 특히, 일본에서 와주신 김계연 선생님과 싱가포르에서 와주신 김종호 선생님에겐 달리 고마움을 표할 길이 없어 너무도 송구하다. 특히, 김종호 선생님은 영문으로 된 논문의 초역까지 담당해주시는 수고도 아끼지 않으셨다. 고생하셨습니다. 이외에도 너무나 많은 분들이 힘을 보탰다. 학술대회 준비를 같이 해준 김난희 선생, 이민주 선생 그리고 책 출판에 있어 초역을 담당해준 이선애 선생. 또……일일이 거론치 못함을 유감으로 생각하며 깊은 용서를 구하는 바이다.

끝으로, 이 책의 공동편자인 이정희 선생님에겐 특별히 사족을 보태진 않겠다. 단 한마디 "선생님이 계셔서 힘이 됩니다."라는 말만 전하고 싶다.

부족함이 많은 책이다. 넓은 아량과 이해를 구한다.

2015년 3월
松島 新街에서
송승석 삼가 씀.

목 차

1

화교화인과
GLOCALITY

전통과 문화정체성 그리고 화인커뮤니티

인류학을 비롯한 여타 사회학 분야의 학자들은 이른바 '전통(tradition)' 이란 단어와 종종 마주하게 되고, 실제로 직접 사용하기도 한다. 인류학자들이 사람들에게 "왜 당신은 그렇게 행동하는 겁니까?"라고 물어보면, 상대방으로부터는 대개 "그건 우리 전통(혹은 관습 custom)이기 때문입니다."라는 대답이 돌아오기 일쑤다. 그러나 사실 이 용어가 이론적으로 정의되거나 다루어진 예는 거의 없다. 학자들이 '전통'이란 개념을 처음 도입하게 된 것은, 에릭 홉스봄(Eric Hobsbawm)의 이른바 '전통 만들기(inventing traditions)'에 대한 이론적 논의에서 비롯되었다.[1] 어쨌든 이것은 적어도 '만들어진 전통(invented traditions)' 이라는 형태로는 유용한 개념이라 할 수 있다. 심지어 학자들 중에는 모든 전통을 만들어진 것으로 보는 이들도 있다. 홉스봄은 그 용법에 대해 아래와 같이 매우 분명하게 적시한 바 있다. "오래된 방식들이 여전히 살아 있는 곳이라면, 전통을 되살려낼 필요도 만들어낼 필요도 없다"[2] '만들어진 전통'에 대

---

1) Eric Hobsbawm, Introduction: Inventing Traditions. In Eric Hobsbawm and Terence Ranger, eds., *The Invention of Tradition*, Cambridge: Cambridge University Press, 1983, pp.1-14.

화교화인과 GLOCALITY

19

한 그의 개념에 따르면, 전통의 연속성에 대한 요구는 대개가 인위적이라는 것이다. 다시 말해, "과거의 상황을 참고한 형태를 취하거나 반강제적인 반복에 의해 자신의 과거를 조작해내는 것과 같은 일반적이지 않은 상황에 대한 대응이 곧 전통"[3]이란 말이다.

오늘날과 같은 이른바 탈근대(post-modernist)적인 분위기 속에서 연구를 진행하는 인류학자들은 '전통(tradition)' 혹은 '전통적인(traditional)' 등과 같은 용어를 사용하는 것에 대해 매우 민감하게 반응한다. 이는 '문화'를 정적이고 변화하지 않는 것으로 간주한다는 비판을 받게 되지는 않을까 우려하기 때문이다. 그러나 그들의 정보제공자들은 자신들의 문화에서 중요한 담론이 될 수도 있는 이 '전통'이라는 용어를 아무렇지 않게 사용하고 있다. 말레이시아와 중국에 있는 필자의 화인 정보제공자들뿐만 아니라 다른 국가들에서 살고 있는 중국인 친척이나 친구들은 중국문화에 대한 이야기 속에서, '전통(傳統)'이나 'tradition'이란 용어를 종종 입에 올린다. 예를 들어, '화인전통(華人傳統)', '전통문화(傳統文化)', '중국전통(中國傳統)' 등등이 그것이다. 학문적 통념 속에도 '전통' 또는 '전통적인' 등과 같은 단어를 문화의 정적인 관념과 연결시킴으로써, 그것이 마치 유행과는 무관한 것처럼 서술되는 관행이 분명히 존재한다. 따라서 인류학자라고 해서 그러한 관행을 전적으로 무시하고 넘어가기는 어렵다.

오스트로네시아-어족사회(Austronesian-speaking societies)에서, '전통'에 대한 관념은 그들만의 독특한 개념으로 전해져 내려온다. 가령, 말레이인이나 이반족(the Iban)[4]의 경우에는 '아다트(adat)'라고 하는 개념을 사용하

---

2) Eric Hobsbawm, 위의 책(1983), p.8.
3) Eric Hobsbawm, 위의 책(1983), p.2.
4) 말레이시아 사라와크의 저지대에 거주하는 종족.(옮긴이)

고, 보르네오 케냐족(the Kenyah)은 '아데트(adet)'라는 개념을 사용한다. 이러한 개념은 어떤 일을 하는데 있어서 관습적이면서도 적절하고 올바르며, 도덕적으로도 인정되는 방법들을 의미한다. 징포인(the Jingpo, 雲南省의 카친족 the Kachin)들 또한 나름의 도덕적 기준이나 종족적 정체성이라 볼 수 있는 일련의 전통을 가지고 있는데 이를 '흐퉁타라(htungtara)'라고 한다. 따라서 징포인들은 어떤 행위를 할 때, 그것이 '흐퉁타라'에 부합하는지 그렇지 못한지에 따라 '할 수 있다' 혹은 '할 수 없다'라고 말할 것이다.[5] 멜라네시아(Melanesia)에도 이와 유사한 개념으로 카스톰(kastom)이 있는데, 이 개념은 전통에 대한 인류학적 논란을 불러일으키기도 했다.[6] 이처럼 '전통'이라고 하는 관념은 각기 다른 문화에 속한 사람들에 의해 매우 많이 사용되고 있다. 또한 그 중요성은 문화적 변화에 대한 구성원들의 경험과 그들의 문화적 과거 즉, 전통을 통해 삶의 의미를 되찾으려는 욕망에 의해 어김없이 드러난다.

　그렇다면 우리는 '전통'을 어떻게 정의할 것인가? 옥스퍼드대사전을 보면, "후대에 구전으로 혹은 실제적으로 전해지는 관습, 생각 혹은 믿음."이라고 정의되어 있다. 인류학자 중에서 이에 대해 처음 정의를 내

---

5) Wang Zhusheng, *The Jingpo Kachin of the Yunnan Plateau.* Tempe, Arizona: Program for Southeast Asian Studies, Arizona State University, 1997, p.261.

6) R. M. Keesing and Tonkinson R. eds., Reinventing Traditional Culture: The Politics of Kastom in Island Melanesia.(Special Issue) *Mankind* 13(4), 1982; Handler Richard and Jocelyn Linnekin, Tradition, Genuine or Spurious. *Journal of American Folklore* 97(385), 1984, pp.273-290; Hanson Allan, The Making of the Maori: Culture Invention and Its Logic. *American Anthropologist* 91, 1989, pp.890-902; Keesing Roger M, Creating the Past: Custom and Identity in the Contemporary Pacific. *The Contemporary Pacific* 1(1&2), 1989, pp.19-42; Tonkinson Robert, Understanding 'Tradition': Ten Years On. *Anthropological Forum* 6(4), 1992, pp.597-606.

린 사람 가운데 한 명이 크로버(Kroeber)이다. 그는 전통을 "누군가로부터 다른 누군가에게 주어지고 전해진 것"이라 정의했고, 그것은 곧 "전통을 함유하고 있는 사회적 유기체에 부가적으로 더해진 어떤 것, 유기체에 강요된 어떤 것, 그 유기체의 외연에 위치한 어떤 것"이라고 설명했다.7) 전통에 대한 좀 더 이른 개념은 같은 시기 문화에 대한 개념처럼 다소 정적인 것이었다. 근대 이후, 이에 대해 포괄적 정의를 내린 이는 윈스롭(Winthrop)이다. 그에 따르면, "근대적 용법에서 전통은 오랜 시간을 거치면서 보존된 따라서 비교적 고정된 몇몇 문화적 관습을 포함하고 있거나(영국 왕조의 전통처럼) 혹은 좀 더 광의적인 개념으로, 특정한 행위로 이끄는 의도, 형식 혹은 이해에 있어서 연속성을 포함하고 있다.(유럽 건축에 있어서의 고딕전통이나 18세기 음악에서의 바로크 전통처럼)" 이러한 정의는 '전통'에 대한 두 가지 일반적인 용법을 포함하고 있다. 하나는, 전통이란 가치 있는 것 그리고 연속되는 것이란 의식을 불러일으킨다는 점이다. 그리고 또 하나는, 문화적 관습의 차원에서 전통이란 일상화된 것 그리고 전승되는 것을 의미한다는 점이다. 그래서 사회학자 매리언 (Marion J. Levy Jr.)은 전통을 "영속성이 일상화된 관습"이라 정의했다.8)

이상에서 언급한 전통에 대한 다양한 개념—특히, 크로버의 정의—을 기초로, 필자는 전통을 넓은 의미에서는 문화적 원칙 혹은 문화적 형식으로 정의하고, 구체적으로는 과거로부터 전해진 것들 중에서 문화적 의미나 상징성을 부여할 수 있으면서도 일상화된 사회적 관행(institutions)으로 정의하고자 한다. 그러나 전통이란 정해진 틀 안에서 수동적으로 전승되는 것이라기보다는 상징적으로 만들어진 것이라 볼 수 있다. 리네킨

---

7) A. L. Kroeber, The Superorganic. *American Anthropologist* 19, 1917, p.178.

8) Marion J. Levy Jr, *The Structure of Society*. Princeton: Princeton University Press, 1952, p.108.

(Linnekin)은 이러한 관점에 대해 매우 잘 정리하고 있다. 그녀는 전통을 "수동적으로 물려받은 유산이라기보다는 현대에 상징적으로 만들어짐으로써 최신의 관심과 목적을 충실히 반영하고 있는 것"이라 정의했다.[9)]

홉스봄에 따르면, 관습(custom)이 재판관들이 하는 것이라면 전통은 "그들의 실질적인 행동을 둘러싸고 있는 가발, 법복 그리고 다른 형식적인 도구들과 의례적인 관습들"을 가리킨다고 했다.[10)] 그러나 대부분의 사람들이 그러는 것처럼, 전통을 일상화된 문화적 관행 정도로 생각하게 되면 종종 관습(custom)과 전통(tradition)의 구분이 모호해지는 경우가 발생한다. 가령, 관습을 전통사회에 속하는 것으로 본다거나 혹은 전통은 불변적이지만 관습은 가변적이라고 보는 따위[11)] 그리고 관습에서는 가치가 요구되지 않는 반면에 전통은 가치판단을 표출하는 것으로 생각하는 따위[12)] 등은 모두 유용하지도 않을뿐더러 유의미하지도 않다. 조금이라도 의미 있는 구분을 짓고자 한다면, 관습을 전통을 표현하는 관행화된 문화형태로 취급해야 한다. 일례로, 중국의 민간신앙을 신봉하는 이들은 춘절(春節) 즉, 중국의 새해 첫날에 신(혹은 신들)에게 소원을 비는 '허원(許愿)' 전통이나 섣달 그믐날에 지난 한 해 동안 베풀어준 신의 가호와 축복에 감사함을 표하고 그에 보답하기 위해 치르는 '환원(還愿)' 전통을 따르고 있다. 이러한 전통은 신도들마다 각기 다른 형태로 관행화될 수도 있다. 이를테면, '태세(太歲)'를[13)] 그 해의 신으로

---

9) Jocelyn Linnekin, Cultural Invention and the Dilemma of Authenticity. *American Anthropologist* 93, 1991, p.447.
10) Eric Hobsbawm, 위의 책(1983), p.3.
11) Eric Hobsbawm, 위의 책(1983), p.2.
12) Max Radin, Tradition. In Edwin R. A, Seligman and Alvin Johnson, eds., *Encyclopedia of the Social Sciences*, vol. 15, 1935, pp.62-63. New York : The Macmillan Co.

숭배한다거나 마을 공동의 수호신으로 숭배하는 것과 같은 식이다.

엘리자베스 콜슨(Elizabeth Colson)은 마카인(the Makah)과 마카인의 전통을 설명하면서, 잠재적인 전통과 표면화된 전통을 구분했다. 전자는 여전히 기억되고 중시되고 있는 과거의 전통을 말하고, 후자는 사람들의 삶 속에서 현실적으로 드러나 있는 전통을 뜻한다.[14] 그러나 콜슨은 전통과 문화를 일정정도 동일한 것으로 취급하고 있다. 사실, 전통이란 문화를 구성하는 중요한 요소이다. 동시에 사회적 변화란 차원에서 특히, 오늘날처럼 사람들의 문화적 삶이 세계화된 상황 하에서, 전통은 토착적(indigenous)이고 지역적(local)인 것을 표현하는 것이라 볼 수 있다. 실제로 세계화 추세가 가중되면 될수록 전통은 경시되는 것이 아니라 오히려 훨씬 더 중시되고 있다.

필자는 이 글에서 동남아시아와 푸젠(福建) 지역을 중심으로 연구된 화인커뮤니티의 사례와 이와 관련된 연구자들의 성과를 바탕으로, 전통의 본질과 그것이 정체성에 미치는 영향에 대해 고찰하게 될 것이다. 우선, 중국 민간신앙의 몇몇 사례들을 중심으로 전통의 개념과 그 전통의 연속성이 중국인의 문화정체성에서 갖는 의미에 대해 주목하고자 한다. 특히, 문화원칙의 연속성이란 차원에서부터 논의를 시작해볼까 한다. 다음으로는 각종 통과의례와 명절의례의 차원에서 전통의 의미를 짚어보게 될 것이다. 여기서는 주로 일상화된 문화적 관행으로서의 전통에 대해 논하고자 한다. 세 번째로는 사회구조적 차원에서 전통을 고찰할 것이다. 마지막으로는 사회변화와 전통 특히, 새로운 전통의 형

---

13) 전설 속의 흉신으로, 이 신이 지나는 방위는 되도록 피하고 건축공사 등도 하지 말아야 했다.(옮긴이)

14) Elizabeth Colson, *The Makah Indian: A Study of an Indian Tribe in Modern American Society*, Manchester: Manchester University Press, 1953, pp.172-174.

성에 관해 고찰할 것이다. 이 글의 궁극적인 목표는 많은 연구자들이 주로 변화와 단절 그리고 세계화(globalization)가 지역문화(local cultures)에 끼치는 영향 등등의 문제에 보다 많은 관심을 기울이고 있는 이 시점에, 전통 그중에서도 정체성과 관련된 전통에 대한 연구가 갖는 중요성과 유효성을 드러내는데 있다.

1. 중국 민간신앙에서의 전통

중국 민간신앙에서 드러나는 전통은 아직도 그러한 신앙을 고수하고 있는 전 세계 화인들에게 과거와의 연속성과 중화정체성(Chineseness)을 제공해준다. 화인들이 유사한 중국적 전통을 지켜나가고 있다는 것은, 살고 있는 지역은 서로 다르다 할지라도 자신들이 같은 중국문화를 공유하고 있다는 인식을 갖게 한다. 실제로도 그들은 다양한 방식으로 표현되는 유사한 전통들을 공유하고 있다. 이는 앞서 언급한 '허원', '환원' 등과 같은 화인들의 종교적 전통에서 설명될 수 있다. '허원'이라는 관념은 하나의 신(神) 혹은 복수의 신에게 축복과 가호를 기원하는 것이며, '환원'은 자신들을 보호해준 신(혹은 신들)에게 감사를 드리고 보답을 하는 행위이다. 화인들은 중국의 새해 첫날인 춘절에 사원(대개 대형 지방 사원)에 가서 '허원'을 하며, 섣달 그믐날에 '환원'을 하는 것이 일반적인 관행이다. 중국대륙뿐만 아니라 홍콩, 타이완, 동남아시아에 거주하는 화인 신도들이라면 누구나 이러한 행위를 관행적으로 치르고 있다. 새해 첫날이 되면, 주요 사원이나 사당들은 신의 축복을 기원하는 이러한 화인 신도들로 북적대기 마련이다. 이들은 하나같이 한 해의 시작을 신

화교화인과 GLOCALITY

의 가호와 축복 하에서 함께 할 수 있기를 기원한다. 또한 개중에는 이 기회를 통해, 자신의 한 해 운이 어떨 지를 신에게 묻는 일종의 점을 치는 경우도 있다. 대부분의 신도들은 '첫 번째 향'을 신께 바치기 위해 되도록이면 이른 시간에 사원에 가려고 한다. 홍콩에서는 이를 '타우치 횡(tau chi hiong)'이라고 한다. 1979년부터 시작된 중국의 자유화 바람 이후, 이러한 전통은 많은 지역에서 부활되었다. 최근 필자는 항저우(杭州)의 유명한 사찰인 링인사(靈隱寺)로 여행을 간 적이 있다. 당시 여행가이드의 말에 따르면, 너무나 많은 사람들이 '첫 번째 향'을 바치기 위해 한꺼번에 모여드는 일이 빈발하자, 지방정부가 춘절에는 사찰의 문을 일찍 개방하지 말 것을 명령했다고 한다.

필자는 1999년 2월에 푸젠 남부 즉, 민난(閩南) 지역에서 현지조사를 진행하고 있었다. 마침 춘절 기간이라 그 지역의 용춘현(永春縣) 후양진(湖洋鎭)에 있는 메이야오(美瑤)란 마을에서 춘절 행사를 관찰할 기회가 있었다. 새해 초하룻날 아침부터 작은 마을사당에는 사람들로 북적였고, 사당 내부는 향연(香煙)으로 그득했다. 모든 마을사람들이 일찍부터 사당 안으로 한꺼번에 입장할 수 있는 것이 아니라서 사람들의 행렬은 정오가 다 될 때까지 계속 이어졌다. 마을수호신은 '신농대제(神農大帝)'였는데 이 지역에서는 이를 '선공(仙公)'이라 부르고 있었다. 사당에 도착했을 때, 마을사람들은 향불을 한줌 움켜쥐고는 본전에 모셔져 있는 '관음(觀音)', '선공', 복우제군(福佑帝君) 등에게 먼저 홀수의 향을 올리고, 그 다음으로는 사마성후(司馬聖侯), 급사(級使) 등과 같은 다른 신들에게 향을 바쳤다. 그리고는 무릎을 꿇고 앉아 일일이 번호가 매겨진 대나무가지가 가득 들어있는 죽통을 흔들어대며 절을 올렸다. 죽통에서 자신의 한 해 운을 점칠 수 있는 '치엔'(簽, 일종의 제비)을 뽑고 있는 것이다. 사람들은 죽통에서 떨어진 '치엔'을 선공이 직접 뽑은 것으로 굳게 믿고는 이를 점괘(簽文)와 맞춰본다. 만일 점괘를 제대로 해석할 수 없을 때에는 사당 내에 있는 직원이 도와주기도 한다. 그런데 점괘가 좋지 않게 나오면 다른 '치엔'을 뽑거나 아예 다른 소원을 빌기도 한다.

이와 유사한 행위들은 다른 나라의 화인커뮤니티에서도 쉽게 발견할 수 있다. 물론, 사당의 규모나 신의 종류, 신에 대한 선호도, 점괘의 형태나 해석 등등에 있어서 차이가 존재하기는 한다. 홍콩의 경우, 춘절 기간에 사람들이 많이 찾는 대표적인 사원으로 웡타이신사원(黃大仙祠)과 체쿵묘(車公廟)가 있다. 말레이시아에서는 이 시기에 가장 많이 찾는 사원이 말라카의 쳉훈텡(青雲亭)이다. 또 웡(C. S. Wong)이 말한 대로, 페낭의 켁록시(極樂寺) 역시 춘절 연휴기간에 수천 명의 방문객이 찾을 정도로 유명한 사원이다.[15] 여기서 우리는 홍콩의 체쿵과 웡타이신 신앙, 푸젠 메이야오 마을의 선공 신앙, 말라카의 관음 신앙처럼 각기 다른 지역에 서로 다른 형식으로 다양하게 존재하고는 있지만, 이러한 공통적인 전통의 관행들이 어떻게 화인문화정체성의 근원을 표현하고 있는지를 확인할 수 있다. 가령, 체쿵묘에서는 행운을 기원하기 위해 '퐁체(fong-che)'라고 하는 옛날식 부채를 흔드는 관습이 있는데, 이는 쳉훈텡이나 메이야오 마을에서는 찾아볼 수 없는 것이다.

섣달 그믐날에 신도들은 사당을 찾아 향불을 올리고 제물을 바치는 것으로 신에 대한 보답을 대신한다. 기원을 하고 보답을 드리는 일은 일 년 중의 어느 때에도 가능한 일이다. 그러나 새해 초하루에 복을 기원하고 섣달 그믐날에 감사를 표하는 일은 매우 특별한 날에 치러진다는 점에서 전통이라 할 수 있다. 특히, 섣달 그믐날 신께 감사의 제를

---

15) C. S. Wong, *A Cycle of Chinese Festivities*. Singapore: Malaya Publishing House Limited, 1967, p.45.

올리는 것은 한 해 동안 베풀어준 신의 축복에 감사를 표하고 앞으로도 계속해서 축복과 가호를 내려주시기를 기원하는 것이라는 점에서 이는 종종 '환원'이라 불리기도 한다. 말레이시아에 살고 있는 민난(호키엔) 출신 정보제공자들의 말에 의하면, 이 특별한 '환원' 신앙은 12월 22일이 되는 동짓날(冬至, Winter solstice) 전에 치러져야 한다는 것이다. 왜냐하면 이 날은 그 자체로 한 해를 마감하는 마지막 명절이기 때문이란다. 말레이시아에 사는 민난 사람들은 이 날 달달한 국물에 찰진 경단을 넣은 '탕웬(湯圓, 민난어로 '이')'을 먹는데, 이는 나이를 한 살 더 먹는다는 의미를 가지고 있다고 한다. 이처럼 사람들은 새해가 되면 나이를 한 살 더 먹는다는 전통적인 인식을 가지고 있다. 따라서 화인들은 동짓날을 한 해를 마감하는 날이자 다가오는 새해 즉, 춘절을 준비하는 날로 생각한다. 집이나 혹은 대표적인 마을 사당에 모셔져 있는 신들 외에도, 상당수의 사람들은 연례적으로 그 해의 신이라 할 수 있는 '태세' 중의 하나를 골라 특별히 제를 올리며 '허원'과 '환원'을 기원하는 경우도 있다. 중국의 음력에 따르면, 해마다 행운과 불운을 관장하는 특정한 '태세'가 따로 존재한다. 가령, 홍콩 야우마테이(油麻地)에 있는 천후(天后, 즉 媽祖) 사당에는 중앙에 60개의 '태세' 신상이 모셔져 있다. 이 각각의 신상은 중국의 60간지(干支)에 해당하는 각각의 '태세'를 상징하는 것이다. 만일 중국식 사원이나 사당에 '태세' 제단이 있다고 한다면, 그것은 항상 숭배를 받는 유일한 신상일 가능성이 있다. 그러나 모든 사원에 '태세' 제단이 있는 것은 아니다. 필자는 1998년 12월 20일에 말레이시아 셀랑고르 섹킨찬(適耕庄)에 있는 톈푸궁(天福宮)에서 '태세' 신앙에 대해 관찰을 한 적이 있다. 섹킨찬 마을에 사는 화인들은 대부분 민난 사람들이다. 그리고 그들이 신봉하는 톈푸궁의 주신(主神)은 민난 지역 더화(德化)에 기원을 둔 검은 얼굴의 지방신 법주공(法主公)이다. 그런데

동남아화교와 동북아화교 마주보기

28

이 법주공은 용춘(永春) 지역 인근에서도 숭배되고 있다. 실제로 섹킨찬에 사는 민난 사람들 중에는 이 용춘 출신이 많다. 톈푸궁에는 많은 신들이 모셔져 있고, 태세 제단도 있다. 그리고 그 제단 앞에는 호랑이상이 놓여 있다. 말레이시아와 싱가포르에서, 호랑이신 즉, '호야(虎爺)'는 언제나 태세 혹은 토지신과 함께 수호신이나 보좌신으로 숭배되고 있다.

　'환원'을 할 경우에, 신도들은 '태세'와 '호야'에게 제를 올리기 전에 먼저 사원의 주신들에게 향을 올린다. 이들 대부분은 둘 혹은 셋 이상씩 무리를 지어 사원을 찾는 게 보통이다. 그런데 대개 모녀지간이거나 고부지간과 같은 여성들이 많은 편이다. 물론, 개중에는 부인과 함께 온 남자들도 간혹 있기는 하다. 이들은 사당 안에서는 매사 여성 관리인의 도움을 받는다. 이들은 먼저 태세와 호야의 신상 앞에 제물을 펼쳐놓는다. 제물은 보통 오렌지 두 개, 돼지 생고기 두 덩이, 달걀 두 개가 전부다. 개중에는 중국 빵을 올리는 이들도 있다. 돼지 생고기는 호랑이신에게 바치는 상징적 제물이다. 신도들은 각기 향 세 개를 들고 신상 앞에 무릎을 꿇고 앉는다. 그러면 얼마 후, 얕은 의자에 앉아있던 그 여성 관리인이 일어나 나머지 의식을 진행하는 식이었다. 우선, 그녀는 신도들에게 '환원'을 원하는 사람의 이름을 묻는다. 이 경우에는 일반적으로 신도 가운데 가장 나이가 들어 보이는 여인(대개 어머니나 시어머니)이 집안의 가장인 남편이나 아들의 이름을 대기도 하고, 아니면 가족 중의 어느 특정한 사람의 이름을 대기도 한다. 이름을 댄 다음에는 나이와 주소를 말한다. 그러면 사원 관리인이 제물을(오렌지, 돼지고기, 달걀 순으로) 태세상의 면전까지 들어 올린 다음, 호야 주둥이에도 갖다 대며 민난어(閩南語)로 관련된 사람의 이름, 나이, 주소를 차례로 읊어대고, 역시 민난어로 다음과 같이 신과 호랑이에게 구복기도를 올린다. "포평안, 탄지아순리" 이는 "늘 평안하기를 바라며, 하는 일 모두 순조롭게 잘 풀리기를 빕니다."라는 내용이다. 그리고는 관리인이 중앙제단으로 가서 불이 켜진 기름램프 안의 기름을 조금 퍼 담는다. 이는 일종의 '티엔여우(添油)'라고 하는 것으로, 제물을 바칠 때 일반적으로 하는 의식이다. 마지막으로 그녀는 종을 한 번 치는 것으로 의식의 종료를 알리게 된다. 그녀는 이후에도 나머지 대기하고 있는 다른 이들에게도 같은 방법으로 의식을 치러준다. 이상의 의식을 치르는 신도들이 지불한 금액은 향 값과 기름 값을 합쳐 1인당 8 말레이시아달러이다.

'허원'과 '환원'은 신들과 관련된 문화적 관행이자, 보편성과 영속성을 띤 의식이라는 점에서 중국의 종교적 전통이라 할 수 있다. 이러한 전통들과 습관적인 관행들은 이외에도 많이 있다. 이 글에서는 오랜 기간에 걸쳐 형성된 문화원칙 그 중에서도 특히, 종교적 맥락에서 파악되는 화인만의 원칙으로서의 전통과 그것이 갖고 있는 또 다른 속성에 대해 밝혀보고자 한다. 사소(Saso)는 화인들의 종교적 삶에 있어서 음양(陰陽)의 원칙과 더불어 5가지의 핵심요소에 대해 지적한 바 있다.[16] 앞서 신들에게 세 개의 향을 바친다는 말을 한 바 있다. 말레이시아와 최근 푸젠 지역 일대에서 필자가 행한 조사에 따르면, 신들에게 바치는 향의 개수는 양(陽)의 수인 홀수이고, 조상이나 귀신에게 바치는 향의 개수는 음(陰)의 수인 짝수였다. 용춘현 후양진의 칭취엔옌(淸泉岩)에서, 신도들이 바쳐야 하는 향의 총 개수를 묻자, 관리인은 22개라고 답해주었다. 이는 사원 안팎에 있는 각각의 제단에 3개씩 바치고, (사원을 관리하는) 황(黃)씨 집안 조상의 위패에 2개를 바친다는 계산에 따른 것이었다. (1998년 7월 4일 조사) 용춘 너머에 위치한 셴여우(仙游)에도 따이셴사(岱仙寺, 이 지

---

16) Michael Saso, *Blue Dragon White Tiger: Taoist Rites of Passage*. Washington, DC: The Taoist Center, 1990.

역사람들은 센동(仙洞이라 부른다.)라는 사찰이 있다. 이곳에서 신도들은 중앙 대청에 8개의 향—각 제단마다 1개씩—을 바치도록 권유를 받았다.(1998년 7월 10일 조사)

1977년 처음으로 말레이시아 말라카에서 민난 출신의 바바인(Baba, 말레이어를 쓰는 화인)에 대한 연구를 시작한 이래로, 필자는 줄곧 중국의 종교적 제례에서 보이는 위치의 문제에 대해 관심을 가져왔다. 말레이시아의 바바인이나 기타 화인신도들 사이에서는, 제단의 왼쪽이 의식에 있어서 더 높은 자리라고 인식되어 있다. 말레이시아에서는 일반적으로 가정이나 사찰 대웅전에 세 개의 신상이 모셔져 있고, 그 가운데 수호신(일반적으로 주신을 가리키지만, 그렇다고 반드시 가장 높은 자리에 위치해 있는 것은 아니다.)이 가장 중앙에 위치하고 있다. 그런데 양쪽에 있는 나머지 두 개의 신상 가운데, 수호신 왼쪽(즉, 제단 왼쪽)에 위치한 신이 오른쪽에 있는 신보다 더 높은 신으로 떠받들어진다. 만일 집안에 이와 똑같은 제단이 설치되어 있고, 조상들도 함께 모셔져 있다면, 그 조상들은 신들의 오른쪽에 위치하는 것이 말레이시아의 일반적인 방식이다.

또한 아버지를 추념하기 위한 상장(喪章)은 셔츠나 블라우스 왼쪽 어깨에 달고, 어머니를 위한 상장은 오른쪽에 달게 된다. 혹시 택호(宅號, 민난어로는 '쯔허우字號'라고 한다.)나 가호(家號)가 있다면, 대문 상단에 세로 두 줄로 된 문패를 달기 마련이다. 그런데 아버지나 할아버지의 상(喪) 중에는 도로 쪽에서 보았을 때, 문패의 왼쪽 줄을 흰 천으로 길게 가리고, 어머니나 할머니가 돌아가셨을 때에는 오른쪽 줄을 같은 방식으로 가리게 된다. 또한 부모가 한꺼번에 돌아가셨으면, 두 줄을 한 장의 천으로 모두 가린다. 큰 사원들에는 대개 입구에 한 쌍의 사자 석상이 놓여 있기 마련인데, 이 역시도 왼쪽은 수놈이고 오른쪽은 암놈이다. 그렇지만, 필자는 이러한 방식을 제대로 따르지 않는 경우도 일부 보아왔던 터라, 이것이 반드시 당연한 원칙이라고는 말할 수 없을 것 같다. 다만, 대개의 경우가 그렇다 정도로는 말할 수 있겠다.

그런데 흥미로운 점은, 필자의 정보제공자들 더군다나 거의 유사한 전통을 따르고 있는 바바인 출신의 정보제공자 상당수가 이러한 음양과 좌우의 원칙을 제대로 모르고 있다는 사실이었다. 기본적으로 필자의 분석은 직접적인 관찰과 중국문화에 대한 지식 그리고 일부 정통한 정보제공자들의 의해 처음으로 알게 된 사실들에 기초하고 있다. 이러한 음양과 좌우를 구분하는 전통들은 초기 화인정착민들로부터 전승된 것이고 따라서 그 후손들은 그러한 관습을 당연한 것으로 따르고 있다. 그러나 그대로 따라한다고 해서 모두가 그 근본적인 원칙을 제대로 알고서 행하는 것은 아닐 것이다. 필자는 중국에서의 여행과 조사를 거치는 동안, 좌우 구분의 전통에 지속적으로 관심을 기울여왔다. 예를 들어, 자금성에 가면 왼쪽 출입구(左門)가 실제로는 건물을 등지고 서서 바라보았을 때의 왼쪽에 위치하고 있다는 사실을 발견할 수 있다. 이러한 중국의 좌우 구분의 전통은 타이완의 전통적인 건축물에서도 그대로 발견된다.[17]

전통적인 좌우 원칙은 제의적 맥락에서 꽤 견실하게 지켜지고 있다. 그러나 사회적으로는 종종 그렇지 않은 경우가 태반이다. 실제로 오른쪽이 왼쪽보다 더 중시되는 게 일반적이다. 중국음식점에 가면, 테이블이 대부분 원탁이기 때문에 자리배정에 크게 고민하지 않고 편하게 앉을 수 있다. 그러나 일반적으로 중요한 손님과 자리를 같이 하게 되는

---

17) Wang Sung-Hsing, Taiwanese Architecture and the Supernatural. In Arthur Wolf, ed., *Religion and Ritual in Chinese Society*, Stanford: Stanford University Press, 1974, pp.183-193.

경우에는, 출입구를 정면으로 바라볼 수 있는 쪽에 그를 앉도록 하는 것이 보통이다. 그리고 그를 중심으로 좌우로 가까운 자리부터 그 다음으로 중요한 손님을 앉힌다. 전통은 제의적인 맥락에서 가장 잘 지켜지고 있다. 전 세계 화인들은 평소에는 양력을 사용하지만, 어느 특정 신의 탄신일이나 각종 명절 등의 의례적 목적이 있을 경우에는 여전히 음력을 활용하고 있다. 또 말레이시아에 사는 화인 가운데 비교적 나이가 많은 사람들은 아직도 생일이나 나이를 계산할 때에는 중국식 계산 방식을 고수하고 있다. 이 방식은 '정확한' 서양식 계산법보다 1년 정도가 더 많은 게 보통이다.

2. 통과의례

필자는 앞에서 습관적인 관행들의 다양한 형식들에서 드러나는 근본적인 문화원칙의 틀을 통해 전통을 보아내는 것의 유용성을 증명했다. 그러나 관습과 전통은 너무나 뒤엉켜 있어서 종종 그 둘을 구분해내기 어려운 경우가 발생하기도 한다. 이러한 경향은 특히, 통과의례와 명절 의식에서 자주 나타난다. 오늘날 대표적인 화인들의 통과의례로는 생일, 결혼, 장례 등이 있다. 전통적인 중국적 가치와 상징성은 바로 이러한 습관적 관행 속에서 잘 드러난다. 중국적인 전통에서 생일은 해마다 기념하는 것이 아니다. 실제로 기념할만한 가치가 있다고 여겨지는 생일은 50번째나 60번째 혹은 그 이상의 생일이다. 말레이시아에 거주하는 용춘 출신의 사람들은 아기가 태어난 지 한 달이 되면, 붉은 달걀(붉게 색칠한 삶은 달걀)과 '앙쿠(ang ku)'라고 거북 모양의 붉은색 빵(녹두 반죽으로

속을 채운 떡)을 나누어주는 것으로 첫 번째 생일을 축하한다. 그리고 아기가 한 살 즉, 돌이 되었을 때 다시 생일을 기념한다. 이 지역 사람들은 이를 '토체(tor che)'라고 한다. 나머지 생일들은 16번째 생일이나 20번째 생일이 될 때까지는 크게 신경을 쓰지 않은 채로 넘어가게 된다. 16번째나 20번째처럼 특별한 생일날에 용춘 사람들은 자신의 아들딸을 위해 버미첼리처럼 아주 가는 면발의 국수(중국어로 미수아 혹은 미엔시엔麵線이라 한다.)를 준비하고 삶은 달걀이나 오리 알 두 개를 식탁에 함께 올린다. 여기에 돼지고기나 청경채 등과 같은 다른 식재료를 더하게 되면 요리의 맛을 훨씬 더 낼 수 있다. 이 가는 면발의 중국식 국수는 장수를 상징한다. 20번째 생일이 지나고 나면, 이후부터는 십년마다 생일을 기념하게 된다. 대개 나이가 들면 들수록, 생일상은 더욱 거창하게 차려지기 마련인데 특히, 70번째나 80번째 생일을 축하하는 자리는 가히 잔치라고 할 만큼 흥청거렸다. 푸젠성 용춘현 메이야오 마을의 경우에는, 태어난 지 한 달째 되는 날과 한 살이 되는 날 그리고 이후로는 10세, 16세, 20세가 되는 생일날을 주로 기념한다. 30번째와 40번째 생일은 가까운 친척 몇 명만 모셔놓고 가족차원에서 치러진다. 50번째 생일부터는 10년마다 생일상을 차리는 집도 있는데, 이 경우에도 주로 친지들을 초대한다. 필자가 조사를 진행하던 기간 중에도, 마을사람 한 분이 자신의 30번째 생일에 돼지를 잡아 잔치를 벌였는데, 마을의 다른 사람들은 거의 관심을 기울이지 않았고 단지, 처갓집 사람들만 초대되었다. 사실, 멀리 사는 친인척들까지 부르기에는 그의 나이가 너무 어렸던 것이다.(1999년 2월 13일 조사) 이렇게 보면, 민난 지역 특히, 용춘 출신 사람들의 생일을 기념하는 전통은 중국에서나 말레이시아에서나 거의 비슷하다는 것을 알 수 있다. 습관적 관행을 표현하는 방식에 있어서는 다소 차이가 있을 수 있지만, 이 글에서 그러한 세부적인 부분까지 관심을 갖고 다룰 필요는 없을 것이다.

결혼식의 경우에는 오늘날 화인사회 내에서도 점차 간소화되는 추세이다. 그러나 여전히 중국식 결혼은 신랑이 신부를 자기 집으로 데려간다고 하는 가부장적 원칙을 충실히 따르고 있는 편이다. 신부가 부부가 공동으로 구입한 집이나 아파트로 들어가는 것이라면 문제될 게 전혀 없다. 적어도 신부의 집만 아니면 되는 것이다. 조상을 기리는 제사를 지낼 경우, 부부는 신랑 집에서(실제로는 신부와 함께 장만한) 향을 올린다. 결혼이 아무리 간소화되었다 하더라도, 이는 신부를 자동차로 데려와서 신랑 집에 있는 신부의 방에 모셔두고 저녁에 친지들과 잔치를 벌이는 것, 그 이상은 아니다. 물론, 신랑이 신부를 자기 집으로 데려오기전에 처갓집 식구나 친척들에게 차를 대접하는 등의 관습은 여전히 많은 사람들에 의해 지켜지고 있다. 반대로 신부 역시 신랑 집에 가면 똑같이 신랑의 가족이나 친척들에게 차를 대접한다. 또한 장인장모에게 감사의 마음을 표하기 위해 처갓집을 찾는 전통 역시도 여전히 지켜지고 있다. 처갓집 방문은 예전에는 결혼하고 사흘째 되는 날에 이루어지는 게 관행처럼 되어 있었지만, 오늘날에는 결혼 당일에 잠깐 처갓집에 가서 저녁이 되기 전에 돌아오는 게 보통이다. 서로들 직장일로 바쁜 일정을 소화해야 하는 지금과 같은 시대에 옛날처럼 결혼했다고 해서 며칠 동안 잔치를 벌이고 하는 것은 사실상 불가능한 게 사실이다. 시대가 변하면 그에 맞게 적용해야 하는 것은 말레이시아, 싱가포르, 홍콩도 매한가지인 것이다.

그러나 말라카에 사는 바바인 중에는 여전히 과거의 결혼풍습 즉, '카윈둘루칼라(kahwin dulu-kala)'라고 하는 옛 바바인 결혼식을 고집하는 이들도 있다. 이는 신랑과 신부가 서양식 정장과 면사포에 웨딩드레스를 걸치는 지금의 결혼과는 사뭇 대조적이라 할 수 있다. 옛 바바인들의 결혼식에서는 신랑과 신부가 19세기 중국풍(어쩌면 이것은 그에 대한 또 다른 모방일 개연성이 높다.)의 결혼예복을 입는다. 물론, 과거처럼 결혼식이 12일이나 계속되는 것은 아니다. 그동안 수많은 전문가들에 의해 상당 부분 복원되고 개량되어 오늘날에는 단 하루 만에 결혼식을 끝낼 수 있게 되었다. 그러나 이른바 바바인 결혼식이라고 하는 것은 사실 과거 푸젠 지역 상류층의 결혼식을 모방한 것에 지나지 않는다. 바바인들은 자신의 결혼풍습이 아주 오랜 전통을 가지고 있고 유서가 깊은 것이라고 주장하지만, 실제로는 이것이 기존의 것에 대한 흉내 내기이자 또 다른 버전임은 부인할 수 없는 사실이다.

오늘날 간소화된 결혼식과는 달리 화인들의 장례식은 여전히 과거의 방식이 상당부분 보존되어 있다. 물론, 홍콩이나 싱가포르의 경우처럼, 현대적인 생활방식과 고층건물 중심의 도시생활로 인해 상부부분 변질된 곳도 전혀 없는 것은 아니다. 장례를 치를 때, 종교인을 모셔와 의식을 치르는 건 화인사회에서는 흔히 있는 일이다. 가령, 말레이시아에서도 말라카에 거주하는 바바인들은 통상 승려(和尚)에게만 장례절차를 맡기지만, 호키엔 즉, 민난 사람들은 대개 도사나 법사 혹은 장의사와 같은 장례전문가를 고용하는 게 통례이다. 특히, 용춘 출신의 호키엔들은 전통에 따라 도교식의 장례를 치르는 탓에 오로지 도사만 모셔온다. 이 글에서는 죽는 순간부터 매장되기까지의 전 과정에 걸친 장례절차에 대해 일일이 다룰만한 여력은 없다. 또 그렇게 하지도 않을 것이다. 프리드만(Freedman)은 1950년대 싱가포르에 거주했던 민난 출신 화인들의 장례식에 대해 세밀하게 묘사한 바 있다.[18] 이들의 장례식에 대한

---

18) Maurice Freedman, *Chinese Family and Marriage in Singapore*. London: Her Majesty's Stationery Office, 1957.

비교적 최근의 연구 성과라면, 통치키옹(Tong Chee Kiong)의 연구를 들 수 있다.[19] 이밖에도 필자의 바바인 장례식에 대한 연구물도 있다.[20] 물론, 그루트(J. J. M. De Groot, 1892~1910)의 연구와 같은 고전적인 연구[21]도 빼놓을 수 없을 것이다. 그런데 여기서 반드시 지적하고 넘어가야 할 점은, 만일 전통을 느슨하게 개념화한다면 과거로부터 전승되었다고 간주되는 모든 문화적 관행을 여기에 포함시켜야 한다는 것이다. 그렇게 되면, 실제로 전통은 장례에 관한 의식과 상징을 모두 아우르는 전통문화를 의미하게 된다. 그러나 만일 전통을 연속된 형태나 연속된 원칙으로 파악하게 되면, 문화적 관행이 이러한 형태나 원칙에 의해 어떻게 작동되는지(물론, 이것이 반드시 결정적인 요소는 아니다.) 보다 분명하게 이해할 수 있다.

사소(Saso)는 중국식 장례식의 도교적 형식에 대해 서술한 바 있다.[22] 그는 장례식과 사후의식에 대한 연구에서, 사람들은 실제 사회생활에서는 양성평등과 같은 근대적 담론에 동조하면서도 한편으로는, 여전히 아들과 그 후손을 중심으로 한 가부장제를 중시하고 있다는 것에 주목했다. 예를 들어, 장례식이나 사후의식에서 가장 중요하고 주도적

19) Tong Chee Kiong, Death Rituals and Ideas of Pollution among Chinese in Singapore. In Tan Chee-Beng, ed., *The Preservation and Adaptation of Tradition: Studies of Chinese Religious Expression in Southeast Asia*, 1990, pp.91-113 (Contributions to Southeast Asian Ethnography, No.9)

20) Tan Chee Beng, *The Baba of Melaka: Culture and Identity of a Chinese Peranakan Community in Malaysia*. Petaling Jaya (Malaysia): Pelanduk Publications, 1988.

21) J. J. M. De Groot, *The Religious System of China. Its Ancient Forms. Evolution, History and Present Aspects. Manners, Customs and Social Institutions Connected Therewith*. 6 vols. Leiden: Brill, 1892-1910.

22) Michael Saso, *Blue Dragon White Tiger: Taoist Rites of Passage*. Washington, DC: The Taoist Center, 1990.

인 역할을 하는 것은 다름 아닌 아들 그 중에서도 특히, 장남이다. 또한 근대적 가치라는 차원에서, 오늘날은 저출산이 일반화되고 있지만, 유독 장례식에서만큼은 후손 특히, 아들들이 많은 것이 미덕으로 여겨지고 있다. 바바인 장례식 말미에는 장례사가 흰쌀, 완두콩, 팥 등의 잡곡을 문상객들에게 던지는 의식이 있다. 그런데 문상객들은 이미 그러한 의식이 있을 줄 알고 미리 자리를 잡고 앉아 있는 게 보통이다. 왜냐하면, 이 잡곡들은 집안의 번영과 가족의 번창을 상징하는 것이기 때문에, 남보다 잡곡을 하나라도 더 많이 집으려고 진작부터 준비를 하고 있는 것이다. 그런데 사실 이러한 의식은 관례에 따르면, 모든 이들이 공평하게 가질 수 있도록 문상객들에게 골고루 나누어주도록 되어 있다.[23]

색채의 상징성과 길운의 상징성은 중국의 통과의례에서 매우 중요하다. 가령, 붉은색은 결혼과 같은 경사를 의미한다. 반면, 죽음은 애사라서 붉은색이 아니라 흰색이 대신 강조된다. 장례식에서 하얀 초가 사용되는 것이 그 예이다. 또 검은색은 죽음을 의미한다는 점에서 애도를 상징한다. 그러나 이는 색깔이 주는 상징적 의미일 뿐, 색깔 그 자체를 가리키는 것은 아니다. 따라서 다른 의식에서 아주 우아한 스타일의 검은 드레스를 입었다고 해서 그것이 곧 죽음을 상징한다고 해석할 수는 없는 것이다. 그렇지만 장례식에서 붉은색이 금기시되는 것처럼, 결혼식과 같은 행복과 행운을 필요로 하는 자리에서는 되도록 검은색을 피하는 것이 상례이다. 특히, 결혼식 주인공들에게는 더더욱 금기시되는 게 검은색이다. 길운을 상징화하고 이를 무엇보다 중시하는 중국전통

---

23) 좀 더 자세한 내용은 Tan Chee Beng, *The Baba of Melaka: Culture and Identity of a Chinese Peranakan Community in Malaysia*, Petaling Jaya (Malaysia): Pelanduk Publications, 1988, p.175 참조.

에서, 언어적 동음(homonymy)은 상당히 중요한 의미를 갖고 있다. 이를 테면, 길운을 상징하는 글자나 단어와 동음이의의 또 다른 글자나 단어가 있다면, 이 역시 특정한 길운이나 행운을 상징하는 것으로 사용될 수 있는 것이다. 일례로, 광동어(廣東語)로 8이란 숫자는 부와 행운을 뜻하는 글자(發)와 음이 비슷하다는 이유로 성공과 번영을 기원할 때 종종 쓰이곤 한다. 이와 동일한 맥락에서, 숫자 4는 죽음을 뜻하는 단어(死)와 음이 같아 기피되기 일쑤이다. 홍콩 타이포(Taipo) 주택가에 위치한 필자의 아파트에는 4층, 13층, 14층이 없고 12층 다음이 곧바로 15층이다. 14는 '열 번 죽는다(十死)'라는 단어와 동음이다. 한편, 13이란 숫자가 기피되는 것은 필시 서양의 영향 때문이리라. 이러한 상징의 연계는 종종 그림의 형태로 나타나기도 한다. 가령, 물고기 그림은 '여유' 혹은 '잉여'를 상징한다. 왜냐하면 중국어에서 물고기란 단어는 'yu(魚)'인데, 여유를 뜻하는 글자 역시 'yu(餘)'로 발음되기 때문이다. 이 두 글자는 성조도 2성으로 같다. 또 연꽃은 'lian(蓮)'이라고 하는데, 해(年, year)의 발음인 'nian'처럼 들린다. 그래서 연꽃들과 물고기가 함께 그려진 중국 그림은 'nian-nian-you-yu(年年有餘)' 즉, '해마다 풍족하고 여유가 있다.'라는 의미를 갖고 있다. 화인들의 연하장에 연꽃과 물고기 그림이 많이 있는 것도 바로 이 때문이다.

3. 중국명절

전 세계에 흩어져 살고 있는 중국 출신의 사람들은 그 지역은 달라도 대개 유사한 중국명절 전통들을 가지고 있다. 이를테면, 중국의 새

해인 춘절, 조상에 대한 제를 올리거나 성묘를 하는 청명(淸明, 4월 5일),
단오절(端午節), 원소절(元宵節), 음력 7월에 있는 중원절(中元節), 음력 8월
15일의 중추절(仲秋節), 한 해의 끝을 알리는 동지(冬至, 12월 22일) 등이 바
로 그것이다. 그리고 이러한 특정 명절에는 의례적으로 특정한 음식을
먹기 마련이다. 가령, 단오절에는 쫑즈(粽子)를 먹고, 중추절에는 웨빙(月
餅)을, 동지에는 찹쌀경단인 탕웬(湯圓)을 먹는 식이다. 이밖에 나머지 다
른 명절들의 경우에는 오늘날에는 그리 널리 지켜지고 있지는 않다. 그
렇지만 홍콩에서는 음력 9월 9일인 중양절(重陽節)을 공휴일로 지정해놓
고 있다. 이 날 홍콩 사람들은 가족들과 함께 조상의 무덤을 찾는다.
하지만 말레이시아에서는 이 명절이 거의 지켜지고 있지 않다. 대신에
이 날은 구황대제(九皇大帝) 탄신일이라 해서, 종교의례와 연등행사 등이
펼쳐진다.

화인들은 평상시 직장생활 등에서는 양력을 따르고 있다. 그러나 일
년 중에 이러한 명절날만큼은 중국적 사고와 인식에 따라 중국적 시간
성 즉, 음력을 따른다. 중국 민간신앙을 믿고 있는 사람들에게 있어 명
절은 더욱 중요한 의미로 다가온다. 왜냐하면, 이러한 명절들은 신을
경배하고 조상들에게 제를 올릴 수 있는 아주 특별한 날이기 때문이다.
이렇게 보면, 중국명절은 화인들의 의례적 삶을 이끌고 있다 해도 과언
이 아닐 것이다. 실제로 전 세계 화인들(중국계 말레이시아인, 중국계 필리핀인,
홍콩의 화인, 타이완인, 중국대륙의 중국인 등)은 중국의 '전통적인' 명절을 통해,
공통의 '문화'(전통)를 함께 공유하고 있다는 인식을 갖고 있다.

중국명절 가운데 가장 중요한 명절은 춘절과 우란분(盂蘭盆)이라고도
불리는 중원절이다. 춘절은 다른 대부분의 명절들과 마찬가지로 가족
중심적인 명절인데 반해, 중원절은 커뮤니티 중심의 명절이라 할 수 있
다. 말레이시아에서 중원절이 각 지역단위(가령, 도시민들 사이에서)에서 대

규모로 성대하게 치러지는 이유도 바로 여기에 있다. 사실, 한 달이라는 기간은 각자의 조상들을 기리기에도 충분치 않다는 생각이 지배적이기 때문에, 구천을 헤매는 귀신들까지 달래려면 커뮤니티 공동의 노력이 요구된다는 것이다. 그래서 중원절은 각 지역의 화인커뮤니티가 자신들의 지역적 결속과 정체성을 표현할 수 있는 기회로 여겨지고 있다. 특히, 말레이시아에서는 공동체적인 제례와 의식을 치르는 일뿐만 아니라 자선사업과 자체적인 중국어교육을 실시하는 일들까지 함께 후원하기 위한 기부금을 모으고 있다. 바로 이 지점에서, 전통이 지역 커뮤니티 조직 내에서 하는 역할을 짐작할 수 있다.

여기서는 춘절을 통해, 중국전통의 특징을 살펴보기로 하겠다. 춘절은 한 해의 시작이다. 따라서 사람들은 저마다 성공과 번영에 대한 바람을 갖고 춘절을 맞는다. 모든 길운의 상징적 형식들은 주고받는 인사말이나 글자나 단어, 시각적 그림 혹은 음식이나 각종 의례 등등으로 표현된다. 사실 춘절은 그 전날 즉, 섣달 그믐날부터 시작된다고 볼 수 있다. 그러나 어쨌든 춘절은 새해 첫날부터 보름까지 총 15일에 걸쳐 치러진다. 음력 섣달 그믐날 아침에 신과 조상들께 성대한 제사를 올리고, 곧이어 점심과 저녁때는 가족이나 친지들과 잔치를 벌인다. 이때 자리에 모인 사람들은 해마다 이렇게 함께 모여 식사를 하자는 다짐을 하곤 한다. 이렇듯 춘절은 저마다 다양한 전통에 따라 치러지지만, 중요한 것은 대개 가족 중심으로 이루어진다는 사실이다.

춘절 첫날은 공식적으로 새해 첫날이기 때문에, 모두들 새해의 시작을 알리는 기도를 올리기 위해 사원을 찾는 게 일반적이다. 이는 앞서도 이야기한 것처럼 매우 중요한 전통이라 할 수 있다. 그리고 이후 며칠 동안은 친족들 간에 친목을 다지고 우의를 재확인하기 위해 서로의 집을 방문하게 된다. 그런데 여기서 중요한 전통은 바로 친척을 방문하는 일자가 따로 정해져 있다는 것이다. 가령, 메이야오 마을에서는 남편이 아내와 함께 인근 마을에 있는 아내의 생가 즉, 처갓집을 방문하게 되는데, 이는 춘절의 둘째 날에서 다섯째 날 사이에 이루어진다. 그기간 내이면 언제든 가능했다. 아내 입장에서 보면, 첫날은 대개 시댁 식구나 친지들이 방문하거나 그들의 집으로 가는 게 상례이기 때문에 친정은 둘째 날부터 찾게 되는 것이다. 말레이시아 호키엔들 또한 이와 유사하다. 다만, 처가가 가까운 곳이 아니라 멀리 떨어진 다른 지역일 경우에는 방문날짜를 춘절 기간 말미로 미루기도 한다. 춘절 기간의 마지막 날 즉, 정월 보름은 원소절이라고 한다. 말레이시아 호키엔들은 이를 참고메이(Chap-Goh Mei, 十五夜)라고 부른다. 정월 대보름날이란 뜻이다. 이 날 아이들은 밤에 중국식 초롱을 들고 다니고, 어른들은 대부분 인근 식당에 가서 지인들과 식사를 한다. 전쟁 전까지만 해도 페낭에서는 적어도 이 기간만큼은 여성들에 대한 제한 조치를 일부 완화해주기도 했다. 가령, 여성들에게 금지되어 있던 이성과의 만남이나 가족들과 함께 밖에 나가 퍼레이드를 구경하는 일 등이 가능했던 것이다. 퍼레이드를 구경하면서 여성들은 좋은 남편을 만날 수 있기를 기원하며 강물에 오렌지를 던지는 풍습도 있었다. 그러나 지금은 이 날을 틈타 남의 차량을 파손하거나 공공기물을 훼손하는 일부 젊은이들 때문에 그 성격이 많이 변질되어버렸다.

호키엔들에게 특히 중요한 날은 바로 9번째 날이다. 이 날은 그들 말로 파이티콩(Pai Ti-kong, 拜天公) 즉, '천공께 제를 올리는 날'이다. 그래서 밤이 되면, 사람들은 집 베란다나 현관에 제물을 차려놓고 천공께 제를 올린다. 이는 지난 한 해 동안 자신과 가족들을 보호해준데 대한 감사와 올 한 해도 변함없이 복을 내려주기를 기원하는 마음으로 신께 제사를 드리는 것이다. 경우에 따라서는 아기를 갖게 해달라거나 병을 낮게 해달라는 등의 아주 구체적인 소원을 빌기도 한다. 만일 그 소원이 이루어졌다고 생각되면(가령, 그 해에 아들을 낳았다든지 하는 것처럼), 다음 해의 제사는 더더욱 성대하게 치러지곤 한다. 이렇듯 호키엔들에게 있어서 이 날은 춘절 기간 중에서도 가장 중요한 날인 셈이다. 따라서 말레이시아의 호키엔 즉, 민난 사람들은 그 어떤 날보다도 이 날을 소중히 생각한다. 이는 같은 민난 사람들이 많이 모여 사는 타이완도 마찬가지이다. 메이야오 마을사람들이야 말할 나위도 없을 것이다.

　물론 제를 올리는 구체적인 방식에 있어서는 저마다 차이가 있을 수 있다. 그러나 돼지 넓적다리를 제물의 주재료로 사용한다는 점에서는 거의 일치한다. 말레이시아에서는 또 빼놓을 수 없는 제물이 바로 (뿌리와 잎을 포함한) 사탕수수이다. 말레이시아 호키엔들 사이에선 이와 관련해 재미있는 일화가 있다. 언젠가 중국에서 도적들(혹은 몽골군. 이는 누가 이야기를 전하느냐에 따라 달라지곤 한다.)의 공격을 받게 되었을 때, 많은 사람들이 사탕수수밭에 몸을 숨겨 목숨을 부지할 수 있었다고 한다. 그래서 바로 이때부터 사탕수수를 천공께 제물로 올리게 되었다는 것이다. 이 일화는 사람들 사이에서 꽤 유명한 전설 같은 이야기이지만, 공교롭게도 메이야오에 사는 필자의 정보제공자들은 파이티콩에 대해 잘 알지 못하고 있었다. 그래서인지 메이야오 사람들은 사탕수수를 제물로 바치지도 않는다. 결론적으로 말해, 중국명절의 전통은 지역적 다양성이 허용되는 범위 안에서 시간과 공간에 따라 다양한 중국성(Chineseness)으로 표출되는 것임을 알 수 있다.

4. 전통과 사회조직

최근 전통 연구에 있어서 인류학적 관심은 전통을 만드는 것을 넘어 그 전통을 어떻게 유용하게 사용하는가에 집중되어 있다고 해도 과언 이 아니다. 가령, 베스터(Bestor)는 도쿄 주민들에 대한 자신의 연구에서, 각각의 단체들이 나름의 이익을 증진하기 위해 지역적 전통이 가진 콘 텐츠에 관해 자신들의 관리권을 어떻게 주장하는지를 조사한 바 있 다.[24] 중국적 맥락에서 이와 유사한 조사와 연구를 진행한 이는 셀리 나 찬(Selina Chan)이다. 그녀는 홍콩의 식민정부와 '토착민'이 자신들의 이익을 증진시키기 위해 중국의 가부장적 전통을 각기 어떻게 이용하 고 있는지를 잘 보여주고 있다.[25] 식민정부는 중국의 가부장적 원칙에 기대어 남성들에게만 토지를 공여할 수 있도록 제한했다. 반면, 1994년 홍콩의 여성단체와 여성정치가들이 딸에게도 아버지의 농지를 상속할 수 있도록 하는 이른바 〈New Territories Ordinance(新界法)〉에 대한 개 정 법률안을 제출했을 때에는, 마을의 유지와 어르신들이 가부장적인 전통과 조상의 권위를 앞세워 극렬하게 반대했다. 베스터가 지적했듯 이, 전통은 "안정적이고 이용 가능한 과거"를 제공한 셈이다.[26]

중국식 가부장적 전통의 내용은 수세기에 걸쳐 변화를 거듭했지만,

24) Theodore C. Bestor, Conflict, Legitimacy, and Tradition in a Tokyo Neighborhood, In Takie Sugiyama Lebra, ed., *Japanese Social Organization*, Honolulu: University of Hawaii Press, 1992, p.25.
25) Selina Ching Chan, Politicizing Tradition: The Identity of Indigenous Inhabitants in Hong Kong, *Ethnology* 37(1), 1998, pp.39-54.
26) Theodore C. Bestor, Conflict, Legitimacy, and Tradition in a Tokyo Neighborhood, In Takie Sugiyama Lebra, ed., *Japanese Social Organization*, Honolulu: University of Hawaii Press, 1992, p.24.

오늘날의 화인들은 이 전통 안에 내재된 봉건성에 대해서는 여전히 반대하고 있다. 그럼에도 불구하고 이러한 가부장적 전통의 몇몇 핵심요소들은 사회적 관계 및 조직에 아직도 큰 영향을 미치고 있다. 예를 들면, 중국의 성(姓)은 지금까지도 부계 쪽만 이어져 내려오고 있다. 아이들에게 어머니의 성을 물려줄 수 있도록 헌법으로 규정하고 있는 중국 대륙에서도, 이러한 관행은 여전히 유지되고 있다. 용춘현 관내 후양진의 경우를 보면, 사람들은 여전히 각각의 씨족에 속해있고, 그 씨족 분파마다 나름의 조상을 모시는 사당을 가지고 있다. 따라서 조상숭배와 이를 행하는 제사는 여전히 중요한 것으로 인식되고 있고, 여성들은 결혼과 동시에 자동적으로 남편의 씨족에 속하게 되어 있다. 반면, 씨족 중심으로 형성되어 있지 않은 말레이시아 화인커뮤니티에서 조상숭배는 가족 중심으로 행해진다. 사실 오늘날 중국에서조차 아니, 심지어는 필자에게 비교적 익숙하다 할 수 있는 용춘 지역만을 두고 보더라도, 조상숭배를 위한 제사는 일부 커뮤니티 공동의 제사를 제외하면 대개가 가족단위로 이루어지고 있다. 그런데 필자의 주요 조사활동지역인 메이야오 마을의 반웨산(半月山) 일대에서는, 춘절 전야인 섣달 그믐날의 조상제사는 자식들에 의해 치러지지 않는다. 오히려 형제들(만일 그들의 부모가 아직도 생존해 있다면 그들과 함께)이 공동으로 사당에 (각 형제들의 가족들이 만든) 제물을 올려놓고 조상에게 제사를 지낸다. 필자가 들은 바로는, 과거(1949년 이전)에는 자식들 전체가 사당에 모여 함께 제사를 지냈지만, 요즘에는 명절의 중요성을 공감한다는 차원에서, 단지 중원절에만 전체 후손들이 모인다고 한다.

중국의 가부장적 전통 중에서 아직도 잔존하고 있는 중요한 것 중의 또 다른 하나는 바로 아들의 역할이다. 양성평등이라는 근대적 가치에도 불구하고, 사람들에게는 아들을 선호하는 경향이 여전히 강하게 남아있다. 중국에서는 사회주의국가답게 봉건주의와 각종 '미신'을 척결하자는 다양한 캠페인들이 벌어지고 있다. 그러나 그것만으로는 중국인들의 남아선호사상을 줄일 수는 없었던 것 같다. 아니, 오히려 중국 정부의 '한 자녀 정책' 탓에 그러한 열망과 충동은 과거에 비해 훨씬 더 심해진 것 같다. 오늘날 후양진에서는 다양한 씨족공동체들이 모여 매년 춘절 기간 중에 청화(請火, inviting fire)라고 하는 공동의 제전(祭典, temple festival)을 개최하고 있다. 여기서 중요한 의식 중의 하나는 산에 올라가 '향불(香火)'을 피우는 일이다. 사람들은 산 정상에 올라 도끼로 바위를 내려쳐 불씨를 얻고, 얻어진 불씨를 이용해 향나무 조각들에 불을 붙인다. 그렇게 얻어진 향불은 누군가가 멜대에 얹어 산 아래로 옮긴다. 그 누군가는 바로 마을사람들 중에 아들을 갖지 못한 사람이다. 그러나 이것도 모두 원한다고 해서 되는 것은 아니다. 그래서 간혹 사내아이를 낳지 못한 자신의 아들이 선발될 수 있도록 사전에 행사 주최 측에 모종의 압력을 행사하는 나이든 부모들도 있다. 이렇게까지 하는 데에는 향불을 산 아래로 옮기는 사람은 곧 아들을 낳는 행운을 얻게 된다는 속설이 있기 때문이다. 적어도 이 마을사람들은 그렇게 믿고 있었다. 우리는 여기에서 다시 한 번 전통의 힘을 느낄 수 있다. 말레이시아에서 아들 특히, 장남은 중국식 장례와 사후의식에서 매우 중요하고도 특별한 역할을 맡고 있다. 가령, 오직 장남만이 (만일 부득이한 사정으로 장남이 그 자리에 없을 시에는, 다른 아들 중에 한 명이) 매장 후에 묘지에서 고인의 영정사진을 갖고 돌아오는 역할을 맡을 수 있었던 것이다. 그렇게 다시 집으로 모셔온 영정사진은 이후의 제사 때 이용된다. 이처럼 부계혈통을 대표하는 아들이야말로 이러한 의례적 행위에서 가장 중요한 존재인 것이다.

중국의 전통은 가부장적인 원칙을 중시한다. 그러나 처갓집과의 관계를 보여주는 전통이 아예 없는 것은 아니다. 앞서, 춘절 기간 동안 처갓집을 방문하는 것의 중요성에 대해 언급한 바 있다. 말레이시아 호키엔들 사이에서, 어머니의 남자형제들 특히, 장남은 출가한 여자형제나 그녀의 자식들과의 관계에서 매우 중요한 역할을 하고 있다. 남자가 결혼하면 그의 어머니 형제 가운데 남자들은 귀한 대접을 받는다. 일례로 결혼식에서 그들(혹은 최소한 어머니 형제 중의 장남)은 메인 테이블에 자리를 한다. 어머니의 남자형제들에 대한 사회적 중시는 용춘 지역에서도 통용되고 있다. 루비 왓슨(Rubie Watson)은 홍콩의 신계(新界) 지역에서, 어머니의 남자형제들과 그들 여자형제의 아들 간의 특별한 관계에 대해 기록하고 있다.[27] 다만, 그녀의 기록에서 아쉬운 부분이라면, 여동생 아들의 결혼식에서 그가 과연 어떤 역할을 하고 있는지에 대해서는 구체적으로 언급하고 있지 않다는 점이다. 어쨌든 어머니 남자형제들이 갖는 중요성은 중국의 다른 지역에서도 발견된다.[28]

결론적으로 말해, 사회적 관계에 따른 화인조직은 어떤 근원적인 문화원칙들을 따르고 있다. 물론, 그러한 원칙들 중에서 가장 중요한 것은 부계 쪽 친인척들과의 관계를 이끄는 원칙들이다. 이렇듯 중국의 가부장적 원칙은 적어도 대부분의 일반적인 상황에서는 화인들의 친족조직과 조상숭배를 주도하고 있다할 것이다.

27) Rubie S. Watson, Class Differences and Affinal Relations in South China. *Man* 16(4), 1981, p.603.
28) Guo Yuhua, Gender and Power Relations in Chinese Family Meals. Paper (in Chinese) presented to the Commensality and Family Meal in China Workshop, organized by the Fairbank Center for East Asian Research, Harvard University, and the Department of Anthropology, The Chinese University of Hong Kong, 28-30 June 1999 참조.

5. 전통, 변화 그리고 문화정체성

　필자는 전통이 시대를 넘어 지속되어 온 일반적인 원칙이나 양식들로 구성된다는 점을 강조했다. 물론, 그것은 시간과 공간에 따라 내용을 달리 한다. 그럼에도 불구하고 사람들은 세계 각 지역에서 살고 있는 화인들에 의해 관행화된 유사한 형태의 중국전통에 대한 각종 징표들을 나타내는 특별한 콘텐츠를 영속화하려 하고 있다. 그러나 전통의 가시적 형식들은 과거를 영속화하려는 노력뿐만 아니라 과거를 근대(the modern) 혹은 현대(the present)와 결부시키려는 노력을 포함하는 관행의 산물들이라고 할 수 있다. 따라서 우리는 전통 속에서 영속성과 동시에 변화를 읽어낼 수 있다. 근대 화인들의 결혼식에서 보는 바와 같이, 일부 전통적인 형식들은 단절되거나 간소화되기도 한다. 혹은 전통적인 형식들에 새로운 형식들이 가미됨으로써 현대화되거나 한층 더 정교하게 다듬어지기도 한다. 가령, 오늘날 화인들의 '전통적인' 장례식에서 소각되곤 하는 종이로 만든 명기(冥器)들 중에는 TV나 유명브랜드의 자동차와 같은 근대적 물품들도 포함된다. 또 오늘날의 결혼에서는 유명브랜드의 자동차가 신부를 매료시키는데 하나의 도구로 이용되기도 한다. 이처럼 관습은 그 시대의 사회경제적 발전에 영향을 받기도 하는 것이다. 자유화 이전 사회주의 중국에서는 대부분의 신부들이 남편의 집까지 걸어서 갔다. 자전거를 타고 가는 경우는 그나마 꽤 운이 좋은 편에 속했다. 메이야오 마을에서 1960년대 말이나 1970년대 초에 결혼한 나이 많은 필자의 정보제공자들은 아내를 가마에 태워 데려왔다고 한다. 그러나 1970년대 말이나 1980년대 초에 결혼한 정보제공자들의 경우에는 아내들이 걸어서 메이야오 마을까지 왔다는 것이다. 또 자유화 초창기 이를테면 1987년에 결혼한 정보제공자 중의 한 명은 신부를 경운기에 태워 자신의 집까지 데려왔다고 했다. 이때 신부는 자신의 집에서 메이야오까지 울퉁불퉁한 길을 지나는 동안 덜컹거리는 경운기에 몸을 실은 채 내내 서 있어야 했다는 것이다. 그러나 요즘은 신부용 차가 따로 있고, 신랑신부의 집안 간에는 값비싼 예물들을 주고받는다.

새로운 형식들은 새롭게 만들어지기도 하고, 옛것에 새것이 추가되기도 한다. 예를 들면, 화인들의 일반적인 관행 중에는 춘절(자정 혹은 새벽)이 밝아 오는 것을 알리고 '재신(財神)'을 맞아들이기 위해 폭죽을 터뜨리는 풍습이 있다. 그런데 이 풍습은 말레이시아에서는 정부차원에서 엄격히 금지하고 있다. 그럼에도 불구하고 시골에 사는 말레이시아 화인들 중에는 관행대로 폭죽을 터뜨리는 이들이 꽤 있다. 1999년(2월)에 후양진 사람들은 귤 풍작으로 많은 돈을 벌어들였다. 그래서인지 그해 춘절에는 유독 많은 양의 폭죽이 사용되었고 여기저기에서 폭죽놀이와 불꽃놀이가 행해졌다. 춘절 기간에 친척집을 방문할 때면, 방문객들(가령, 처갓집을 방문하는 부부)은 주인집 앞에서 폭죽을 터뜨리고 집안으로 들어가곤 한다. 메이야오에 사는 필자의 정보제공자들의 말에 따르면, 이는 1978년 그 지역 공산당 비서가 마을지도자나 지방간부들과 협의를 위해 집을 방문했을 때, 집 앞에서 폭죽을 터뜨리고 들어갔다는 일화에서 시작되었다고 한다. 이때부터 다른 마을사람들도 따라하게 되면서 이제는 아주 일반화된 풍습이 되었다는 것이다. 이른바 새로운 전통이 만들어진 셈이라고 할 수 있다. 그러나 이러한 풍습에 불만을 가진 사람들은 이를 민폐라며 금지해야 한다고 정부에 건의하기도 했단다.

전통은 시간과 공간에 따라 관행화되는 법이다. 어떤 것들은 세월이 흘러도 그대로 지속되지만, 또 어떤 것들은 새로운 환경이나 새로운 요인들로 인해 변화하기도 한다. 대다수 동남아 화인들은 자신들의 전통이 중국에 있는 조상들의 고향 풍습으로부터 대대로 이어져온 것이라 전제한다. 그러나 사실 이는 수많은 변화를 거친 끝에 새롭게 만들어진 것이다. 말레이시아의 호키엔들은 춘절에 친척이나 지인들을 방문할 때, 주인에게 최소 두 개의 귤(혹은 그 이상)을 건넨다. 그러면 주인은 손님들이 돌아갈 때, 그만큼의 귤을 다시 돌려주게 되어 있다. 결국, 귤을 상호 교환하는 셈이 되는 것이다. 일반적으로 말레이시아 화인들은 이를 중국의 오래된 관습이라 생각한다. 그런데 필자는 메이야오 마을에 사는 용춘 사람들에게는 춘절에 남의 집을 방문할 때 반드시 귤을 가지고 가야 한다는 강제적인 규칙이 없다는 것을 발견하게 되었다. 이는 오늘날 용춘 사람들이 저마다 귤을 재배해서 집집마다 귤이 넘쳐나기 때문에 그런 것은 아닌 듯하다. 필자의 정보제공자들에 따르면, 과거에도 그랬던 적은 한 번도 없었다는 것이다. 그렇게 본다면, 이것은 말레이시아 자체 내의 지역적 변화의 산물일 수도 있고, 그곳에 사는 화인 혹은 그들의 집단 사이에서만 발전되고 통용되는 것일 수 있다. 따라서 호키엔의 관행화된 풍습에 대해 제대로 알기 위해서는 다른 민난지역 방언집단들과의 비교도 필수적이고 아울러 말레이시아의 테오츄 (Teochew, 潮州人)와 중국의 차오조우인(潮州人) 상호간의 비교도 필요하다. 한편, 말라카의 바바인들은 이렇듯 귤을 교환하는 관습은 따르지 않고 있다.

이외에도 흥미로운 관습은 더 있다. 가령, 춘절 기간에 말레이시아나 싱가포르, 필리핀 등지의 호키엔들은 티코이(ti~koy)라고 하는 찹쌀로 만든 떡을 흔히 먹는다. 이들에게 있어 이는 매우 중요한 관습이다. 그런데 필자는 이것이 메이야오에서는 춘절의 9번째 날에 천공에게 제를 올릴 때에만 사용된다는 사실을 알게 되었다. 오늘날 말레이시아나 필리핀에서는 티코이가 춘절의 상징처럼 되어 있고, 비화인 지역민들에게도 매우 환영받는 선물이 되고 있다.

새로운 관행들은 상당히 빠른 속도로 퍼져나갈 수 있다. 붉은색 종이에 길운을 상징하는 '복(福)'이라는 글자를 거꾸로 써서 붙이는 풍습은 최근에는 중국대륙에서도 흔히 볼 수 있다. 이는 원래 타이완이나 동남아에서 일반적으로 행해지는 관행이었다. 본래 중국어에서 '도달하다'는 의미의 '다오(到)'는 '거꾸로 뒤집다'는 뜻의 '다오(倒)'라는 글자와 음이 같다. 따라서 '복'자를 거꾸로 붙이는 것은 '복이 굴러 들어온다'는 의미를 상징화하기 위한 것이라 볼 수 있다. 자유화 이후, 중국 남방에서는 많은 종교적 행위들이 복원되었다. 여기에는 대륙 밖에 살고 있는 화인들의 역할이 매우 컸다. 이들은 사당이나 사원을 건립하고 복원하는데 상당한 기부를 했고, 종교적 의례나 새로운 사상 및 이념을 도입하는 데에도 지원을 아끼지 않았다.

중국대륙 밖의 화인들은 본래 서구적 영향에 훨씬 더 많이 노출되어 있는 사람들이다. 이를테면, 오늘날 아이들과 젊은이들은 생일날이면 어김없이 서양식 케이크에 초를 꽂고 노래를 부른다. 이는 말레이시아, 싱가포르, 홍콩의 화인들 사이에서는 이미 새로운 '전통'으로 자리 잡은 지 오래이다. 반면에 앞서 서술한 바와 같이, 말레이시아의 나이든 화인들은 여전히 중국식 생일잔치를 고수하고 있다. 이렇게 보면, 나이가 들면 들수록 보다 성대하게 생일상을 차리는 중국식 전통과 케이크에 불을 붙이는 서양식 전통은 앞으로도 당분간은 공존할 것으로 예상된다. 요즘 젊은이들 사이에서 유행하고 있는 발렌타인데이도 어찌 보면 또 다른 수입된 전통이라 할 수 있다. 뿐만 아니라 '어머니의 날'이나 '아버지의 날'처럼 이미 세계적으로 보편화된 기념일도 대형 마트나 대중매체 등을 통해 갈수록 부추겨지고 있어 조만간 중요한 전통으로 자리할 날도 그리 멀지 않아 보인다.

맺음말

이 글에서 필자는 중국의 사례를 통해 전통을 이해하는 길을 모색해 보고자 했다. 구체적으로, 영속되는 문화원칙의 형태로 표현되는 전통 그리고 문화유산 등에서 보이는 일상화된 사회적 관행으로서의 전통에 대해 살펴보았다. 특히, 이 글은 사회적 관계에 의해 조직되고 사회적 행위를 이끌어내는 근본적인 원칙들로 구성되는 전통에 주안점을 두었다. 이러한 연구방식은 어느 특정한 내용을 강조하지 않으면서도 그것이 어떻게 '작동하는가?'를 파악하는 보다 역동적인 방식으로, 전통을 이해하는데 도움이 될 것이라 생각한다. 전통의 구체적인 내용들은 이러한 근본적인 원칙에 의해 정의되고 영향을 받지만 한편으로는, 시간과 공간에 따라 차이를 달리하기도 한다. 이는 사회적 변화 다시 말해, 전통이 어떻게 관행을 이끌고 있고 고유의 문화정체성이 각종 변화(이는 매우 중요하다.)에도 불구하고 어떻게 지속될 수 있는 지를 연구하는데 특히 유용하게 작용할 것이라 믿는다. 이에 대해서는 중국의 결혼식이 점차 간소화되고 있는 데에서 찾아볼 수 있다. 또한 이러한 연구방식은 가부장제의 약화와 같은 문화형태의 지속과 변화를 이해하는 데에도 도움을 줄 것이다.

전통의 근본적인 원칙을 들여다보면, 전통을 연구함에 있어 몇 가지 중요한 영역들을 발견할 수 있다. 즉, 화인커뮤니티에서 보았던 것처럼, 고유한 종교전통, 통과의례, 주기적인 의례나 명절 등이 그것이다. 또 이와는 차원을 달리하는 새로운 전통들도 있다. 현대적인 지식과 정보, 현대적인 문화생활 등을 통한 동질화, 균일화로 특징지어지는 이른바 글로벌한 시대로 접어들게 되면서, 어느새 '우리의 전통들'로 받아들여지고 있는 이러한 새로운 영역들도 문화정체성을 부각하는 또 다른 부분이라 할 수 있을 것이다.

　전통연구에는 두 가지 중요한 접근법이 있다. 하나는 전통이 어떻게 이익창출에 이용되는지를 연구하는 기계적 접근법이고, 다른 하나는 전통의 연속성과 변화를 문화정체성과 연결시키는 정체성적 접근법이다 전통의 관행은 사람들에게 문화적 과거와 연결된다는 의식과 문화정체성을 갖게 된다는 의식을 동시에 제공해준다. 화인들의 경우에 그것은 중국성(Chineseness)의 표출로 나타난다. 전통의 표현방식과 그것이 어떻게 정치적으로 이용되는지 등에 주목하는 전통연구는 인간의 문화적 혹은 정치적 삶을 이해하는데 필수적이다. 사실, 전통이란 근대성(modernity)과 반대되는 개념이 아니라 변화하는 사회적 삶의 일부분이라고 할 수 있다. 또한 근대성은 개개인들이 변화에 적응하는 과정 속에서 끊임없이 재해석되는 기존의 전통들과 관련되어 있다. 기든스(Giddens)는 다음과 같이 지적했다. 전통은 "필요한 것이다. 그리고 영원히 지속될 것이다. 왜냐하면, 전통은 인간의 삶에 연속성과 틀을 제공해주기 때문이다."[29] 이 글에서도 충분히 설명되었듯이, 근대 중국을 이해하기 위해서는 근대성만큼이나 전통에 대해서도 주의를 기울일 필요가 있다.

---

29)　Anthony Giddens, *Runaway World: How Globalization Is Reshaping Our Lives.* New York: Routledge, 2001, p.62. 원래 이 책은 1999년 영국의 Profile Press에서 출판되었다.

* 본래 이 글은 홍콩 중문대학 인류학과와 New Asia College가 1999년 6월 3일부터 6일까지 공동개최한 국제회의 "Tradition and Change: Identity, Gender and Culture in South China"에서 영문으로 발표된 바 있다. 이후, 이 글의 일부가 중국어로 게재되기도 했다.30) 그러나 영문으로 된 원본은 아직 게재된 적이 없다. 이 자리를 빌려, 이 글을 정독해주고 평가해준 시드니 민츠(Sidney Mintz) 교수에게 감사를 드린다. 아울러 차제에 한국에서 출판되는 책에 수록되는데 대해, 인천대학교 중국학술원 송승석 교수에게도 사의를 표한다.

30) 陳志明·張小軍·張展鴻 主編,,「華人的傳統與文化認同」,『傳統與變遷: 華南的認同和文化』, 文津出版社(北京), 2000, pp.1-18.

중국굴기(中國崛起)와 해외화인
— 역사성, 국가, 국제관계

류훙(劉宏)

지난 십여 년 동안, 이른바 중국굴기(中國崛起)와 새로운 국제질서 속에서 중국이 차지하는 위상에 주목한 저작들은 수없이 쏟아져 나왔다. 그러나 동시에 학계에서는 중국문제전문가와 국제관계이론가들 간의 생산적인 대화가 여전히 부족하다는 공감대가 형성되어 있는 것도 사실이다. 따라서 중국외교연구는 국제관계분야에서 보다 광범위한 차원으로 다루어져야 하고, 차제에 국제관계연구 내에 아예 '중국학파'[1]를

---

1) Thomas Christensen, Alastair Iain Johnston, and Robert S. Ross, "Conclusions and Future Directions," in Alastair Iain Johnston and Robert S. Ross (eds.), *New Directions in the Study of China's Foreign Policy*, Stanford: Stanford University Press, 2006, pp.379-420. 국제관계이론의 중국학파와 관련된 논의는, Wang Jisi (王緝思), "International Relations Theory and the Study of Chinese Foreign Policy: A Chinese Perspective," in Thomas W. Robinson and David Shambaugh (eds.), *Chinese Foreign Policy: Theory and Practice*, Oxford: Clarendon Press, 2006, pp.481-505 ; Ren Xiao(任曉), "Toward a Chinese School of International Relations?" in Wang Gungwu(王賡武) and Zheng Yongnian((鄭永年)(eds.), *China and the New International Order*, London Routledge, 2008, pp.293-309 ; Daniel Lynch, "Chinese Thinking on the Future of International Relations: Realism as the Ti, Rationalism as the Yong?" *The China Quarterly*, no.197, 2009, pp.87-107 ; 王逸舟, 「國際關係與中國」, 『探尋全球主義國際關係」』, 北京大學出版社(北京), 2005, p.358-94. 등 참조.

만들어야 한다고 주장하는 이들이 다수 생겨났다. 그러나 필자는 중국 학파가 만들어지고 발전되기 위해서는 무엇보다 중국의 독특한 정치, 사회, 문화, 인구, 환경 등에 관한 실증적인 고찰과 이론적 건립이 선행되어야 한다고 믿는다. 그런 의미에서 4,500만에 달하는 해외화인에 대해 새삼 주목할 필요가 있다는 생각이다.[2] 지난 수세기 동안, 해외화인은 중국과 매우 긴밀한 관계를 유지해왔고, 중국의 발전에도 지대한 역할을 해왔다. 그렇다면, 국제이민은 오늘날 중국의 부상 및 중국학과 국제관계연구 간의 대화과정에서 과연 어떠한 역할을 해왔을까? 해외화인(Chinese Diaspora)은 여타 디아스포라(가령, 유태인, 인도인, 아르메니아인)와 마찬가지로 거주국과 조국의 외교정책에 있어 중요한 영향력을 행사하고 있는 것일까? 만일 그것이 아니라면, 그 원인은 또 무엇일까?

  이 글에서는 냉전시기 중국의 대외관계 속에서 해외화인이 차지했던 위상의 변화 및 이른바 중국굴기 속에서의 역할을 중심으로, 이상의 문제에 관한 정리와 분석을 진행하고자 한다. 필자가 보기에, 국제이민분야에서 이른바 '디아스포라의 선택(Diaspora Option)'−해외에 거주하는 교민들은 새로운 기술과 지식을 조국에 도입하는데 상당한 공헌을 했고 나아가 조국의 정치적·사회적 프로세스에 적극 참여함으로써 조국의 발전과 진보에 이바지했다.−이 중국의 정치와 외교 영역에서 담당했던 역할은 제한적이었다고 생각한다. 그동안 해외화인은 중국의 대외관계에서 상대적으로 중요한 역할을 하기는 했지만 동시에 수동적이고 피동적인 요소이기도 했다. 더욱이 중국의 외교정책 수립과 그 실천과정 속에서 화인들의 역할은 그다지 두드러지지도 않았다. 그러나 오늘날 이러한 현상에 조금씩 변화가 발생하고 있

---

2) 해외화인 인구는 2009년 4월 21일 국무원교무판공실(國務院僑務辦公室, 國橋辦) 부주임 쉬여우성(許又聲)이 선전(深川)에서 한 말을 인용했다. 『人民日報』(海外版), 2009.4.28.

다. 따라서 이러한 현상을 파악하는 동시에 여타 디아스포라와의 차이점 등을 보아내기 위해서는 역사성(Historicity), 국가, 제도, 사회성 등 다양한 차원에서 세밀한 분석이 이루어질 필요가 있다.

이 글은 크게 세 부분으로 나뉜다. 첫째, 국제이민과 국제관계 간의 이론적 연결지점에 대해 개괄하고, 이 양자 간의 상호작용 특히, 정체성을 기반으로 한 이익창출구조에 대해 중점적으로 서술할 것이다. 둘째, 1950년부터 1965년 사이 중국의 대외관계 속에서 화교의 역할과 외교 분야에서의 국가이익의 제도화에 관해 고찰할 것이다. 셋째, 지난 10여 년에 걸친 중국굴기시대에 새롭게 등장한 이른바 신이민(新移民, 일명, 신화교화인)과 그들이 국제관계와 정부정책에 끼친 영향에 대해 분석할 것이다.

1. 국제이민과 국제관계의 이론적 연관성과 그 단절

국제이민과 국제관계의 이론적 연관성

이 글에서는 국제이민을 조국(移出國)과 거주국(移入國) 간의 사회적 발전과정과 연관된 것으로 정의할 것이다. 다시 말해, 국제이민은 양국 모두의 사회와 경제에 일련의 변화를 동반하며 동시에 디아스포라는 직접적으로 국제이민자들을 중심으로 한 '국경 밖 에스닉 그룹(ethnic group)'[3]을 형성한다. 국제이민에 관한 기존 연구는 대개 이민발생의 원

3) Douglas Massey et al, "Theories of International Migration: A Review and Appraisal," *Population and Development Review*, Vol.19, No.3, 1993, pp.431~466 ; Stéphane Dufoix, Diasporas, Berkeley: University of California Press, 2008, p.30.

인(출생지, 경제, 사회, 문화의 등의 배경 차이), 적응방식(문화적 차이나 거주국의 사회 문화적 변화 등), 이민자의 내부구조(이민자 간의 세대차이, 기술수준, 합법성 여부, 성별과 이민지속성 등) 그리고 조국과 거주국의 사회, 경제, 문화 등에 끼친 영향 및 디아스포라에 대한 네트워크의 역할 등등에 주목해왔다. 그동안 국제이민정책과 이와 관련한 정부정책 그리고 이민자에 대한 국가의 관리 및 통제 등은 국제이민에 심대한 영향을 끼치는 핵심요소로 여겨져 왔다. 그러나 반면에 국제이민(해외이민)과 국제관계 간의 관련성에 대해서는 학계의 관심과 이목이 거의 쏠리지 않았던 게 사실이다. 요세프 라피드(Yosef Lapid)가 말했던 것처럼, "국제관계는 주권국에 대한 연구에 열중할 뿐, 종족문제나 기타 집단에 대해서는 관심을 기울이지 않았던" 것이다.[4]

단지 소수의 학자들만이 국제이민이 국제관계를 이해하는데 중요하다는 인식을 가지고 주의를 기울였을 뿐이다. 마이런 와이너(Myron Weiner)는 "국제이민은 조국과 거주국 간의 관계에 갈수록 심대한 영향을 끼치는 중요한 정치적 요소가 되고 있다."라고 말했다. 이에 대해 그는 다음의 세 가지를 지적했다. 첫째, 국가 간의 관계는 국제이민문제에 대해 정부가 대책을 가지고 있느냐 그렇지 못하느냐에 따라 영향을 받는다. 둘째, 출입국에 대한 법률이나 법규의 제정을 통해, 국가는 국제이민에 영향을 끼친다. 셋째, 국제이민은 이미 거주국의 정치적 역량으로 자리한 지 오래이다.[5] 또한 그는 "국가이민정책의 기본골격을

4) Yosef Lapid, "Culture's Ship: Returns and Departures in International Relations Theory," in Yosef Lapid and Friedrich Kratochwil (eds), *The Return of Culture and Identity in IR Theory*, Boulder, CO : Lynne Rienner, 1996, pp.3~20.

5) Myron Weiner, "On International Migration and International Relations," *Population and Development Review*, vol.11, no.3, 1985, pp.441~455, at 450.

국제이민연구에도 적용할 필요가 있다."고 주장했다. "국가이민정책은 국가적 안정뿐만 아니라 국제적 안전에 있어서도 충분히 고려할만한 것"이라는 게 그의 생각이다.6) 이외에도, 국가가 의도적으로 교민을 이용하고 있다는 것을 충분히 알고 있음에도 불구하고 그에 대해 교민들이 적극적으로 호응하는 것으로 볼 때, 디아스포라 이론은 전 지구화시대의 국가 간 관계 및 집단정체성을 분석하는 데에도 유효하며, 이러한 연구방향은 오늘날 국제학계에서 주목을 받고 있는 교민의 정체성 정치와도 밀접한 관련성이 있다고 주장하는 학자도 있다.7)

요시 샤인(Yossi Shain)과 아론 바스(Aharon Barth)의 글은 디아스포라와 국제관계의 관련성에 대한 지금까지의 논문 가운데 가장 중요한 연구 성과물이라 할 수 있다.8) 이들은 디아스포라를 "조국의 외교정책에 영향을 끼치는 독립적 행위자"로 보고, 이를 기초로 디아스포라와 국제관계 간 상호작용의 동기, 기회, 방식 등에 대해 분석했다. 이들에 따르면, 디아스포라는 이익을 창출할 수 있는 다양한 관심 포인트를 가지고 있고 그 실현을 위해 조국의 외교정책에 적극적으로 개입하고 있다는 것이다. 우선, 디아스포라는 조국의 외교정책이 국내 혹은 국외에 거주하는 '국민'의 이익창출에 영향을 줄 것이라 믿는다. 둘째, 디아스포라의 이익은 조국의 미래에 영향을 줄 수 있는 외교정책과 긴밀한 연관

6) Myron Weiner, "Security, Stability and International Migration," *International Security*, Vol.17, No.3, 1992/1993, pp.91-126, at p.94.
7) Fiona Adamson and Madeleine Demetriou, "Remapping the Boundaries of 'State' and 'National Identity': Incorporating *Diasporas* into IR Theorizing," *European Journal of International Relations*, vol.13, no.4, 2007, pp.489-526 ; "Race, Immigration, and the Identity-to-Politics Link", *Annual Review of Political Science* 11, 2008, pp.457-478.
8) Yossi Shain and Aharon Barth, "Diasporas and International Relations Theory," *International Organization*, vol.57, Summer 2003, pp.449-479.

성을 가지게 될 것이다. 셋째, 디아스포라는 조국의 외교정책이 어느 특정집단의 이익에도 영향을 줄 수 있을 것이라 생각한다. 넷째, 디아스포라는 조국의 외교정책이 "해당 기관의 일부 관료들에게도 이익을 줄 것"임을 알고 있다. 따라서 디아스포라는 로비와 같은 직접적인 방식이나 혹은 정부기관의 관료에게 정보를 제공하는 등의 간접적인 방식을 통해, 정체성을 기초로 한 자신의 이익을 찾으려 한다는 것이다.

주로 유태인과 이스라엘 간의 관계 그리고 해외 아르메니아인에 관한 연구를 진행해온 샤인과 바스는 국제관계에서의 디아스포라의 역할에 전제가 되는 네 가지요소를 제시했다. 즉, 조국에의 삼투가능성 (permeability), 조국과 디아스포라 간의 상호 인식, 조국과 디아스포라 양자 간의 힘의 균형, 조국의 외교정책에 관한 디아스포라의 동의가 바로 그것이다. 그런데 공교롭게도 이 네 가지 요소는 국제무대에 세 부류의 디아스포라가 등장하게 되는 결과를 낳고 말았다는 것이 그들의 주장이다. 첫째, 수동적인 디아스포라로, 이들은 자기의지와는 무관하게 국제관계에 휘말린 이들이다. 둘째, 거주국의 외교정책에 일정한 영향력을 발휘하는 적극적인 디아스포라이다.(가령, 미국에서는 다양한 종족의 이익을 대변하는 수많은 로비단체들이 미국외교정책의 파편화를 야기하고 있다.) 셋째, 조국의 외교정책에 영향력을 행사하는 적극적 디아스포라이다. 샤인과 바스는 이상의 견해를 종합해 다음과 같은 결론을 내렸다. 디아스포라는 조국의 힘이 약할 때 특히 적극적으로 조국의 일에 개입하고 간섭하게 된다. 이것이 바로 디아스포라가 원하는 '힘의 균형'이다. 이럴 경우, 조국의 입장에서도 디아스포라의 영향을 받아들이지 않을 수 없게 된다. 따라서 조국의 외교정책에 대한 디아스포라의 영향력은 갈수록 확대된다. 이처럼 조국의 힘이 약할수록 디아스포라의 자본과 사회적 압력이 침투할 수 있는 공간은 훨씬 더 넓어질 것이고, 디아스포라가 조직적으로 표명한 의견이나 정책결정에 행사하는 영향력 또한 일관성을 더해 갈 것이며, 디아스포라 단체들의 조국에 대한 영향력도 갈수록 강고해질 것이다.

국제관계에서 디아스포라에 대한 관심이 날로 늘어나고 있는 것은 국제관계의 이론 및 그 틀에 관한 최근의 연구동향이 변화하고 있는 것과도 연관이 있다. 크리스 오거든(Chris Ogden)은 정체성에 대한 강조를 통해, 교민을 국제관계 속의 구조주의(constructivism) 이론과 관련지었다. 본래 구조주의에서 말하는 정체성이란 국가가 구조적으로 작동하는데 있어 표면적으로 드러나지는 않지만 반드시 필요한 핵심요소이며 동시에 그 작동에 따른 결과물이기도 하다. 그런 의미에서 정체성은 국제관계와 국제이민 혹은 디아스포라를 하나로 연결하는 선천적인 끈이라 할 수 있을 것이다. 따라서 그는 이렇게 말했다. "서로 다른 양태의 민족주의가 디아스포라에게 조국과 거주국을 잇는 하나의 교량을 놓아주었고, 이 교량을 통해 그들의 가치관이 전파되었다."9)

이상의 이론경향과 사례연구는 주로 유태인, 아르메니아인, 인도인에 대한 연구경험에서 비롯된 것이다. 그렇다면, 이러한 연구 방식과 성과가 중국과 해외화인-역사, 규모, 조국과의 관계 등과 같은 본질적인 차원에서 디아스포라는 나름의 고유한 특징을 가지고 있다.-에게도 그대로 적용될 수 있을까? 화교화인의 경험이 이러한 이론들을 수정 가능하게 할 수 있을까? 중국적 환경 속에서 역사성 그리고 국제이민과 국제관계의 관련성은 과연 어디에서 찾을 수 있을까? 이상이 이 글에서 다루고자 하는 문제들이다.

9) Chris Ogden, "Diaspora Meets IR's Constructivism: An Appraisal," *Politics*, vol.28, no.1, 2008, pp.1-10.

중국의 국제이민과 국제관계의 괴리

중국의 국제관계와 관련한 기존의 연구 중에서, 화교화인과 중국의 외교관계를 유기적으로 결합시킨 예는 아직 찾아볼 수 없다. 토마스 크리스텐센(Thomas Christensen), 쟝이언(江憶恩, Alastair Johnston), 로버트 로스(Robert Ross) 등은 중국외교정책에 대해 총 정리한 최근의 연구에서 이렇게 질문을 던지고 있다. "중국외교정책에 대한 해외화인의 영향이란 게 과연 무엇일까?" 이에 대한 그들의 결론은 아래와 같다. "(중국에서) 해외화인연구와 외교정책 간의 관계는 아직 하나의 학문분야로 정착되지 못했다. 또 지금으로서는 외교정책의 수립과정에 정치경제적 영향력이 얼마나 미치게 될지도 아직 알 수 없어 이론적 범주를 확정할 수도 없는 상황이다. 따라서 중국정부가 관련정책을 수립함에 있어 해외화인들의 삼투가능성(permeability)이 얼마나 있는지에 대해서도 현재로서는 가늠할 길이 없다. 결과적으로 이러한 상황은 해외화인에 대한 중국정부의 입장이 매우 복잡 미묘하고 모순으로 가득 차 있다는 것을 대변해주는 것이라 볼 수 있다."[10] 중국학자들 가운데 상당수는 국제관계 내에 중국학파를 만들기 위해서는 중국적 환경 하에서의 근본적인 문제들에 관심을 가져야 함은 물론, 새로운 국제질서 하에서의 중국의 위상과 중화문화의 중요성에 대해서도 주의를 기울일 필요가 있다고 주장한다. 왕지스(王緝思)는 국제정세에 대한 중국의 입장과 판단 그리고 그 처리방식이 매우 독특하다는 점을 지적한 바 있다. 즉, 중국은 "행위자 중심(대부분의 경우는 국가 중심)이며, 모든 행위는 관계(關係)에 의해 주도된다."는 것이다. 중국에서 국제관계이론은 해석을 위한 수단으로 쓰

---

10) Christensen, Johnston and Ross, "Conclusions and Future Directions," p.410.

이기도 하지만 동시에 국제행위와 외교정책에 중요한 영향을 끼치는 지침서 역할을 맡고 있기도 하다.[11] 중국의 발전과정에서 국제이민의 역사는 아주 오래되었다. 지금도 해외에는 대규모 화인공동체가 존재한다. 그럼에도 불구하고 현재 형성단계에 있는 국제관계 내 중국학파는 여전히 국민국가 범주 안에서 혹은 국가라는 틀 내에서만 연구를 진행하는 경향을 보이고 있고, 국제이민이나 해외화인에 대한 이론적 접근에는 거의 관심을 기울이고 있지 않다. 최근에 출판된 중국굴기에 관한 저작들만 보더라도 기본적으로는 해외화인이나 해외화인과 중국의 관계에 대해서는 이렇다 할 언급이 없다.[12] 한편, 프랑스 학자 스테판 뒤푸아(Stephane Dufoix)는 이렇게 말하기도 했다. 해외화인과 관련된 연구의 대부분은 "단지 지리적 분포, 경제적 구조, 이민의 추동력이란 관점에서 본 개인 혹은 집단과 조국의 관계 등에만 관심을 가지고 있을 뿐, 그들의 행위, 조직, 출판물 등의 정치적 의미에 대해서는 주목하지 않고 있다."[13] 해외와인에 관한 최근의 총괄적 성격의 분석들에서도, 기존의 저작들이 화인과 국제관계의 관련성에 대해서는 이론과 실증 두 가지 차원에서 모두 관심이 없다는 점을 반복해서 강조하고 있다.[14]

---

11) Wang Jisi(王缉思), "International Relations Theory and the Study of Chinese Foreign Policy."

12) William Keller and Thomas Rawski, eds, *China's Rise and the Balance of Influence in Asia*, Pittsburgh, University of Pittsburgh Press, 2007 ; Robert Ross and Zhu Feng, eds, *China's Ascent: Power, Security, and the Future of International Politics*, Ithaca, Cornell University Press, 2008 ; Paul Evans, "Getting Global China Right", *Pacific Affairs*, vol.82, no.4, 2009, pp.677~686 ; and the special issue on "Understanding China's Rise", *Journal of Contemporary*, vol.19, no.64, 2010.

13) Dufoix, *Diasporas*, p.60.

물론, 이상의 한계를 뛰어넘은 연구가 전혀 없는 것은 아니다. 왕경우(王賡武)는 중국국제이민의 역사와 현상에 대한 깊이 있는 연구를 통해, 이민 형태의 다양성과 이민과 중국의 상호 복잡한 관계를 밝혀낸 바 있다. 그는 중국정치에 대해 해외화인들이 보여주는 다양한 태도변화를 연구한 결과, 다음과 같은 결론을 얻었다. 즉, 해외화인들 가운데에는 오로지 중국의 부흥에만 주의를 기울이는 이들도 있지만 반대로 해외화인단체의 생존문제에만 관심을 쏟고 있는 이들도 있다는 것이다. 따라서 중국의 정치변화는 해외화인의 삶이나 거주환경과 직결되는 문제라는 것이다. 또한 왕경우는 민족주의에 대한 깊이 있는 분석을 통해, 화인들의 자기정체성 및 그것과 중국변화의 관계에 대해 진일보한 설명을 남기기도 했다. 즉, 냉전기간 동안 중국과 동남아 각국은 줄곧 긴장관계를 형성해왔는데, 중국의 급부상으로 인해 이러한 반중국(反華) 정서는 한층 더 강화될 수도 있다는 것이다. 따라서 그의 결론은 '대중화(大中華)'나 '디아스포라'와 같은 어휘나 개념들을 사용하는데 있어서는 신중을 기할 필요가 있다는 것이다.[15] 이밖에 스테판 피츠제럴드(Stephen Fitzgerald)는 1949년부터 1970년까지의 중국의 해외화인정책에 대해 전면적인 분석을 진행한 바 있다. 아울러 이를 통해, 해외화인정

---

14) 劉宏, 「海外華人研究的譜系: 主題的變化與方法的演進」, 『華人研究國際學報』 第2期, 2009, 1-27쪽. ; Tan Chee-Beng(陈志明) and AnnS. Chiu, "Teaching and Documentation of Chinese Overseas Studies," Tan Chee-Beng, Colin Storey, Julia Zimmerman (eds.), *Chinese Overseas: Migration, Research and Documentation*, HongKong, Chinese University Press, 2007, pp.201-253. 등 참조.

15) Wang Gungwu, "Political Chinese: An Aspect of Their Contribution to Modern Southeast Asian History", Bernard Grossman(ed.), *Southeast Asia in Modern World*, Wiesbaden: Otto Harrassowitz, 1972, pp.115-128 ; Wang Gungwu, "Greater China and the Chinese Overseas," *The China Quarterly*, No.136, 1993, pp.926-48.

책과 중국외교정책의 상호관계에 대해서도 주목했다.[16) 최근에는 피터 코엔(Peter Koehn)이나 인샤오황(尹曉煌) 등의 학자들이 미국화인과 중국 간의 사회·경제적 관계에 대해 연구를 진행하는 가운데, 중미관계(넓은 의미에서 사회, 문화, 교육 등에서의 관계)에 화인들이 끼치는 영향에 대해서도 특별히 고찰한 바 있다. 여기서 그들은 중국계 미국인의 정치참여와 그 것이 미국의 대중국정책에 미치는 영향에 대해서도 언급하고 있다. 이 렇게 볼 때, 그들이 중점을 두고 있는 것은 해외화인과 거주국의 관계 이지, 조국과의 외교관계가 아니라는 것을 알 수 있다. 한편, 청루시(成露茜)는 미국과 아태지역 간의 관계형성에 있어 미국화인의 역할과 그 들 자신이 이러한 관계에 어떠한 영향을 끼쳤는지에 대해 분석했다.[17)

주지하다시피, 중국경제의 현대화과정 속에서 해외화인은 매우 중요 한 역할을 해왔고, 개혁개방 이후, 중국경제의 비약적인 발전에도 상당 한 기여를 했다. 1979년부터 1997년에 이르는 기간에 중국에 유입된 외국자본의 2/3 이상은 화인들의 손에서 나왔다. 나아가 지난 10여 년 동안, 외국인 직접투자의 60%가 화인자본이었고, 중국에 있는 외국계

---

16) Stephen Fitzgerald, *China and the Overseas Chinese: A Study of Peking's Changing Policy, 1949-1970*, Cambridge: Cambridge University Press, 1972.

17) Peter H. Koehn and Xiao-huang Yin(尹曉煌) (eds.), *The Expanding of Chinese American in U.S.-China Relations: Transnational Networks and Trans-Pacific Interactions*(Armonk, N. Y. and M. E. Sharpe, 2002) ; Lucie Cheng, "Chinese Americans in the Formation of the Pacific Regional Economy", Evelyn Hu-DeHart (ed.), *Across the Pacific: Asian Americans and Globalization*(New York: Asia Society; Philadelphia: Temple University Press, 1999), pp.61-78 ; Cheng Li (ed.), *Bridging Minds across the Pacific: U.S.-China Educational Exchanges, 1978-2003*(Lanham, Maryland: Lexington Books, 2005) ; Sheng Ding, "Digital Diaspora and National Image Building: A New Perspective on Chinese Diaspora Studies in the Age of China's Rise", *Pacific Affairs*, vol.80, no.4, Winter 2007/2008, pp.627-648.

회사의 70%가 화인기업이었다. 뿐만 아니라 노동이민과 기술이민을 포함한 신화교화인이 중국의 사회발전과 경제발전에 공헌한 바는 이루 말할 수 없다.[18] 이처럼 중국의 사회·경제적 발전과정에 해외화인이 참여했다는 것은 이른바 '디아스포라의 선택(Diaspora Option)'의 한 유형이라 볼 수 있다. 사실, 이 개념은 '인재유실(人才流失)'이냐 아니면 '인재회귀(人才回歸)'냐의 논쟁 속에서 배태된 것이다. 결국, 조국의 입장에서도 인재유실은 '인재환류'이지 손실이 아니라는 게 '디아스포라의 선택' 속에서 내려진 판단이다. 즉, 이러한 과정 속에서 인재는 조국을 떠나지만 결과적으로 정보, 기술, 지식, 자본 등은 오히려 조국으로 유입된다는 논리인 셈이다. 또한 '디아스포라의 선택'은 해외에 거주하는 교민이 조국(통상 개발도상국)의 사회경제적 발전을 지원하고 정치에 참여하는 과정을 분석하는데 보다 광범위하게 응용되기도 한다.[19] 이와 관련된 연구에 따르면, 유태인이나 인도인, 아르메니아인과 같은 경우에는 사회경제적 분야에서 상당한 영향력을 행사하는 것뿐만 아니라 조국의 대외정책 결정과정 나아가 그 실천과정에까지 적극적으로 개입해 주도적인 역할을 하는 것으로 되어 있다.[20]

---

18) David C. Kang, *China Rising: Peace, Power and Order in EastAsia*, New York: Columbia University Press, 2007, pp.6, 135 ; 譚天星, 「新形勢下僑務工作戰略意識的再認識」, 『中國黨政幹部論壇』, 第1期, 2009, 58-59쪽.

19) Jean-Baptiste Meyer, "Network Approach versus Brain Drain: Lessons from the Diaspora", *International Migration*, vol.39, no.5, 2001, pp.91-110 ; Sami Mahroum, Cynthia Eldridge and Abdullah S. Daar, "Transnational Diaspora Options: How Developing Countries Could Benefit from their Emigrant Populations", *International Journal on Multicultural Societies*, vol.8, no.1, 2006, pp.25-42. "인재환류(人才還流)"의 개념을 처음 체계적으로 제시한 학자는 Annalee Saxenian이다. Annalee Saxenian, *The New Argonauts: Regional Advantage in a Global Economy*, Cambridge: Harvard University Press, 2006 참조.

20) 이와 관련된 상세한 증거들은 다음을 참조하기 바란다. Shain and Barth,

이상을 종합해보면, 국제이민과 국제관계의 연관성에 관한 학계의 이론적 연구는 갈수록 늘어나고 있지만, 해외화인과 중국국제관계의 연관성에 관련한 연구는 여전히 답보상태에 있다는 것을 알 수 있다. 그렇다면, 왜 사회경제분야에서의 해외화인의 역할이 정치나 정책적 영역으로까지 확대되지 못하는 것일까? 그리고 이러한 현상이 중국외교와 국제이민의 성격 및 특징을 연구하는데 어떠한 시사점을 줄 수 있을까? 또 국제관계 내 중국학파는 국제이민을 자신들의 이론적 의미와 방법론의 구축에 어떻게 접목시켜야 하는가? 아래에서는 이상의 문제들에 대한 초보적 해답을 제시해보고자 한다.

2. 역사적 시각에서 본 해외화인과 중국외교

필자는 유태인과 인도인으로 대표되는 해외이민집단이 사회 및 정치에 참여하는 패턴이나 형태가 세계적 보편성을 띤 것이라고는 보지 않는다. 물론 그렇다고 해서 처음부터 비교연구의 가능성마저 배제하려는 것은 결코 아니다. 다만, 외교정책 수립과정에서 해외화인이 차지하는 위상과 역할을 제대로 이해하기 위해서는 구조적·역사적·정치적 요소를 종합적으로 고려할 필요가 있다는 생각이다. 따라서 여기서는

"Diasporas and International Relations Theory" ; Manik Varun Suri, *Democracy, Diplomacy and Diaspora: Indian Americans and Indo-US Relations*, Cambridge: Harvard University Press, 2005 ; Asaf Hussain, "The Indian Diaspora in Britain: Political Interventionism and Diaspora Activism," *Asian Affairs, an American Review*, vol.32, no.3, 2005, pp.189-208 ; Robert Owen Freedman (ed.), *Contemporary Israel: Domestic Politics, Foreign Policy and Security Challenges*, Boulder: Westview Press, 2008.

중국굴기의 서막이라고 할 수 있는 1949년부터 1965년 사이의 국제관계 속에서 해외화인의 위상변화와 국가이익의 절대성 확립에 대해 고찰해보고자 한다.

외교관계상 불리한 요소로 작용했던 해외화인

이른바 세계냉전이 최고조에 달했던 195, 60년대에 중국은 아시아의 패권국가로 서서히 부상하기 시작했다. 필자는 한때 이에 대해 관심을 갖고 연구를 진행한 바 있다.[21] 여기서 얻은 결론은, 문혁 이전 중국의 사회·경제·정치적 발전양식은 인도네시아를 비롯한 아시아아프리카 신흥 독립국들의 귀감이 되는 하나의 모델이었다는 사실이다. 어찌 보면 이것은 중국 소프트파워의 초기 발현으로 볼 수도 있을 것이다. 당시 중국은 외교적으로 아시아아프리카국가들과 친선을 유지하자는 취지의 〈평화공존 5개 원칙(和平共處五項原則)〉을 내세웠다. 그런데 이러한 취지를 성공적으로 실현하기 위해서는 무엇보다 중국과 동남아 국가들 간의 관계에 있어 첨예한 문제로 대두되고 있던 화교문제를 합리적으로 해결하는 것이 필요했다.

특히, 동남아에서 화교가 가장 많이 살고 있는 인도네시아가 문제의 관건이었다. 19세기 중반부터 대량의 중국이민자들이 인도네시아 각 섬에 정착하게 되면서, 인도네시아에는 두 개의 대규모 화인집단이 형성되었다. 하나는 주로 신(新)이민자들로 구성된 '토톡스(totoks, 新客)'라는

---

21) Liu Hong, "The Historicity of China's Soft Power: The PRC and the Cultural Politics of Indonesia, 1949-1965", Yangwen Zheng, Hong Liu, and Michael Szonyi (eds.), *The Cold War in Asia: The Battle for Hearts and Minds*, Boston: Brill USA, 2010, pp.147-182 참조.

집단이다. 이들은 중국어를 그대로 사용하고, 정치·문화적으로도 중국적 정체성을 유지하고 있다. 또 하나는 현지에서 출생한 토박이 화인이라고 할 수 있는 '페라나칸(peranakan, 土生華人)이다. 이들은 현지 방언이나 말레이어를 일상어로 하고 있고, 문화적으로도 중국이나 인도네시아 문화와는 다른 자기들만의 고유한 특징을 가지고 있었다.[22] 비공식통계에 따르면, 1950년대 중반 당시 인도네시아 화인인구는 대략 250만 정도였고(이는 인도네시아 인구의 3%에도 미치지 못하는 수이다.) 그 가운데 토톡스는 약 140만 명이었다고 한다.[23] 윌리엄 스키너(William Skinner)가 1950년대 후반 인도네시아 자바에 살고 있는 화인청년들을 대상으로 조사한 바에 의하면, 토톡스의 80%는 중국적 성향이 비교적 강하거나 중간 정도의 수준이었던데 반해, 페라나칸의 80% 이상은 중국적 성향이 비교적 약하거나 아예 없었다.[24]

인도네시아독립 이후, 원주민들의 대다수는 화인들에 대해 신뢰를 갖지 못하고 있었고 심지어는 노골적으로 적의를 드러내기도 했다. 당시 인도네시아 부통령 무함마드 하타(Mohannad Hatta, 1950년~1956년 재임)는 다음과 같이 말했다. "인도네시아사회에서 화인은 외국자본주의의 연장이다.……그들은 지금껏 높은 자리에서 경제적 특권을 누리고 있다." 또 인도네시아 국민당의 한 의원은 1956년 의회연설에서, 화인이 자국

---

22) J. A. C. Mackie and Charles A. Coppel, "A Preliminary Survey," J. A. C. Mackie (ed.), *The Chinese in Indonesia: Five Essays*, Honolulu: University Press of Hawaii, 1976, p.5.

23) 중국 주재 자카르타영사관의 내부보고에 따르면, 1950년대 초까지만 해도 인도네시아에 거주하는 중국교민은 대략 251만 명이었다. 文檔號117-00265-01(1953年3月18-31), 中華人民共和國外交部檔案.

24) William Skinner, *Communism and Chinese Culture in Indonesia: The Political Dynamics of Overseas Chinese Youth*, Unpublished manuscript, deposited at the Kroch Library, Cornell University, 1962, pp.19-20.

의 경제를 주무르고 있다며 이에 대해 강력한 비난을 퍼붓기도 했다. "우리 당은 우리나라경제가 외래화인의 지배를 받는 것에 반대합니다. 화인들은 사적 편취는 물론이고, 공적으로도 자기이익을 챙기는 데에만 혈안이 되어 있습니다." 정치적으로도 현지 화교는 충성심이라고는 찾아볼 수 없는 기회주의자로 인식되고 있었다. 심지어 일부 외교정책 담당자들은 화인들이 자신들의 집에 두 개의 초상화―하나는 마오쩌둥毛澤東이고 하나는 장제스蔣介石―를 번갈아 걸어놓는다고 비아냥거리기도 했다. 군사지도자들 사이에서도, 앞으로 화인들이 중국과 인도네시아공산당 간의 중개자 역할을 하게 될 것이고, 중국은 이들을 이용해 인도네시아 내정에 영향력을 행사하게 될 것이라고 생각하는 이들이 꽤 있었다. 이뿐만이 아니다. 어느 국방부 고위관료는 1957년 외신기자들 앞에서 공공연히 이런 발언을 쏟아내기도 했다. "만일 우리가 누구와 전쟁을 하게 된다면, 그것은 미국인이 아니라 화인이 될 것이다."[25] 물론, 위에서 인용한 발언들은 실제 사실과는 거리가 멀다. 그렇지만 분명한 사실은 화인이 중국과 인도네시아 관계에서 불리한 요소로 작용하고 있었다는 점이다.(다른 동남아 국가들 사이에서도 이와 유사한 배화정서排華情緒가 팽배해 있었다.)

교민의 이익보다 국가의 이익이 우선시되었던 시기

이른바 신중국(新中國) 성립 이후 처음 몇 년간, 중국정부는 청대부터 국민당정부를 거쳐 이어져 내려온 '혈통주의' 국적원칙을 그대로 견지

---

25) 이상의 자료는 모두 Hong Liu, *China and the Shaping of Indonesia, 1949-1965*, Singapore and Kyoto: National University of Singapore Press and Kyoto University Press, 2011.에서 재인용했다.

했다. 즉, 화인혈통을 가지고 있는 자는 그 거주지에 관계없이 모두 중국공민(中國公民)으로 간주했던 것이다. 1950년 외교부 문건에는, 중앙인민정부는 정치적으로 화교를 박해하는 정부에 대해 항의의 방식이든 성명의 방식이든 모든 수단을 총동원해 반격을 가하겠다고 되어 있다. 그러나 정작 당시 중국정부는 군사적으로도 그렇고 외교적으로도 해외교민에 대한 보호를 실시할 수 있을 만큼의 역량을 갖추고 있지 못했던 게 사실이다. 따라서 1953년 중국교무위원회는 해외교포들을 대상으로 다음과 같은 성명을 발표했다. "해외화교는 자신의 정당한 권익을 보호하고자 한다면, 화교 스스로의 단결된 힘에 의지해야 할 것이다."[26] 이와 동시에 신중국의 지도자들은 중국외교정책의 이익을 보장하는 것과 해외화교(중국공민 포함)의 이익을 보장하는 것 사이에는 모순이 존재한다는 것을 인식하고 있었다. 그래서 저우언라이(周恩來)는 1957년 전국인민대표대회 상무위원회에서 다음과 같이 말했다. "현재 중국은 이미 일어나기 시작했습니다. 또 점점 강해지고 있습니다. 그런데 아시아 인민들은 이런 대국을 앞에 두고, 이중국적에 대해 두려움을 느끼고 있습니다. 인도를 방문했을 때 또 버마를 방문했을 때, 난 그러한 느낌을 받았습니다."[27]

결국 중국정부는 인도네시아의 정부와 민간의 신뢰를 회복하고 화인에 대한 그들의 의심을 해소하기 위해 국가이익의 범위를 신속하고 명확하게 확정하는 것이 필요했다. 국가를 중심으로 한 교민정책과 외교정책의 수립은 바로 여기에서 비롯된 것이다. 그 중에서도 외교정책은 특히 중요해 교무정책(僑務政策)의 근간이자 지도원칙이 되었다. 그러나

---

26) 莊國土, 『華僑華人與中國的關係』, 廣東高等敎育出版社(廣州), 2001, 251-253쪽.
; Fitzgerald, *China and the Overseas Chinese*, p.83.
27) 夏莉萍, 「周恩來的單一國籍思想硏究」, 『外交評論』第4期, 2008, 11-17쪽 재인용.

피츠제럴드(Fitzgerald)는 그럼에도 불구하고 교무정책이 외교정책을 그대로 따랐던 것은 아니며, 외교정책의 목표와 충돌하지 않는 선에서 교무정책 나름의 독자적인 발전목표를 가지고 있었다고 말했다.[28] 1955년 4월 인도네시아 반둥에서 열린 아시아아프리카대회 기간 동안, 중국은 인도네시아와 〈이중국적문제에 관한 조약〉을 체결하고, 해외화인문제에 관한 신중국의 근본적인 정책전환을 대내외에 천명했다. 이 조약의 규정에 따르면, 이중국적을 가진 국민은 양국 중 어느 한쪽의 국적을 자유롭게 선택할 권리를 갖는다고 되어있다. 이는 사실상 '혈통주의' 국적원칙의 포기를 의미하는 것이라 볼 수 있다. 1950년대 후반부터는 중국과 동남아국가들 간의 관계에서 화교화인문제를 일소하기 위한 구체적인 정책들이 잇달아 쏟아져 나왔다. 이러한 정책들의 근저에는 해외화인이 거주국 국적을 선택하는 것을 장려하고, 중국은 해당 국가의 내정에 간섭하지 않겠다는 것이 기본전제로 깔려있었다. 1978년 덩샤오핑(鄧小平)은 버마(현, 미얀마) 대표단을 접견했을 때, 중국은 화교들이 자유의지로 거주국 국적을 선택하는 것을 장려하는 교무정책을 실시하고 있으며, 이것이 중국뿐만 아니라 화인 거주국에도 도움이 될 것임을 재차 밝힌 바 있다.[29]

그러나 〈이중국적문제에 관한 조약〉만으로는 중국과 동남아국가 간의 모든 마찰을 일거에 해결할 수는 없었다. 실제로, 1959년부터 1960년 사이에 화교문제를 둘러싸고 중국과 인도네시아 간에 발생한 충돌은 그동안 우호적 관계를 유지해왔던 양국관계에 불리하게 작용했다. 1959년 5월 인도네시아 무역부 장관 주안다(Djuanda Kartawidjaja)는 1960년

---

28) Fitzgerald, *China and the Overseas Chinese*, pp.74, 89-91.
29) 國務院僑務辦公室・中共中央文獻硏究室 編, 『鄧小平論僑務』, 中央文獻出版社(北京), 2000, 38쪽.

1월을 기점으로 외국인 소매상이 인도네시아 현(縣)급 이하의 지역에서 상거래를 할 수 없도록 금지하는 대통령령 제10호를 발령했다. 이는 최소한 30만 명의 화인들에게 직접적인 영향을 주었다.[30] 중국정부는 이에 대해 강력하게 항의했다. 이는 결국 쌍방 간의 교섭을 통해 대략 119,000명의 화교들이 귀국하는 것으로 마무리되었다. 그러나 이러한 충돌을 처리하는 과정에서, 중국정부는 양국 간의 공동이익과 공동목표의 중요성은 결코 해치지 않아야 한다는 방침을 견지함으로써 사태가 극단적인 충돌로까지 비화되는 것은 피했다. 중국 부총리 천이(陳毅)는 1960년 8월 4일 인도네시아 기자단 앞에서 이렇게 말했다. "중국은 앞으로도 인도네시아와 우호적 관계를 유지하기를 바랍니다. 화교문제는 어찌 보면 사소한 문제일 수 있습니다. 따라서 우리는 이 문제가 더이상 확대되는 것을 원치 않습니다. 반제·반식민은 중국과 인도네시아 양국의 공통된 이상이자 주요 현안입니다."[31] 천이는 1961년 3월 중국을 방문한 수카르노 대통령에게도, 화교문제는 중국과 인도네시아 관계에서 작은 문제이고 더군다나 이미 해결된 문제라는 점을 강조하기도 했다. 물론, 수카르노 역시 이에 대해 동의를 표했다.[32] 화교문제가 이렇게 외교적으로 해결됨으로써, 중국과 인도네시아 양국은 제국주의와 식민주의에 대한 반대라는 이상을 위해 공동 노력할 수 있는 기반을 마련할 수 있었던 것이다.

---

30) Fitzgerald, *China and the Overseas Chinese*, pp.145-47 ; Benny G. Setiono, *Tionghoa dalam Pusaran Politik(The Chinese in the Political Vortex)*, Jakarta: Elkasa, 2003, pp.792-793.

31) 『《印度尼西亞時報》記者和《人民日報》記者訪華簡報』, 1960年8月1-23日, 文檔號105-00985-03, 中華人民共和國外交部檔案.

32) 『陳毅副總理同印度尼西亞總統蘇加諾會談紀要』, 1961年3月31日, 文檔號111-00339-13, 中華人民共和國外交部檔案.

이상을 종합해보면, 결국 195, 60년대 중국과 인도네시아 간의 외교 관계와 화교문제의 관련성은, 샤인과 바스 두 학자가 국제정치상의 '피동적 디아스포라'에 대해 내린 정의를 실제로 증명한 것이라 볼 수 있다. 다시 말해, 화교화인은 국제관계에 주동적으로 개입한 것이 아니라 피동적으로 국제관계에 휘말려들었던 것이고, 정작 주동적 행위자는 바로 거주국이었다는 사실이다. 1950년대 중반 이후, 교민우선이 아니라 국가우선이 절대적 원칙으로 확립되었다는 것은 국가/정치 정체성이 민족/문화 정체성보다 상위개념이라는 것을 반영한다. 결과적으로 이러한 패턴은 이후 수십 년간 중국의 외교정책과 교민 간의 관계에 심각한 영향을 끼쳤다. 더욱이 해외화인과 중국 국내 인민들 간의 정치 정체성의 차이(전자는 일반적으로 중국 내에서 노동자와 구별되는 자본가 혹은 기업가로 인식된다.)[33])는 양자 간의 장벽과 간극을 보다 높고 크게 만듦으로써, 디아스포라의 이익과 국가의 이익이 일치할 수 없도록 하는 결과를 낳고 말았다.

33) 저우언라이 총리는 화교화인의 분화된 정치정체성의 문제에 대해서도 관심을 표명한 바 있다. 그는 1957년 전국인민대표대회 상무위원회에서 다음과 같이 말했다. "우리가 한번 상상해 봅시다. 1,200만 화교가 과연 다 돌아올 수 있겠습니까? 불가능합니다. 그들은 대대로 그곳에서 살아왔습니다.……게다가 그곳은 자본주의국가입니다. 설사 그들이 중국으로 돌아온다 해도 도저히 어울려 살 수가 없을 것입니다. 지금은 사회주의 국적을 걸어놓고 자본주의 경영을 하고 있지만 아무런 문제가 없습니다. 일처리도 아주 순조롭습니다." 그는 또 이렇게 말하기도 했다. "화교들은 경제권을 장악하고 있습니다. 모든 상업이 그들의 손아귀에 있는 셈입니다. 인도네시아도 그렇고, 캄보디아도 마찬가지입니다. 타이도 그 수가 엄청납니다. 싱가포르나 말레이시아는 오히려 적은 편입니다. 미얀마에도 일부 있습니다." 夏莉萍, 「周恩來的'單一國籍'思想研究」에서 재인용.

3. 세기 전환기의 해외화인과 중국외교

1970년대 말 개혁개방과 함께 해외화인과 중국외교 그리고 거주국 내정 사이에도 점차 변화가 감지되기 시작했다. 이러한 변화는 해외화인집단 자체 내에서 일어난 두 가지 큰 변화의 흐름과 밀접한 관련이 있다. 첫째, 거주국 국적을 취득하는 화인들의 수가 갈수록 늘어나게 되면서 동남아를 비롯한 세계 각국에 거주하는 해외화인의 거주국에 대한 충성도도 더더욱 높아졌다. 따라서 막대한 자본과 선진적 경영기법을 보유한 해외화인은 중국의 경제발전뿐만 아니라 거주국 특히, 동남아국가들과의 관계에도 유리한 요소로 작용했다. 둘째, 중국의 신이민자 즉, 신화교화인의 등장은 중국의 사회·경제 발전과 중국의 글로벌화에 보다 적극적인 동력으로 작용하게 되었다. 결과적으로, 이 또한 기존의 정책에 대한 새로운 도전인 셈이었다.

주요 자원으로서의 교민

해외화인집단의 변화 가운데 가장 두드러진 것은 바로 신화교화인의 급속한 성장이다. 비공식적 통계에 따르면, 그 수는 이미 600만을 넘어서고 있다.[34] 냉전시기 해외화인은 정치·문화적 정체성에서 중국과 분명한 차이가 있었다. 그러나 신화교화인은 중국에서 태어나 중국에서 교육을 받았고 더군다나 중국에는 그들의 가족들이 여전히 살고 있었다. 따라서 이들은 정치정체성이나 문화정체성 모두에서 중국과 일체감을 형성하고 있었다. 또한 신화교화인 중에 상당수는 서방에서 고등교육을 받은 전문가들로서 선진국의 발달된 지식과 기술, 노하우 등

---

34) 中國新聞社, 『2008年世界華商發展報告』, 中國新聞社(北京), 2009 참조.

을 가지고 있었다. 그런 의미에서 이들은 중국의 국가혁신에 기여할 수 있는 거대한 인재풀이라고 할 수 있다. 지난 20여 년 동안, 중국정부는 해외화교화인 가운데 우수한 인재들을 영입해, 이들이 다방면에서 다양한 방식으로 국가에 이바지할 수 있는 길을 열어놓았다. 기존의 '귀국봉사(回國服務)'라는 슬로건은 1993년 정식으로 '국가봉사(爲國服務)'로 그 이름이 바뀌었다. 이제 더 이상 지리적 의미의 귀국은 해외화인들이 중국의 사회·경제 발전 및 글로벌화 과정에 참여하는데 있어 선결조건이 되지 못했다. 결국, 국가정체성을 고정된 국경과 분리하고 중화문화를 중국대륙과 신화교화인을 연결하는 공통의 끈으로 인식하게 하는 이러한 새로운 정책으로 인해, 신화교화인의 수는 더욱 늘어나게 되었고, 그들의 애국의식도 보다 강화되었다. 중국이 2008년 올림픽 유치신청을 했을 때, 그들이 보여준 열정과 지지 그리고 타이완독립이나 티베트독립에 대한 그들의 반대는 모두 이러한 점을 반영하는 실례라 할 수 있을 것이다.[35]

이처럼 새로운 정책은 초국적 이민발전의 흐름과 추세를 그대로 반영함으로써, 귀국자들의 국가에 대한 기여를 독려하고 아울러 이들이 전 지구적 범위에서 자유롭게 이동할 수 있는 탄력적 공간을 제공해주었다. 결국, 전통적 의미에서 정치적·지리적 차원의 경계선이 명확하게 고정되어 있던 국가는 이제 보다 자유롭고 신축적인 초국적 개념으로 대치되기에 이르렀다. 특히, 이러한 정책의 최대 수혜자는 고학력·고기술을 가진 이민자들이었다. 이들은 조국이나 거주국 어디에서든

---

35) 劉宏, 「作爲新政策領域的跨國華人 : 20世紀末21世紀之初的中國與新加坡」, 『中國硏究』 第5/6輯, 2008, 252-274쪽 ; 劉宏, 「當代華人新移民的跨國實踐與人才還流 : 英國與新加坡的比較硏究」, 『中山大學學報』(社會科學版) 第6期, 2009, 165-176쪽 등 참조.

마음대로 일을 할 수 있었고 양국 모두에서 여러 방면의 일을 동시에 진행할 수도 있었다. 이들은 이제 더 이상 국경의 제한을 받지 않아도 되었던 것이다. 이른바 '디아스포라의 선택' 혹은 '인재환류'의 전형적인 모델인 셈이다. 또한 중국정부는 전문적인 기술을 가진 이민자들의 귀국을 적극 환영했을 뿐만 아니라 해외화인 단체 및 개인들과도 보다 긴밀한 관계를 형성해나갔다. 그러나 국가와 이민자들은 여전히 사유방식과 행동양식에 있어서 차이(초국적 이동과 국가주권 지상주의의 모순 등)를 보이고 있다. 이 또한 불가피하게 각 집단의 이익에 영향을 주었음은 물론이다. 가령, 이중국적을 둘러싼 논쟁은 복잡하게 착종되어 있는 국제이민과 국제관계 간의 다양한 상호작용방식의 한 유형이자 그 반영이라 할 수 있다.

이중국적정책에 대한 수정 노력과 그 결과

신화교화인은 개혁개방 이전에 주로 동남아지역에서 귀국한 교민들과는 달리 매우 활발한 국제유동성을 지니고 있었다. 가령, 졸업 후에 영국으로 유학을 갔던 학생들을 대상으로 한 2007년 조사에 따르면, 이 가운데 귀국을 선택한 유학생은 37%였던 반면에 29%는 귀국계획이 없었으며, 나머지 34%는 아직 결정을 미루고 있는 상태였다.[36] 또 2006년 베이징에서 일을 하고 있는 귀국자들을 대상으로 한 조사를 보게 되면, 이 가운데 692명(23.1%)은 외국국적을 가지고 있었고 445명(14.8%)은 외국영주권 소유자였다. 이 두 부류만 따지더라도 전체 조사인원의 37.9%에 해당하는 수치이다. 최근에는 이민자 가운데 조국과 거주국

---

36) 《新歐僑報》, 2007.4.16

모두에서 창업을 하고 그에 따라 양국을 수시로 드나드는 전문기술인들이 점차 늘고 있는 추세이다. 결과적으로, 이는 전문기술과 선진적인 경영노하우를 중국에 도입하는 효과를 거두고 있다. 구미동창회(歐美同學會) 부회장인 왕후이야오(王輝耀)의 말에 따르면, 하이꾸이(海歸)[37]와 해외정착민 사이에 끼어있는 이러한 '하이어우(海鷗, 철새인 갈매기에 비유)'의 수는 이미 10만을 넘어서고 있고, 오늘날 중국국제이민의 중요한 특징의 하나가 되고 있다고 한다.[38]

현재 신화교화인 가운데 상당수가 거주국 국적을 취득한 상태이다. 이른바 '하이어우' 중에서도 외국국적 소지자가 꽤 많은 편이다. 이 때문에 중국에서는 자연히 이중국적의 문제가 다시 불거지게 되었다. 1999년 중국인민정치협상회의 전국위원회(약칭, 중국전국정협회의)에서 이중국적을 허용하는 국적법 개정 법률안이 처음 제출된 이래, 이중국적을 허용(혹은 조건부 허용)하자는 의견은 양회(兩會)[39]나 언론매체 등 다양한 경로를 통해 꾸준히 제기되어왔다.[40] 2003년 10월 캐나다 푸통화화인연합회(普通話華人聯合會)는 캐나다 거주 신화교화인을 대상으로 인터넷 설문조사를 진행한 바 있다. 설문조사 결과에 따르면, 전체 참여자 1,888명 가운데 92.6%가 거주국에서 이중국적을 허용하고 있다면 중국도 이중국적을 허용해야 한다고 답했다.[41] 당시 이 연합회는 이상의

---

37) 해외에서 유학을 하거나 일을 하다가 귀국한 사람을 일컫는 신조어.(옮긴이)
38) 王輝耀, 『當代中國海歸』, 中國發展出版社(北京), 2007, 11쪽 ; 《北京靑年報》, 2009.1.2.11.
39) 全國人民代表大會와 中國人民政治協商會議를 일컫는다.(옮긴이)
40) 이와 관련된 논의는 周南京 主編, 『境外華人國籍問題討論輯』, 香港社會科學出版社(香港), 2005, 第3章과 第4章에 수록되어 있다.
41) North Chinese Community of Canada. 캐나다 푸통화화인연합회(普通話華人聯合會)는 2001년에 성립되었다. 회원 대부분은 개혁개방 이후 중국대륙을 떠나 새롭게 캐나다로 이민을 온 신화교화인이다.

결과를 국무원교무판공실 주임 천위제(陳玉杰)에게 전달했다. 2004년에는 뉴질랜드 소재 4개 화인단체가 공동으로 전국정협 부주석 뤄하오차이(羅豪才)에게 이중국적 개정조례안을 건의한 일도 있었다. 중국 국내에서도 한팡밍(韓方明), 왕후이야오와 같은 일부 정치인과 하이꾸이 출신 인사들이, 첨단기술을 지닌 이민자들이 더욱 능동적이고 적극적으로 국가에 이바지할 수 있도록 이중국적문제를 탄력적이고 융통성 있게 처리해줄 것을 건의하기도 했다.[42]

이중국적 허용을 주장하는 이들이 내세우는 근거는 다음 다섯 가지로 모아진다. 첫째, 역사적 배경의 변화이다. 즉, 이중국적과 관련된 규정과 1980년의 〈국적법〉은 시대적 산물로써, 그동안 중국과 동남아국가 간의 관계개선에 도움을 주었던 게 사실이지만 오늘날과 같은 세계화시대에 이민은 국제적으로 보편적인 현상이 되고 있기에 중국도 신화교화인을 국가발전에 적극적으로 참여시켜야 한다는 것이다. 둘째, 문화와 정서적 요소이다. 신화교화인은 중국에서 태어났기 때문에 중국에 대해 강한 동질감과 유대감을 가지고 있다. 정서적으로도 신화교화인은 자신이 태어나고 자란 국가에 강한 친밀감을 가지고 있다. 따라서 개중에는 기회 있을 때마다 '고향으로 돌아가겠다(回家)'는 말을 종종 입에 올리는 사람들도 있고 또 실제로 그것을 꿈꾸는 이들도 있다. 바

---

http://www.putonghua.ca/about.php.

42) 한팡밍(韓方明)은 현재 전국정협 외사위원회(外事委員會) 부주임으로 있다. 왕후이야오는 구미동창회(歐美同學會) 부회장이다. 이중국적에 관한 이들의 건의는 周南京 主編, 『境外華人國籍問題討論輯』에 수록되어 있다. 필자는 2005년부터 2009년까지 베이징, 싱가포르, 맨체스터 등에서 이들과 이중국적문제를 두고 여러 차례 이야기를 한 적이 있다. 이중국적과 관련한 일반인들의 견해를 듣고자 한다면, http://cache.tianya.cn/publicforum/content/outseachina/1/19070.shtml.을 참조하기 바란다.

로 이러한 선천적인 관계가 중국이 그들의 국적을 인정하는데 토대를 마련해주었다는 게 그들의 주장이다. 셋째, 경제적 우위이다. 이중국적 허용은 기술과 지식, 자본 그리고 풍부한 경험을 지닌 세계적 인재를 유치하고 관리하는데 유리할 것이고, 그들의 자유로운 이동을 보장하는 것은 비즈니스나 기타 교류에도 큰 도움이 될 것이다. 그리고 이것은 결과적으로 중국의 발전에도 기여하게 될 것이다. 넷째, 정치적·법률적 의미이다. 이중국적 허용은 중국에 대한 신화교화인의 지지와 옹호를 이끌어낼 것이고 동시에 각급별 인민대표대회 등 중국의 정치발전과정에 이들의 참여를 가능케 할 것이다. 뿐만 아니라 국적법을 개정해 이중국적을 허용하게 되면, 이는 '반독촉통(反獨促統, 독립반대/통일촉구)'과 같은 국가미래계획에도 도움이 될 것이고, 외국국적을 가진 화인들을 관리하는 데에도 이로울 것이다. 다섯째, 글로벌화로 나아가고 있는 세계적 흐름이다. 대다수 국가 특히, 서방선진국들은 이미 직간접적으로 이중국적을 허용하고 있다. 이중국적 허용은 국제적 흐름에 순응하는 것이다. 따라서 이중국적 허용은 국가와 내국인뿐만 아니라 이민자들에게도 이익이 될 것이다.

특히, 이상과 같은 국적법 개정에 대한 각종 청원은 21세기 벽두부터 언론의 대대적인 관심을 불러 일으켰고 심지어 일부 언론은 정부가 이미 개정을 고려하고 있다고 보도하기까지 했다. 그러나 이에 대한 정부나 민간(학계 포함)의 반대의 목소리도 만만치 않았다. 이때마다 그들이 내세우는 이유는, 냉전시기 중국과 동남아국가들 간의 외교관계에서 화교문제로 인해 얼마나 많은 어려움을 겪어야만 했는지를 유념해야 한다는 것이었다. 중국 공안부(公安部)는 전국정협위원 한팡밍을 비롯한 각계인사들의 건의에 대해 이같이 답변했다. "현행 국적법은 중국의 핵심적인 국가이익에 부합한다. 또한 이 법률의 존속은 화교들이 거주국에 동화하고 융화되는 데에도 훨씬 유리하다." 이와 동시에 중국정부는 신화교화인이 국가에 공헌하는 것을 장려하고 그들의 자유로운 이동을 허용하는 각종 정책과 법규를 제정해 실시했다. 결국, 이상의 이중국적 허용에 관한 논쟁과 각종 청원활동은 2004년 12월 국무원교무판공실이 국적법 개정은 시기상조라고 공식적으로 표명함으로써 사실상 일단락을 고했다고 볼 수 있다.

그러나 공통의 문화와 민족정체성을 가진 신화교화인이 중요한 인재풀이 되고 있다는 현실은 결국 정부로 하여금 각종 우대정책을 수립하도록 만들었다. 이러한 정책의 근본 취지는 국가의 핵심이익(외교정책의 주도성)과 신화교화인의 이익과 수요를 동시에 만족시키는데 있었다. 2004년 8월, 중국이 이른바 그린카드 시스템을 도입하게 된 것도 중국의 정책적 관심과 초점이 귀국자 전체에서 국제적 경험과 국제적 시야를 갖춘 고급인재로 점차 옮아가고 있다는 것을 의미했다. 2006년 12월 중국 인사부(人事部)는 첨단기술을 가진 유학생 출신의 귀국자들을 위해 특별히 '녹색검색대(Green Channel, 일종의 면세통로)'를 설치하기도 했다. 이러한 인재들은 크게 세 부류로 나눌 수 있다. 첫째, 중국의 기술발전과 사회발전에 기여할 수 있는 세계적 수준의 고급인재. 둘째, 중국이 세계 각국과 교류를 강화하는데 이바지 할 수 있는 고급인재. 셋째, 풍부한 국제적 경험과 국제적 시야를 갖춘 고급인력. 2008년도에는 중공중앙조직부(中組部) 주도 하에, "각 분야별로 해외의 고급인력을 유치"하겠다는 취지의 이른바 '천인계획(千人計劃)'을 수립했다. 이는 장기적인 국가전략차원에서 핵심기술을 개발하고, 첨단산업을 발전시키고, 신흥학문을 선도할 수 있는 과학자나 과학기술분야의 뛰어난 인재들을 영입하자는 계획이다.[43]

---

43) 『中國海歸』 2009年 12月號(千人計劃特別專號), 2009 참조.

이중국적문제에 관한 논쟁과 그 해결책을 논의하는 과정에서 다음 세 가지의 주목할 만한 현상들이 나타났다. 첫째, 고학력·고기술을 보유한 인재들이 귀국을 선택하는 것이 하나의 유행처럼 되었다는 것이다. 사실, 이민자들의 대다수는 조국과의 관계 강화를 위해서는 중국국적을 회복하거나 유지할 필요가 있다고 생각한다. 이것이 바로 중국의 초국적 인재들이 날로 증가하게 되는 중요한 배경 중의 하나이다. 둘째, 첨단기술을 보유한 신화교화인들은 국제화와 국가이익 간의 구조적 차이를 줄이고 양자 간의 공동 이익을 추구하기 위해서는 국적법에서 규정하고 있는 각종 제한조치를 해제해야 한다고 생각한다. 그들의 이러한 관점은 일부 정부 관료들과 언론매체의 지지를 받고 있고, 실제로도 국제적인 사유방식과 국가적 환경이 상호 융합하는 흥미로운 현상으로 나타나고 있다. 셋째, 이중국적 허용이 받아들여지지 않고 있다는 것은 1950년 중반 이후부터 형성된 국가이익 우선주의가 여전히 효력을 발휘하고 있다는 증거라고 할 수 있다.(즉, 샤인과 바스가 지적한 '낮은 삼투가능성') 그러나 그렇다고 해서 이것이 국가가 교민의 이익을 치지도외하고 있다는 뜻은 결코 아니다. 다만, 잠재적 외교문제로 비화될 가능성이 있는 문제(이중국적 회복으로 인해 야기될 수 있는 외국정부의 우려)를 내정(內政)의 차원에서 합리적으로 풀어보겠다는 것이다. 따라서 정부는 신화교화인이 자유롭게 활동할 수 있는 다양한 조치들을 마련해 그들이 국가를 위해 이바지 할 수 있도록 독려하고 있다. 결국 이러한 조치들을 통해, 국제화된 해외교민들은 정치에 참여하는 과정 속에서 점차 자신의 의견을 표출할 수 있는 효과적이면서도 합법적인 길을 찾을 수 있게 되었다. 1950년대를 경험했던 그들의 선배들과는 달리, 신화교화인은 중국의 내정과 외교에 일방적으로 동원되는 피동적인 대상이 더 이상 아니다. 또한 고학력·고기술의 신화교화인에 대한 각종 장려정책은 잠재적 외교문제로 비화될 가능성을 미연에 차단하고 나아가 그 것을 국내문제로 끌어들여 해결하고자 하는 중국정부의 성숙도와 관용 성을 보여주는 것이라 볼 수 있다. 지난 수년 동안 계속해서 증가추세 를 보이고 있는 '하이꾸이'의 상당수가 이제는 국가정부기관 각 부문의 당당한 책임자가 되어 있는 것이 그 예이다. 미국 브루킹스연구소에 연 구원으로 있는 리청(李成)의 통계에 의하면, 제5세대 지도자의 15%가 해 외(특히, 미국이나 유럽)유학의 경험을 가지고 있고, 그 중의 28%는 해외에 서 학위를 취득했고 64%는 해외에서 1년 이상 공부를 했거나 일을 한 경험이 있었다. 이는 해외유학과 취업경험이 개방화의 길로 매진하고 있는 중국에서 얼마나 중요성을 띠고 있는지를 단적으로 보여주는 하나 의 예라 할 수 있다.44) 최근의 몇몇 연구에서도, '하이꾸이' 인사들의 경 우 일반적으로 국제적인 업무에서 보다 국제주의적인 입장을 견지하고 있다는 사실이 밝혀지고 있다. 이는 체제 밖에 있는 학자들이 중국의 외교정책을 연구하는 데에도 일정한 영향력을 발휘하기 시작했다.45)

44) Cheng Li, "China's Fifth Generation : Is Diversity a Source of Strength or Weakness?" *Asia Policy*, no.6, 2008, pp.53-93.
45) Donglin Han and David Zweig, "Images of the World: Studying Abroad and Chinese Attitudes towards International Affairs", *The China Quarterly* 202, 2010, pp.290-306 ; Bonnie Glaser and Evans Medeiros, "The Changing Ecology of Foreign Policy-Making in China : The Ascension and Demise of the Theory of 'Peaceful Rise'", *The China Quarterly* 190, 2007, pp.291-310.

맺음말

왕경우는 현재 중국은 2천년의 역사 속에서 네 번째 융성기(崛起)를 맞고 있지만 이번의 융성기는 과거 그 어느 때보다도 더 많은 도전과 시련을 중국에 안겨다줄 것이라고 예견한 바 있다.[46] 중국의 지도자들은 중국의 보편적 가치에 대한 정의와 한계를 분명히 하고, 현대적 발전과 역사적 유산을 상호 결합시킬 필요가 있다. 그러나 보다 중요한 것은 무궁무진한 변화의 가능성이 잠재되어 있고 각종 이익들이 상호 융합하고 상호 영향을 주고받는 불확실성이 상존하는 세계화 시대임에도 불구하고, 자신들은 국가적 통일과 사회적 조화 그리고 안정을 위해 노력하겠다는 약속을 하는 일이다. 그런 의미에서 필자는 국제이민과 외교정책을 얼마나 원만히 처리할 수 있는가 하는 것이 중국이 앞으로 직면해야 할 도전 중의 하나라고 생각한다.

앞서 서술한 바와 같이, 해외화인은 개혁개방 이후 중국의 경제발전에 지대한 역할을 해왔다. 나아가 중국이 아시아강대국을 넘어 국제무대에서도 서서히 그 위력을 떨치게 되면서 해외화인은 한층 더 복잡하고 다원화된 역할을 요구받고 있다. 특히, 아시아에서 중국의 정치경제적 위상이 갈수록 높아짐에 따라, 일부 동남아국가들에서는 일종의 '재중국화(再華化)' 현상이 일어나고 있기도 하다. 다시 말해, 중화문화를 떠받들고 중국적 정체성을 강조하는 그리고 중국과 다양한 형태의 관계를 맺으려 시도하거나 실제로 맺고 있는 화인들이 늘어나고 있는 것이다. 이는 2, 30년 전까지만 해도 자신의 화인신분을 가능하면 숨기려 했고, 자신의 문화를 즐기고자 할 때에도 되도록 남의 시선을 피하고자

---

46) Wang Gungwu, "China Rises Again," *Yale Global Online*, 25 March 2009.

했던 그들 선배들의 움직임과도 선명한 대조를 이루는 일이다. 2006년 당시 타이의 국회의원 가운데 2/3가 중국계였다. 최근에는 타이의 총리를 역임했던 자들이나 정치가들 중에 자신의 화인신분이나 중국적 배경을 공개적으로 밝히는 경우도 종종 볼 수 있었다. 물론, 여기에는 이를 통해 중국과의 교류의 문을 열고 그럼으로써 자신의 자국 내 인기도 함께 올리고자 하는 양수겸장의 의도가 없지는 않을 것이다. 심지어 타이 국회의원이었던 크라이삭 추나반(Kraisak Choonhavan)은 이렇게 말하기도 했다. "의회 내에 내가 알고 있는 사람들은 거의가 다 중국을 다녀왔다. 또 중국을 방문하는 태국 관리들은 중국 관리들과 이야기할 때면, 언제나 자신의 족보를 들먹이며 중국과의 친연성을 언급하곤 한다." 또 개중에는, 해외화인은 이미 중국이 자신의 국제적 매력을 발산하는 하나의 수단이 되었고, "중국경제발전의 강력한 도구"가 되었다고 지적하는 평론가들도 있다.[47] 그러나 여기서 반드시 짚고 넘어가야 할 것은, 이러한 상황은 자칫 냉전의 기억을 다시 떠올리게 할 수도 있고 결과적으로, 동남아화인이나 중국 모두에게도 도움이 되지 않을 것이라는 점이다.

서방국가에서 화인이 차지하는 수적 비율은 그리 높은 편이 아니다. 또 서방 각국에서 그들이 점하고 있는 경제·정치적 지위도 결코 높다고 할 수 없다. 그럼에도 불구하고 그 지역사람들은 중국계 이민자들의 충성도마저 의심하고 있는 상황이다. 더욱이 중국의 부상으로 인해 그 우려의 도는 갈수록 높아지고 있다. 2009년 초, 미국 100인회(百人會,

47) Kang, *China Rising*, p.136 ; Joshua Kurlantzick, *Charm Offensive : How China's Soft Power Is Transforming the World*, New Haven : Yale University Press, 2007, pp.103, 76-77, 84.

Committee of 100)[48]가 조사한 바에 따르면, 미국 국민의 45%가 아시아계 미국인은 미국보다 자신의 조국에 대한 충성도가 더 높다고 생각한다는 결과가 나왔다. 이는 2001년의 동일조사에서 나온 37%보다 높은 수치이다. 반대로 미국계 화인의 약 75%는 중미 간의 경제적 마찰이나 군사적 충돌이 발생할 경우에 미국을 지지하겠다고 답했다. 그러나 이러한 견해에 동의하는 미국 국민은 56%에 불과했다.[49]

이상에서, 필자는 국제관계발전에 있어 중국굴기와 해외화인의 관계 그리고 해외화인의 중국적 특징과 관련해 다음 세 가지의 결론을 얻었다.

첫째, 국가이익이 교민이익에 우선한다는 원칙이 확립되고 실천되기 시작한 1950년대 중반부터, 해외화인은 국제관계의 피동적인 요소가 되었다. 특히, 냉전적 배경 하에서는 정치·문화적 정체성의 차이로 인해 중국과 해외화인의 차이가 더욱 도드라져 보였다. 그러나 가히 혁명적 변화였다고 할 만한 1980년대 개혁개방의 시대로 접어들게 되면서, 해외화인사회도 점차 변화하기 시작했다. 구세대 화인은 개혁개방시기 처음 20년 동안의 중국발전을 견인할만한 충분한 자금력을 확보하고 있었다. 그리고 이후 20년의 중국발전은 중국 국내인과 거의 동일한 정치·문화적 정체성을 지닌 이른바 신화교화인이 사실상 이끌었다 해도 과언은 아니다. 이는 이들이 이른바 글로벌한 시대에 중국이 필요로 하는 선진적 경영기법과 풍부한 국제적 경험을 가지고 있었기에 가능한 일이었다. 지난 30년간 중국이 사회·정치적으로 대변환의 시기를 겪는 동안, 해외화인의 역할은 갈수록 증대되었다. 특히, 신화교화인과 국내인 간의 교류와 접촉은 그 깊이와 빈도 면에서 현저한 증가세를

48) 1989년 천안문사건 이후, 미국에서 성립된 화인엘리트조직.(옮긴이)
49) Committee of 100(百人會), *Still The "Other?" Public Attitudes toward Chinese and Asian Americans*, New York : Committee of 100, 2009.

보였다. 그리고 이것이 바로 국적법 개정과 이중국적 허용을 주장하는 데 배경적 조건이 되어주었다. 국적법 개정이나 이중국적 허용에 대한 각계의 청원은 이러저러한 복잡한 요인들로 인해 아직 받아들여지지 않고 있다. 그러나 신화교화인이 국가에 공헌할 수 있는 길을 터놓는 일련의 정책들은 지금도 속속 쏟아져 나오고 있다. 이로 인해, 신화교화인과 중국 간의 상호교류는 보다 긴밀해져가고 있고, 신화교화인의 초국적 유동성을 용이하게 할 수 있는 각종 제도적 보완도 점차 그 결실을 보고 있다. 아울러 중국정부는 외교와 교무 분야에서 이른바 '사람 중심(以人为本)'의 지도이념을 실천하고 있을 뿐만 아니라 해외교민의 권익을 보호하려는 노력도 게을리 하지 않고 있다. 예를 들어, 2006년 솔로몬제도에서 배화사건(排華事件)이 일어났을 때에도 중국은 교민들의 안전을 위해 최대한의 지원과 최선의 노력을 기울인 바 있다. 최근 들어, 이른바 '하이꾸이'들이 기존의 정치체제에 참여하고 개입하는 경우가 늘고 있다. 따라서 앞으로는 그 정도의 차이는 있을 수 있겠지만 그들이 중국의 각종 외교사무(공공외교 포함) 등에서 일정한 영향력을 발휘하게 될 것임은 능히 짐작할 수 있는 일이다.[50)]

둘째, 중국적 특색의 국제관계이론을 건립하기 위해서는 국제이민에 대한 고려가 선행되어야 한다. 가령, 오늘날 정체성을 기초로 한 이익은 교민과 국제관계를 연결하는 중요한 기제가 되고 있고, 때마침 정체성에 대한 관심은 국제관계 속의 구조주의 이론과 상호 결합되는 경향이 있다. 데이비드 캉(David Kang)이 국제관계에서 위협이냐 안정이냐를 결정하는 핵심변수는 권력이 아니라 이익과 정체성이라고 말했던 것이

---

50) 劉宏, 「華僑華人與中國的公共外交」, 『公共外交通訊』 創刊號, 全國政協外事委員會編輯出版, 2010.3, 51-55쪽 참조.

바로 이 경우라고 할 수 있다.[51] 물론, 해외화인이 중국정치에 참여하는 것에 대해 일반 중국인들이 어떻게 생각하는지 그리고 정체성을 기반으로 한 해외화인의 이익이 중국국민이나 구체적인 정책결정권자의 이익과 상호 일치하는지의 여부 등은 여전히 체계적인 고찰과 실증적인 연구가 필요한 부분이다. 세계 다른 지역의 디아스포라와 국제관계 간의 상호관계에 대한 기존의 연구는 중국국제관계이론을 건립하는데 일부 참고가 될 수는 있다. 그러나 보다 중요한 것은 중국의 문화, 역사, 사회, 정치 구조상의 독특성 등에 대한 충분한 고려가 선행되어야 한다는 점이다. 이를테면 샤인과 바스는, 디아스포라의 자원에 대한 조국의 요구가 증가하면 할수록 그 사회는 디아스포라의 영향력이 침투할 가능성이 훨씬 높아지게 될 것이며, 그에 따라 외교정책에 대한 디아스포라의 압력도 가중될 것이라고 보았다. 그러나 이것은 중국의 경우에는 적용될 수 없는 논리이다. 물론, 해외화인의 경제·문화·사회적 자원이 중국의 발전과정에 중요한 역할을 한 것은 분명한 사실이다. 그러나 조국 중국의 외교영역에서 그들이 할 수 있는 역할과 그들이 발휘할 수 있는 영향력은 그다지 두드러지지 않고 있는 게 현실이다. 따라서 바로 이러한 차이를 제대로 이해하기 위해서는 역사성(historicity) 및 국가와 해외화인 자신의 정체성 변화 속에서 그 해답을 찾을 수밖에는 없다.

셋째, 중국의 국제적 위상이 날로 높아지고 있는 이른바 중국굴기의 시대에, 중국과 해외화인 간의 관계는 보다 신중하고 조심스럽게 다루어질 필요가 있다. 지난 반세기 동안, 해외화인과 중국은 각종 분야에서 매우 긴밀하고 다양한 관계를 형성, 유지해왔다. 과거 양자 간의 이

51) Kang, *China Rising*, p.9.

러한 상호관계가 성립될 수 있었던 데에는 기본적으로 특수한 시대적 영향 탓이 크다고 할 수 있다. 다시 말해, 청나라 말기에는 중국의 국세가 극도로 약했고 192, 30년대에는 나라가 산산이 분열되어 있었다. 또 국내외적 환경의 제약으로 인해 성공을 눈앞에 두고 좌절한 때도 있었다.(1949~1965년) 그러나 지금은 그런 시대가 아니다. 시대가 완전히 바뀌었다. 오늘의 중국은 세계 제2의 경제대국이고, 세계질서를 새롭게 구성하고 재조정하는데 있어 주도적인 기획자 중의 하나이다. 이렇듯 변화된 새로운 환경 하에서는, 해외화인을 볼 때에도 보다 역사적이면서도 동시에 미래지향적인 눈으로 바라보아야 한다. 즉, 국내의 사회·경제·정치 과정 속에서 끊임없이 증가되고 있는 해외화인의 역할을 긍정적으로 바라보고, 그에 상응하는 제도적 보장을 위해 한층 더 노력해야 할 것이다. 이는 중국이나 해외화인에게도 새로운 도전이겠지만, 국제이민과 국제관계에 있어 화인문제를 연구하는 학자들에게도 새로운 과제이다.

이동의 업연(業緣)
— '지방(地方)'의 재발견

펑자오롱(彭兆榮)

1. 방(方)과 지방(地方)

지방(地方)의 '방(方)'

중국어에서 '방(方)'은 여러 가지 의미를 지닌다. 심지어 십여 가지의 뜻으로 표현될 때도 있다. 갑골문에서 '方'(ㅓ)은 '人'(ㅓ) 두부(頭部)에 일종의 지사(指事) 부호라 할 수 있는 가로획 '一'을 더한 글자이다. 이에 대해서는 머리를 밀고 얼굴에 묵형(墨刑)을 한 것으로 죄인을 의미한다고 보는 견해도 있다.(『象形字典』) 옛 사람들은 머리카락을 부모가 내린 생명의 일부로 간주해 함부로 자르지 않았다. 따라서 머리를 밀어버린다는 것은 그 자체로 죄인의 형상이며, 죄에 대한 일종의 징벌이라 할 수 있다. 한편, 시라카와 시즈카(白川 靜)는 '方'이란 상형문자는 횡목(橫木)에 목을 매 죽은 사람의 형상이며, 이는 변방에 설치한 금주(禁呪 ; 邪惡을 뿌리 뽑는 巫術)를 비유한 것으로 외방(外方 : 변방국, 외국)의 의미를 갖는다고 했다.[1] 또 어떤 갑골문에는 ㅓ의 형태로 되어있는데, 이는 사람 목 부위

---

[1] 白川 靜, 『常用字解』, 蘇冰 譯, 九州出版社(北京), 2010, 399쪽.

(頸部)에 ⊢('칼' 모양)을 더한 것으로 칼을 쓴 죄인을 의미하는 것이다. 갑골문에는 ⃒(하천)을 붙인 ⃒(汸)이란 이체자(異體字)도 있다. 이것의 본래 의미는 '변방으로 유배를 보내다(流放)'이다. 따라서 변방이나 변경 즉, '먼 곳(遠方)'이란 뜻으로 확장되어 쓰이기도 한다. 『논어(論語)』「학이(學而)」편을 보면, "벗이 먼 곳으로부터 온다(有朋自遠方來)"라는 구절도 있다. 이 외에도 '방'에는 '표준(規矩)'이라는 뜻도 있다. 『묵자(墨子)』「천지·중(天志·中)」편에는 "표준(矩)에 부합하는 것을 방(方)이라 하고, 표준에 부합하지 않는 것은 불방(不方)이라 한다. 방인지 불방인지는 분명히 알 수 있다. 이는 왜인가? 표준이 명확하기 때문이다.(中吾矩者謂之方, 不中吾矩者謂之不方, 是以方與不方, 皆可得而知之. 此其故何? 則方法明也.)"라는 말이 있다.

천지(天地) 간의 경계는 인(人)에 의해 이루어진다는 뜻으로 '방'을 해석하는 경우도 있다. 여기서 '방'은 지상의 인간이란 뜻이다. 따라서 '방'은 일종의 경험론적 우주관의 표현이라 할 수 있다. 다시 말해, '우주' 자체가 시공(時空)이므로, '방'은 '공간'과 '시간'의 개념을 아울러 지니고 있다 할 수 있다. 또한 인간의 생명과 신체도 '방'의 의미를 갖고 있다. 중의학에서 인간의 신체에 이러한 인식을 대응하고 있는 것도 이 때문이다. 즉, 몸속 어떤 '방위(方位)'의 기관에 문제가 발생하면, 그에 따라 곧바로 '처방(處方)'을 내리는 이치이다. 따라서 중의학은 생명과 신체에 대한 중화민족의 우주관이 투영된 것이라 볼 수 있다. 또 '방'을 밭을 가는 쟁기에서 비롯된 것으로 생각하는 이들도 있다. "땅을 갈아엎는 데에 방을 사용한다(起土爲方)"는 말은 그래서 나온 것이다. 이처럼 '방'은 중국문화체계에서 매우 넓은 의미로 사용되고 있다. 참고로, 『갑골학사전(甲骨學辭典)』에서는 다음과 같이 뜻풀이를 하고 있다. 1. 족명(族名, 方國) 2. 인명 3. 지명 4. 방국(方國)²)의 총칭 5. 사방을 둘러보다(四望, 武乙과 文丁 시기의 卜辭에는 이런 말들이 있다. "東方만이 풍년이다." "南方이 풍년이고 西

方이 풍년이다." "北方이 풍작이고 西方이 풍작이다."(『屯』 423, 2377 ; 『合』 33244〕) 6. 제명(祭名) 즉, 방(枋)3)

중국에서 '방'이 사용되기 시작한 것은 아주 오래전이다. 위성우(于省吾) 선생은 갑골문에 '방'과 '토(土)'를 '제(祭)'의 의미로 쓴 예를 근거로 이를 제사를 가리키는 것으로 해석했다. 그의 해석에 따르면 다음과 같다.(위于 선생은 10여개의 예를 들었지만, 여기서는 생략하기로 한다.)

갑인년에 점을 치고, 상제께 □ 한 마리, 소 한 마리, 개 아홉 마리를 바치고 제를 지냈다.(甲寅卜, 其帝方一□一牛九犬.〈明七一八〉)

을유(乙酉)년에 점을 치고, 상제께 양 한 마리를 올리고 제를 지냈다.(乙酉卜, 帝於方, 用一羊.〈己九〉)

원래 갑골문에는 '제방(帝方)'이 아니라 '방제(方帝)'라고 되어 있고, '제어방(帝於方)'은 본래 '제방(帝方)'으로 되어 있다. 그러나 위(于) 선생은 전자는 도치된 것이고 후자는 줄임말이라 보고 위와 같이 바꾼 것이다. 갑골문에서 '제(帝)'는 '상제(上帝)' 혹은 '제명(祭名)'을 뜻한다. 주대(周代)의 금문(金文)도 이와 동일하다. '제명'의 의미로 사용되는 '제(帝)'는 실제로는 큰 제사(大祭)를 일컫는 '체(禘)'이다. 또 앞에서 언급했듯이, '토(土)'는 본래 사(社)를 일컫는 것으로, '방(方)'과 함께 '제(祭)'의 의미로 쓰인다. 『시·소아·보전(詩·小雅·甫田)』을 보면, "곡물과 순백의 양을 제물로 사(社)와 방(方)에게 제를 올린다.(以我齊明, 與我牲羊, 以社以方)"라는 구절이 있다. 모전(毛傳)에서는 "기(齍)는 실제로 제(齊)를 이름이며, 기(齍)에 담긴

---

2) 방국(方国)은 방국부락(方国部落)이라고도 하며, 이는 중국 하상(夏商) 때의 제후국을 말한다.(옮긴이)

3) 孟世凱, 『甲骨學辭典』, 上海人民出版社(上海), 2009, 160쪽.

것은 제물(盛)을 말함이다. 사(社)는 후토(后土, 토지신)이며, 방(方)은 사방신이다.(器實曰齊, 在器曰盛. 社, 后土也. 方, 迎四方气于郊也.)"라 했고, 정전(鄭箋)에서는 "풍성한 제물과 순백의 양으로 가을에 토지신(社)과 사방신(方)에게 제를 올린다.(以絜齊豊盛, 與我純色之羊, 秋祭社與四方)"라 했다. 이는 모두 상대(商代)부터 사와 방이 제사를 의미하는 것으로 사용되었음을 보여주는 것이다.[4]

'방'이란 글자가 포함된 단어 중에서 가장 빈번하게 사용되는 것은 무엇보다 '지방'이란 말일 것이다. 우선, '지방'은 '천원(天圓)'에 상대되어 쓰인다. 즉, 중국인의 우주관에서 '천원'이 둥그런 하늘이라면, '지방'은 네모난 대지를 의미한다. '방여(方輿)'(이는 영역 또는 대지라는 말이다.)가 그 예라 할 수 있다. 중국의 고대 정치지리학에서 말하는 '일점사방(一點四方)'은 중국전통에서 가장 중요한 행정관리규칙이자, 중국 대일통(大一統)의 구도를 보여주는 하나의 도식이다. 이와 관련된 자료를 예시하면, 다음과 같다. 갑골문 복사(卜辭)에 기재된 '다방(多方)' 중에는 복사 제1기에 속하는 것이 가장 많다. 즉, 제1기의 방국 명은 33개이고 제2기는 2개, 제3기에는 13개, 제4기는 23개이다. 이 가운데 '呂方'이 486회로 가장 많고, 그 다음이 토방(土方)으로 92회 나온다. 이외에도 강방(羌方), 주방(周方), 소방(召方) 등이 있다.[5] 이러한 방국들은 교역(交易), 진공토(進貢土)[6] 등의 방식으로 신하로서의 예(臣服)를 표시한다.[7] '공(工)', '토(土, 社)'는 종종 '방(方)'과 병치되어 고증되고 해석된다. 이에 따르면, '나라의 큰일'을 위한 제사, 공헌(貢獻), 희생(犧牲)은 제사구조의 중요한 절차이자

4) 于省吾, 『甲骨文字釋林』, "釋方, 土", 商務印書館(北京), 2010, 184-188쪽.
5) 張光直, 『商文明』, 三聯書店(北京), 2013, 275쪽.
6) 제후국이나 속국이 황제에게 조공을 바치는 것을 말한다.(옮긴이)
7) 張光直, 『商文明』, 三聯書店(北京), 2013, 237쪽.

요소임을 알 수 있다. '헌전(獻殿, 희생과 공헌을 저장, 기록, 등록하는 전문적인 전당)' 제도 같은 경우는 훗날의 제전(祭典)에서도 여전히 유지되었다. 상(商)나라 때, 집에서 기르는 가축은 상인들의 매우 중요한 물적 자원이었다. 제사에 사용되는 소의 수량을 보면, 그 수가 상당했다. 후허우쉔(胡厚宣)의 통계에 따르면, 제사 한 번 지내는데 1,000마리, 500마리, 400마리의 소를 사용한 것이 각 한 차례씩 있었고, 300마리의 소를 사용한 예는 세 차례, 100마리를 사용한 예는 아홉 차례였다.[8] 당시에 이미 이에 관해 등록하고 기록하는 제도가 있었기 망정이지, 이마저도 없었다면 후인들은 도저히 알 수 없었을 것이다. 이렇게 볼 때, 오늘날 참고할만한 자료 중에서 갑골문은 선사시대 이전의 가장 대표적인 기록이라고 할 수 있다.[9]

'방'은 또 '방향', '방법' 혹은 '변화' 등의 의미로도 쓰인다. 『귀곡자·패합(鬼谷子·捭闔)』 첫머리에는 다음과 같은 구절이 있다. "고금의 역사를 돌아볼 때, 성인은 세상의 중생을 앞에서 이끄는 선구자임을 알 수 있다. 그는 음양의 변화를 보고 사물을 판단하고 그 사물의 존망을 이해한다. 또한 그는 사물의 발생을 헤아리고 예측하는 과정을 통해, 인간 심리의 이치에 통달하고, 그 변화의 과정을 보아내며, 그에 따라 인간의 삶과 죽음의 길을 알아낸다. 따라서 예로부터 지금까지 성인의 도는 이와 같은 것이다.(粤若稽古, 聖人之在天地間也, 為衆生之先. 觀陰陽之開闔以名命物, 知存亡之門戶. 籌策萬類之終始, 達人心之理, 見變化之聯焉, 而守司其門戶. 故聖人在天下也, 自古及今, 其道一也.)" 이는 중국 고대의 '방원변화'의 개념과 상당히 유사하다. 『귀곡자·본경음부칠술(鬼谷子·本經陰符七術)』에는 또 이런 말도 있

---

8) 張光直, 『商文明』, 三聯書店(北京), 2013, 147쪽.
9) 周鴻翔, 『殷代刻字刀的推測』, 張光直, 『商文明』, 三聯書店(北京), 2013, 36쪽 재인용.

다. "圓者, 所以合語 ; 方者, 所以錯事. 轉化者, 所以觀計謀 ; 接物者, 所以觀進退之意." 타오홍징(陶弘景)은 이를 다음과 같이 해석했다. "원만한(圓) 자는 융통성이 있어 상대방의 의견을 잘 받아들이고, 방정한(方) 자는 원칙과 주견이 있어 매사 일을 처리함에 있어 정확하다.(변화한다는 것은 그 책략의 득실을 따지기 때문이며, 외부 사물과의 접촉, 즉 타인과 교류하는 것은 타인의 진퇴 의도를 관찰하기 위함이다—옮긴이)" 여기서 '착(錯)'은 '조(措)' 즉, '일을 처리하다', '문제를 해결하다'라는 뜻이다. 여기서 중요한 것은 이러한 일들이 결코 고정불변한 것이 아니라 기능이나 구조면에서 끊임없이 변화한다는 점이다. 다시 말해, 중국 고대의 인식과 표현방식에서 '방'은 정치지리학의 '원'과 상대되는 개념일 뿐 아니라, 변화와 변통을 의미하기도 한다. 물론 변화에는 이동의 뜻도 포함되어 있다.

'지방'은 굉장히 포용성이 있는 개념체계이다. 이에 대해서는 다음의 몇 가지 비유가 있다. 첫째, 이원대립적인 인식체계이다. '천원(天圓, 하늘은 둥글다)/지방(地方, 땅은 네모나다)'의 구조는 세계를 인식하고 감지하는 특수한 양식이다. 이 오래된 인지방식은 이미 화하문명(華夏文明)에서 비롯되었다. 그러나 오늘날에도 사람들은 많은 문화적 표현과 관습 속에서 이러한 양식의 흔적들을 보아내곤 한다. 이를테면, 과거에 세워진 각종 기념관이나 종교적 건축물의 설립주체와 기획단계의 설계의도를 들여다보면, 이러한 '천원-지방'의 이념이 관철되고 있음을 알 수 있다.(가령, 華夏의 시조 黃帝 陵의 祭堂) 이른바 '방원(方圓)'형 구도에 따라 조형된 문물 중에서 가장 유명한 것은 바로 '종(琮, 가운데 둥그란 구멍이 있는 사각형의 옥그릇)'이다. 장광즈(張光直)는 이 종을 고대 주술사들이 천지(天地)와 소통할 때 사용하던 법기(法器)라 했다.[10] 둘째, 행정구획과 관리체제이다. '중

---

10) 張光直, 『考古學專題六講』, 文物出版社(北京), 1986, 10쪽.

앙/지방'은 독특한 정치 관리체계를 형성했다. 즉, 그것은 일종의 제국 영토를 경계 짓는 방식이다. 중국의 전통적인 '일점사방(一點四方)'의 행정구획방식이 그 대표적인 예라 할 수 있다. 여기서 '일점(一點)'이란 바로 중(中)이다. 중심, 중앙, 중원, 중주(中州), 중국, 중화는 모두 이로부터 연유한 개념이다. '사방(四方)'은 곧 '동서남북'의 방위를 일컫는다. 뿐만 아니라 이것은 봉건제국의 이른바 '대일통(大一統)' 형상을 뜻하기도 한다. 셋째, 지역과 범위이다. 제왕이라면 누구나 자신의 '국가=가국(家國)'의 경계가 확장되기를 바라는 법이다. 『관자・지세(管子・地勢)』에는 다음과 같은 말이 있다. "걸(桀)과 주(紂)는 모두 고귀한 천자로서 천하의 재부를 모두 혼자 차지했고 지배한 지방도 매우 컸다.(桀, 紂貴為天子, 富有四海, 地方甚大)" 넷째, 지연(地緣)의 관리와 지방의 수장(首長)이다. '지방'은 계측 가능한 특정 구역을 가리키기도 하고 혹은 지역 내 관리체계와 지방의 관리자라 할 수 있는 '지방관'을 특정해 가리키기도 한다. 다섯째, 이른바 방국공헌(方國貢獻)이란 기제이다. 중국은 『우공(禹貢)』을 시작으로, '방국공헌'이란 조공제도를 마련해 실시했다. 이는 봉건시대 전체에 걸쳐 줄곧 관철되었다. 여섯째, 언어적 다의성이다. 언어적 의미에서, '지방'은 일반적으로 어느 구체적인 지리적 범위를 가리키는 명사이다. 그러나 그것은 형용사, 부사 심지어는 동사로 사용될 때도 있다. 이를테면, "땅(地)은 바야흐로(方) ××리(里)이다."등과 같은 경우이다.

2. 지방과 지방성

'지방(地方)'은 인류학연구의 가장 기본적인 개념 중의 하나이다. 영어의 'place' 또한 다양한 인식과 표현방식을 포함하고 있는 개념이다. 우선, 그것은 지리적 공간을 의미한다. 서양의 전통적인 경험과학에서는 위도와 경도라는 표기방식을 통해 위치를 명기함으로써, '전혀 의미 없던 지역'에 주소(site)를 부여했다. 둘째, 그것은 속지(屬地)의 범위로 한정된다. 그래서 항시 '영역(territory)'과 혼용되기도 한다. 어느 특정 영역에 대한 귀속성을 강조할 때, 지방이란 개념이 자주 등장하는 것도 바로 이 때문이다. 따라서 지방은 상대적으로 자연적인 속성이라고 할 수 있는 공간(space)을 의미할 때도 있고, 때로는 그 의미가 어느 특권화 된 공간과 위치(position)로 확장될 경우도 있다. 셋째, 그것은 그 자체로 해당 지방의 특성과 특질 즉, '지경(地景, landscape)'을 부각시킨다. 넷째, 일상생활 속에서, 그것은 '장소(locale)' 혹은 위치의 개념으로 사용된다. 이상은 '지방'을 일종의 인간의 인지방식으로 이해한다는 점에서,11) 중국의 전통문화와 같다.

이처럼 '지방'의 개념이 다의적이고 복잡하기 때문에, 인류학자들 사이에서도 그것을 바라보는 시각에 차이가 있고, 그것을 이해하고 분석하는 바도 다르다. 가령, 에릭슨(T. H. Eriksen)은 자신의 『Small Places, Large Issues』에서, 인류학의 방법론 문제에 천착했다.12) 클리포드 기어츠(Glifford Geertz)의 『Local Knowledge』에서는, 포스트모더니즘을 배경으로 권력화 된 지식체계에 대한 성찰을 강조했다.13) 그리고 호미 바바(Homi K. Bhabha)는 그의 『The Location of Culture』에서, 오늘날에는 그 어떤 지방도 새로운 중심, 새로운 세계인식의 창구가 될 수 있다고

---

11) 克雷斯威爾(Tim Cresswell) 著/徐苔玲・王志弘 譯, 『地方 : 記憶, 想像與認同』, 群學出版有限公司(臺北), 2006, "導論 : 定義地方".

12) T. H. Eriksen, *Small Places, Large Issues : An Introduction to Social and Cultural Anthropology*, London.Chicago: Pluto Press, 1995.

13) 克利福德・吉尔兹(Clifford Geertz) 著/王海龍 等 譯, 『地方性知識』, 中央編譯出版社, 2000.

주장했다.14) 이처럼 오늘날 대다수 인류학자들은 '어느 한 지방'에 주
목하고 있다. 지식계보상으로 볼 때, '지방'에 대한 인류학적 연구방식
의 변화는 195, 60년대의 '농민연구'와 관련이 있다. 이때부터 인류학에
서는, '대전통(great tradition)'과 대응되는 '소전통(little tradition)'의 속지 근거
라고 할 수 있는 '소지방(little locality)'이 주목을 받기 시작했다.15) 이러한
변화는 시각의 전환이자 '분석단위'의 변환이다. 물론, 이러한 방식의
변화는 많은 비판을 불러일으켰다. 그러나 그것이 당대 인류학연구의
주요개념이 되는 데에는 아무런 영향을 주지 못했다. 그 가치는 주로
다음의 몇 가지 측면에서 체현되고 있다. 첫째, 소규모 지방에 주목하
는 것은 목표가 명확하기 때문에 대상에 대한 깊이 있는 이해에 도달
하는데 유리하다. 둘째, 인류학자들이 어느 구체적인 지방을 설정하고
이를 기점으로 보다 광범위한 영역으로 범위를 확장하는데 도움이 된
다. 나아가 그러한 확장과정을 통해 관계네트워크를 구축할 수 있고,
어느 특정한 지방을 기반으로 다른 세계와도 밀접한 관계를 형성할 수
있다. 셋째, 소지방에 대한 연구는 현상을 해석하는데 용이하다.16)
　이로 인해, 지방의 공간제도 또한 인류학적 분석 대상으로 진입할
수 있었다. 공간은 완정한 형태를 이루고 있다. 따라서 공간은 공동의
경험, 공동의 생활방식, 공동의 의례에 대한 향유와 공동의 귀속감에

---

14) Homi K. Bhabha, *The Location of Culture,* London and New York: Routledge,
　　1994.
15) R. Redfield, *Peasant Society and Culture*, Chicago : University of Chicago Press,
　　1989(1956).
16) M. Silverman & P. H. Gulliver, *Historical Anthropology and Ethnographic
　　Tradition: A Personal, Historical and Intellectual Account*. In *Approaching the
　　Past: Historical Anthropology through Irish Case Studies*. New York : Columbia
　　University Press, 1992, pp.23-24.

대한 창조를 통해 지방의 가치를 실현한다. 어느 특정한 지방 공간('one's location')은 성별, 연령, 종족/족성(族性), 계급, 종교 등에 따라 각기 다른 기억과 의미를 창출한다.[17] 따라서 '소지방 안의 대역사(大歷史)'라고 하는 역사적 목표를 내거는 것은 오늘날 역사민족지(歷史民族志)의 가장 중요한 임무가 되었다. 그것은 '지방 안의 전 지구화(global in the local)'와 '전 지구화 안의 지방(local in the global)'을 하나의 범주 안에서 동치시킨다는 점에서 소형 집단과 민족지 학자 간의 상호관계를 실현하는데 중요한 부분이라고 할 수 있다.[18] 지금의 문제는 총체적 역사(total history)와 지방의 역사(local history)가 단순히 일반적 의미의 '일반/구체'로 구성되지 않는다는 점이다. 정치경제와 세계체제에 관한 주류담론 속에서, 전통인류학의 '문화 분석' 즉, 지방성 단위(local unit)는 사실상의 자치(自治)나 자기조직 등의 실체가 됨으로써 종속적 관계를 형성해왔다.[19] 이는 어쩌면 '전 지구적 지방성(glocality)'이 직면해야 하는 불가피한 문제일지도 모른다. 왜냐하면, '전 지구(global)'와 '지방(local)' 양자는 근본적으로 상호 충돌하고 상호 배치되는 개념이기 때문이다. 전 지구화는 지방을 뛰어넘는 '이동성(mobility)'에 그 특징이 있다.

일반적으로 지방과 특정 집단이 결합해 하나의 공동체를 이루는 것이라고 한다면, '지방'은 하나의 '공통문화(common culture)'의 토대 위에

17) M. L. Kenny, "Deeply Rooted in the Present.", In Laurajane Smith and Natsuko Akagawa(eds.), *Intangible Heritage*. London and NewYork : Routledge, 1987, p.159.
18) G. Stocking, *Delimiting Anthropology: Historical Reflection on the Boundaries of a Boundless Discipline*. Social Research 62(4), 1995, p.961.
19) A. Biersack, *Introduction: History and Theory in Anthropology*, In Clio in Oceania. Biersack, A.(eds), Washington and London: Smithsonian Institute Press, 1991, p.11.

위치하게 된다. 따라서 '지방—지연—커뮤니티'는 그 중요한 근거가 된다. 공동체(community)는 언어적 의미에서 '공통문화'에 속하는 구체적인 단위이다. 따라서 양자는 특정상황 하에서는 서로를 지칭하기도 한다. 다시 말해, 공통문화는 어느 한 집단공동체가 공통으로 향유하는 것이라고 정의할 수 있다. '공동체'는 현대 사회과학연구에서 널리 사용되는 개념이기는 하지만 아직까지 이에 대한 공식적이고 일치된 정의는 내려지지 않고 있다.[20] 그러나 다음 세 가지 점에 대해서는 기본적으로 논의할 필요가 있다. 첫째, '공통문화'를 기반으로 하는 '공동체' 개념은 수입품이라는 점이다. 영어에서 '공동'은 어떤 것을 함께 향유한다는 뜻이다. 라틴어 vulgus는 '일반민중'을 가리키는 것으로, '저급, 저속, 정제되지 않은 것' 등의 의미와 관련이 있다.[21] 둘째, 어느 하나의 '공통문화' 안에는 모든 사람이 공통으로 누리는 가치도 존재하고, 일개인이 독자적으로 공통문화를 향유하는 능력, 차이 심지어는 그것을 분리시키는 요소도 존재하기 마련이다. 공동체 안에 속해 있는 사람들이라고 해서, 그 공통문화에 대한 그들의 인식, 태도, 견해가 모두 같은 것은 아니다. 바꿔 말하면, 공통문화 자체 안에 분리의 요소가 잠복되어 있는 것이다. 셋째, 향토사회의 '진실한 공동체'와 현대국가의 '상상의 공동체(imagined community)' 간에 존재하는 정체성의 혼란은 갈수록 심해지고 있다. 심지어는 정체성 자체의 동요가 일어나고 있다. 다시 말하면, 전통사회의 기억들 예컨대, 혈연, 지연, 신연(神緣), 언어, 생산방식, 생활방식 등의 '기본원소'들이 현대사회의 특정한 이익가치와 충돌하는

---

20) Rapport. N. and J. Overing, *Social and Cultural Anthropology The Key Concepts*. London and New York: Routledge, 2000, p.60.
21) 费瑟斯通(Mike Featherstone) 著/劉精明 譯, 『消費文化與後現代主義』, 譯林出版社, 2000, 186쪽.

가운데 심하게 요동치고 있는 것이다.

중국의 정치지리학에는 특징이 하나 있다. 집단과 지연이 상호 결합해 '자아/타자'를 구분하는 방식으로 경계를 지운다는 것이다. 이러한 근본적인 속성은 '지방집단'과 긴밀하게 결합해 중요한 역사구조를 형성한다. 그러나 동시에 이것은 이른바 '지방적 역량(regional force)'의 근본 동력이기도 하다. 이 때문에 '지방'은 중국의 농업문명의 역사를 이해하는 중요한 열쇠가 된다. 중화문명 천년의 역사는 바로 지방의 문명사이다. '중앙/지방' 등은 모두 이를 기초로 건립된 정치, 역사, 집단, 지연 등의 관계사슬이다. 따라서 사람들에게 토지소유를 보장하기만 하면, '지방성'은 절대 사라지지 않을 것이다. 그러나 오늘날의 '지방성'은 새롭게 표현되고 있다. 특히, 지방성이 '전 지구화'와 의미상으로 상호 대립될 때, 그에 대한 관심은 훨씬 배가된다. 통상 '지방성'은 개인 혹은 집단과 그들(원래부터 그곳에 살았거나 나중에 이주해 살고 있거나 상관없이)의 거주 구역(그들의 주택을 포함) 간의 정서적 유대까지 포함하는 것으로 이해되는 게 보통이다. 그러나 이러한 거주구역에만 특별한 의도가 부여된 것은 아니다. 대부분의 사람들은 여전히 중요하다고 생각되는 일부 공간들을 활용해 자신의 삶의 공간을 형성하고자 한다.[22] '인본주의자'의 눈으로 볼 때, "지방성은 공리(公理)를 기초로 세계를 구성하는 지극히 당연한 기본요소"이다.

> 지방의 확정은 전 세계 대부분의 지역에 존재하는 하나의 기본적인 측면이다. …… 개인이나 집단에게 있어서, 지방은 안전성과 정체성의 원천

22) (英國)R. J. Johnston 著/蔡運龍 等 譯, 『哲學與人文地理學』, 商務印書館(北京), 2010, 144쪽.

동남아화교와 동북아화교 마주보기

이다. …… 지방을 경험하고 창조하고 보호하는 각종 중요한 방법들은 결코 사라지지 않았다. 그러나 한편으로는 이러한 방법들이 점차 사라지고 있다는 증거들이 곳곳에서 발견되기도 한다. 아울러 오늘날에는 '무(無)지방성'―탈(脫)지방화와 지방경험의 다양화―이 일종의 대세가 되었다.[23]

단적으로 말하면, 전 지구적 환경 속에서 지방사회는 전 지구적 네트워크의 중요한 노드(node)로 작용함으로써, 과거와는 다른 상황을 연출하고 있다. 인류학에서, 전 지구적 환경에 직면해 있는 지방성을 어떠한 방식으로 구현할 수 있을지는 이론과 방법 양 측면에서 앞으로도 계속 논의해야 될 문제이다. 그러나 총체적으로 볼 때, 해외화인화교의 '지방'과 '지방성'은 전통적인 토지윤리에 전적으로 의존해 길러진 것은 아니다. 그것은 명확한 '이질성'을 띠고 있다. 그러나 동시에 이러한 이질성은 토지윤리와 밀접한 관련을 맺고 있기도 하다.

3. 업연(業緣)―고무 이야기

'중국성(Chineseness)'을 제대로 이해하기 위해서는 필연적으로 '지방의 이동'에 대한 이해가 선행되어야 한다. 각기 다른 역사적 단계, 각기 다른 종족관계, 각기 다른 문화적 환경 속에서, '지방의 이동'은 원천적으로 일종의 '재생산(reproduction)'의 필요성과 그에 대한 능력을 가지고 있기 마련이다. 특히, 오늘날과 같은 '전 지구적' 환경은 '공간의 생산'과 전통적인 '지방성' 간에 이른바 '침식'이라는 긴장관계를 극대화하고 있

23) E. Relph, *Place and Placelessness*, London: Pion, 1976, p.6.

다. 심지어 학자들 중에는 '지방의 종결'을 주장하는 이도 있다.[24] 이러한 주장들 역시 중국성을 보다 복잡하고 다양하게 만드는 요인들이다. 기존의 인류학적 연구에서는 '움직이지 않는 커뮤니티'–여기에서 지방성은 아주 오랜 옛날부터 이어져 내려온 토지와 인간의 완벽한 결합으로 표현된다.–를 연구대상으로 삼는 게 일반적이었다. 그러나 이는 오늘날 거대한 도전에 직면해 있다. 실제로 전통적인 지방성은 이른바 근대성 혹은 탈근대성에 맞서 갈수록 힘을 잃어가고 있는 모양새다. 교통, 시장, 통신, 대중매체 등이 발달되고 이로 인해 인간의 이동이 갈수록 활발해지면서, 이른바 '비(非)지방(no-place)'이 '지방'을 대체하는 경향도 뚜렷해지고 있다.[25] 더군다나 이른바 '전 지구적 지방성(Glocality)'[26]이란 개념과 특성이 화인연구에 덧보태지면서 그 상황은 훨씬 더 복잡해졌다. 본래 화인화교의 역사성은 통시적 관계(歷時關係)에서는 '전 지구화(Globalization)'와 아무런 관련이 없다. 오히려 양자 사이에는 '공시적 관계(空時關係)'만이 존재할 뿐이다. 즉, 전통적인 화인화교의 중국성과 전 지구화 과정이 상호 교차하고 융합되면서 이른바 '전 지구적 지방성'을 만들어낸 것이다. 따라서 자기정체성은 이러한 새로운 특성 속에서 재규정되고 재인식될 필요가

---

24) 克雷斯威爾(Tim Cresswell) 著/徐苔玲·王志弘 譯, 『地方 : 記憶, 想像與認同』, 群學出版有限公司(臺北), 2006, 73쪽.

25) Augé. M, *Non-Places: Introduction to an Anthropology of Supermodernity*, London: Verso, 1995.

26) 이른바 '전 지구적 지방성(Glocality)'이라고 하는 개념은 1980년대 Joshua Meyrowitz가 처음 제기한 것이다. 그의 본래 목적은 '안과 밖', '자아와 타자', '여기와 저기' 등 정체성을 규정짓는 이분법적 사유방식을 극복하는데 있었다. 그는 오늘날과 같은 전 지구적 시대 특히, 정보화시대에 현대인들은 '여기'에 살면서도 자신에 대한 '저기'로부터의 평가에 보다 더 예민하고, 자기정체성을 가지고 있으면서도 타자의 시선에 보다 더 신경을 쓰고 있다고 생각한다. 따라서 인간의 정체성과 지역정서가 만들어내는 방식은 새롭게 재규정되어야 하며, 경계의 개념도 새롭게 재고될 필요가 있다는 것이 그의 주장이다.

있다. 바꿔 말하면, 세계와 지방이 상호 교차되고 결합되는 '전 지구적 지방성'이란 개념 안에서 자기정체성을 재구성해야 한다는 것이다.

전 지구화는 지방의 자기분열을 초래했다. 이른바 '탈(脫)지방화', '타(他)지방화', '재(再)지방화' 등의 개념이 등장했다는 것이 이를 입증한다. 우선, 이미 명확하게 지정되어 있는 지방의 경우에는 그것을 물리적으로나 공간적으로 변화시킨다는 것은 불가능하다. 아마도 여기에는 이론이 없을 것이다. 이는 지도상에서 어느 특정 '지방'을 표시해놓은 것과 같은 경우이다. 그러나 같은 지방이라 해도 시대에 따라 이질적인 특성들을 가지고 있기 마련이다. 이 역시도 동의되는 바일 것이다. 따라서 동일한 지방이라 할지라도 각기 다른 '문화적 수용'의 과정을 거치게 되면서 '탈지방화' 혹은 '타지방화'할 수 있는 것이다. 둘째는 지방마다 이른바 '재지방화(relocalization)'의 문제가 존재한다는 점이다. 같은 지방이라도 시대가 다르고, 유행이 다르고, 추구하는 사회적 가치가 다르다. 이러한 차이가 그 지방의 새로운 물적 토대를 건립하고 아울러 새로운 사회적 가치와 문화적 가치를 창조해낸다. 이것이 곧 재지방화의 기호, 의미, 가치를 만들어내는 것이다. 셋째는 이른바 포스트모더니즘의 현저한 특성이라 할 수 있는 '이동성'이다. 이것은 이산(離散)으로 인해 생성된 '비지방성'과 '탈지방성'을 만들어낸다. 가령, 이민자나 교민처럼 고향과 거주지, 출신국과 거주국 사이에서 괴리가 형성되고 차이가 발생하는 것과 같은 이치이다. 따라서 조국이나 고향 등을 중심으로 형성되기 마련인 정체성이 이제는 '거주지+고향'의 이중적인 정체성구조로 바뀌게 된 것이다. 다시 말해, 그들은 타지로 이주했거나 심지어 다른 나라의 국적을 취득했다 할지라도 자신의 '고향'을 집단적인 문화정체성 안에 영원히 간직하고 있다고 볼 수 있다.

사람들은 화인화교의 문화적 특성과 문화정체성을 이야기할 때, '연분(緣分)'이라는 표현을 자주 사용한다. 그래서 화인화교의 문화적 특성을 이른바 '다섯 가지 연분(五緣)' 즉, 혈연, 친연(親緣), 지연, 신연(神緣), 업연(業緣)으로 개괄하게 되는 것이다. 화인화교와 중국의 전통적인 농업윤리 간에 있어 중요한 차이 중의 하나는 무엇보다 그들이 조국과 고향을 떠나 있다는데 있다. 그러나 분명한 점은, 그들의 정치정체성, 친연관계, 문화정체성 등으로 인해 그들은 영원히 조국과의 관계를 끊을 수 없고, 고향에 대한 그리움과 애틋함을 영원히 잊을 수 없다는 사실이다. '낙엽귀근(落葉歸根)'과 '낙지생근(落地生根)'이 화인화교의 문화적 특징을 상징적으로 귀납하는 말로 상용되고 있는 것도 이 때문이다. 과거 학계에서는 이러한 말들로 제1세대 화인화교와 그 후대 간 정체성의 차이를 표현해내곤 했다. 이를테면, 제1세대 대부분은 '낙엽귀근'을 선택하고 후대의 대다수는 '낙지생근'을 택한다는 식이다. 그러나 이러한 은유적 표현은 역사적 환경의 변화 속에서 화인화교의 현대성과 문화적 대표성을 점점 잃어가고 있다. 뿐만 아니라, 그것만으로는 화인화교의 미래지향성을 가늠하기도 어렵다.

화인화교가 고향을 등지고 타지로 이주하는 것은 본래 중국문화의 내적 법칙에 기인한 것이다. 이 법칙은 주로 '향토' 원칙에 의거해 형성되었다. 이것이 바로 페이샤오통(費孝通) 선생이 말하는 '향토중국'이다. 다시 말해, '중국사회는 향토적'이라는 것이다. 본래 '토(土)'의 의미는 흙이다. 농촌사람들은 흙을 떠나 살 수 없다. 그들에게 농사란 가장 일반적인 생계수단이자 유일한 생존방법이기 때문이다. "농업으로 생계를 도모하는 사람들이야말로 대지에 굳건히 발을 딛고 있는 사람들"[27]인 셈이다. 페이샤오통은 이러한 특징을 '토지에 결박된 중국(earthbound

27) 費孝通, 『鄕土中國生育制度』, 北京大學出版社(北京), 1998, 6-7쪽.

China)'이라 표현하기도 했다. 이러한 전통적인 법칙 하에서, '즐거이 일하고 안정된 삶을 산다는 안거낙업(安居樂業)'과 '부모를 떠나 멀리 가지 않는'다는 삶의 방식은 중국문화의 기본 원칙으로 자리 잡았다. 그러나 이러한 법칙은 주로 바닷가나 농토가 부족한 지역 가령, 푸젠(福建)이나 광동(廣東) 연해지역 등에 사는 사람들에게는 적용되기 힘들다. 그들은 해양적 특성에 맞게 어업, 상업, 무역, 운수 등의 일을 생업으로 삼아야 했다. 이런 일들은 자연히 이민을 수반하게 되는 법이다. 다시 말해, 민(閩)이나 월(粵) 등의 연해지역을 중심으로 역사적으로 지속된 화인화교의 이민과 이주는 전통문화의 향토원칙을 따르지 않았다. 그러나 그들 중에는 본래 땅과 흙에 의존해 살아가던 사람들도 많았다. 하카인 (客家, Hakka)이 바로 그 대표적인 예이다.

이 글에서 특별히 강조하고자 하는 것은, 기존의 화인화교연구에서 상대적으로 무시되어왔던 부분 즉, '업연(業緣)'이다. 화인화교의 문화정체성 구조에 혼입되어 있는 '업연'은 일종의 독특한 '지방 이동성'을 나타낸다. 따라서 이른바 '중국성(Chineseness)'에서 매우 중요한 역할을 해왔다. 그럼에도 불구하고 업연의 지방성은 기존의 학계에서 주목을 받지 못했던 게 사실이다. 화인화교가 조국을 떠나 가장 먼저 해결해야할 문제는 무엇보다 생계이다. 따라서 생계를 해결하기 위해 그들이 가장 처음으로 그리고 가장 직접적으로 선택하게 되는 것은 바로 행업(行業)이다. 행업을 제외한 네 가지 연분(四緣)구조 역시 바로 이러한 행업의 범주 안에서 건립된다. 바꿔 말해, 화인화교가 해외로 이주하는 과정에서 생업, 행업, 직업을 선택하지 못하면 생활이나 생계는 유지될 수 없는 것이다. 나머지 '네 가지 연분' 또한 당연히 의지할 곳이 없게된다. 업연의 지방성은 이른바 연계운송의 성격을 갖고 있다. 즉, '行(hang, 행업)'은 '行(xing, 이동)'에 의해 이루어진다. 행업의 수요에 의해 '지방'(空間)의 이동이 진행된다는 말이다. 나아가 그것은 화인화교의 문화적 속성을 수반한다. '行'의 갑골문은 ⾏이다. 이는 네거리를 본 따 만든 것이다. 금문에서도 대체로 동일하다. 뜻은 '도로' 혹은 '길을 떠나다'이다. 『설문(說文)』에서는, "行은 사람이 걷는 모습"이라 되어 있다. 따라서 '길을 떠나다(行走)'와 '행업(行業)' 사이에 존재하는 무형의 관계를 설명하는 가장 알맞은 주석은 페이샤오통의 "가고 가고 또 가다(行行重行行)"라 할 수 있다.[28]

'行'자는 자형이 변함에 따라 의미도 확대되고 다양해졌다. '행(行)'의 역사적 변화과정에서 '행업(行業)'은 독립적인 하나의 영역이 되었다. 각종 전문적인 직종이나 기술에 종사하는 것을 가리켜 속칭 360행이라 하는 것도 바로 이 때문이다. 따라서 '사회'는 다양한 생업, 행업, 전업(專業), 직업의 상호협력 하에 이루어진 것이라고 볼 수 있다. 사회적 분업도 이처럼 간명하게 설명할 수 있다. 즉, 사람들은 종사하는 업종별로 느슨한 사회집단을 결성하게 되고 그에 따라 등급별로 사회적 가치를 부여받는다. 중국은 예로부터 '생업'이 제도화되어 있었다. 『예기·옥조(禮記·玉藻)』에는 다음과 같은 말이 있다. "점을 치는 관원은 거북을 골라 정하고, 사관은 먹을 골라 정하고, 임금은 그 몸가짐을 결정한다.(卜人定龜, 史定墨, 君定體.)" 그러나 무엇보다 '상업'을 떼어놓고 '생업'을 말한다는 것은 어불성설이다. '생업'과 상업 및 상인 간의 논리적 관계는 역사변화의 과정에서 '행업'과 '상업' 간의 간극을 꾸준히 좁혀나감으로써 나름의 독특한 변화 및 발전의 특징을 만들어냈다. 화인화교 특히, 초창기의 화인화교들이 해외에서 생존하고 생계를 꾸려나가는데 있어

---

28) 각 '行業'의 의미에는 '行走'의 뜻이 포함되어 있다. 費孝通, 『行行重行行 : 鄕鎭發展論述』, 寧夏人民出版社(銀川), 1992.

가장 기본적이고 핵심적인 것은 바로 '업연'이었다. 그들이 이룩한 성과도 주로 행업에서 나타났다.

'행업'은 행업 내부의 규율에 따라 변화하고 변동한다. 그러나 일부 행업의 경우에는 그 자체의 특징에 의거해 각 '지방'으로 이동하기도 한다. 그리고 그 행업에 결박된 화인집단이나 기업(가령, 가족기업)도 '行 (hang)'에 따라 '行(xing)'을 하게 된다. 이러한 과정에서 '지방성'이 나타나게 되는 것이다. 고무를 중심으로 결성된 동남아화인의 '행업연(行業緣)' 같은 경우가 그 예이다.29) 왕제난(王介南)은 『중외문화교류사』에서, 고무를 예로 들어 다음과 같이 기술하고 있다.

　　세칭 '녹색의 금'이라 불리는 고무나무는 본래 남미 브라질의 아마존 유역에서 자생하던 야생수목이다. 동남아에 전해진 것은 1880년대였다. 처음 이 수종을 도입해 재배에 성공한 것은 말레이시아였다. 동남아 고무산업 발전에 남양화교들이 크게 공헌했다는 것은 세계가 공인하는 사실이다. 20세기 초에 이르면, 말레이시아, 타이 등지에 고무농장이 두루 분포하게 된다. 학자이자 일찍이 말레이시아 식민정부 관리를 지낸 바도 있는 빅터 퍼셀(Victor Purcell)은 이렇게 말한 적이 있다. "만일 중국인이 없었다면 지금의 말라야는 없었을 것이다." "만일 지금의 말라야의 조력(고무를 말한다.) 이 없었다면 유럽과 미국의 자동차산업은 이처럼 거대한 발전을 이룩하지 못했을 것이다."30)

---

29) 필자는 유명한 민남(閩南) 출신 화인화교 가족기업의 변화과정을 5년여에 걸쳐 추적한 바 있다. 이 가족기업은 고무 행업을 기반으로 이른바 '오연(五緣)'을 구축한 대표적인 기업이다.
30) 鄭民 等 編,『海外赤子—華僑』, 人民出版社(北京), 1985. 129-130쪽(原註).

중국 각지 특히, 푸젠, 광동, 하이난(海南) 출신의 말레이시아, 타이, 싱가포르 등의 화인화교는 고무를 자신의 조국으로 들여오기도 했다. 이 역시 '낙엽귀근'의 특수한 표현방식이라고 할 수 있다.[31] 이러한 화인화교들은 고무나무 재배를 통해 자신들의 생업조직을 확장하고, 고무나무와 천연고무 생산기지를 토대로 '지방성 생업집단'을 형성했다. 그러나 고무생산은 이윤이 많이 남는 행업이기는 했지만 그만큼 위험성이 큰 업종이기도 했다. 동남아의 고무 행업은 주로 민난(閩南) 출신 화인화교들과 밀접한 역사적 관계를 가지고 있다. '화교의 본보기'라 칭해지는 천자껑(陳嘉庚)이 바로 고무생산을 기반으로 성공한 대표적인 인물이다. 그렇다면, 고무생산은 고무를 업연으로 하는 화인집단에게 어떤 특별한 의미를 갖는 것일까? 이는 천연고무라는 특수한 작물의 특성과 관련이 있다.

천연고무는 고무나무에서 추출된다. 1496년 콜럼버스는 그의 두 번째 신대륙 항해 중에, 아이티(Haiti)라는 지역에 잠시 정박한 적이 있었다. 이 섬에서 그는 현지토착민들이 수액(樹液)을 빚어 만든 일종의 '고무공'을 바닥에 튀기며 노는 것을 보았다. 이는 항해탐험가들에게는 놀라운 일이었다. 왜냐하면, 자칭 '문명인'이라고 자부하는 본인들조차도 처음 보는 것이었고 그게 대체 어떤 것인지도 전혀 몰랐기 때문이다. 콜럼버스는 일기를 쓰는 습관이 있었는데, 이에 대한 기록도 남겨놓았다. 이것이 바로 고무에 대해 최초로 언급한 기록이다.

1876년 영국의 탐험가 헨리 위컴 경(Sir Henry Wickham)은 동인도회사의 해상무역을 통해, 브라질로부터 고무종자를 몰래 들여왔다. 그는 원래 이 수종을 유럽대륙에 이식하려 했다. 그러나 유럽의 자연환경은 고무 원산지

31) 王介南, 『中外文化交流史』, 山西人民出版社(太原), 2011, 499~502쪽.

의 그것과 너무 많이 달라서 재배에 성공할 수 없었다. 1년여의 고민 끝에, 그는 1877년 고무 종자 일부를 말레이시아에 가져가 시험 재배했다. 이것이 바로 동남아국가의 고무재배 역사의 시작이었다.

고무나무 재배에는 매우 특수한 자연조건이 필요하다. 본래 그 원산지는 아마존의 열대우림지역이다. 그곳은 고온다습하고 지대도 낮다. 따라서 이와 유사한 조건을 갖춘 지역이라야 고무나무 재배가 가능하다. 전문가들은 천연고무의 생장분포상황에 근거해 고무생장에 적합한 생태환경을 밝혀냈다. 이 가운데 가장 정통한 견해에 따르면, 고무는 적도를 중심으로 남북 15도 내에 위치한 지역에서만 생장할 수 있다는 것이었다. 이것이 고무재배가 가능한 일종의 마지노선인 셈이다.

그런데 1950년대 중국 하이난 섬에서도 천연고무나무 재배에 성공했다. 이는 고무재배역사에서 일종의 기적이었다. 그도 그럴 것이, 하이난 섬은 지리적으로 북위 15도 이북, 그것도 그 마지노선을 훨씬 벗어난 곳에 위치한 지역이었기 때문이다. 그 결과, 국제고무연구회(IRSG)는 고무재배의 역사를 설명하는 가운데 이렇게 결론지었다. "중국에서의 재배성공으로 인해, 오늘날 고무재배지역은 적도 이북 20도까지 확대되었다."[32)]

'고무 이야기'는 결코 업연과 따로 떨어진 사안이 아니다. 해외에 거주하는 화인화교들이 가장 먼저 해결해야 하는 문제는 바로 생계(생활)이다. 생계를 떠나서는 다른 것을 논할 수가 없다. 따라서 업연은 다른 '연분'(혈연, 친연, 지연, 신연)을 모두 아우르는 것이자 그것을 하나로 결집시키는 원천적인 '연분'이라 할 수 있다. 또 '업연'을 통한 행업의 이동은 고정적 공간형태였던 '지방'을 '지연을 수반한 이동'으로 변모시켰다. 즉, 행업의 발전과 이동이 특정적이고 특수한 화인화교집단의 '지방' 이동을 야기한 것이라 볼 수 있다. 업연이 사라지거나 다른 집단에 의해

32) 彭兆榮, 『從苦力到巨子─李引桐傳奇』, 中央編譯出版社(北京), 1997, 141-143쪽.

점령 혹은 대체되지 않는 한 그것은 앞으로도 유효할 것이다. 업연이 사라지고 대체된다는 것은 화인집단(특히, 가족기업)의 쇠락과 몰락을 의미하는 것에 다름 아니다. 결국, 업연으로 인한 '지방의 이동'이야말로 '전 지구적 지방성(Glocality)'에 가장 부합하는 속성이라 할 수 있을 것이다.

2

남북한화교의 삶과 화교정책

한국 화교학교의
법률적 지위 변화와 생존 전략

왕언메이(王恩美)

한국 화교학교 교육은 이미 백여 년의 역사를 가지고 있다. 백여 년의 시간을 거치는 동안, 한국 화교학교 교육은 많은 역사적 변천과정을 겪어왔다. 1910년 '한일합방'을 통한 일본식민시대에도 화교들은 조선 각지에 화교학교를 세우고 화교학교 교육을 지속했다. 1945년 제2차 세계대전 이후(이하, '전후'로 간칭)에는 한국의 화교학교 수가 큰 폭으로 증가했고, 한국 각지에 분포했다. 화교학교는 한국에서 가장 먼저 설립된 외국인학교이며, 현재 그 수가 가장 많은 외국인학교이기도 하다.

화교학교가 한국에서 순조롭게 발전될 수 있었던 것은 이른바 '간섭도 하지 않고 지원도 하지 않'다는 한국정부의 방관적 태도 덕분이었다. 화교학교는 1970년대에 처음으로 한국의 법률체계 내에 편입되기는 했지만, 이는 학교로서가 아니라 '외국인단체'의 자격으로 법률상의 합법적 지위를 획득한 것에 불과했다. 이처럼 화교학교는 1970년대 한국에서 법률적 지위를 획득하기는 했지만, 화교학교에 대한 한국정부의 '간섭도 하지 않고 지원도 하지 않는' 태도는 그대로 유지되었다.

1990년대 말, 한국이 금융대란과 경제위기를 겪게 되면서 정부당국은 외국인투자자를 유치하기 위해 외국인에 대한 각종 규제를 완화하고 '외국인단체' 등록규정을 취소했다. 이로 인해 한국 화교학교의 법률적 지위도 기존의 '외국인단체'에서 '각종학교'로 변경되었다. 이는 화교학교가 한국에서 처음으로 '학교'로서의 법률적 지위를 획득했음을 보여주는 것이다.

한국 화교학교가 '학교'로서의 법률적 지위를 획득하게 되면서, 한국 정부는 화교학교에 대한 관리감독을 강화하고 적극적으로 '간섭'에 나서기 시작했다. 때마침 경영상의 어려움에 처해있던 한국 화교학교 역시 계속해서 생존할 수 있는 방안을 모색하던 차에, 이러한 법률적 지위 변화를 기화로 경영상의 어려움을 돌파하고자 시도했다. 그러나 한국정부의 화교학교에 대한 어떠한 지원도 없었고 본국 정부의 지원 역시 매우 제한적인 상황이었기 때문에, 화교들은 자력으로 학교교육을 유지해야만 했다. 결국 이러한 각종 중층적 요인으로 인해 한국 화교학교는 전에 없는 중대한 변화의 기로에 서게 되었다.

화교학교는 화교사회의 응집력을 유지하는 중요한 기제이다. 따라서 화교학교의 변화는 한국 화교사회의 향후 발전에 매우 중대한 영향을 끼치게 될 것이고, 그 변화는 화교사회 전체의 변화로 이어지게 될 것이다. 한국에서 화교학교의 법률적 지위는 어떠했고, 이러한 법률적 지위의 변화는 화교학교에 어떠한 변화를 가져다주었는가? 또한 화교학교의 어려움은 무엇이고, 그 어려움을 극복하고 생존의 길을 모색하기 위해 화교학교는 이러한 법률적 지위를 어떻게 이용하고자 했는가? 이상은 한국 화교사회를 연구할 때 반드시 주목해야 할 주제들이다.

이 글에서는 이상의 문제의식에 기초해 한국 화교학교의 법률적 지위 변화와 그것이 화교학교에 미친 영향에 대해 주로 고찰할 것이고, 더불어 화교학교가 직면한 어려움과 생존전략에 대해서도 서술해보고자 한다. 이를 위해 한국 화교학교의 법률적 지위가 '외국인단체'에서

'각종학교'로 변경되는 과정, 한국정부의 외국인학교 정책, 법률적 지위 변화가 화교학교에 가져다준 영향 등에 대해 구체적으로 논의할 것이다. 특히, 2010년 7월과 8월 필자가 한국한성화교소학, 수원화교중정소학, 한국한성화교중학을 대상으로 진행한 방문조사 자료에 근거해 화교학교가 직면한 곤경과 생존전략에 대해 서술해보도록 하겠다.[1]

1. 한국 화교학교 교육의 역사적 변천

한국 화교학교의 발전과정을 이해하기 위해 먼저, 1945년을 경계로 화교학교 교육의 역사적 변천과정을 살펴보도록 하겠다.

1945년 이전의 화교학교 교육

1882년 조선과 청나라 간에 〈조청상민수륙무역장정(朝淸商民水陸貿易章 程)〉이 체결되면서, 조선에 건너와 무역활동에 종사하는 청나라 상인들의 수가 점차 늘게 되고 자연스럽게 중국인사회가 형성되기 시작했다. 이들 화교들은 대부분 해로를 통해 조선으로 이주해왔다. 따라서 당시 조선과 청나라 간의 무역에 있어 가장 중요한 항구였던 인천은 화교들이 주로 밀집해 활동하는 지역이 되었다. 더구나 1884년 조선과 청나

---

1) 필자가 이 3개의 학교를 조사대상으로 선택한 것은 다음과 같은 이유에서다. 우선, 한국한성화교소학과 한국한성화교중학은 수도 서울에 위치해 있으면서 학생수도 가장 많고, 규모도 가장 큰 초중등교육기관으로서 비교적 대표성을 갖추고 있다고 생각했기 때문이다. 수원에 있는 수원화교중정소학의 경우에는 최근 매우 적극적으로 한국학생을 유치하는 등 경영방식에 있어 뚜렷한 변화를 보이고 있는 초등교육기관이기 때문이다.

라 간에 체결된 〈인천구화상지계장정(仁川口華商地界章程)〉을 통해, 인천에 최초의 청국조계지가 설정되었다.[2] 화교학교가 처음 설립된 곳도 바로 인천이었다. 1902년 인천화교소학이란 이름으로 설립된 이 학교는 화교들의 출자를 통해 건립된 최초의 근대적 교육기관이었다.[3] 1909년에는 서울(한성)에 한성화교소학이 건립되었고,[4] 1912년에는 부산에 부산화교소학이 건립되었다.[5]

이주 초기, 조선화교사회는 무역을 하는 상인들이 중심이었다. 그러나 일본식민시기인 1920년대에 들어서면서 화교들의 직업도 요식업, 잡화점, 포목점, 이발업, 농업, 노동자 등등으로 점차 다양화되기 시작했다. 물론 이들 대부분은 영세한 소상인이기는 했지만 조선에서의 경제적 기반을 조금씩 쌓아가면서 생활도 점차 안정화되었다.[6] 이러한 경제적 안정의 상징적 지표로 화교여성인구의 증가를 들 수 있다. |표 1|에서 보는 바와 같이, 1906년의 화교 남녀비율은 28.8 : 1이었지만,

2) 청나라는 1887년과 1889년에 차례로 부산과 원산에 조계지를 획득했다. 박은경, 『한국화교의 種族性』, 한국연구원(서울), 1986, 39쪽 참조.
3) 인천화교소학이 설립되기 이전에는 선생을 집으로 모셔 삼자경(三字經), 천자문(千字文), 사서오경(四書五經) 등을 가르치는 이른바 사숙(私塾) 형태의 교육이 일반적인 화교들의 교육 방식이었다. 그런데 갑오전쟁이 끝나면서 교계인사(僑界人士)들은 사숙교육이 더 이상 시대의 발전을 따라갈 수 없음을 깊이 깨닫고 조선과 중국에 속속 설치되고 있던 '학당'을 본받아 인천화교소학을 설립하게 된 것이다. 杜書溥, 『仁川華僑敎育百年史』(출판지·출판사 미상), 2002, 25-26쪽 참조. 『仁川華僑敎育百年史』는 한국화교사회가 인천화교 건립 백주년을 기념해 출판한 것으로, 당시 교무위원회(僑務委員會) 위원장인 장푸메이(張富美)가 제자(題字)를 했다.
4) 한국한성화교소학, 『世紀風華漢小情─韓國漢城華僑小學創校百週年紀念特刊』, 韓國漢城華僑小學(서울), 2009, 11쪽.
5) 張兆里, 『韓國華僑敎育』, 華僑敎育叢書編輯委員會(台北), 1957, 23쪽.
6) 화교직업의 다양화와 '정주형 화교사회'에 관한 상세한 내용은 王恩美, 『東アジア現代史のなかの韓国華僑─冷戦体制と「祖国」意識』, 三元社(東京), 2008, 第三章 第三節 참조.

1920년에 이르면 8.2 : 1로 대폭 감소하게 되고, 급기야 1930년이 되면 4.7 : 1까지 줄게 된다. 여성인구가 증가했다는 것은 가족단위로 조선에 정착 거주하게 된 인구가 점차 증가하는 이른바 '정주형 화교사회'로 변모하게 되었음을 의미하는 것이라 볼 수 있다.

|표1| 1945년 이전 화교인구와 남녀대비

(단위 : 명)

연도	합계	남성	여성	남녀대비
1906	3,661	3,534	127	28.8:1
1907	7,902	7,739	163	47.5:1
1908	9,978	9,600	378	25.4:1
1909	9,568	9,613	405	22.6:1
1910	11,818	10,729	1,089	9.9:1
1911	11,837	11,145	692	16.1:1
1912	15,517	14,593	924	15.8:1
1913	16,222	15,235	987	15.4:1
1914	16,884	15,745	1,139	13.8:1
1915	15,968	14,714	1,254	11.7:1
1916	16,904	15,496	1,408	11.0:1
1917	17,967	16,241	1,726	9.4:1
1918	21,894	20,264	1,630	12.4:1
1919	18,588	16,897	1,691	10.0:1
1920	23,989	21,382	2,607	8.2:1
1921	24,695	21,912	2,783	7.9:1
1922	30,826	27,623	3,203	8.6:1
1923	33,654	29,947	3,707	8.1:1
1924	35,661	31,196	4,465	7.0:1
1925	46,196	40,527	5,669	7.1:1
1926	45,291	39,820	5,471	7.3:1
1927	50,056	43,173	6,883	6.3:1
1928	52,054	43,838	8,216	5.3:1
1929	56,672	47,226	9,446	5.0:1
1930	67,794	55,973	11,821	4.7:1
1931	36,778	30,571	6,207	4.9:1
1932	37,732	30,478	7,254	4.2:1

연도	합계	남성	여성	남녀대비
1933	41,226	33,055	8,211	3.9:1
1934	49,334	39,775	9,559	3.6:1
1935	57,639	45,864	11,775	3.1:1
1936	63,981	49,974	14,007	3.6:1
1937	41,909	31,600	10,309	3.1:1
1938	48,533	37,169	11,364	3.3:1
1939	51,014	37,296	13,718	2.7:1
1940	63,976	47,161	16,815	2.8:1
1941	73,274	52,037	21,237	2.5:1
1942	82,661	57,426	25,235	2.3:1
1943	75,776	50,903	24,873	2.0:1

출처: 1906年~1908年 : 朝鮮統監府『朝鮮統監府統計年報』. 1909
年~1943年 : 朝鮮總督府『朝鮮總督府統計年報』.

이처럼 전반적인 화교인구의 증가로 인해, 1920년대 이후에는 조선
의 화교학교 수도 큰 폭으로 증가했다. |표2|는 1944년 현재 조선에 존
립했던 화교학교 분포현황인데, 이를 보면 대부분의 학교가 1920년대
이후에 건립되었고, 화교인구의 대부분이 밀집되어 있던 조선 북부지
역에 화교학교가 집중 분포되어 있는 것을 알 수 있다. 일례로 1942년
통계에 따르면, 한반도 화교인구는 총 82,661명이고 그 가운데 북부지
역에 69,802명, 남부지역에 12,859명으로, 대략 84%에 이르는 화교들이
조선 북부에 집중되어 있었다. 특히 그 중에서도 평안북도가 가장 많아
전체 화교인구의 약 45%(37,429명)를 차지했다.[7] 따라서 화교학교도 평
안북도에 제일 많이 분포되어 있었다. 그런데 여기서 주목해야 할 것은
바로 '화공(華工)'학교와 '화농(華農)'학교이다. 이는 화상의 자제들뿐만 아
니라 화공과 화농의 자제들까지 모두 학교교육을 받았다는 것을 의미

---

7) 朝鮮總督府,『朝鮮總督府統計年報』, 朝鮮總督府(京城), 1943, 29-35쪽.

한다. 특히, 화공학교의 존재는 화교노동자들 또한 가족단위로 조선에 거주했음을 보여주는 하나의 증거라 할 수 있다.

|표2| 1944년 현재 조선의 화교학교

		설립연도	도명	학교명
조선남부	1	1902	경 기 도	인천화교소학
	2	1910	경 기 도	한성화교소학
	3	1912	경상남도	부산화교소학
	4	1941	경상북도	대구화교소학
	5	1941	전라북도	군산화교소학
	6	1942	경 기 도	한성화교학교 중학부
조선북부	7	1920년대	황 해 도	해주화교소학
	8	-	황 해 도	겸이포화교소학
	9	-	황 해 도	사리원화교소학
	10	1920년대	평안남도	평양화교소학
	11	1932	평안남도	진남포화교소학
	12	-	평안남도	선교리화교소학
	13	1915	평안북도	신의주화교소학
	14	1931	평안북도	운산북진화교소학
	15	1931	평안북도	용암포화교소학
	16	1933	평안북도	신의주화공소학
	17	-	평안북도	강계화교소학
	18	-	평안북도	칠평화교소학
	19	-	평안북도	신의주화농소학
	20	1923	함경남도	원산화교소학
	21	-	함경남도	함흥화교소학
	22	-	함경북도	성진화교소학
	23	-	함경북도	청진화교소학
	24	1937	함경북도	회령정화소학
	25	-	함경북도	나남화교소학
	26	-	함경북도	웅기화교소학

출처: 학교명: 楊韻平(2007) 『汪政權與朝鮮華僑(1940~1945)-東亞秩序之一硏究』, 稻鄕出版社, 267쪽. 조선남부의 설립시기 ; 張兆理(1957) 『韓國華僑敎育』, 20-24쪽. 조선북부와 「한성화교학교중학부」의 설립시기 ; 楊昭全・孫玉梅 (1991) 『朝鮮華僑史』 北京:中國華僑出版公司, 209-210쪽, 287-290쪽.
(주) 楊韻平은 「漢城華僑學校中學部」라고 표기하고 있지만, 楊昭全・孫玉梅는 「漢城光華中學」이라고 표기하고 있다.

남북한화교의 삶과 화교정책

조선의 화교학교는 1940년대부터 다시 증가하기 시작했다. 1941년 17개에 불과했던 화교소학은 1942년에 19개로 늘었고, 1943년에는 25개로 증가했다[8] 일본식민시기 조선에서 화교중학으로는 한성화교학교 중학부(광화중학)가 유일했다.[9] 화교소학의 국어(國語) 수업시간은 일본어의 두 배에 달했다. 1940년대부터 전임정권인 중화민국정부를 대신해 조선화교를 관리하기 시작한 왕징웨이(汪精衛)정권[10]은 일본과 우호적인 협력관계를 유지하고 있었기 때문에, 이 시기 화교소학도 큰 폭으로 증가할 수 있었고 중국어교육도 그대로 유지할 수 있었던 것이다. 그 때문인지 화교자녀의 화교학교 취학률도 비교적 높은 것으로 나타난다. 가령 1943년 신의주영사관 통계에 따르면, 관할지역 취학연령에 해당하는 화교아동 약 1,500명 중에 약 72%에 달하는 1,085명이 화교학교에 입학한 것으로 조사되었다.[11]

대다수 화교학교의 설립주체이자 후원자는 화교상회(華僑商會)였다. 일례로, 신의주화교소학은 화교상회 경내에 설치되었다.[12] 또한 화교학교 이사회(董事會)는 화교상회 조직과 중첩되는 경우가 많았다. 상당수 화교학교 교장이 화교상회 이사직을 겸하고 있던 것이 그 예이다.

---

8) 1940년대 화교소학은 6년제 교육이었고, 교육과정에는 수신(修身), 국어, 산수, 공민상식(公民常識), 노작(勞作), 미로(美勞), 창유(唱遊), 음악, 일어(日語), 국술(國術), 체육, 역사, 지리, 자연과학 등의 과목이 포함되었다. 楊韻平, 『汪政權與朝鮮華僑(1940~1945)-東亞秩序之一研究』, 186-187쪽 참조.
9) 한성화교학교중학부(광화중학)의 교육과정에는 수신, 일어, 지나어(支那語, 중국어), 수학, 역사, 지리, 생물, 물상, 체련(體練), 공작(工作, 勞作), 도화(圖畵), 음악, 상업, 영어, 수련(修練) 등이 포함되었다.
10) 이 글에서는 제2차 세계대전 이전의 국민정부와 제2차 세계대전 이후의 타이완국민당정부를 모두 '중화민국정부'라 칭했다. 왜냐하면, 이 글에서 사용하는 중화민국이 정치적 함의를 띠고 있는 것이라면, 타이완은 지리적 개념이기 때문이다.
11) 楊韻平, 위의 책, 225쪽.
12) 楊昭全·孫玉梅, 『朝鮮華僑史』, 288쪽.

뿐만 아니라 화교학교는 중화민국영사관과도 매우 밀접한 관계를 유지하고 있었다. 가령, 한성화교소학은 경성총영사관 안에 설립되었고, 인천과 진남포의 화교소학은 영사관 경내에 건립되었다. 영사관원이 화교학교 교장을 겸임하는 경우도 흔히 있었다. 가령, 신의주에 있던 화교소학, 화공소학, 화농소학 모두 신의주영사관의 관원이 교장으로 있었다.[13] 전후에도 화교학교는 화교상회 및 영사관과 밀접한 관계를 유지했다.

1945년 이후의 화교학교 교육

1945년 이후 한반도는 남과 북으로 분단되었고, 남쪽에서는 미군정이 실시되었다. 식민시기, 화교들은 한반도 남쪽에 한성, 인천, 부산, 군산, 대구 등 5개 지역에 각기 하나씩의 소학과 한성화교학교중학부(광화중학) 한 곳을 설립한 바 있다. 그런데 1945년부터 1950년 사이에 한반도 남쪽에 설립된 화교학교의 수는 빠르게 증가했다. |표3|과 |표4|는 2009년 현재 한국에 있는 화교 소학과 중학의 분포상황이다. 이를 보면, 총 23개 소학 중에 57%에 달하는 13개 학교가 바로 이 시기에 설립되었다는 것을 알 수 있다.

13) 楊韻平, 위의 책, 224쪽.

남북한화교의 삶과 화교정책

|표3| 한국 화교소학 일람표(2009년 9월 현재)

	학교명	설립연도	학생 수
1	인천화교소학	1902	268
2	한성화교소학	1909	554
3	부산화교소학	1912	127
4	영등포화교소학	1935	69
5	군산화교소학	1941	75
6	대구화교소학	1941	54
7	수원화교중정소학	1946	104
8	광주화교소학	1946	156
9	대전화교소학	1947	35
10	강경화교소학	1947	12
11	전주화교소학	1947	21
12	익산(이리)화교소학	1947	23
13	온양화교소학	1948	11
14	강릉화교소학	1949	27
15	청주화교소학	1951	6
16	마산화교소학	1951	11
17	제주화교소학	1951	1
18	충주화교소학	1952	2
19	원주화교소학	1956	61
20	평택화교소학	1961	5
21	의정부화교소학	1963	120
22	울산화교소학	1967	6
23	춘천화교소학	1978	9
	합계		1,757

출처: 학교명, 학생 수:「韓國華僑教師聯誼會製」,
2010년 8월 11일(필자가「한국한성화교중학」을
방문했을 때, 획득한 자료.)
설립연도: 張兆里,『韓國華僑教育』, 20-24쪽 ;
王恩美,「韓国における華僑学校教育の歴史—
1945年以後を中心に」,『華僑華人研究』 創刊号
(2004), 174쪽.

소학이 증가하게 되면, 그 소학을 졸업한 학생들을 받아들일 수 있는 중학의 설치는 당연지사이다. 1948년 한성화교학교중학부(광화중학)의 체제를 그대로 계승한 한성화교초급중학이 설립된 것도 그 때문이다. (｜표4｜ 참조) 이밖에도 1954년에는 부산화교중학이 창설되었고, 1957년과 1958년에는 인천화교중산중학과 대구화교중학이 각각 설립되었다.

｜표4｜ 한국 화교중학 일람표(2009년 9월 현재)

	중학교명	설립연도	중학생 (初中生)	고등학생 (高中生)	계
1	한성화교중학	1948(중) 1955(고)	313	320	633
2	부산화교중학	1954(중) 1959(고)	57	75	132
3	인천화교중산중학	1957(중) 1964(고)	90	100	190
4	대구화교중학	1958(중) 1967(고)	19	20	39
	합계				994

출처: 학교명, 학생 수 :「韓國華僑教師聯誼會製」, 2010년 8월 11일(필자가「한국한성화교중학」을 방문했을 때, 획득한 자료)

설립연도 : 張兆里,『韓國華僑教育』, 20-24쪽 ; 韓華學報編輯部,「漢城華僑中學簡史」,『韓華學報』創刊號(2001), 205쪽 ; 韓華學報編集部,「釜山華僑中學簡史」,『韓華學報』創刊號(2001), 217쪽 ; 韓華學報編集部,「仁川華僑學校建校百年史略」,『韓華學報』創刊號(2001), 228쪽 ; 韓華學報編集部,「大邱華僑學校建校沿革」,『韓華學報』創刊號(2001), 235쪽.

한성화교초급중학은 1954년에 고등부를 증설함과 동시에 학교명도 한국한성화교중학으로 변경했다. 1959년부터 1967년 사이에는 부산, 인천, 대구 등지의 화교중학도 고등부를 신설했다. 이로 인해, 한국화교사회는 1970년대에 이미 초등학교에서 고등학교에 이르는 완정한 교육체계를 이룩할 수 있었다.

1970년대는 화교학교의 수가 가장 많은 시기였다. 주한중화민국대사관(이하, '주한대사관'이라 간칭)의 조사에 따르면, 당시 초등부(小學)가 50개, 중등부(初中)가 5개,[14] 고등부(高中)가 4개였다고[15] 한다. 또 1970년대는 화교인구가 가장 많았던 시기이기도 하다. 특히, 1972년에는 32,989명으로 그 수가 최고조에 달했다.(l표5l 참조) 그러나 이후 한국정부가 화교를 대상으로 시행한 토지소유제한, 출입국제한, 사업소득에 대한 높은 과세 등 각종 제한조치로 인해, 화교들이 미국, 타이완 등지로 재(再)이민을 가게 되면서 화교인구는 점차 감소하기 시작했고 그에 따라 화교학교의 수도 자연 줄게 되었다. 그러나 지금까지도 약 20,000명을 헤아리는 한국화교사회에는 여전히 27개의 화교학교가 존립하고 있다. 이는 화교인구에 비하면, 상대적으로 높은 비율이라 할 수 있다.

---

14) 서울, 부산, 인천, 대구에 있는 화교중학 중등부 외에 광주중학도 있었다. 1965년 광주화교직업학교로 출발한 이 학교는 처음엔 농업부와 상업부로 분설되어 있었지만, 점차 화교의 취업 수요에 부합할 수 없었기 때문에 1966년 일반중학으로 개편되었다. 그러나 이 학교는 1984년 7월 재정난으로 폐교되었다. 石美齡, 『韓國華僑教育에 關한 考察』, 고려대학교대학원 교육학과 석사논문, 1995, 28쪽 참조.
15) 劉達順, 『韓國華僑教育之研究』, 中國文化學院民族與華僑研究所碩士論文(台北), 1976, 14쪽.

|표5| 한국화교 인구(1945년~2009년)

(단위 : 명)

연도	인구	연도	인구	연도	인구
1945	12,648	1973	32,841	1993	22,485
1947	12,088	1974	32,255	1994	22,271
1948	17,443	1975	32,434	1995	22,190
1952	17,687	1976	32,436	1996	22,157
1954	22,090	1977	31,751	1997	22,137
1956	22,149	1978	30,562	1998	21,987
1957	22,734	1979	30,078	1999	22,043
1959	23,318	1980	29,623	2000	22,083
1960	24,723	1981	29,220	2001	21,818
1961	23,975	1982	28,717	2002	21,629
1962	23,575	1983	27,131	2003	21,375
1964	26,176	1984	27,662	2004	20,966
1965	28,927	1986	24,316	2005	20,792
1966	29,939	1987	23,945	2006	20,878
1968	30,810	1988	23,432	2007	20,686
1969	31,243	1989	23,147	2008	20,467
1970	31,918	1990	22,843	2009	19,791
1971	31,928	1991	22,631		
1972	32,989	1992	22,563		

출처: 1945, 1952~1966, 1969, 1970, 1972~1984 : 박은경, 『한국화교의 種族性』, 118, 210쪽. 1947 :「朝鮮槪況報告及意見書」, 『韓國僑務案』(1948年1月~12月), 外交部檔案, 國史館所藏.. 1948 : 韓中文化協会編輯室, 「在韓華僑槪況」, 『韓中文化』3(1949), 60-61쪽. 1968 :『韓國僑社案』(1960年12月1日~1968年6月30日), 外交部檔案, 目錄號, 172-8, 案卷號, 1162, 國史館所藏.. 1971 :「旅韓華僑槪況」(駐韓大使館, 1971年6月製作), 『韓國僑情』(1971年9月3日~1973年3月15日), 外交部檔案, 國史館所藏.. 1985~2005 : 出入國管理局, 『出入國管理統計年報』, 出入國管理局(서울), 1985-2005. 2006~2009 : 출입국·외국인정책본부, 『출입국·외국인정책 통계연보』, 출입국·외국인정책본부, 2006-2009.

(주1) 2002~2005 : 出入國管理局, 『出入國管理統計年報』, 各年版의 居住(F-2), 國民配偶(F-2-1), 永住(F-5), 永住配偶者(F-2-3)의 합계.

(주2) 2006~2009 : 출입국·외국인정책본부, 『출입국·외국인정책 통계연보』, 各年版의 居住(F-2), 國民配偶(F21), 永住配偶者(F23), 其他長期(F25), 永住(F-5), 永住(F53~F59), 永住(F5A~F5K)의 합계.

(주3) 식민시기 화교인구는 북부에 집중되어 있었기 때문에, 1945년의 인구는 식민시기 인구에 비해 전혀 감소되지 않았다.

그런데 여기서 주목해야 할 것은, 화교교육을 추진하는 과정에서 화교협회가 상당한 위상을 가지고 있었고 그에 걸맞은 역할을 하고 있었다는 점이다. 화교협회의 전신은 화교자치구(華僑自治區)이다. 1947년 한반도 남쪽에 중화민국영사관이 복관되면서, 영사는 중화민국 국내의 지방자치조직을 본 따 이곳에 48개의 화교자치구를 설치하고 각 자치구별로 공소(公所)를 설치하도록 했다. 그리고 서울에는 남한자치총회(南韓自治總會)를 설립했다.16) 자치구는 1960년대에 화교협회로 개편되었다. |표6|에서 알 수 있는 바와 같이, 상술한 화교 중·소학 27개의 분포는 화교협회의 분포와 완전히 일치하고 있다. 화교사회의 단합을 위해 조직된 화교협회는 화교의 역량을 하나로 결집하는 중요한 사회적 네트워크였다. 또한 1950년대에 이미 화교상회 조직을 흡수 통합한 바 있는 화교협회조직은 이제는 명실 공히 화교사회를 연결하고 그 역량을 하나로 모으는 유일한 사회적 네트워크가 되었다. 화교학교 또한 화교협회의 네트워크를 통해 학교건립기금 마련을 위한 모금활동을 전국적으로 전개할 수 있었다. 또한 화교협회의 회장 혹은 이사가 화교학교의 이사를 겸임하는 경우가 대부분이었다.17) 이러한 구조는 일본식민시기 화교상회가 화교학교 건립의 기초가 된 것과 매우 유사하다. 다시 말해, 전후 화교학교의 보급은 일본식민시기 화교상회의 사회적 네트워크의 연속이라 할 수 있다.

---

16) 화교자치구는 10호(戶)를 1갑(甲), 10갑을 1보(保) 그리고 일부 보를 합쳐 1구(區)라 했다. 갑장(甲長), 보장(保長), 구장(區長)은 화교 자체적으로 선거를 통해 뽑았고, 그 각각의 임무는 기층인민을 보호하는 동시에 관리 감독하는 정책을 일선에서 추진하는 것이었다. 華僑志編纂委員會, 『華僑志—韓國』, 華僑志編纂委員會(台北), 1958, 118쪽.

17) 화교협회의 성격, 조직, 기능에 대한 상세한 내용은, 王恩美, 『東アジア現代史のなかの韓国華僑—冷戦体制と 「祖国」 意識』, 137-139, 259-268쪽 참조.

|표6| 화교학교와 화교협회 분포대조표

		화교협회	화교학교			화교협회	화교학교
서울 / 경기도	1	한성화교협회	한성화교소학	전라북도	30	익산화교협회	익산화교소학
			한성화교중학		31	정읍화교협회	
	2	영등포화교협회	영등포화교소학		32	전주화교협회	전주화교소학
	3	수원화교협회	수원화교중정소학		33	김제화교협회	
	4	평택화교협회	평택화교소학		34	군산화교협회	군산화교소학
	5	안성화교협회			35	무주화교협회	
	6	인천화교협회	인천화교소학	전라남도	36	광주화교협회	광주화교소학
			인천화교중산중학		37	목포화교협회	
	7	안양화교협회			38	영광화교협회	
	8	한성화교협회 (의정부분회)	의정부화교소학		39	순천화교협회	
					40	여수화교협회	
강원도	9	강릉화교협회	강릉화교소학	충청남도	41	대전화교협회	대전화교소학
	10	춘천화교협회	춘천화교소학		42	천안화교협회	
	11	원주화교협회	원주화교소학		43	조치원화교협회	
	12	홍천화교협회			44	보령화교협회	
	13	삼척화교협회			45	서산화교협회	
충청북도	14	옥천화교협회			46	강경화교협회	강경화교소학
	15	음성화교협회			47	서천화교협회	
	16	영동화교협회			48	홍성화교협회	
	17	괴산화교협회			49	온양화교협회	온양화교소학
	18	충주화교협회	충주화교소학		50	부여화교협회	
	19	청주화교협회	청주화교소학		51	예산화교협회	
	20	제천화교협회			52	당진화교협회	
					53	공주화교협회	
경상남도	21	부산화교협회	부산화교소학	제주도			
			부산화교중학		54	제주화교협회	제주화교소학
	22	진주화교협회					
	23	울산화교협회	울산화교소학				
	24	진해화교협회					
	25	마산화교협회	마산화교소학				
경상북도	26	대구화교협회	대구화교소학				
			대구화교중학				
	27	경주화교협회					
	28	김천화교협회					
	29	포항화교협회					

출처: 王恩美, 「韓国における華僑学校教育の歴史―1945年以後を中心に」, 183쪽.

전후 화교학교는 주한대사관과 더욱 밀접한 관계를 유지했다. 가령, 화교학교의 이사장이 취임했을 시에는 반드시 주한대사관의 동의를 얻어야 했고, 이사회는 화교학교의 재정과 인사에 관한 결정권을 장악했다.

2. 한국 화교학교의 법률적 지위 변화

1970년대 중반, 한국 각지에 화교학교가 우후죽순처럼 등장했다. 그러나 1977년 이전까지만 해도 각지의 화교학교는 어떠한 법률적 지위도 갖지 못한 상황이었다. 화교학교가 그나마 '외국인단체'의 자격을 얻을 수 있었던 것은 1978년이었고, 이는 1999년 한국정부가 화교학교에 '각종학교'의 지위를 부여하기 전까지 지속되었다.

화교학교의 '외국인단체화'

1977년 12월 31일 한국정부는 〈출입국관리법〉을 개정해, 외국인 조직 및 단체가 한국에서 활동하기 위해서는 반드시 '외국인단체'로 등록해야 한다고 규정했다.[18] 당시 한국 화교학교 역시 1978년 6월 30일 전까지 '외국인단체'로 등록할 것을 요구받았다. 그러나 화교학교들은 이에 응하지 않고 모두 등록을 거부했다. 한국정부가 미국학교를 표준으로 화교학교에 재단설립 및 중등부와 고등부를 분리경영 할 것 등을

---

18) 제44조(외국단체등록) ① 대한민국 내에서 활동하고자 하는 대통령령이 정하는 바에 의하여 주무관청에 등록하여야 한다. ② 외국단체의 활동목적이 대한민국의 법령에 위반하거나 대한민국의 이익을 해할 우려가 있다고 인정하는 때에는 그 등록을 받지 아니한다.

요구하는데 이러한 표준은 화교학교의 기존 체계에 부합하지 않는다는 것이 그 주된 이유였다.[19] 한국의 화교중학은 중등부와 고등부를 통합 운영하는 방식이었고 또한 화교학교는 자력으로 운영되는 탓에 재단설립이 용이하지 않았던 것이다.

모든 화교학교가 등록을 거부하자, 한국정부는 화교학교에 독촉공문을 보내 1978년 8월 31일 내에 등록을 완료할 것을 재차 촉구했다. 이 때문에 화교학교는 대표를 보내 한국정부와 협상을 진행했고, 결국 현행 화교학교 체제를 인정한다는 조건 하에 '외국인단체'로 등록했다. 이는 한국에서 최초로 법률적 지위를 획득한 것이기는 하지만 그 지위는 결코 '학교'가 아니었다.

이렇듯 한국정부가 그동안 줄곧 국내법의 관할범위 밖에 있던 화교학교를 1970년대 말부터 한국법률 안으로 편입시키고자 부단한 시도를 했던 것은 다분히 당시 한국 국내 상황의 영향 때문이었다. 당시 박정희정권은 교육을 통해 국민을 통합함으로써 정권의 안정을 기하고자 했다. 박정희정권은 1968년 12월 5일 '한국민족교육'의 중요성을 강조하는 차원에서 "우리는 민족중흥의 역사적 사명을 띠고 이 땅에 태어났다."로 시작되는 이른바 〈국민교육헌장〉을 제정, 공포했다. 나아가 이 〈국민교육헌장〉을 전국의 모든 학생과 공무원이 외우도록 할 것을 규정했다. 아울러 박정희정권은 〈국민교육헌장〉에 부합하도록 교육과정과 교과서 내용을 개편했다.[20] 또한 박정희는 1972년부터 '국적 있는 교육'을 제창하기 시작했다. 이른바 '국적 있는 교육'이란 '애국애족의

19) 담도경, 「외국인학교 설치와 학력인정에 관하여」, 교육부, 『외국인학교 제도개선 방안 공청회』, 교육부(서울), 2000, 59쪽.
20) 정영수 외, 『한국교육정책의 이념(II)—2차년도: 국가발전과 교육(1960~1979)』, 교육개발원(서울), 1986, 81쪽.

올바른 국가관 및 민족사관과 자주성'을 함양한 인재를 배양한다는 뜻이었다.[21] 이렇듯 '국적 있는 교육'이란 목표 하에서, 한국인이라면 한국학교에서 민족교육을 받아야 한다는 것을 강조했던 것이다.

그러나 그동안 한국정부는 한국국민이 외국인학교에 입학하는 것을 금지하지 않았기 때문에, 많은 한국인들이 외국인학교에서 교육을 받고 있었다. 화교학교의 경우, 1976년의 통계에 따르면 초등학교에서 고등학교까지 대략 560명 정도의 한국인학생이 재학하고 있었다.[22] 한국정부가 화교학교를 한국법률 관할범위 안으로 편입시키고자 했던 것은 한국국민이 화교학교에 취학하는 것을 막고자 하는데 그 목적이 있었다. 그러나 한국정부는 이것 말고는 화교학교에 대해 어떠한 규정도 추가로 마련하지 않았다. 따라서 화교학교의 교과과정, 수업언어, 운영방식 등에 있어서는 기존의 방식이 그대로 유지되었고 그 어떠한 변화도 없었다. 한국정부는 또한 화교학교에 대해 어떤 경비도 지원하지 않았다.

화교학교의 '각종학교'화

1990년대 말 한국은 초유의 금융위기를 맞았다. 이에 한국정부는 외국인투자자들의 투자를 유치하기 위해 외국인에 대한 규정을 완화하기 시작했다. '외국인단체'의 등록규정은 외국인에 대한 일종의 제한이고 차별이었다. 따라서 한국정부는 1999년 2월 5일 〈출입국관리법〉을 개정해 '외국인단체'의 등록규정을 폐지했다.[23] 그러나 이러한 조치는 오

---

21) 정영수 외, 위의 책(1986), 88쪽.
22) 劉達順, 위의 책(1976), 19-20쪽.
23) 외국인학교법적편제연구위원회, 『외국인학교의 법적 편제에 관한 연구』, 외국인학교법적편제연구위원회(서울), 1999, 5쪽.

히려 화교학교를 포함한 외국인학교가 법적 근거를 상실하게 되는 결과를 낳았다.

한국정부는 외국인학교를 한국의 법적 관할 하에 두기 위해 1999년 3월 8일 〈각종학교에 관한 규칙〉(교육부령)[24]을 개정해 외국인학교가 허가를 받아 '각종학교'로 전환할 것을 요구했다. 1977년에 제정, 공포된 〈각종학교에 관한 규칙〉 제12조에는 "조약, 협약, 협정이나 외교관례에 의해 학교를 설치, 경영하고자 할 때에는 이 규칙의 규정에 불구하고 감독청은 이를 각종학교로 보아 설립 인가할 수 있다."라고 규정되어 있다. 그런데 한국정부는 1999년에 이 규정을 다소 완화해 "외국인이 자국민의 교육을 위하여 학교를 설치, 경영하고자 할 때에는 이 규칙의 규정에 불구하고 감독청은 이를 각종학교로 보아 설립 인가할 수 있다."로 개정했다.

1999년 당시 한국에는 총 57개의 외국인학교가 존재했는데, 그 가운데 타이완이 34개, 미국이 17개, 일본이 2개, 독일이 1개, 이탈리아가 1개, 노르웨이가 1개였다. 이들 외국인학교 중에 '각종학교'로 인정된 것은 서울외국인학교, 서울일본인학교, 서울국제학교 등 3곳뿐이었고 나머지는 모두 '외국인단체'로 등록되어 있었다.[25]

'각종학교'는 한국교육법이 인정한 '학교'로서의 지위를 누릴 수 있었다. 반면, '외국인단체'는 등록만 거치면 되었지만 1999년부터는 상술한 외국인학교는 반드시 교육부의 표준을 만족해야만 '각종학교'로서의 인

---

24) 〈각종학교에 관한 규칙〉은 1977년 9월 13일에 제정, 공포되었다. 한국의 화교학교가 '외국인단체'로 등록할 당시에도 이 규칙은 존재하고 있었지만, 한국 화교학교는 '외국인단체'로 등록할 것을 요구받았다.

25) 외국인학교법제편제정비연구팀, 『공청회 자료집 외국인학교의 법적편제정비방안』, 외국인학교법적편제정비연구팀(서울), 1999, 5, 16쪽.

가를 취득할 수 있었다. 그러나 화교학교가 교육부의 인가를 받는데 있어서 최대의 걸림돌은 〈학교보건법〉을 충족해야만 한다는 것이었다. 이 법 규정에 의거해, 교육당국은 학교의 보건, 위생 및 학습 환경을 보호, 유지하기 위한 조치로 '학교환경위생정화구역'을 지정했다. 즉, 학교 경계선으로부터 직선거리로 200미터까지를 '상대정화구역', 학교 출입문에서 직선거리로 50미터까지를 '절대정화구역'으로 각각 정했다.26) 그리고 '절대정화구역'과 '상대정화구역' 내에는 술집, 호텔, 여관, 극장, 전자오락실, 담배자동판매기, 당구장, 만화방, 노래방 등 각종 유해시설이 들어설 수 없도록 규정했다.27)

〈학교보건법〉은 1967년에 제정되었으나 유해시설에 관한 구체적 항목에 대해서는 1981년에 정해졌다. 그런데 대부분의 화교학교들이 설립된 것은 이 법률이 반포되기 이전이었다. 따라서 정작 '학교환경위생정화구역'이 화교학교에 적용되었을 당시에는 대다수 학교들이 그 기준에 부합될 수 없었기 때문에 당연히 심사를 통과할 수 없었다.

그 후, 한국정부는 '학교환경위생정화구역'의 제한을 완화해 화교학교는 '절대정화구역'만 적용했다. 다시 말해, 학교 출입문에서 50미터 이내에 상술한 유해시설을 설치하지만 않으면 합법으로 인정했던 것이다. 이로 인해, 상당수 화교학교들이 '각종학교'로 인가를 받을 수 있었다. 2008년 통계에 따르면, 한국정부가 인가한 외국인학교는 46개로 증가했는데, 이 가운데 18곳이 화교학교였다.(|표7| |표7-1|참조) 그러나 제천과 천안의 화교소학은 인가를 받기는 했지만 학생 수 부족으로 폐교되었다.

26) 〈학교보건법시행령〉 제3조 규정.
27) 〈학교보건법〉 제6조 제1항, 〈학교보건법시행령〉 제4조 제2항.

| 표7 | 인가된 화교학교 일람표(2008년 9월 현재)

	학교명	소재지	인가일자	설립자국적	학생 수
1	한국한성화교중학	서울	1999.8.27	타이완	622
2	영등포화교소학	서울	1999.8.27	타이완	49
3	한성화교소학	서울	2001.11.23	타이완	483
4	부산화교소학	부산	2001.7.23	타이완	144
5	부산화교중학	부산	2001.7.23	타이완	126
6	한국대구화교소학	대구	2002.7.8	타이완	66
7	한국대구화교중학	대구	1999.10.18	타이완	29
8	한국인천중산중·소학	인천	2002.12.21	한국(귀화)	552
9	수원화교중정소학	경기	2007.8.31	타이완	126
10	의정부화교소학	경기	1999.4.7	타이완	33
11	춘천화교소학	강원	2000.12.30	타이완	3
12	원주화교소학	강원	1999.10.14	타이완	57
13	청주화교소학	충북	1999.6.30	타이완	16
14	충주화교소학	충북	1999.9.22	타이완	3
15	제천화교소학	충북	2001.11.15	타이완	1
16	온양화교소학	충남	2002.6.14	타이완	12
17	천안화교소학	충남	1999.8.27	타이완	
18	군산화교소학	전북	2002.1.10	타이완	16

출처: 학교정책국학교제도기획과, 「외국인학교 대통령령 확정에 따른 시·도 담당자회의자료」, 교육과학기술부(학교정책국학교제도기획과), 2009, 19쪽.

(주1) 원 자료 가운데 「한국대구화교중학」과 「청주화교소학」의 인가일자는 각각 1998년 10월 18일과 1996년 6월 30일로 되어있다. 그러나 1999년 이전에는 한국의 모든 화교학교가 아직 인가를 받지 못한 상황이었다. 따라서 이는 오류가 아닐까 생각된다. 필자의 생각으로는, 정확한 인가일자는 1999년 10월 18일과 1999년 6월 30일인 것으로 보인다.

|표7-1| 인가된 기타 외국인학교 일람표(2008년 9월 현재)

	학교명	소재지	인가일자	설립자국적	학생 수
1	서울외국인학교	서울	1978.5.25	미국	1,466
2	서울일본인학교	서울	1978.1.24	일본	380
3	서울독일학교	서울	1999.8.27	독일	144
4	서울Academy국제학교	서울	1999.8.27	미국	152
5	서울Kent외국인학교	서울	1999.8.27	미국	298
6	지구촌기독외국인학교	서울	1999.8.27	미국	67
7	한국외국인학교	서울	1999.8.27	미국	51
8	Centennial Christian School	서울	1999.8.27	미국	148
9	서울용산국제학교	서울	2000.5.6	타이완	748
10	재한몽골학교	서울	2005.2.21	몽골	75
11	레인보우외국인학교	서울	2007.8.27	터키	38
12	아시아퍼시픽국제외국인학교	서울	2006.12.20	미국	243
13	서울프랑스학교	서울	2001.4.7	프랑스	381
14	Xavier국제학교	서울	2002.2.9	프랑스	106
15	부산외국인학교	부산	2001.4.23	미국	153
16	부산국제학교	부산	2001.8.8	노르웨이	179
17	부산일본인학교	부산	2001.7.23	일본	36
18	광주외국인학교	광주	2000.8.5	한국(귀화)	95
19	대전국제학교	대전	1999.3.15	미국	593
20	현대외국인학교	울산	2008.4.30	영국	109
21	한국외국인학교	경기	2005.12.14	미국	989
22	국제기독학교	경기	2002.6.24	미국	257
23	경기수원외국인학교	경기	2006.6.12	미국	436
24	서울국제학교	경기	1973.6.5	미국	1,084
25	인디안헤드외국인학교	경기	1999.7.29	미국	138
26	전북외국인학교	전북	2001.9.18	한국(귀화)	13
27	옥포국제학교	경남	2002.12.3	영국	188
28	경남국제외국인학교	경남	2003.12.26	미국	88

출처: 학교정책국학교제도기획과, 「외국인학교 대통령령 확정에 따른 시·도 담당자회
의자료」, 교육과학기술부(학교정책국학교제도기획과), 2009, 19쪽.

3. 법률적 지위의 변환이 화교학교에 끼친 영향

한국 화교학교의 법률적 지위는 '외국인단체'에서 '각종학교'로 변경되었다. 이러한 변경과정에서, 한국정부는 외국인학교의 입학자격을 규범화했다. 한국정부가 외국인학교의 입학자격을 규정하게 되면서 입학자격은 갖추고 있으되, 졸업학력은 인정받지 못하는 현상이 속출해 이와 관련한 각종 분쟁이 일어났다. 이에 한국정부는 2009년 2월 외국인학교의 학력인정방안을 제출했지만 공교롭게도 화교학생은 여기에서 배제되었다. 화교학교의 학력인정문제는 아직도 미해결 상태에 있다.

입학자격의 규범화

1978년 한국 화교학교가 처음으로 '외국인단체'로서 법률적 체계 안으로 편입되었을 때, 한국정부는 한국인의 입학을 금지하는데 주요 목적이 있었다. 그러나 당시까지만 해도 명문화된 규정은 따로 없었다. 1999년 화교학교의 법률적 지위가 '각종학교'로 전환되었을 때, 한국정부는 한국인의 외국인학교 입학을 적극적으로 제한하기 위해 외국인학교의 입학자격을 다음과 같이 명확히 규정했다.

① 학교 설립자 및 대표자의 자국민을 원칙으로 한다. 단, 국내에 거주하는 소수 국적자의 원활한 교육 등을 고려, 공동언어를 사용하는 외국인을 포함한다.
② 한국계 혼혈아, 외국계로서 대한민국 국적을 소지한 자.
③ 외국시민권이나 영주권을 소지한 자.
④ 해외에 장기거주하다 일시 귀국한 해외교포 자녀. 장기거주라 함은

남북한화교의 삶과 화교정체

일반적으로 5년 이상 거주한 것을 원칙으로 한다. 단, 장기거주 혹은
일시귀국의 구체적 시간에 대해서는 시도 교육감이 현실과 개인적
조건을 고려해 입학여부를 결정한다.[28]

　상기 규정에 근거하면, 제1항은 중화민국국적을 소지한 화교나 모든
외국국적을 가진 학생을 가리키며, 제2항은 한국국적 혹은 외국국적을
소지한 학생을 의미한다. 즉, 부모 중 어느 한쪽이 외국국적을 소지하
고 있거나 귀화해 한국국적을 취득한 외국학생이다. 또 제3항은 한국
국적이든 외국국적이든 막론하고 외국 시민권이나 영주권을 소지한 학
생을 뜻한다. 제4항은 해외에 5년 이상 거주한 한국국적의 학생이다.
　한국은 이중국적을 허용하지 않기 때문에 귀화를 통해서만이 한국국
적을 취득할 수 있었다. 그러나 실제로 귀화자격을 갖추기가 여간 어려
운 일이 아니었다. 따라서 대부분의 화교들은 중화민국국적을 가지고
있고, 화교학교 학생들 역시 중화민국국적을 가진 화교자녀들이다. 그
런데 1997년 한국정부가 〈국적법〉을 개정하면서, 화교들도 비교적 쉽
게 귀화자격을 취득할 수 있게 되었다. 이 때문에 일부 화교들은 중화
민국국적을 포기하고 귀화해 한국국적을 취득했다. |표7|에서 보는 바
와 같이, 한국인천중산중·소학의 설립자는 한국국적으로 귀화한 화교
이다.[29] 한국한성화교중학의 경우만 보더라도, 2004년 현재 여전히 한

---

28) 외국인학교법적편제연구위원회, 『외국인학교의 법적편제에 관한 연구』, 8쪽.
29) 화교화인연구에 따른 일반적 정의를 살펴보면, 귀화해 한국국적을 취득한 자는
　　화교가 아니라 화인이라 칭해야 한다는 것이다. 그러나 한국에서 귀화를 선택해
　　한국국적을 취득한 화교들이 출현하게 된 것은 최근의 현상이다. 더욱이 한국화
　　교사회는 정체성 측면에서 귀화해 한국국적을 취득한 자를 화인으로 분류하는 예
　　는 거의 드물고 여전히 한국화교라 부르는 게 일반적이다. 따라서 이 글에서는
　　'귀화자' 역시 한국화교의 범주 안에 넣었다. 또한 귀화자의 자녀 및 한국화교와
　　한국인의 통혼으로 출생한 '혼혈아'도 한국국적이든 중화민국국적이든 상관없이

국화교의 자녀가 학생의 대다수인 93.7%를 차지하고 있다.(｜표8｜ 참조)

|표8| 「한국한성화교중학」 학생의 국적

(단위 : 명)

	1978	1986	2000	2002	2004
중화민국 (한국화교)	2,305 (97.9%)	1,174 (97.5%)	843 (99.4%)	758 (96.2%)	591 (93.7%)
중화민국 (타이완)					1
중화인민공화국				14	23
홍콩					2
한국	49		5	12	11
일본				1	
미국				1	1
말레이시아				1	1
타이				1	1
기타		30			
합계	2,354	1,204	848	788	631

출처: 王恩美, 「若い世代の韓国華僑の言語教育・言語使用状況—「韓国漢城華僑中学」の
言語教育と中等部生徒のリテラシー状況を中心に」, 『ことばと社会』 9, 2005,
55쪽.

한국 화교학생의 대부분은 중화민국국적을 가지고 있기 때문에 제1
항의 규정에 부합하는 학생들이 다수이다. 그러나 현재 화교와 한국인
간의 통혼비율이 지속적으로 증가하고 있다. 따라서 한국 〈국적법〉 규
정에 의거하면, 부모 중의 어느 한쪽이 외국인일 경우 그 출생한 자녀
는 부모의 국적 중에 어느 한쪽을 선택할 수 있게 되었다.[30] 이 때문에

모두 한국화교의 범주에 포함시켰다.
30) 〈국적법〉 제2조.

한국국적을 가진 화교자녀 즉, 제2항의 입학자격을 갖춘 자 역시 점차 증가하고 있는 추세이다. 또한 화교학교는 제3항과 제4항의 규정에 따라 타이완이나 중국에서 장기 거주한 한국학생도 받아들이고 있다.

|표8|에서 볼 수 있다시피, 1978년 한국한성화교중학에는 49명의 한국학생이 있었고, 2000년에는 한국국적의 학생이 5명이 있었다. 이 다섯 명의 학생들은 상술한 외국인학교 입학자격을 갖추고 화교학교에 입학한 경우이다. 2002년을 보게 되면, 한국한성화교중학 학생들의 국적이 다양화되는 현상을 볼 수 있다. 구체적으로, 전체 학생 788명 가운데 중화민국국적의 학생이 758명(96%), 중화인민공화국국적의 학생이 14명(1.8%), 한국국적의 학생이 12명(1.5%) 그리고 이밖에 일본국적 1명, 말레이시아국적 1명, 미국국적 1명이다. 물론 이들 역시 화인의 자녀들이다. 여기서 주목해야 할 것은, 현재 한국에 거주하는 중국인이 갈수록 늘고 있기 때문에 자연히 중국학생의 화교학교 입학도 증가하게 될 것이라는 점이다. 이는 중국학생이 앞으로 화교학교의 새로운 원천이 될 것이라는 예측을 가능케 한다.[31]

---

31) 1992년 중화인민공화국과 한국은 정식 외교관계를 수립했다. 수교 전까지는 중화인민공화국국적을 소지한 자가 한국에 거주하는 것은 불가능했다. 이는 다시 말하면, 1992년 이전에는 중화인민공화국 국적을 소지한 취학연령층이 없었다는 말이 된다. 한국한성화교중학에 중화인민공화국국적의 학생이 처음 등장한 것은 2002년이었다. 그러나 중화인민공화국국적을 소지한 자와 한국화교 사이에는 특별한 유대관계도 없었고, 한국화교들 또한 중화인민공화국국적을 소지한 이들이 자신들과 동일한 집단이라 생각하지도 않았다. 그러나 화교화인에 대한 일반적 정의에 따르면, 한국에 거주하는 중화인민공화국국적 소지자 역시 분명히 '화교'이다. 나아가 '한국화교'라 할 수도 있다. 다만, 이 글에서는 구(舊)이민자만을 한국화교로 간주할 것이고, 신(新)이민자인 중화인민공화국국적 소지자는 한국화교의 범주에서 제외할 것이다.

한국정부가 한국학생의 외국인학교 입학을 제한했던 가장 큰 이유는, 한국인은 마땅히 자국의 교육과정에 따라 '우리나라 국민'에 적합한 교육을 이수하고 이를 통해 국가정체성을 확립하고자 함이었다. 또한 한국정부는 만에 하나 한국인의 외국인학교 입학을 허용하게 되면 많은 한국부모들이 자녀를 외국어교육에 유리한 외국인학교에 보내게 될 것이고 이는 장차 한국교육의 근본을 위협할 수도 있다는 우려도 갖고 있었다. 아울러 고액의 외국인학교 학비를 부담하기 위해서는 과도한 교육비를 지출하게 될 것이고 이는 향후 큰 사회문제로 비화될 가능성이 있을 것이라는 점도 한국정부의 고민꺼리였다.[32]

그러나 2009년부터 화교학교의 입학자격은 또 한 차례 변동을 겪었다. 즉, 한국정부가 한국인의 입학자격을 완화한 것이다. 이명박 정권이 들어선 이후, 2008년 4월 28일에 열린 「투자 활성화와 일자리 창출을 위한 민관 합동회의」에서 "해외유학・연수 및 관광수요를 국내로 흡수해 만성적자에 시달리는 서비스업의 수지 개선에 나서기로" 의견을 모았다.[33] 이에 근거해, 2009년 2월 6일 〈대통령령 제21308호〉로 〈외국인학교 및 외국인유치원의 설립・운영에 관한 규정〉이라는 새로운 법안을 제정, 공포함으로써, 한국인의 외국인학교 입학자격을 법률로 규정했다. 이에 대한 자세한 내용은 아래와 같다.

① 외국에서 거주한 기간이 총 3년 이상인 내국인(한국인)
② 내국인은 외국인학교 학생 정원의 30퍼센트를 넘지 아니하도록 하되, 교육감은 특별시, 광역시 또는 도의 여건을 고려하여 20퍼센트의 범위에서 특별시, 광역시 또는 도의 교육규칙으로 입학비율을 높일 수 있다.

---

32) 외국인학교법적편제연구위원회, 『외국인학교의 법적편제에 관한 연구』, 89쪽.
33) 「해외 3년 이상 살면 외국인학교 입학」,《한국일보》 2008.4.29.

이에 따르면, 한국학생이 외국인학교에 입학하기 위해서는 기존에는 해외에 5년 이상 거주해야만 했는데 이를 3년 이상이면 가능하도록 기간을 단축했고, 한국학생의 비율은 전체 정원의 30%를 넘지 않는 것을 원칙으로 하되, 교육감이 인정하면 최고 50%까지 가능하도록 신축성을 부여했다. 이외에도 부모 모두 국적이 한국일 경우, 그 자녀는 외국국적을 가지고 있더라도 반드시 외국에 3년 이상 거주해야만 외국인학교(화교학교)에 입학할 수 있도록 했다.[34]

화교의 입학규정에도 약간의 변화가 있었다. 화교의 경우에는 1999년의 입학자격 규정과 다른 부분은, 기존에는 '한국으로 귀화한 외국학생'의 입학을 인정했지만, 2009년의 입학자격에는 한국으로 귀화한 화교학생의 화교학교 입학을 허용하지 않는 것으로 규정했다.[35]

2009년 외국인학교의 입학자격 변경은 주로 한국인을 대상으로 한 것이었다. 《서울신문》 보도에 따르면, 한국인이 1년에 사용하는 해외 유학 비용은 50억에 달한다고 한다.[36] 따라서 한국정부는 해외로 유출되는 교육비 특히, 조기유학 비용을 국내로 환원해 한국의 국제수지균형을 개선하고자 했다.[37] 다시 말해, 한국정부는 외국인학교의 한국학생 입학자격을 완화해 한국학생의 외국인학교 취학률을 높임으로써 초중등학생의 해외유학을 줄여나갈 것을 기대했던 것이다.

---

34) 학교정책국학교제도기획과, 『외국인학교 대통령령 확정에 따른 시도 담당자 회의 자료』, 9쪽. 한국한성화교중학은 서울특별시교육청의 지도하에, 서울특별시교육청에 '학칙변경'을 제출하고 2009년 12월 31일 인가를 받았다. 이에 따르면, 화교학교는 한국에 장기 거주하는 외국인자녀 및 해외에 3년 이상 거주한 뒤 귀국한 한국국민을 받아들일 수 있다고 규정되어 있다.

35) 학교정책국학교제도기획과, 『외국인학교 대통령령 확정에 따른 시도 담당자 회의 자료』, 8-9쪽.

36) 「외국인학교 '제2특목고' 우려」, 《서울신문》 2008.4.30, 8면

37) 학교정책국학교제도기획과, 『외국인학교 대통령령 확정에 따른 시도 담당자 회의 자료』, 3쪽.

1978년 화교학교가 처음으로 한국의 법률체계에 편입된 이후, 한국정부는 화교자녀의 입학에 대해 어떠한 제한도 가하지 않았다. 그러나 한국인 자녀의 입학에 대해서는 그 관리감독을 강화해나갔다. 1999년 처음으로 입학자격에 관한 구체적 조항을 명문화하기는 했으나, 이 규정은 교육부가 공문 형태로 외국인학교에 통지하는 방식이었지, 정식 법령은 아니었다. 입학자격에 관한 규정이 정식 법령의 형태로 채택된 것은 2009년에 이르러서였다. 이는 외국인학교의 입학자격에 관한 규정을 점차 규범화해 한국의 법률체계에 편입시켰음을 의미하는 것이다.

학력인정에 관한 문제

외국인학교 졸업생은 호혜주의 원칙에 입각해 정식 학력으로 인정되어 국내 상급학교로 진학하는 것이 가능했다.[38] 한편, 한국의 모든 화교학교는 1954년 6월 16일 타이완 교무위원회(僑務委員會) 및 교육부가 입안해 제정, 공포한 〈화교학교규정(華僑學校規程)〉에 따라 학교를 설립할 수 있도록 되어 있었고 이에 따라 중화민국도 화교학교 졸업생의 학력을 공식 인정했다. 따라서 중화민국 국적의 화교학생은 화교고등부를 졸업하게 되면 한국대학에 진학할 자격을 갖추고 있었다. 그런데 화교학교를 졸업한 '한국국적'의 학생들은 한국정부에 의해 인정되지 않아 전학이나 진학과 관련된 어떠한 자격도 갖지 못했다.[39]

표면적으로 볼 때, 이 규정은 한국학생에 국한된 문제일 뿐 화교와

---

38) 학교정책국학교제도기획과, 『외국인학교 대통령령 확정에 따른 시도 담당자 회의 자료』, 5쪽.
39) 학교정책국학교제도기획과, 『외국인학교 대통령령 확정에 따른 시도 담당자 회의 자료』, 90쪽.

는 무관한 것처럼 보인다. 그러나 학력인정문제는 새로운 세대의 화교에게는 충격으로 다가왔다. 왜냐하면, 화교와 한국인의 통혼비율이 증가하게 되면서 화교학생의 한국인 어머니 비율이 갈수록 높아지고 있었기 때문이다. |표9|에서 보다시피, 한국한성화교중학의 경우에 2004년 고등부의 평균 34.6% 그리고 중등부의 평균 36.2%에 달하는 학생들의 어머니가 한국인이었다. 2010년 필자가 한국한성화교중학, 한국한성화교소학, 수원화교중정소학을 대상으로 진행한 조사에 따르면, 이들 화교학교 학생들의 절반 이상이 어머니를 한국인으로 두고 있었다.[40)]

|표9| 「한국한성화교중학」 학생의 한국인 어머니 수(2004년 9월 현재)

학생	학생 수	한국인 어머니 수	비율(%)
고등부 3년	115	44	37.9
고등부 2년	114	36	31.6
고등부 1년	105	36	34.3
합계	335	116	34.6
중등부 3년	89	32	36.0
중등부 2년	108	35	32.4
중등부 1년	101	41	40.6
합계	298	108	36.2
고등부·중등부 합계	633	224	35.4

출처: 王恩美, 「若い世代の韓国華僑の言語教育・言語使用状況―「韓国漢城華僑中学」の言語教育と中等部生徒のリテラシー状況を中心に」, 『ことばと社会』 9, 2005, 69쪽.

---

40) 필자는 2010년 7월 26일 한국한성화교소학의 진사의(秦嗣義) 교장, 2010년 7월 27일 수원화교중정소학의 능영이(凌永怡) 선생, 2010년 8월 11일 한국한성화교중학의 손수의(孫樹義) 교장 등에 대한 방문조사를 진행한 바 있다. 이 글에서는 한국화교의 성명을 한국어 발음으로 표기하도록 하겠다.(옮긴이)

화교학교고등부 졸업생들은 한국 대학에 진학할 경우, 호혜주의 원칙에 입각해 외국인특별전형으로 각 대학이 자체적으로 정한 방식에 따라 입학할 수 있었다. 그런데 1990년대에 한국에서 이른바 부정입학 문제[41]가 큰 사회문제로 대두되면서, 한국정부는 1991년 9월 14일 〈교육법시행령〉을 수정했다. 이 개정안에 따르면, 정식 입학시험이 면제되는 외국인으로는 "외국인학생(부모 모두 외국인)과 외국에서 2년 이상의 중학교 과정을 이수한 외국인학생이 해당한다."고 되어 있다.(제69조 제6호 제6항)[42] 1998년 3월 1일 한국정부는 〈교육법시행령〉을 폐지하고 대신에 〈초·중등교육법시행령〉과 〈고등교육법시행령〉을 각각 제정했다. 그런데 이들 법령에서도 외국인학생에 대한 정의는 그대로 유지되었다. 전자는 한국의 고등학교로 전학 혹은 입학할 수 있는 외국인학생을 "부모 또는 부모 중 1인이 대한민국 국민인 경우에는 외국에서 2년 이상의 중학교 교육과정을 이수한 학생"으로 규정했고(제82조 제2호), 후자는 대학은 별도의 입학전형을 통해 정원 외로 외국인을 받아들일 수 있다고 되어 있는데, 이때의 외국인학생은 "부모가 모두 외국인인 외국인"으로 규정했다.(제29조 제6호)[43]

한국화교 자녀의 상당수는 부모 가운데 한쪽이 한국인이지만 외국에서 중학교 교육과정을 2년 이상 이수한 경험을 가진 학생은 없었기에 한국의 고등학교에 전학하거나 입학하는 것은 사실상 불가능했다. 그 중에서도 가장 심각한 문제는 이들이 외국인특별전형으로 한국의 대학

---

41) '부정입학'은 한국학생이 부당한 방법으로 대학에 진학하는 것을 말한다. 1990년대 초, 한국의 각 대학에서 부정입학이 발생하게 되면서 큰 사회문제가 되었다. 물론, 개중에는 '재외국민'의 부정입학도 있었다. 한국정부는 재외국민의 부정입학을 방지하기 위해, 1991년 9월 14일 〈교육법시행령〉을 수정했다.
42) 王恩美,「韓国における華僑学校教育の歴史—1945年以後を中心に」, 190쪽.
43) 〈초·중등교육법시행령〉과 〈고등교육법시행령〉의 이 규정은 현재도 존재하고 있다.

에 진학할 수도 없다는 것이었다. 그러나 현재 부모 가운데 어느 일방이 한국인이라서 한국국적을 소지하게 되는 화교자녀들은 갈수록 증가하고 있다. 1999년의 외국인 입학자격 규정에 따르면, 한국국적을 가진 화교자녀들도 화교학교에 입학할 수 있도록 되어 있다. 그러나 입학은 인정되지만 졸업학력은 인정되지 않는 기이한 현상이 빈발하고 있는 실정이다.[44] 한국한성화교중학의 경우만 보더라도, 2010년 6월 당시 130명의 고등부 졸업생 중에서 타이완의 대학에 진학한 학생은 20명(15%)에 지나지 않고, 나머지 대부분의 졸업생들은 한국대학 진학을 선택했다.[45] 이상에서 알 수 있듯, '학력인정'은 화교학생에게는 가장 심각한 문제 중의 하나가 되었다.

한국화교들은 '학력인정'이란 이러한 난관을 타파하기 위해, 한국국가인권위원회에 진정서를 제출했다. 2009년 8월 29일 국가인권위원회는 한국교육부장관에게 "화교학교의 학력 불인정은 차별"이라는 내용의 권고문을 제출했다. 그 내용의 대강은 다음과 같다.

---

44) 물론 일부 대학에서 관례에 따라 외국인전형으로 화교학생을 받아들이는 경우가 있기는 하지만, 이는 사실상 한국법률을 위반하는 행위라는데 문제가 있다. 따라서 이들은 언제든 입학이 거절될 수도 있는 상황에 처해있다.
45) 2010년 8월 11일, 필자는 한국한성화교중학의 손수의(孫樹義) 교장에 대한 방문조사를 진행했다. 손수의 교장에 따르면, 다수의 화교학생들이 한국대학으로의 진학을 선택하는 이유에 대해 다음과 같이 설명했다. 첫째, 타이완의 법률적 규제 때문이다. 즉, 화교학생은 타이완에서 대학을 졸업해도 신분증을 발급받을 수 없기 때문에, 화교학생의 신분은 항상 불안정한 상태에 있다. 둘째, 화교학생의 중국어 능력이 저하되고 있기 때문이다. 즉, 대다수 화교학생들의 어머니가 한국인이기 때문에 한국어가 사실상 화교의 모국어가 되어버린 것이다. 이로 인해 화교학생들의 중국어 수준은 갈수록 떨어지고 있다. 더불어 타이완에 대한 친밀감이나 정체성도 점차 희박해져가고 있다.

화교학교 학력을 인정하지 않는 것은 국제인권조약의 〈시민적 및 정치적 권리에 관한 국제규약〉 제27조[46], 〈아동의 권리에 관한 국제협약〉 제29조 및 제30조에 따라 [47]화교들이 자기 언어로 교육받을 권리 및 행복추구권을 침해하는 것으로서 출신국가를 이유로 한 차별행위로 인정되므로 〈국가인권위원회법〉 제44조 제1항 제2호에 의거 권고한다.[48]

이와 동시에 국가인권위원회는 화교학교 출신 학생에 대한 차별대우를 개선하기 위해 화교학교에서 일반학교로 전학을 하거나 상급학교로 진학할 때, 학력을 인정할 수 있는 방안을 마련토록 권고했다.[49] 이에 한국정부는 2009년 한국학생의 외국인학교 입학자격을 완화할 때, 외국인학교의 학력인정방안을 함께 제출했다. 〈외국인학교 및 외국인유치원의 설립·운영에 관한 규정〉 제12조에는, 교과 중에서 국어 및 사

---

46) 〈시민적 및 정치적 권리에 관한 국제규약〉 제27조: 종족적, 종교적 또는 언어적 소수민족이 존재하는 국가에 있어서는 그러한 소수민족에 속하는 사람들에게 그 집단의 다른 구성원들과 함께 그들 자신의 문화를 향유하고 그들 자신의 종교를 표명하고 실행하거나 또는 그들 자신의 언어를 사용할 권리가 부인되지 아니한다.
47) 〈아동의 권리에 관한 국제협약〉 제29조 제3항: 협약체결국은 아동교육의 목표에 관한 다음 사항에 동의한다. 아동의 부모 및 아동 자신의 문화에 대한 동질성, 언어 및 가치관, 아동의 거주국과 출생국의 국민적 가치관을 아동에게 배양하고, 자신의 문명과 다른 문명에 대해 존중할 수 있도록 교육한다. 〈아동의 권리에 관한 국제협약〉 제30조: 종족적, 종교적 또는 언어적 소수민족 혹은 원주민집단이 존재하는 국가에 있어서는 그러한 소수민족이나 원주민의 아동들이 그 집단의 다른 구성원과 함께 그들 자신의 문화를 향유하고 그들 자신의 종교를 표명하고 실행하거나 또는 그들 자신의 언어를 사용할 권리가 부인되지 아니한다. 「認識兒童權利公約」, 臺灣學校網, http://tymp.taiwanschoolnet.org/ijc/mc5.htm 참조.
48) 〈국가인권위원회법〉 제44조 제1항 제1호: 위원회가 진정을 조사한 결과 인권침해나 차별행위가 일어났다고 판단할 때에는 피진정인, 그 소속 기관·단체 또는 감독기관(이하 "소속기관 등"이라 한다)의 장에게 다음 각 호의 사항을 권고할 수 있다. 「화교학교 학력 미인정 차별」, 익명결정문(04진차386), 국가인권위원회.
49) 「화교학교 학력 미인정 차별」, 익명결정문(04진차386), 국가인권위원회」, 2006. 8.29.

회(중학교와 고등학교의 사회 교과는 국사 또는 역사를 포함한다.) 과목은 정교사 2급 이상의 자격증을 취득한 교사가 담당해야 하며, 이 2개의 교과목을 연간 102시간 이상 이수한 내국인(한국인)에 한해 학력을 인정할 수 있다고 규정되어 있다. 다시 말해, 한국국적의 화교학교 학생은 반드시 일주일에 세 시간 이상 '한국어'와 '한국사회' 과목을 들어야 학력을 인정받을 수 있고, 외국인특별전형 방식이 아니라 일반 한국학생들과 마찬가지로 대학입학시험에 응시해야만 한다는 것이다.

교육과학기술부[50]는 외국인학교의 학력을 인정하게 된 것은 국가인권위원회가 제출한 '화교학교 학력 미인정은 차별' 권고사항을 받아들인 것이라 설명했다.[51] 그러나 2009년에 제정된 〈외국인학교 및 외국인유치원의 설립·운영에 관한 규정〉에는, '내국인(한국인)'의 학력인정방안에 대해서만 상세하게 규정해놓았을 뿐, 부모 중 일방이 한국인인 화교학생의 '학력인정문제'에 대해서는 명확한 해결책을 제시해주고 있지 못하다. 따라서 한국국적 학생의 '학력인정문제'에 대한 해결방안은 결과적으로 화교학교의 미래발전에 심각한 영향을 끼치게 되었다.

4. 한국 화교학교가 직면한 어려움 및 생존전략

한국 화교학교가 공통으로 직면한 어려움은 '운영비 부족'과 '학생 수의 감소'이다.[52] 사실, 이 두 가지 문제는 상호 긴밀하게 연관되어 있

---

50) 2008년 2월 29일 과학기술부와 교육인적자원부를 '교육과학기술부'로 통합했다.
51) 학교정책국학교제도기획과, 『외국인학교 대통령령 확정에 따른 시도 담당자 회의 자료』, 5쪽.
52) 필자가 한국한성화교소학, 수원화교중정소학, 한국한성화교중학을 방문했을 때,

다. 화교들의 출산율 저하, 교통 불편, 어려운 가정환경 등의 이유로 한국학교를 선택하는 화교들이 계속해서 증가하고 있고 그에 반비례해 화교학교의 학생 수는 지속적으로 감소하고 있다.[53] 한국한성화교중학의 경우를 보면, 1978년 1,254명이던 학생 수가 1986년에는 1,204명으로 감소했고, 2000년에는 848명, 2004년에는 631명으로 계속해서 감소하고 있음을 알 수 있다.(l표8l 참조) 화교학교 운영비는 대부분 학생 등록금에 의존하고 있고, 나머지 부족한 경비는 학교이사회의 모금을 통해 마련하는 게 일반적이다. 그리고 이 이사회의 모금은 주로 이사 개인의 기부금 갹출을 통해 이루어진다.

학생 등록금과 이사회 기부금 이외의 외래경비 보조 및 지원 상황에 대해서는 한국한성화교소학의 경우를 예로 들어 설명해보기로 하겠다. 중화민국교육부는 매년 타이완 돈으로 30만원에서 35만원을 지원하고 있고, 교무위원회로부터는 사안별로 보조금을 신청하는 것 외에 별도의 정기적인 보조금은 없는 상황이다. 이외에 한국한성화교소학은 2009년에 주한중화인민공화국대사관(이하, 중국대사관)에 경비지원을 신청해 인민폐 10만원을 지원받은 바 있다. 또한 한국한성화교소학은 일본 오사카 화교학교가 지방정부의 보조를 받고 있는 것을 사례로, 서울시 정부에 보조를 신청해 2009년과 2010년 각각 1,200만원의 지원을 받기도 했다.[54] 한국한성화교중학 역시 매년 중화민국교육부로부터 대만

학교의 어려움을 묻는 질문에 세 학교 모두 '운영비 부족'과 '학생 수 감소'라고 답했다.

53) 이는 2010년 7월 27일 필자가 우진강(于振强) 선생과 인터뷰를 진행하는 가운데에서 들었던 말이다. 당시 우진강 선생은 수원화교중정소학 외무(外務)와 수원화교협회 총무(總務)를 겸임하고 있었다. 이외에도 우(于) 선생은 1985년부터 1999년까지 수원화교중정소학 교사로 재직한 바 있다.

54) 앞서 말한 바와 같이, 필자는 2010년 7월 26일 진사의(秦嗣義) 교장과 인터뷰를

돈 35만원을 지원받고 있고 서울시로부터도 2009년과 2010년 두 차례에 걸쳐 각각 1,200만원을 지원받았다. 그러나 중국대사관에는 아직 경비보조를 신청하지 않고 있다.[55]

한국 화교학교의 경우, 학교의 존망은 전적으로 운영비에 의해 결정된다고 해도 과언은 아닐 것이다. 지금도 화교학교 운영비는 주로 학생들이 내는 등록금에 의존하고 있는데, 사실 이 등록금만으로는 학교를 정상적으로 운영하기가 불가능한 게 현실이다. 이러한 상황 하에서, 한국 화교학교는 제각기 외부지원을 받을 수 있는 다양한 길을 모색하고 있다. 아마도 한국한성화교소학이 중화민국교육부와 중국대사관으로부터 경비를 지원받게 된 것은 그러한 노력의 결과일 것이다. 그런데 여기서 우리가 주의해야 할 것이 하나 있다. 그것은 바로 이러한 현상 이면에는 복잡한 정체성 문제가 숨어있다는 점이다. 한국화교의 90%이상은 중국대륙의 산동(山東) 출신이기는 하지만, 오히려 냉전시기에는 타이완의 중화민국에 훨씬 더 강렬한 동질감을 갖고 있었다. 사실상, '중화민국'을 '조국'으로 인식하고 있었던 것이다. 그러나 2000년 이후, 타이완 정치정세의 급변, 중국대륙의 경제성장, 중국에서 사업을 하거나 산동 양로원에서 여생을 보내는 한국화교의 지속적 증가, 한국 국내에

진행한 바 있다. 당시 진(秦) 교장은 중화민국교육부, 중국대사관, 서울시정부 등에서 지원받은 경비의 사용처에 대해서는 전혀 언급하지 않았다. 따라서 그 정확한 용도에 관해서는 확인할 방법이 없다. 이는 필자의 향후 연구과제로 남겨두기로 하겠다.

55) 2010년 8월 11일 필자는 한국한성화교중학의 손수의(孫樹義) 교장을 대상으로 방문 인터뷰를 진행했다. 손(孫) 교장의 말에 따르면, 중국대사관으로부터도 경비보조에 대한 지원을 해주겠다는 연락이 왔지만, 본인이 중국국민당 당원이기 때문에 그 제안을 거절한 일이 있었다고 한다. 그러나 순 교장은 당시 자신의 처사에 대해 조금은 후회하고 있는 듯 보인다. 무엇보다 학생의 이익을 우선해 중국대사관의 보조를 받아들였어야 했는데 그러지 못했다는 것이다.

서 차지하는 중국대사관의 영향력 신장 등의 이유로 인해, 한국화교사회의 중국과의 친밀도는 갈수록 높아지고 있다. 다시 말해, 2000년부터 한국화교사회는 정부나 국가에 대한 정체성을 뛰어넘어 일종의 문화적 '중국' 정체성을 형성해가고 있다고 볼 수 있다.[56] 최근 들어 한국화교들이 중국대사관의 경비지원을 큰 부담 없이 받아들이게 된 것도 바로 이 때문이다.

한국한성화교소학과 한국한성화교중학은 수도 서울에 위치하고 있어 외부의 경비지원이 비교적 많은 편이고, 학생 수도 가장 많은 학교이다. 그러나 여전히 학교운영비의 대부분은 등록금에 의존하고 있다. 그나마 서울시가 화교학교에 일부 보조를 하고 있기는 하지만, 한국정부의 기본방침은 외국인학교에 어떠한 지원도 하지 않는다는 것이다. 따라서 지방에 있는 화교학교에 대한 외부 지원은 거의 없다고 볼 수 있다. 가령, 수원화교중정소학의 경우에는 중화민국 교육부나 한국 지방정부로부터 어떠한 지원도 받지 못하고 있어 학교운영비를 거의 전적으로 등록금에 의존하고 있는 형편이다.[57]

이런 상황이다 보니, 학생 수의 감소는 곧바로 학교운영에 직접적인 영향을 끼치게 되었다. 필자가 조사한 바에 따르면, 2001년 당시 한국에는 27개의 화교소학이 있었으나 2009년 현재 불과 23개 학교만이 존립하고 있다. 8년 동안 네 곳의 학교가 사라진 것이다. 이 4개의 소학은 모두 학생 수가 10명 혹은 10명 미만인 지방 소재 소규모 화교학교들이다.[58] 이외에도 2009년 현재, 청주·제주·충주·평택·울산·춘

---

56) 2000년 이후, 한국화교의 정체성 변화에 대한 자세한 내용은, 王恩美, 『東アジア現代史のなかの韓国華僑—冷戦体制と「祖国」意識』, 附章 참조.

57) 2010년 7월 27일 필자는 이와 관련해 수원화교중정소학 외무 겸 수원화교협회 총무인 우진강 선생과 인터뷰를 진행한 바 있다.

천 화교소학 역시 학생 수가 10명이 채 안 되고 있다. 따라서 이 학교들도 운영난에 시달려 언제 폐교될지 모르는 상황에 직면해 있다.(|표3|참조)

결국, 한국의 모든 화교학교들이 공통으로 직면한 아니 어쩌면 학교의 존망과도 직결된 최대의 문제는 '운영비 부족'이라 할 수 있다. 이러한 어려움 속에서, 한국 화교학교는 등록금 수입을 늘릴 수 있는 새로운 학생 자원을 찾아 학교운영비를 확보할 수밖에 없는 상황이다. 한국 화교학교가 한국학생 수를 늘리는 방안을 신중히 검토하고 있는 것도 바로 이 때문이다.

필자의 조사에 따르면, 현재 한국한성화교중학의 전교생 635명 중에 한국인(해외에 3년 이상 거주)은 11명(1.7%)이고, 중국대륙 학생은 58명(9.1%)이다.[59] 또 한국한성화교소학은 30명 혹은 35명 정도로 구성된 한 반에서, 네다섯 명(11~14%)은 한국학생이거나 중국대륙 학생들이다.[60] 심지어 수원화교중정소학의 경우에는 전교생 80명 가운데 80%가 한국학생이고 중국대륙 학생도 네다섯 명 있었다.[61]

특히, 지원이 거의 없는 지방 소재 화교학교의 경우에는 새로운 학생 자원을 찾는 일 다시 말해, 한국인 학생 수를 늘리는 일은 학교의 존폐가 걸린 핵심 사업이라 할 수 있다. 필자가 조사한 세 곳의 화교학

---

58) 王恩美,「韓国における華僑学校教育の歴史—1945年以後を中心に」, 174쪽. 2001년 통계에 따르면, 8년 사이에 폐교된 화교학교는 다음과 같다. 천안화교소학(학생 수 10명), 경주화교소학(학생 수 3명), 광천화교소학(학생 수 9명), 제천화교소학(학생 수 10명).
59) 2010년 8월 11일 필자가 한국한성화교중학의 손수의 교장을 통해 얻은 결과이다.
60) 2010년 7월 26일 필자가 한국한성화교소학의 진사의 교장을 통해 얻은 결과이다.
61) 2010년 7월 27일 필자가 수원화교중정소학의 외무 겸 수원화교협회 총무인 우진강 선생을 통해 얻은 결과이다.

교 중에서, 수원화교중정소학의 한국학생 비율이 가장 높았다. 왜냐하면, 2003년부터 한국학생을 적극적으로 유치하는 방향으로 학교운영방침을 바꾸었기 때문이다.[62] 여기에는 이 학교 나름의 이유가 있었다. 첫째는 한중수교 이후, 중국어를 배우려고 하는 한국학생들이 증가했다는 것이고, 둘째는 학교의 재정을 확보하기 위해서였다.[63] 수원화교중정소학의 이러한 운영방침은 한국에서 지속적으로 학교를 운영하기 위한 매우 적극적인 변화 전략이라고 할 수 있다. 현재 수원화교중정소학의 학생 구성을 볼 때, 한국학생이 없으면 더 이상 학교를 유지하기 어려운 상황이다. 한국학생을 대량으로 받아들이게 되면서 수원화교중정소학에 나타난 변화는 이를 잘 설명해준다. 우선, 재정이 호전되어 새로운 교사(校舍)를 신축할 수 있었고 학생들이 사용하는 각종 기자재를 새 것으로 바꿀 수 있었다. 그리고 교원에 대한 복리후생 개선 및 급여 상승으로 인해 보다 우수한 교사를 확보할 수 있었고 학생의 교학환경도 훨씬 좋아졌다.[64] 다시 말해, 수원화교중정소학이 한국학생을 보다 많이 받아들이게 되면서 나타난 변화는 매우 긍정적이라 할 수 있다.

결국, 2009년 한국정부가 〈외국인학교 및 외국인유치원의 설립·운영에 관한 규정〉을 공포하게 되면서, 수원화교중정소학뿐만 아니라 한국한성화교소학과 한국한성화교중학에서도 한국학생이 증가하는 경향이 나타나기 시작했다.

---

62) 2010년 당시 수원화교중정소학의 학생 수는 54명이었다. 王恩美, 「韓国における華僑学校教育の歴史—1945年以後を中心に」, 174쪽.
63) 2010년 7월 27일 필자는 수원화교중정소학의 능영이 선생과도 인터뷰를 진행한 바 있는데, 이때 들었던 말이다. 능영이 선생은 당시 2학년 주임교사(導師)였다.
64) 2010년 7월 27일 필자가 수원화교중정소학의 외무 겸 수원화교협회 총무인 우진강 선생과의 인터뷰에서 들었던 내용이다.

이 세 학교는 모두 99학년도부터 〈외국인학교 및 외국인유치원의 설립·운영에 관한 규정〉의 '학력인정' 규정에 근거해, 교과과정 안에 주당 3시간의 '한국어'와 '한국사회' 과목을 개설하고, 2급 이상의 교원자격을 갖춘 한국인 교사를 초빙해 이 과목들을 가르치고 있다.

한국의 화교소학과 화교중학은 본래 중화민국 국내의 '교과목기준'에 따라 교과과정을 편제했고, 교과서도 《남일(南一)출판사》에서 펴낸 교과서 및 교재, 교구를 사용해왔다. 특히, 교과서는 중화민국정부로부터 무상으로 공급받았다. 따라서 화교소학과 화교중학의 수업은 주로 중국어로 진행되었고, 교과과정도 중화민국 국내와 거의 동일했다. 반면, '한국어' 과목은 별도의 과정으로 개설되어 있었다. 즉, 수원화교중정소학은 3학년부터 6학년까지 주당 1시간의 '한국어' 수업을 배정했고, 한국한성화교소학은 4학년부터 6학년까지 주당 1시간의 '한국어' 수업을 배정했다. 물론 나머지 교과목은 모두 타이완 교과서를 중심으로 중국어로 수업했다. 한국한성화교중학의 경우에는 중등부가 주당 3시간의 '한국어' 수업을, 고등부가 1학년만을 대상으로 주당 3시간의 '한국어' 과목을 배정했다. 또 고등부 2학년부터는 '한국대학반'과 '귀국반'으로 나누어 수업을 진행했는데, '한국대학반'의 경우에는 '한국사' 등 한국 관련 과목을 늘리고 주로 한국어로 수업했다. 반면, 고등부 2학년 '귀국반'은 여전히 주당 3시간의 '한국어' 외에는 한국 관련 과목을 특별히 개설하지 않았고, 고등부 3학년 '귀국반' 수업에는 한국 관련 과목이 아예 없었다. 그러나 고등부 3학년 '한국대학반'에는 '한국지리' 과목까지 증설했고, 수학, 화학, 생물 등 기타 과목도 모두 한국어로 수업을 진행했다. 그러나 99학년도부터는 소학 1학년부터 고등부 3학년까지 전 학년에 걸쳐 주당 3시간의 '한국어'와 '한국사회' 과목을 배정했다.[65]

한국 화교학교는 한국학생의 입학자격 완화와 학력인정 방침을 계기로 학교의 운영방식에 일대 전환을 꾀했고 교육과정도 대폭 개편했다. 이러한 변화는 한국 화교학교가 한국에서 생존을 도모하기 위한 결단의 산물이라 할 수 있다. 수원화교중정소학은 한국정부에 '학원재단법인'으로 신청할 것을 계획하고 있다. 이는 한국학생에 대한 적극적인 유치를 통해 한국사회에 융합하기 위한 전략의 하나라 할 수 있다.[66] 한국한성화교소학의 경우에는 한국학생의 입학에 대해 여전히 신중한 태도를 견지하고 있기는 하지만, 한국학생이 늘어나는 것에 대해 반대 입장을 고수하고 있지는 않다.[67] 한국한성화교중학도 한국학생과 중국 대륙학생이 향후 학교의 주요 구성원이 될 것임을 분명히 인식하고 있고, 학교도 그에 따라 한국학생을 대량으로 받아들일 계획을 세우고 있다. 다만, 이러한 학생들의 수요를 충족시키기 위해서는 학교 역시도 교육과정 등 학교의 전반적인 운영방식을 바꾸는 게 관건이라는 생각을 하고 있다.[68]

이상에서 확인할 수 있는 것은, 2009년 2월에 반포된 〈외국인학교 및 외국인유치원의 설립·운영에 관한 규정〉이 한국 화교학교에 일대 대전환의 계기를 마련해주었다는 것이다. 지난 수십 년 동안 화교학교의 교육과정은 거의 변화가 없었다. 그러나 2010년부터는 화교학교의 교육과정에 전에 없는 대대적인 변화가 일어나게 될 것이다. 다시 말

---

65) 2010년 7월 26, 27일, 8월 11일에 필자는 한국한성화교소학, 수원화교중정소학, 한국한성화교중학을 방문해, 직접 교과과정일람표를 확인했다.

66) 2010년 7월 27일 필자가 수원화교중정소학의 외무 겸 수원화교협회 총무인 우진강 선생과의 인터뷰에서 들었던 내용이다.

67) 2010년 7월 26일 필자가 한국한성화교소학의 진사의 교장과의 인터뷰에서 들었던 내용이다.

68) 2010년 8월 11일 필자가 한국한성화교중학의 손수의 교장과 인터뷰를 진행하는 과정에서 들었던 말이다.

남북한화교의 삶과 화교정책

해, 앞으로 화교학교에는 한국학생이 대폭 늘어나게 되고 이러한 한국학생의 증가는 학교의 운영방식뿐만 아니라 화교학생의 정체성과 언어학습에도 매우 커다란 변화를 일으키게 될 것이다.

맺음말

　전후, 화교학교는 한국정부의 방임정책 내지 불간섭 정책 하에서 화교협회의 네트워크를 통해 한국 각지에 보급되었고, 화교 자력에 의해 운영되어왔다. 그러나 한국정부는 1978년 처음으로 화교학교를 '외국인단체'로 법률체계에 편입시켰다. 한국학생의 입학을 금지하는 것이 이러한 조치의 주된 목적이었다. 반면, 한국정부는 화교학교의 교육과정 및 운영방식 등에 대해서는 여전히 불간섭주의를 고수하고 있었다. 그런데 1990년대 말 한국이 금융위기를 맞게 되면서, 한국정부는 외국인의 국내투자를 늘리기 위해 '외국인단체'의 등록규정을 폐지하고 화교학교에도 '학교'라는 법률적 지위를 부여했다. 동시에 한국정부는 화교학교를 포함한 모든 외국인학교의 입학자격을 명문화함으로써, 한국학생의 입학자격에 대한 관리 및 통제를 보다 강화했다. 그렇지만 결국 한국정부는 2009년 2월 〈외국인학교 및 외국인유치원의 설립·운영에 관한 규정〉의 제정, 반포를 기화로 한국학생의 외국인학교 입학자격을 완화하고 동시에 한국학생이 외국인학교의 학력을 인정받기 위해서는 한국어와 한국사회(한국사 포함) 과목을 이수해야 한다고 규정했다. 이 〈외국인학교 및 외국인유치원의 설립·운영에 관한 규정〉은 외국인학교만을 위한 최초의 법령이었다.

2009년 〈외국인학교 및 외국인유치원의 설립·운영에 관한 규정〉이 반포된 이후, 화교학교의 한국 내 법률적 지위는 보다 공고화되었지만 반면에 한국정부의 화교학교에 대한 관리 및 통제 역시 점차 강화되기 시작했다. 물론, 한국정부의 주된 관리 대상은 여전히 한국학생이었다. 그러나 화교학교 역시 '학생 수 감소', '운영비 부족'이란 현실 속에서, 학교의 생존을 유지하기 위해서는 보다 많은 한국학생을 받아들여야만 하는 상황이다. 따라서 2010년 8월부터는 교과과정을 대폭 개편해 한국 정부가 정한 규정대로 '한국어'와 '한국사회' 과목을 개설하게 될 것이다.

한국 화교학교가 한국에서 계속 살아남기 위해서는 보다 많은 한국 학생을 받아들여야 한다. 그러나 한국학생의 증가가 과연 화교학교 및 화교사회의 발전에 어떤 영향을 주게 될지는 아무도 모른다. 이는 앞으로 계속해서 주목해야 할 문제이자 과제일 것이다. 어쩌면 이러한 변화가 화교사회의 정체성을 변화시키게 되는 중요한 요소로 작용할 수도 있다. 오늘날 한국화교사회는 '변화'의 소용돌이 속에서 몸부림치고 있다. 한국학생들과 같이 공부하고 성장한 많은 화교자녀들이 향후 화교사회의 핵심 중추가 되었을 때, 한국화교사회는 지금과는 다른 새로운 모습으로 재탄생하게 될 것이다.

끝으로, 필자는 타이완에서 화교교육에 종사하는 이들에게 참고가 되었으면 하는 바람에서, 화교학교를 방문했을 때 제기된 학교 측의 의견을 여기에 덧붙이고자 한다. 한국에서 화교학교는 타이완의 외국인학교라고 인식되고 있다. 이러한 인식은 주로 중화민국정부가 반포한 〈화교학교규정(華僑學校規程)〉에 화교학교를 학교교육의 일환으로 규정하고 있는 데에서 비롯되었다고 볼 수 있다. 그러나 중화민국정부는 2006년 3월 〈화교학교규정〉을 폐지했다. 이로 인해, 화교학교는 중화민국 교육제도 안에서의 법률적 지위를 상실할 위험에 처해 있고, 이는 결과적으로 한국에서도 화교학교가 법률적 자격을 잃어버릴 수 있는 개연성을 내포하게 될 것이다.

한국한성화교소학 진사의(秦嗣義)의 교장의 말에 따르면, 화교학교 교사들은 교사자격증이 없기 때문에 한국의 교원조합에도 가입할 수 없고, 각종 복지혜택도 누릴 수 없다고 한다. 따라서 화교학교는 중화민국정부에 '해외화교교사자격증'을 발급해줄 것을 누차 요청했지만, 그때마다 중화민국정부는 타이완 국내법에 저촉된다는 이유로 받아들이지 않고 있다는 것이다.[69] 이에 덧붙여 진(秦) 교장은 화교학교의 가장 중요한 목적은 해외에 거주하는 화교자녀들을 교육하는 것이기 때문에 학교로서는 어떻게 하면 보다 나은 중국어 교육환경을 조성해 학생들에게 보다 많이 중국어를 접할 수 있는 기회를 제공하는 것이 중요한 과제라고 했다. 그럼에도 불구하고 중화민국정부는 최근 들어 아예 중국어 신문 및 잡지 등 간행물 제공을 일방적으로 중단해버림으로써, 화교학교 학생들이 접할 수 있는 중국어 매체는 갈수록 줄어들고 있는 게 현실이다.

화교학교에 대한 중화민국정부의 거의 유일한 지원이라고 할 수 있는 게 바로 교과서를 무상으로 제공하는 것이었다. 그런데 2010년 중화민국정부는 공문을 보내 교과서와 보조교재의 무상제공을 중단하겠다고 통지한 일도 있었다. 물론 이 일은 화교학교의 진정과 교섭을 통해, 향후 3년간은 예전처럼 무상으로 제공하기로 잠정적 결론이 나기는 했다. 한국한성화교중학의 손수의(孫樹義) 교장도 중화민국정부가 교과서 무상제공을 중단하지 않기를 희망했다. 무상제공의 중단은 화교

---

69) 2010년 7월 26일 필자가 한국한성화교소학의 진사의 교장과의 인터뷰에서 들었던 내용이다.

학교의 심각한 재정적 부담을 초래할 것이라는 게 그의 말이다. 손(孫) 교장은 중화민국정부가 '중국어검정고시(華語檢定考試)'를 강화해줄 것을 아울러 희망하기도 했다. 이유인즉슨, 한국에서 취업하는 화교들의 경우 대부분 중국어를 사용하는 직업에 종사하게 되는데 이때 화교들도 중국어검정고시 자격증을 취득해 자신의 중국어 실력을 증명할 필요가 있다는 것이다. 그의 말에 따르면, 현재 한국에서는 중국대륙의 중국어를 표준으로 하고 있기 때문에 중국에서 주관하는 HSK(漢語水平考試)가 일반화되어 있는데 이를 보면, 모의고사 종류도 많고 모의고사 문제도 입수하기가 용이한 반면, 중화민국이 주관하는 '중국어검정고시'는 상대적으로 응시하는 한국인이 적어 화교학교의 중국어교육 향상에도 도움이 되지 않는다는 것이다.

화교학교는 한국정부의 지원도 전혀 없고, 중화민국정부의 보조도 갈수록 줄어드는 상황 하에서, 나름의 생존을 도모하기 위한 대전환의 시기에 처해있다. 앞서 언급한 화교학교 교장의 의견과 건의 또한 한국에서 화교교육을 지속하기 위해 노력하는 교육종사자의 고충의 토로이자 중화민국정부를 향한 간절한 호소이다.

인천 중화의지(中華義地)의
역사와 그 변천

송승석(宋承錫)

개항 이후, 인천은 외국의 인(人)과 물(物)이 쉼 없이 드나들던 창구이자 통로의 역할을 한 국제도시였다. 동시에 중국인, 일본인, 서양인 등을 포함한 이질적 가치관과 생활양식을 지니고 있는 사람들이 함께 생존하고 생활하는 문화다양성이 허용되는 혼종의 도시이기도 했다. 인천에 외국인묘지, 일본인묘지, 중국인묘지가 존재했고 현존하고 있는 것도 바로 그 때문일 것이다.[1]

그러나 청학동의 별도 공간에 고즈넉이 자리한 외국인묘지가 주로 '조선의 근대화에 직간접적으로 이바지한 서양인들' 즉, 외교관, 통역관, 의사, 선교사, 선원, 무역상 등이 잠들어 있는 '명소'[2]로 소개되는 경우가 많다면, 중국인묘지나 일본인묘지는 한국인공동묘지라 할 수 있는 인천부평가족공원 한쪽에 더부살이하듯 미미한 존재로 남아 있는

---

1) 현재 외국인묘지는 인천시 연수구 청학동에, 일본인묘지와 중국인묘지는 인천 부평가족공원에 위치해 있다.
2) 청학동 외국인묘지에 안치되어 있는 총 66기(12개국)의 무덤 중에 중국인으로는 유일하게 오례당(吳禮堂)이 있다. 인천광역시, 『인천광역시 외국인묘지 정비 및 보존방안』, 2010, 52-57쪽 참조.

게 현실이다.[3] 억측이지만, 아마도 여기에는 우리의 서양 중심적 사고와 외국인의 존재를 우리의 시각과 가치에서만 바라보고자 하는 태도가 암묵적으로 잠재되어 있는 것은 아닐까 하는 생각이 들기도 한다. 사실, 중국인묘지에 매장되어 있는 사람들의 다수는 자신들의 존재가 한국인(혹은 조선인)에게 어떤 의미와 가치를 갖는지 거의 의식하지 못한 채 그저 자신의 생업에 힘쓰고 스스로의 삶을 영위하는데 급급한 사람들이었다. 그렇지만 그들 역시 결과적으로는 우리의 스승이나 친구로 때로는 경쟁자로서 조선의 근대화와 한국사회의 발전에 촉매자로서의 역할을 한 사람들이기는 매한가지이다. 그러나 무엇보다 그들이 우리에게 어떤 가치를 갖는 존재였는가를 따지기 전에, 그들 자체의 타향살이가 과연 어떠했는지 그 신산한 삶의 궤적을 곰곰이 되짚어보는 것이 종족적 다양성과 문화적 혼종을 모토로 인천의 도시정체성을 정립하고자 하는 우리의 몫이자 소임이란 생각이다. 우리가 중국인공동묘지에 주목해야 하는 이유 중의 하나가 바로 여기에 있다.

인천에 거주하는 어느 화교어르신(僑領)의 말이 떠오른다.

> "우리가 이 땅으로 건너오면서 가지고 들어온 것들, 또 우리가 이 땅에 살면서 경험했던 갖가지 사건들, 이게 다 우리 화교공동묘지 안에 들어있다고 보시면 됩니다. 뭐 다른 건 잘 몰라도 우리 공동묘지는 화교역사의 기록이라는 점에서 보더라도 보존할 만한 가치가 있는 것입니다."[4]

---

3) 그러나 실제로 청학동 외국인묘지 역시 거의 방치되어 있는 상태로 남아있기는 매한가지이다. 인천시 및 관할 구청의 문화적 인식의 제고와 분발이 필요한 대목이다.

4) 이는 필자가 올해 초 인천화교협회 임원진들과 인천가족공원 중국인묘역 이·개장 문제와 관련해 협의를 하던 중에 인천화교협회 손덕준(孫德俊) 부회장으로부터 들었던 말이다. 이 글에서는 한반도에 거주한 화교의 경우, 성명을 국어발음으

위에서 말하는 '화교공동묘지'란 말 그대로 한국에 거주했던 화교들이 영면하고 있는 공동묘지로 통상 중화의지(中華義地) 혹은 중화의장지(中華義莊地)라고 불리는 바로 그것이다.[5] 그러나 일반적으로 우리에게 보다 익숙한 용어라면 '중국인공동묘지'가 될 것이다.

위 화교의 말처럼 130년의 장구한 역사를 지닌 한국화교사회의 역사와 문화 그리고 한국화교들의 다양한 삶의 면면에 대한 무언의 기록이 바로 인천에 소재한 중국인묘지가 아닐까 하는 생각이다. 그럼에도 불구하고 이 인천중국인묘지에 대한 세간의 관심과 학계의 열의는 그리 높지 않은 편이다. 중국인묘지는 그동안 이질적인 사회와 공존하는 것에 그다지 익숙지 않았던 우리에게는 꽤나 생경한 존재이고 관심 밖의 대상이었던 게 사실이다. 심지어 한국화교 연구자들이나 인천 지역의 문화와 역사에 관심을 가지고 있는 향토사학자들 중에서도 이에 주목했던 이는 드물다. 추측컨대, 이는 중국인묘지에 관한 기록이나 문헌이 극소하고 그마저도 제대로 보존되지 않은 탓이 클 것이다. 가령, 당시 정부 간에 주고받은 공문서로 근대 조선화교의 실상에 관한 상당한 기록이 수록되어 있다고 볼 수 있는 『청계중일한관계사료(淸季中日韓關係史料)』나 『구한국외교문서 · 청안(舊韓國外交文書 · 淸案)』은 물론이고 『주조선사관당(駐朝鮮使館檔)』이나 『고종실록』에도 이에 대한 기록은 전무하다시피하다. 이상의 자료들에 공통으로 수록된 인천중국인묘지에 대한 관련기록이라면 조선정부와 청국정부 간에 화상(華商)을 위한 공동묘지를 제물포 인근에 조성할 것을 처음으로 약속한 〈인천구화상지계장정(仁川

로 표기하도록 하겠다.

5) 참고로 일본 화교사회에서는 화교공동묘지를 일컬어 중화의장(中華義莊)이라고 하지만, 중화산장(中華山莊), 화교영원(華僑靈園)이란 말도 함께 사용되고 있다. 中華會館編, 『落地生根―神戶華僑と神阪中華會館の百年』, 2000, 310쪽 참조.

口華商地界章程)〉 제10조가 유일하다. 이밖에 "1887년 5월에서 1895년 10월까지 통리교섭통상사무아문(統理交涉通商事務衙門)에서 인천항 감리(監理)에게 보낸 관문(關文)과 인천항에서 올린 보고 및 그에 대한 통리교섭통상사무아문의 제내(題內)가 함께 수록된"[6] 『인천항관초(仁川港關草)』나 인천개항 50주년 기념사업의 일환으로 인천의 사실(史實)과 족적(足跡)을 기록해 후세에 전하고자[7] 당시 인천부청(仁川府廳)이 쇼와(昭和) 8년(1933년)에 편찬한 『인천부사(仁川府史)』에도 중국인묘지에 관한 기록은 겨우 한두 줄의 언급에 그치고 있는 실정이다. 1945년 해방 이후의 기록 역시 이와 크게 다르지 않다. 인천중국인공동묘지의 이장·개장 및 이전과 관련해 국내 유관기관과 인천화교협회 혹은 주한중화민국대사관 간에 수발된 각종 공문서는 대부분 유실되었고, 단지 인천화교협회에 일부 산일되어 존재할 뿐이다. 따라서 인천중국인공동묘지의 조성과 이전 과정 등에 대한 면밀한 고증과 체계적인 서술은 현재로서는 다소 섣부른 감이 없지 않다. 그럼에도 불구하고 필자가 이에 대한 정리를 시도하고자 하는 것은 인천시청이 최근 몇 년에 걸쳐 추진해오고 있는 인천부평가족공원 생태공원화사업과 맞물려 이른바 중국인묘역이 사실상 사라질 위기에 처해 있다는 시의적 판단에 기인한다. 부평가족공원 내 중국인묘역 안에 있는 봉분과 묘비 등의 실물이 더 이상 존재하지 않을 날이 그리 멀지 않은 시점에 일정정도의 역사적 정리가 가능한 부분부터 초보적이나마 서술해두는 것이 후속연구를 위해서도 필요하다는 게 필자의 생각이다. 더구나 인천화교협회에 소장되어 있는 중국인묘지에 관련된 일부 문건을 확보해 둔 터에[8] 이를 방치한 채 활용하

---

6) 인천광역시 역사자료관, 譯註 『仁川港關草』(上), 2009, 1쪽.

7) 仁川府廳 編纂, 『仁川府史』(上), 1933, 「序」 참조.

8) 필자가 속한 인천대학교 중국학술원은 2013년 11월 12일 인천화교협회와 정식 조

지 않는 것도 연구자의 소임은 아닐 것이다. 이에 인천화교협회에 소장되어 있는 해당 자료를 포함해 산재되어 있는 각종 유관자료들에 대한 일차적 검토를 통해 인천중국인공동묘지에 관한 초보적 고찰을 시도해 보기로 하겠다. 이것이 중국인공동묘지에 주목하는 두 번째 이유이다.

1. 청국의지(淸國義地)의 조성 및 소재지에 대한 의문

인천에 중국인공동묘지[9]가 처음 어디에 어떻게 조성되었는지는 사실 명확치 않다. 앞서 언급했다시피, 공식문건에서 중국인공동묘지에 대한 최초의 언급이 나오는 것은 〈인천구화상지계장정〉이다. 1884년 4월 청국 정부는 "일본이 조선 진출의 토대로 개항장에 전관조계(專管租界)를 설정한 선례에 따라 조선정부"[10]와 이 장정을 체결함으로써 일본 조계지 서쪽에 약 5,000여 평의 단독 조계지(Chinese Settlement)를 마련하게 되었다. 조선독판교섭통상사무(朝鮮督辦交涉通商事務) 민영목과 중국총

사업무협약을 맺고, 협회 내에 소장되어 있던 화교 관련 미공개자료의 전수조사 및 전산화작업에 착수했다. 이번 조사 작업이 성사되기까지에는 인천화교협회에 대한 3년여의 지난한 설득작업이 선행되어야 했다. 그도 그럴 것이 국내에 소재한 화교협회 가운데 자신들이 소장한 자료 전체를 일반에 공개한 전례가 없는 터라, 인천화교협회로서도 이번 일은 여간 부담이 되는 일이 아니었을 것이다. 더군다나 자료의 상당부분이 외부에 알리고 싶지 않은 화교사회 내부의 예민한 문제들을 담고 있어, 공개를 결정하기까지에는 화교협회를 비롯한 화교사회 전체의 치열한 논의와 신중한 판단이 뒤따랐을 줄로 안다. 이번 기회에 협회 지도부와 화교사회 전체에 다시 한 번 경의를 표하고 싶다.
9) 당시는 청국의지(淸國義地)라 불리었다.
10) 정태섭·한성민, 「開港 후(1882~1894) 淸國의 治外法權 행사와 朝鮮의 대응」, 『한국근현대사연구』 2007년 겨울호 제43집, 2007, 11쪽.

남북한화교의 삶과 화교정책

판조선상무(中國總辦朝鮮商務) 천슈탕(陳樹棠) 간에 조인된 이 장정은 기본적으로 화상의 조선 상무(商務)와 거주에 관한 내용이 주를 이루지만, 공교롭게도 제10조에 이 매장의지에 관한 내용이 명기되어 있다.

제10조

제물포(濟物浦)에서 10여 리(里) 이내에 있는 곳에 화상이 임의로 적당한 산전(山田)을 골라 가매장(假葬)할 수 있는 의지(義地)로 만들되 필히 수목(樹木)을 심을 만큼 넓어야 하며, 더불어 분묘(墳墓)를 지킬 수 있는 집을 함께 건축하도록 한다. 이곳은 조선과 타국(他國) 간에 맺은 의지장정(義地章程)에 준해 처리하며 정부로부터 영원히 보호를 받을 수 있도록 한다.[11]

이 조항에 따르면, 청국조계 설치와 함께 청국인공동묘지(淸國義地)를 둘 수 있도록 한 것은 사실이지만 구체적으로 장정 체결 이후 곧바로 인천에 의지(義地) 즉 공동묘지가 설치되었는지는 이 조항만으로는 확인할 길이 없다. 또한 조항대로 제물포에서 10여리 떨어진 곳에 설치되었다고 하더라도 그곳이 과연 어디였고 언제 조성되었는지도 이것만으로는 알 수가 없다.

이에 대해 참조가 될 만한 두 사람의 견해를 잠시 소개해보기로 하겠다.

우선, 인천시립박물관의 배성수는 장정 체결 시점일(1884년 3월 7일)을 기준으로 오늘날 인천 내동 6번지에 해당하는 지역에 처음 중국인묘지가 조성되었다고 했다.[12] 그러나 문상범의 견해에 따르면, 이는 제물포

---

11) 「仁川口華商地界章程成」, 『高宗實錄』 卷21, 高宗21年(1884年 甲申/淸 光緒10年) 3月7日(壬午).

12) 배성수, 「청국인묘지 터」, 『인천남구향토문화백과・삶의 자취(문화유산)・유형유산・유적』, http://incheonnamgu.grandculture.net/Contents?local=incheonnamgu&

동남아화교와 동북아화교 마주보기

에서 10여리 떨어진 곳'이라는 조항과 위배[13]된다는 것이다. 반면, 문상범은 이 "내동 6번지 일대에 조성된 중국인묘지는 1884년 이전에 이미 암암리에 조성된 것으로 보인다."는 조심스런 추측을 내놓고 있다. 그가 언급한 내용에 비춰 앞뒤 정황을 유추해보면, 1884년 이전부터 이곳에 일부 청국인 무덤이 있었는데, "청일전쟁 당시 전사한 청군 병사들을 매장"[14]한 것을 계기로 자연발생적으로 중국인묘역이 이곳에 조성되기 시작했고, 기존의 장정에 따른 정식 묘지 조성은 1912년에야 비로소 "교외의 부천군 다주면으로 확장, 이전"하는 것으로 공식 이행되었다는 것이다.[15] 결과적으로 이 양자 간의 주장은 현재의 인천 내동 6번지 부근에 청국의지가 존재했었다는 점에서는 일치하지만, 그것이 처음 조성된 시점과 장정체결에 따른 공식적인 공동묘지 조성이었는가에 대해서는 의견이 갈린다고 볼 수 있다. 미루어 짐작컨대, 위 두 사람이 초기 중국인공동묘지의 소재지에 있어 일치점을 보이는 데에는 아래 두 가지 기록을 참조한 탓이 클 것이라 사료된다.

하나는 『인천부사』의 기록이다. 이 책에는 다음과 같은 내용이 단두 줄로 수록되어 있다.

> 지나인(支那人) 묘지는 **처음 인천부(仁川府) 내리(內里) 6번지, 7번지에 있던**(인용자 강조) 것을 다이쇼(大正) 원년(元年)에 부외(府外) 우각리(牛角里)로 이전했다.[16]

---

dataType=01, 같은 내용이 『인천 근·현대 도시유적』, 인천광역시립박물관, 2012, 215쪽에도 나온다.

13) 중구사편찬위원회, 『인천광역시중구사』(상), 2010, 439쪽.

14) 『인천광역시중구사』(상), 437쪽.

15) 『인천광역시중구사』(상), 437-438쪽 참조.

16) 『仁川府史』, 1433쪽.

또 하나는 1936년 5월 12일자 ≪동아일보≫ 기사이다. 기사내용의
대강은 이렇다.

중국영사관이 한국정부로부터 공동묘지로 무상 대부받은 내리(內里) 일대
의 토지 2,771평을 모(某) 조선인에게 고가로 매도함으로써 지난 16년간(인용
자 강조) 중국영사관에 평당 6전의 지세를 납부하며 이 땅에 거주하던 60여
호(戶)의 조선인들이 일방적으로 매매계약을 체결한 중국영사관에 분개하
고 있다. 주민들의 입장은 적당한 가격이면 매입할 의향도 있는데 아무런
통고나 교섭 없이 일방적으로 매도함으로써 지세의 등귀만을 초래했다는
것이다. 반면, 인천중국영사관 즉, 인천중화민국관사처의 입장은 본래 이
곳의 지세를 징수하여 중국인 소학교 운영에 사용해왔는데, 지세의 미납,
토지가격의 상승 등으로 여의치 않게 되어 불가피하게 매도하지 않을 수
없었다는 것이다.[17]

이에 따르면, 인천 내리(현재의 내동) 일대의 땅 2,771평에 중국인묘역
이 조성되었고 이는 대한제국정부로부터 정식으로 무상 임대되었다는
사실이다. 더불어 '지난 16년간' 조선인들이 지세를 납부하며 거주해왔
다는 점에서, 1920년경까지는 중국인묘지가 전부 혹은 일부가 존재했
을 개연성이 있다는 사실이다. 그러나 당시 이 기사를 쓴 기자가 구체
적인 사실(史實) 관계에 대해서 얼마만큼 정확성을 기했는지는 의문의
여지가 없지 않다. 다만, 여기서 추론해볼 수 있는 유일한 점은 이곳에
중국인묘지가 있었다는 것이다. 이 보도내용을 전적으로 인정하게 되

---

17) 이는 「六十戶住民無視코 垈地를 突然賣渡契約 —仁川中國人墓地事件」, ≪동아
일보≫, 1936년 5월 12일자 내용을 필자가 임의로 요약 정리한 것이다.

면, 이곳에 중국인공동묘지가 조성된 것은 대한제국시기 즉, 1897년부
터 1910년 사이('한국정부'라는 표현에서 유추)의 일이며, 대한제국정부로부터
중국인묘역 조성의 목적으로 정식 임대되었다는 점에서 문상범의 주장
처럼 '암암리에 조성된 것'이라기보다는 정식 절차에 따라 공동묘지가
조성되었다는 것이 된다. 아울러 앞서 문상범이 제시한 '제물포에서 10
여리 떨어진 곳'이라는 조항에 위배됨에도 불구하고 이곳에 장정에 따
른 '청국의지'가 조성되었을 가능성이 높아지게 된다. 그런데 공교롭게
도 1897년부터 1905년까지 청국정부와 주고받은 문서들이 수록된『구
한국외교문서·청안』을 비롯해 그 어디에도 이에 대한 기록은 나와 있
지 않다. 따라서 기사에서 말하는 '한국정부'가 과연 대한제국정부를 지
칭하는 것인지는 확인할 길이 없고 결과적으로 중국인공동묘지가 조선
정부시기 아니면 대한제국정부시기에 조성되었는지도 더 더욱 밝혀낼
도리가 없다. 다만, 대한제국정부시기인 1909년 4월 6일자 통감부(統監
府) 문서에 수록된 '청국거류지협정' 관련문서가 또 하나의 정보를 제공
하고 있다.

제14조
　한국정부는 거류지 밖에 청국신민묘지(淸國臣民墓地)를 제공하고 이를 영
구히 보호할 것. **이미 설정되어 있는 곳은 모두 구(舊)에 따라 보존할 것.**(인용
자 강조) 만일 이를 확장 및 이전하거나 향후 새로이 설정하고자 할 경우에
는 한국과 타국 간의 묘지 관련 사례를 참작하여 이사관(理事官) 및 청국영
사관과 협의해 결정할 것.[18]

18) 〈仁川·釜山及元山淸國居留地規程案〉, 「淸國居留地協定ニ關スル稟申件」, 統監
　　府文書 10卷, 1909.

이는 〈인천, 부산, 원산의 청국거류지 규정안〉 제14조인데, "이미 설정되어 있는 곳은 모두 구(舊)에 따라 보존할 것."이란 내용에서 중국인 공동묘지가 이전에 이미 설정되어 있었다는 점을 짐작케 한다. 그러나 이 역시 그것의 조성시기와 소재지에 대한 기록은 아니라는 점에서 위의 문제에 대한 명확한 해답을 제시해주고 있지는 못하다. 여기서 또 하나의 자료에 주목할 필요가 있다. 1895년 4월 29일 인천 감리에서 외무아문으로 보낸 인감보이다.

> 지난번 인천항 북성포(北城浦)에 사는 이위현의 청원을 받았다. 이에 따라 인천항 북성포에 있는 백성들의 선영(先塋)을 조사해보니, 끊임없이 장례가 이어져 근처에 40여개의 분묘가 위토(位土)를 점거하였고, 소나무와 가래나무를 금양(禁養)한 것이 또한 300여년이나 되었으나, 통상(通商) 이래로 백성들의 선영은 **동쪽으로는 청국(淸國) 상인의 공동묘지가 되었고**(인용자 강조), …… 서쪽으로는 각국 조계(租界)가 들어와 다소의 무덤과 해골들이 손상되고 깎여나가 경작지나 건축지로 전락하였으니, ……19)

이 내용을 간략히 요약하자면, 인천항 북성포(北城浦) 일대에는 원래 조선인 묘역이 있었는데, 개항 이후 동쪽은 청국상인의 공동묘지가 되었고 서쪽은 각국 조계가 들어섰다는 것이다. 이를 통해 추측해 볼 수 있는 것은 북성포 일대의 동쪽이라면 앞서 말한 내리(內里) 일대일 가능성이 높고 문서의 발신일자가 1895년(을미년) 4월 29일이라는 점에서 화상의 공동묘지가 1895년 이전에 이미 존재했었다는 사실이다.

결국, 이상의 내용을 종합해보면 다음과 같은 추론이 가능하다.

첫째, 인천에 중국인공동묘지가 존재한 시기는 1895년 이전일 가능

19) 인천광역시 역사자료관, 譯註 『仁川港關草』(下), 2010, 355쪽 참조.

성이 있다. 그러나 그 시점은 불분명하며 아울러 《동아일보》에서 언급한 '한국정부'는 대한제국정부가 아니라 조선정부일 개연성이 높다.

둘째, 인천에 처음 중국인공동묘지가 조성된 곳은 북성포 일대 동쪽 즉, 내리 일대이다. 그러나 그것이 '암암리에 조성된' 것인지 아니면 조선정부로부터 정식으로 '무상임대'를 받은 것인지는 명확치 않지만, 후자일 가능성을 조심스럽게 타진해볼 수 있다.

2. 중화의지의 도화동 시대

가(假)매장지로서의 중화의지

현재 인천에 거주하는 화교노인들의 희미한 기억과 인천화교협회를 중심으로 한 교령(僑領)들의 말을 종합해보면, 초창기 한반도에 거주한 중국인들이 처음부터 묘지를 필요로 했던 것은 아닌 듯하다. 주지하다시피, '화교(華僑)'의 '교(僑)'란 임시거주의 의미를 갖고 있다. 실제로도 초기 한반도 거주 화교들의 경우, 대부분 삶의 터전은 고향인 중국에 그대로 둔 채, 홀로 조선에 건너와 돈벌이를 하는 이른바 단신출가(單身出稼)의 형태를 띠고 있었다. 따라서 불의의 사고 등으로 인해 조선 땅에서 객서(客逝)했을 시에도 배를 통해 시신을 고향땅으로 가져가는 경우가 일반적이었다. 이러한 현상이 존재했다는 사실은 화교들의 언급에서도 뒷받침되고 있다. 가령, 차이나타운 내에서 중국음식점을 경영하고 있는 서학보(徐學寶) 사장의 말에 따르면, 과거 산동동향회관(山東同鄉會館, 지금의 파라다이스호텔 근처) 한쪽에 배에 실어 고향으로 운구해갈 유체(遺體)를 보관하는 임시안치소 같은 것이 존재했었다고 한다. 그런데 이 시체안치소의 위생환경이 너무도 열악해 앞서 말한 내리 일대에 임시매장지를 꾸렸다는 것이다. 언제든 기회가 닿으면 고향으로 옮겨갈 시신이었기에 특별히 묘비를 세우지는 않고 간단한 표식 정도만을 해 두었다는 것이 그의 말이다.[20] 한마디로 내리 일대의 중국인공동묘지 는 가(假)매장지였다는 말이 된다. 아마도 이는 중국(특히, 산둥)과 한반도 의 지리적 근접성에 연유한 것이기도 할 테고, 한반도를 영구정착지로 여기지 않고 금의환향할 날만을 고대하는 한반도 거주 화교들의 특성 에서 기인한 것이기도 할 터이다. 이는 '잎이 떨어지면 뿌리로 돌아간 다.'는 뜻의 이른바 '낙엽귀근(落葉歸根)'이라고 하는 화교들의 속성과도 맞아떨어진다고 볼 수 있다. 앞서 거론한 〈인천구화상지계장정〉 제10 조의 '적당한 산전을 골라 가매장(厝葬)할 수 있는 공동묘지(義地)로 만들 겠다.'는 내용에서도 정작 화상들이 필요로 했던 묘지는 가매장할 수 있는 임시묘역이었음을 확인할 수 있다. 이는 1902년 청국이 평양에 중국인공동묘지를 마련하고자 했을 때에도 유사한 내용이 보인다. 즉, 이와 관련된 평양감리의 보고서에는 다음과 같은 내용이 나온다.

> 청국영사(淸國領事)가 땅을 구입하여 1894년에 죽은 병(兵)의 유해를 이매 (移埋)하는 건은 이미 전달(電達)하였으며, 주중남포청국영사(駐甑南浦淸國領事) 우(吳)의 조회(照會)에 의하면, 평양개시(平壤開市)가 다년(多年)이라 청국민의 **조장(厝葬)할 곳이 필요하여, 땅을 구입하여 유해를 운국(運國)할 수 없는 평민 을 위해 사용하려 하니 이를 허가해 달라는 것**(인용자 강조)인 바, 시장구역이 비록 미확정이지만 의지(義地)를 구립(購立)하는 것 역시 급무라는 報告書 제30호.[21]

---

20) 이는 필자가 얼마 전 서학보 사장과의 대화 속에서 들었던 이야기이다.
21) 平壤監理 彭翰周/議政府贊政外部大臣臨時署理農商工部大臣 閔種默, 「平壤報牒」,

중국인 그중에서도 한족(漢族)의 풍습에 따르면, 사람이 죽으면 땅에
묻는 이른바 토장(土葬)이 일반적인 매장방식이었다. 전통적으로 상례(喪
禮)를 중요시했던 이들에게는 '사람은 땅에서 낳았으므로 땅으로 돌아
가야 평안함을 얻는다.'는 입토위안(入土爲安)의 관념이 오랫동안 그들의
의식 안에 자리하고 있었던 것이다. 따라서 초기 한반도 화교들이 묘를
쓰지 않고 시체안치소에 시신을 쌓아두는 것은 위생의 문제만이 아니
라 그들의 상례관에도 맞지 않았을 것이다. 그들이 시신을 고향으로 운
구해가기 전까지 만이라도 가매장할 수 있는 임시묘지를 그토록 원했
던 것도 바로 이 때문이다. 이는 일본화교사회에서도 유사한 사례를 찾
아볼 수 있다. 가령, 일본 고베(神戸) 화상들은 고베 개항 후 2년만인
1870년에 서둘러 공동묘지인 중화의원(中華義園)부터 마련했는데 이 역
시 가묘였다고 한다.[22]

마찬가지로 인천화상들이 기존의 내리 묘역을 반납하는 대신, 인천
부(仁川府) 다소면(多所面) 화동(禾洞) 지역(현재의 도화동 일대)으로 청국의지를
옮겼을 당시에도 매장의 목적은 이와 크게 다르지 않았을 것이다.

도화동 중화의지의 조성시기, 소재지 및 규모

그렇다면, 현재의 인천 도화동 일대에 조성되었던 중국인공동묘지는
언제 어떻게 조성되고 어떠한 연유로 이곳에 자리하게 되었을까?
먼저, 묘지 이전시기부터 가늠해보기로 하자.
『인천부사』에 따르면, 다이쇼(大正) 원년(元年)인 1912년에 인천부 외
곽에 있는 우각리(牛角里) 즉, 인천을 지나는 약 2km의 경인가도(京仁街道)

1902.1.5, 국사편찬위원회 개항기 외교자료 서지사항.
22) 『落地生根―神戸華僑と神阪中華會館の百年』, 310쪽 참조.

왼쪽 언덕 위로 지나인(支那人) 묘지를 이전했다고 되어 있다.[23] 이 자료만으로 중국인공동묘지의 도화동 이전 시기를 1912년이라 특정할 수는 없지만, 이 무렵이었다는 것은 다음의 자료가 간접적으로 방증해줄 수 있을 것으로 보인다. 즉, 1964년 인천화교자치구(仁川華僑自治區, 현 인천화교협회 전신)가 한국화교협회총회(韓國華僑協會總會)에 보낸 문건이다. 이 문건에는 "인천시 도화동에 있는 본회(本會) 소유 공산(公産)인 중화의지(공동묘지)는 건립 당시부터 지금까지 50여년의 역사를 가지고 있습니다."[24]라는 내용이 수록되어 있다. 1964년을 기점으로 '50여년'을 거슬러 올라가면 대략 1912년경이 될 것이다.

둘째, 묘지의 이전사유는 과연 무엇이었을까?

이에 대해서는 앞서 언급한 〈인천·부산 및 원산 청국거류지규정안〉을 재차 언급하는 것으로부터 시작해보기로 하겠다.

> 제14조
> 한국정부는 거류지 밖에 청국신민묘지(淸國臣民墓地)를 제공하고 이를 영구히 보호할 것. 이미 설정되어 있는 곳은 모두 구(舊)에 따라 보존할 것. 만일 이를 확장 및 이전하거나 향후 새로이 설정하고자 할 경우에는 한국과 타국 간의 묘지 관련 사례를 참작하여 이사관(理事官) 및 청국영사관과 협의해 결정할 것.[25]

23) 주15)와 동일.
24) 仁川華僑自治區, (53)仁僑字第00100號, 中華民國53年6月28日.(인천화교협회 소장 자료),
25) 주17)과 동일.

위 규정안이 마련된 1909년은 대한제국정부가 존속했으되, 1905년 을사늑약을 통해 일본의 통감부가 사실상 조선통치의 전권을 행사하던 시기이자, 한국병합이 이루어지기 한 해 전이다. 이에 일본은 이 무렵 부터 한국을 식민지화하는 작업을 본격적으로 착수하는 가운데, 기존 조계지역을 재정비하고 궁극적으로 완전철폐하기 위한 사전정지작업을 진행해 나가기 시작했다. 이 와중에 비교적 도심부에 위치해 있다고 볼 수 있는 내리의 중국인공동묘지를 이전시킬 요량으로 청국정부와 위와 같은 협약을 체결했을 것으로 보인다. 한편, 청국정부의 입장에서는 당시 동아시아 역학관계상 힘의 절대적 우세를 점하고 있었고 현실적으로도 조선을 사실상 통치하고 있던 일본의 요구를 무시하기 힘들었을 것이고, 갈수록 그 수를 더해가고 있는 한반도 자국민들의 편의를 위해서도 시 외곽에 위치한 지역에 새로이 확장된 공동묘지 부지를 마련하는 것이 장래를 위해서도 유리할 것이란 판단을 했을 것으로 짐작된다. 결국, 이러한 양자의 입장이 일정부분 부합됨으로써 중국인공동묘지의 이장이 추후 결정되었을 것으로 보인다.

셋째, 새롭게 조성된 중국인공동묘지의 소재지는 어디일까?

앞서 언급한 대로, 『인천부사』에는 이 지역을 우각리 일대로 기술하고 있다. 필자는 이를 간접적으로 뒷받침할 수 있는 자료를 인천화교협회 소장 자료에서 일부 발견했다. 이것은 일종의 매장허가증이다.

이 매장허가증(埋火葬認許證)은 각각 다이쇼(大正) 3년과 4년에 인천경찰서가 중국인 사망자를 '인천부 우각리 지나인 묘지에 매장'하는 것을 허가한다는 내용으로 발급한 것이다. 이것으로 보아 1915년경까지도 일반적으로 중국인공동묘지를 '우각리 지나인 묘지'로 불렀다는 것을 알 수 있다. (|그림1|과 |그림2| 참조)

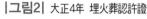

|그림1| 大正3年 埋火葬認許證 |그림2| 大正4年 埋火葬認許證

그런데 인천화교협회 소장 자료 가운데 또 다른 자료를 보면, 소재
지의 주소가 인천부 다소면 화동으로 되어 있다. 이는 일본인 후쿠다
규조(福田久藏)가 작성한 〈인천부 다소면 화동 소재 청국의지 측도(仁川府
多所面禾洞伏在淸國義地之測圖)〉라고 하는 일종의 측량도면이다.(|그림3| 참조)

이원규에 따르면, 오늘날의 도화동은 원래 조선 후기 인천부 다소면
에 속했는데 1903년과 1906년에 인천부가 동명을 정리하면서 도마교리
와 화동리라는 대표지명으로 묶였고 1914년 인천의 일부와 부평 일부
를 합해 부천군(富川郡)을 신설할 때 다주면 도화리로 변경되었다고 한
다.26) 이에 근거하면, 이 측량도면은 앞의 매장허가증보다 시기적으로
앞선 것이며 1914년 이전의 것이라 볼 수 있다. 그런데 여기서 문제가
되는 것은 이원규가 기사 말미에서 언급한 내용이다. 다시 말해, 1914
년 이 지역이 '부천군 다주면 도화리'로 변경되었다는 것인데,27) 그렇

---

26) 이원규, 「말 건너던 다리 도마교·무논지대 화동 합쳐 도화동」(소설가 이원규의
   인천 지명고-28), 《인천일보》 2014년 2월 14일자.

|그림3| 仁川府多所面禾洞伏在淸國義地之測圖

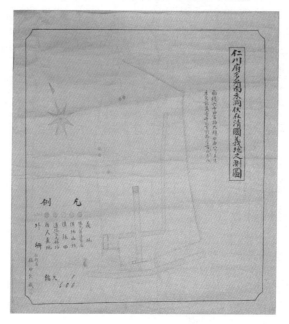

다면 '우각리'는 과연 언제의 지명일까? 1914년과 1915년에 발급된 위의 매장허가증이 인천경찰서에서 발급된 것이라고 볼 때, 관공서가 당시 행정구역 명칭을 임의로 사용하지는 않았을 것이다. 더욱이 당시 인천경찰서가 1914년에 관내 지역의 명칭을 변경하면서, 중각동(中角洞)을 우각리로 바꾸었다는 기록이 있다.[28] 이에 근거하면, 이원규의 서술에 일부 오류가 있을 개연성도 없지 않다. 물론, 이에 대해서는 당시 행정구역상의 편제와 변경 등에 대한 보다 면밀한 연구를 통해 당시 주소지의 명확성을 기할 필요가 있어 보인다. 이에 대해서는 후속과제로 남

---

27) 앞서 문상범이 중국인공동묘지를 '교외의 부천군 다주면으로 확장·이전하였다.' 고 한 것도 이러한 맥락일 것이다.

28) 《朝鮮總督府官報》, 1914. 11. 16, 『일제침략 하 한국236년사』 2권 참조.

남북한 화교의 삶과 화교정책

겨두기로 하겠다.

그러나 어쨌든 인천부 부내면 우각리와 다소면 화동 그리고 부천군 다주면 도화리는 위치상 동일한 지역이고 바로 이곳에 중국인공동묘지가 있었던 것은 확실해 보인다.

넷째, 이 중국인공동묘지는 어떻게 운영되었을까?

이에 대해서는 조선총독부외사국장(朝鮮總督府外事局長)과 한국주차중화민국총영사(韓國駐箚中華民國總領事) 간에 조인된 〈재조선중화민국거류지폐지에 관한 협정〉에 비교적 명확하게 나와 있다. 협정서 제6조에 다음과 같은 내용이 있다.

> 중국공화국(中國共和國) 거류지에 속하는 중국공화국 인민의 전용묘지는 지방에 재류(在留)하는 중화공화국 인민이 당해(當該) 제국법규(帝國法規)의 규정에 따라 이를 관리하는 것으로 한다. 단, 이 묘지에 대해서는 하등(何等)의 조세(租稅) 및 공과(公課)를 징수하지 아니한다.29)

즉, 1913년 청국조계를 철폐하는 과정에서 조선총독부는 중국인공동묘지는 중화민국 법규에 따라 중국인이 자치적으로 관리할 수 있도록 하고, 이에 대해서는 어떠한 조세나 공과금도 부과하지 않겠다고 중화민국정부에 약속했던 것이다. 결국 당시 인천중국인공동묘지에 관한 한 전적으로 한국주재 중화민국총영사 내지 화교사회에 모든 권한과 재량이 주어졌던 것이다.

다섯째, 이 지역에 새롭게 자리하게 된 중국인공동묘지는 과연 어느 정도의 규모를 갖추고 있었고, 그 변화과정은 어떠했을까?

---

29) 《每日申報》 1913.1.23일자, 《朝鮮總督府官報》 1914.4.1일자, 『일제침략 하 한국36년사』 2권.

이 중국인공동묘지가 처음 조성되었을 당시에 부지면적이 얼마나 되었는지는 공식기록이 없어 단정할 수 없다. 다만, 여기에 참고할만한 몇 가지 자료를 제시해보기로 하겠다.

우선, 앞서 잠깐 언급했던 〈인천부 다소면 화동 소재 청국의지 측도〉이다. 그런데 공교롭게도 후쿠다 규조(福田久藏)가 작성한 이 측량도면은 한 장이 아니라 두 장이다. 또 다른 한 장은 동일한 제목의 도면이기는 하지만 약간의 차이가 있다. 왜 같은 지역의 도면을 같은 시기에 그렸는데 이러한 차이가 발생하고 있는지는 명확히 증명할 수 없지만, 추측컨대 한 장은 일종의 수정도면이 아닐까 싶다.

위의 |그림3|과 차이가 나는 나머지 한 장의 측량도면을 예시해보기로 하겠다.(|그림4| 참조)

두 측량도면상의 차이는 |그림4|에는 |그림3|의 한인묘지(韓人墓地, ●표시)가 삭제되어 있다는데 있다. 따라서 면적상에서도 차이가 있다. |그림3|의 도면 내에는 면적이 약 6,419평으로 기재되어 있고, |그림4|에는 약 6,553평으로 기재되어 있다. 즉, 4기(基)에 해당하는 한국인 묘지가 빠짐으로써 약 134평이 증가하게 된 것이다. 이는 달리 말하면, 본래 이곳에 있던 한국인무덤이 중국인묘지 조성으로 다른 곳으로 이장되었다는 것을 뜻한다고 볼 수 있다. 또한 이 도면이 앞서 언급한대로 1914년 이전에 작성되었을 개연성이 높다고 한다면, 필시 이 약 6,500평에 달하는 중국인공동묘지는 조성되었을 당시 조선총독부로부터 영구임대 혹은 영구불하 받았을 면적과 거의 동일했을 것으로 추측된다. 아니면 조성 당시의 바로 그 측량도면이었을 수도 있다. 작성시기가 명기되어 있지 않아 이 정도의 추측만으로 갈음해야 하는 것이 안타까울 따름이다.

|그림4| 仁川府多所面禾洞伏在淸國義地之測圖

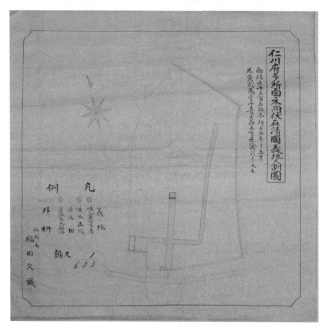

그러나 인천화교협회 소장 자료에서 발견된 또 다른 자료 즉, 1921년 12월에 작성된 〈중화의지평면도·도화동(中華義地平面圖·道禾洞)〉을 보게 되면, 부지의 면적이 2,000여 평 정도 증가되어 있는 것을 볼 수 있다.(|그림5| 참조)

|그림5|의 도면상에 기재된 면적을 보게 되면, 230번지(묘) 42평, 229번지(묘) 6,512평, 231번지(묘) 106평, 232번지(대지) 61평, 234번지(묘) 39평, 225의 2번지(묘) 2,020평, 259의 2번지(묘) 94평으로 도합 8,874평이다. 도면상으로 보더라도 그렇고 기재사항으로 보더라도 애초에 조성된 부지는 229번지 6,512평이고 나머지는 이후 추가 매입한 걸로 보인다. 이는 도면 뒷면에 필사로 부기된 '의장신매지도(義莊新買地圖)'와 '2천평' 매입이라는 문구에서 능히 짐작할 수 있다.

또한 1964년 6월 인천화교자치구에서 한국화교협회총회에 보낸 공문에도 다음과 같이 기록되어 있다.

|그림5| 中華義地平面圖(道禾洞)

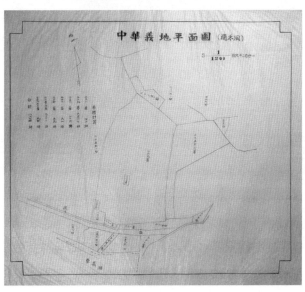

1. 인천시 도화동에 있는 본회 공유재산인 259의 2번지 토지 94평, 232번지 토지 61평, 231번지 토지 106평, 225의 3번지 토지 2,020평, 234번지 토지 39평, 230번지 토지 42평, 229번지 토지 6,512평 총 8,874평은 모두 전대(前代) 교령(僑領) 양기당(梁綺堂, 仁川中華總商會 會長), 부유공(傅維貢, 仁川中華總商會 副會長), 손경삼(孫景三, 仁川華商商會 主席), 왕성홍(王成鴻, 仁川華僑學校 校長) 등이 각 재임 시에 매입을 책임졌고 화교공동묘지로 사용한 바 있습니다. 당시 이들의 대표명의로 법원에 재산권 소유자로 등기하였습니다.[30]

<hr />

30) 仁川華僑自治區, (53)仁僑字第00101號, 中華民國53年6月29日.(인천화교협회 소

이는 1921년에 작성된 위 도면의 내용과 한 치의 다름도 없이 동일한 지번과 면적을 보여주는 것이다.

그렇다면, 증가된 면적인 2천여 평의 토지는 과연 누가 매입한 것일까?

이에 대해서는 위 인용문의 말미에서 그 단서를 발견할 수 있다. 즉, 1964년 당시 인천화교자치구는 8,874평 모두 전임 교령인 양기당, 부유공, 손경삼, 왕성홍 등이 각기 재임 시에 순차적으로 매입해 화교공동묘지로 사용했다는 입장을 견지하고 있다. 그러나 이에 대해서는 근본적인 회의가 든다. 위 네 명의 화교사회 교령이 각기 본연의 직에 재임한 기간은 다음과 같다.

양기당[31]

민국8년 3월~민국17년 9월 인천중화총상회 회장

부유공[32]

민국8년 3월~민국17년 9월 인천중화총상회 부회장

손경삼[33]

민국 23년 5월~민국34년 4월 인천화상상회 주석

왕성홍[34]

장 자료).

31) 양기당은 광동성 샹산(香山)출신으로, 이태잔(怡泰棧)을 경영했다. 이태호텔이 바로 그의 소유이다.

32) 부유공은 산동성 즈푸(芝罘) 출신의 상인으로 이통호(利通號)의 선주(船主)였던 부소우(傅紹禹)와 동일인물로 추정되나, 확인할 수는 없다.

33) 손경삼은 당시 인천에서 해산물수출과 잡화상으로 유명했던 동화창(東和昌)의 주인이다.

34) 왕성홍은 1911년 중국동북지역 방역작업에 기여한 공로로 동삼성(東三省) 총독으로부터 은급 5품을 제수받은 인물로, 1911년 인천화상동사(仁川華商董事), 인천남방화상동사(仁川南幫華商董事)에 임명된 남방(南幫)의 대표적 지도자이다. 이정희, 「인천중화회관과 인천중화상무총회 언제 어디에 설립되었을까?」, 『중국관행웹진』 11월호, 인천대학교HK중국관행연구사업단, 2014.11 참조.

앞서 말한 것처럼, 1921년에 작성된 도면과 위의 문건을 발송한 1964년 현재의 중국인공동묘지의 면적은 동일하다. 그렇다면, 위 4인이 각기 재임 시에 순차적으로 매입했다는 인천화교자치구의 입장에는 일부 오류가 발생하게 된다. 왜냐하면, 1964년 현재의 면적이 1921년과 동일하다면 이는 1921년에 이미 부지매입이 완료되었다는 것이 되기 때문이다. 따라서 적어도 손경삼이나 왕성홍이 부지를 새로 매입했다는 것은 말이 되지 않는다. 아마도 이들은 재임 전에 전임 교령들이 이미 매입한 토지에 대한 소유권을 자신의 명의로 등기를 이전한 것에 지나지 않을 것이다. 그렇다면, 결과적으로 실제 이 중국인공동묘지 부지 가운데 2,000평을 추가로 매입한 이는 1921년 이전에 인천중화총상회 회장과 부회장을 역임했던 양기당과 부유공이었을 가능성이 크다. 물론, 이 역시 단정할 수만은 없지만 당시 인천영사관 혹은 중화민국총영사의 일정한 지원과 도움 하에 위 두 사람을 중심으로 매입한 것이 아닐까 하는 것이 필자의 조심스런 판단이다.

3. 중화의지의 만수동 이전과 관련한 소송사건

만수동 중화의지

2010년 인천광역시가 펴낸 『인천광역시 외국인묘지 정비 및 보존방

---

35) 仁川華僑自治區, (53)仁僑字第0115號, 中華民國53年7月15日.(인천화교협회 소장 자료) 참조.

안』에 따르면, 도화동의 중국인묘지 중에 1959년 5월 22일 1,997기(일부)가 만수동으로 이전했고 1970년 인천대학교가 건립되면서 완전 이장되었다고 되어 있다.[36] 그러나 도화동 중국인공동묘지가 만수동으로 이전하게 된 시점을 그보다 1년여 후인 1960년 말경으로 보는 견해도 있다. 다음의 글을 보기로 하자.

민국 47년부터 48년 사이에 인천시정부가 해당 지역에 도시계획을 실시하고 아울러 한국 '선인재단'이 이곳을 점용해 학교를 건설하게 되면서, 인천 교단(僑團)과 이를 둘러싸고 분규가 발생했다. 교단은 치열한 '교섭'을 벌였지만, 최종 결과는 인천시청이 대가없이 인천시 남구 만수동 토지 약 2만여 평을 인천화교 신공동묘지 용지로 제공하는 대신에 화교는 민국 49년 12월 31일을 기점으로 도화동묘지에 안장되어 있는 화교조상의 유해를 일괄적으로 만수동 공동묘지로 이전해 매장해야 한다는 것이었다.[37]

이에 따르면, 1958년부터 1959년 무렵에 인천의 도시계획이 확정되어 시행되었고, 그 일환으로 추진된 중국인묘지의 이전은 1년여의 산고를 거친 끝에 1960년 12월 31일부터 실시되는 것으로 결정되었다는 것이다. 그 결과, 인천화교자치구는 이때부터 만수동으로의 이전을 추진하게 되었고, 1년여의 이장작업을 통해 1962년 모두 만수동 신의지(新義地)로 옮겨가게 되었다. 이에 대해서는 당시 인천화교자치구가 한국화교협회총회에 보낸 공문에 잘 나와 있다.

이 부지(중국인공동묘지-인용자 주)는 인천도시계획 하에서 민국 50년 시가지

36) 『인천광역시 외국인묘지 정비 및 보존방안』, 65쪽 참조.
37) 杜書溥 編著, 『仁川華僑教育百年史』, 2001, 43-44쪽.

로 분류되었고 이에 이곳에 있는 본래의 묘지는 모두 민국 51년에 전부 만수동 신의지(新義地)로 이장되었습니다. 이에 본회는 이 공지를 매각해 중학(中學)을 증축할 계획을 가지고 있었습니다.[38]

그럼에도 불구하고 이와 관련한 전담기관이라 할 수 있는 인천시 당국이 1959년부터 이전작업을 진행했다고 밝힌 만큼, 이것이 보다 설득력을 갖는다고 보는 것이 상식이다. 더구나 이를 간접적으로 증명해줄 수 있는 문건이 인천화교협회 소장 자료에서도 발견되었다.

인천시 만수동 임야 6-2에 소재한 공동분지(共同墳地)를 □회(貴會, 인천화교협회-인용자 주)가 인천시로부터 50년간 임대하기로 한 지 올해□ 꼭 20년이 되었습니다.[39]

이 문건은 가칭 경인개발주식회사라고 하는 민간 법인체가 만수동 소재 중국인공동묘지를 경기도 김포군 양촌면으로 이전하고 만수동 일대를 인천도시계획에 맞게 주택단지(아파트 및 연립)로 개발해 영세민의 주택난 해소에 일조하겠다는 취지로 인천화교협회에 묘지이전을 동의해달라고 요구하는 내용이다. 이 문건이 작성된 일자는 1978년 11월로 되어있다. 따라서 1978년을 기준으로 묘지 이전 시점이 20년이 되었다면 이장작업은 1959년부터 시작되었다고 볼 수 있다. 실제로 경인개발주식회사가 추진한 중국인공동묘지 이전계획이 어느 정도 진척되었는지 현재로서는 명확히 알 수 없지만, 그들의 생각대로 결실을 보지 못

---

38) 仁川華僑自治區, (53)仁僑字第00100號, 中華民國53年6月28日.(인천화교협회 소장 자료).
39) 京仁開發株式會社, 「移轉同意書」, 1978.(인천화교협회 소장자료).

했다는 것은 확실한 것 같다. 더불어 인천화교자치구는 1962년에 모든 묘지를 만수동으로 이전했다고 했지만, 이 역시 사실과는 차이가 있는 것으로 보인다. 화교협회 말대로 1년 남짓한 기간 안에 모든 묘지를 이장한다는 것은 물리적으로도 불가능하고 완전이장작업은 그 후로도 수년이 더 걸렸다는 화교 교령들의 전언도 있다. 또한 1964년 인천화교협회 공문에서도 이를 방증할만한 내용이 언급되어 있다.

> 末尾에 記載된 不動産은 仁川華僑協會 會員 등의 公有財産인 바, (干今까지 在仁華僑의 共同墓地로 使用 中)(인용자 강조) 近間에 此土地中 500여 평을 無斷侵占하여 校舍를 新築하는 등의 暴擧에 나선 聖光中學校의 非行을 徹底히……40)

이를 보면, 1964년까지도 이곳의 일부가 여전히 중국인공동묘지로 사용 중에 있음을 알 수 있다. 따라서 이장이 완료된 시점이 1970년인지는 장담할 수 없으나 적어도 1962년은 아니라는 생각이다.

만수동 중국인공동묘지의 부지면적이 얼마나 되고, 어떻게 운영되었는지에 대해서는 인천화교협회 소장 자료 내에도 관련문건이 존재하지 않아 소상히 밝혀낼 수는 없다. 인천시 당국에도 이와 관련해 문의를 해보았지만 명확한 답을 들을 수는 없었다. 그렇지만 앞서 언급한 경인개발주식회사의 사업계획서와 동 회사가 인천시에 보낸 청원서 내에 의외로 소중한 정보가 담겨 있어 이를 중심으로 간단하게마나 서술하고 넘어가기로 하겠다.

우선, 만수동 중국인공동묘지의 정확한 소재지는 앞의 인용 _에도

---

40) 　僑協會, 「陳情書」, 1964.11.(인천화교협회 소장자료).

나오는 바와 같이 인천시 남구 만수동 산 6-2이다. 또한 면적은 53,500
평(176,529㎡)[41]으로 모두 시유지에 해당하며 이를 인천화교협회가 50년
간 무상 임대하는 것으로 되어 있었다. 그리고 이곳에 매장된 화교무덤
의 수는 1978년 현재 총 3,700기였다.[42] 이 일대를 표시한 간략한 도면
은 |그림6|과 같다.

|그림6| 인천시 만수동 산6-2

---

41) 『인천광역시 외국인묘지 정비 및 보존방안』에 의하면, 만수동 묘지공원의 부지면
    적은 약 45,300평(약 159,400㎡)로 되어 있어(65쪽) 이와는 다소 차이가 있다. 이
    에 대해서는 후속연구가 필요하다.
42) 京仁開發株式會社, 「청원서」, 1978.(인천화교협회 소장자료).

도화동 공지(空地) 관련 소송

두서부(杜書溥)는 자신이 펴낸 『仁川華僑敎育百年史』에서, 도화동 중국인공동묘지가 만수동으로 이전하는 과정에서 화교사회와 인천시정부, 인천선인재단 사이에 각종 분규와 다툼이 발생했다고 한 바 있다.[43] 사실, 조상의 무덤을 이장 및 개장하는 문제는 말처럼 쉬운 일이 아닌 것은 주지하는 바일 것이다. 더욱이 상례를 중시하는 중국인 아니 한국인에게도 이는 매우 신중히 처리해야 할 문제였다.

그러나 공교롭게도 인천중국인공동묘지는 화교사회의 의사와는 무관하게 세 번의 이전·이장을 경험해야 했다.[44] 그때마다 정부 당국이 내세운 이유는 하나같이 '개발'이었다. 내리에서 도화동으로 이전할 때에는 일본의 식민지건설에 따른 시가지 정비가 그 구실이었고, 도화동에서 만수동으로 이전할 때에는 인천도시계획에 따른 개발, 만수동에서 부평으로 이전할 때에는 만수동 택지지구 조성 및 구월지구 토지구획정리사업의 일환이라는 게 그 이유였다. 따라서 이에 따른 분규가 없을 리 없는 게 당연지사일 것이다. 그렇지만, 소규모 분쟁은 있으되 대대적인 저항이나 투쟁이 없었던 것은 이국에 거주하는 화교들의 마이너리티로서의 숙명 때문이 아니었을까?

도화동에서 만수동으로 중국인공동묘지를 이전할 때에도 이전 자체에 대한 반대의 목소리가 화교사회 내에 존재하기는 했지만[45] 정작 그보다 더 큰 문제는 이전 후에 공지(空地)로 남게 되는 도화동 공동묘지터를 둘러싸고 벌어졌다.

---

43) 주35)와 동일.
44) 현재는 중국인공동묘지의 개장이 추진 중에 있다.
45) 조우성, 『20세기 인천문화생활연표』, 인아트, 2004, 155쪽 참조.

두서부가 화교교육의 역사를 다루는 책에서 이른바 '화교공동묘지'를 함께 거론한 것은 이것이 화교들의 교육 및 그 실행 장소인 화교학교와 불가분의 관계에 있기 때문이었다.

앞서 거론한 1936년 5월 12일자 《동아일보》 기사를 보면, 인천중화민국판사처(인천중국영사관)가 공지로 남아 있던 옛 내리공동묘지 터를 매각하지 않을 수 없었던 것은 지세를 통해 화교소학의 운영을 지원해왔는데, 이것이 여의치 않게 되었기 때문이라는 내용이 들어있다. 또한 두서부의 책에는 만수동으로 묘지를 이전하는 과정에서 받은 보상비를 학교 건립에 쓰고자 했다는 내용이 있다.

> 인천 도화동 화교묘지가 만수산 묘지로 옮겨간 후에, 인천교단은 일부 '무연고자(無緣故者)'의 이장보상비를 받아 공금으로 귀속시켰다. 인천교단은 이 돈을 이용해 인천시 간석동에 있는 부도난 공장 하나(1,250평)를 사들여 이곳에 화교중학을 신축할 생각이었다. 그러나 후에 새로운 교사(校舍)가 증축되었기에 이 땅은 민국 66년에 매각해 교사 건축비용으로 충당되었다.[46]

마찬가지로 도화동에서 만수동으로 묘지를 이전할 때, 인천화교사회의 입장은 남게 될 도화동 공지를 매각해 학교를 건축할 생각이었던 것이다.

> 이 부지(중국인공동묘지-필자 주)는 인천도시계획 하에서 민국 50년 시가지로 분류되었고 이에 이곳에 있는 본래의 묘지는 모두 민국 51년에 전부 만수동 신의지(新義地)로 이장되었습니다. 이에 본회는 이 공지를 매각해 중학(中

---

46) 『仁川華僑敎育百年史』, 44쪽.

學)을 증축할 계획을 가지고 있었습니다. 그러나 자금조달의 어려움 때문에 지금까지 착수하지 못하고 있던 차에 ……47)

이처럼 화교사회는 묘지와 관련된 지세나 매각비용 혹은 각종 보상비를 공적기금으로 환원해 화교학교의 운영 및 건축에 사용하고자 했고 사용해왔던 게 사실이다. 세상을 떠나는 선대가 후대에게 남겨주는 마지막 자산인 셈이었던 것이다.

그런데 공교롭게도 만수동으로의 묘지 이전을 확정한 시점에 남은 공지에 대한 소유권 문제가 발생하게 되었고 급기야는 소송으로까지 이어지는 일이 벌어지게 된 것이다.

처음 문제의 발단은 1940년대부터 존립했던 인천성광학원(仁川聖光學園)이 1958년 8월, 당시 예비역 중장 출신의 백인엽에 의해 인수되면서부터 시작되었다.48) 백인엽에 대해서는 흥미로운 정보가 『인천남구향토문화백과』에 수록되어 있다. 다소 주관적인 편견이 개입되어 있어 학문적 소용이 있다고는 볼 수 없지만, 큰 틀에서는 동의하는 바도 없지 않아 그 일부만을 잠시 인용해보기로 하겠다.

> 선인학원 설립자인 백인엽의 전횡은 상상을 초월하였다. 인근 주민의 재산을 불법적으로 침해하고, 특히 **부지 확장 과정에서 중국인의 공동묘지를 불도저로 밀어 버려 외교 문제로까지 비화되었다.**(인용자 강조)49)

---

47) 주36)과 동일.
48) 1965년 학교법인 '선인학원(善仁學園)'으로 개칭되었다.
49) 김상태, 「선인학원」, 『인천남구향토문화백과』, 디지털인천남구문화대전, 2011. http://incheonnamgu.grandculture.net/Contents?local=incheonnamgu&dataType=01&contents_id=GC04701516.

"부지 확장과정에서 중국인의 공동묘지를 불도저로 밀어버려 외교문제로까지 비화되었다."는 사실에 대해서는 필자 자신이 그 여부를 확인한 바는 없지만, 당시 이 학교와 화교사회가 중국인공동묘지를 둘러싸고 이러저러한 충돌이 있었음을 확인할 수 있는 상징적 표현으로 볼 수도 있겠다.

실제로 인천화교협회 소장 자료 내에 이와 관련된 문건들이 얼마간 남아있어 이를 중심으로 당시 양자 간의 다툼과 분쟁이 어떻게 소송으로까지 이어지게 되었는지를 검토해보기로 하겠다.

1963년 5월 13일자 인천화교협회[50]가 인천성광고등학교 앞으로 보낸 항의성 공문에는 다음과 같은 내용이 들어있다.

1. 귀교(貴校)와 접계지(接界地)인 도화동 소재 본 협회 소유지의 흙을 지난 5월 9일에 귀교 학생 수십 명이 교사의 인솔 하에 공공연히 파간 데 대해 철저히 구명코자 함.
2. 귀교는 작년에도 본 협회의 토지를 승낙도 없이 불도저로 땅을 밀어 막대한 피해를 입었으나 본 협회에서는 귀교의 발전을 위해 추구(追究)를 고려하였던 바, 이번에는 안하무인격으로 임의대로 흙을(10평 정도에 10여 마차의 분량)을 파간 사정에 대해 심히 유감스럽게 생각하며 강력히 항의를 하오니, 귀교의 명예와 존엄을 위해서도 신중한 조치와 본 협회에 대한 응당한 태도를 밝혀주시기를 바라는 바입니다.(필자 정리)[51]

즉, 양자 간의 분쟁은 어찌 보면 매우 사소한 문제부터 시작되었다

---

50) 인천화교자치구가 인천화교협회로 개칭된 것은 1960년경이다. 정확한 시기를 특정할 수는 없지만, 이 무렵 인천화교협회 공문을 보게 되면, 인천화교자치구와 인천화교협회가 병용되어 사용되고 있는 것을 볼 수 있다.
51) 仁川華僑協會, 仁僑字第0069號, 1963.5.13(인천화교협회 소장 자료).

고 볼 수 있다. 그래서 성광고등학교는 이튿날 바로 화교협회에 사과공문을 보냈는지도 모르겠다.[52] 그러나 화교협회 입장에서는 이와 유사한 전례(1962년 무단으로 땅을 밀어버린 일)도 있고 해서 단순히 경미한 사건으로 치부할 수만은 없는 민감한 문제였다. 아마도 앞으로 벌어질 사태에 대한 전조를 미리 예감했는지도 모를 일이다.

과연 시작은 미미했으나 추후의 전개과정은 심각했다. 이 일이 있고 꼭 1년만인 이듬해 5월에 성광학원 측에서 이곳(도화동 225의 2번지)에 무단으로 교사를 신축하고 나선 것이었다.[53] 이에 인천화교협회는 수차례에 걸쳐 인천시청에 의법조치해줄 것을 요청했고 인천시청은 이를 불법건축물로 규정하고 자진 철거토록 성광학원에 명령했다. 그러나 성광학원은 이 같은 인천시의 시정조치에 불응하고 해결을 차일피일 미루는 일이 발생하게 되었다.[54] 성광학원이 이처럼 전횡을 부리게 된 데에는 이 토지의 소유권이 법적으로 불분명한데에서 기인했다. 당초에 인천화교협회는 총 8,874평에 달하는 이 토지가 대대로 중국인공동묘지로 사용되어 왔음은 공인된 사실이고 화교대표자의 명의로 법원에 등기를 마쳐 정식으로 세무서 토지대장에도 등록되어 있다고 주장했다.[55] 이에 대해 인천시 당국도 처음에는 관행적으로 인정하고 추인했지만 엄밀히 말해, 법적인 하자가 전혀 없는 것은 아니었다. 여기에는

---

52) 聖光中商業高等, 「運動場境界線 若干의 土量使用한데 對한 回報」, 1963.5.14(인천화교협회 소장 자료) 참조.

53) 仁川華僑協會, 仁僑字第0075號, 1964.5.8(인천화교협회 소장 자료).

54) 仁川華僑協會, 仁僑字第0075號, 1964.5.8; 인천시청, 인천건설 444.1-8633, 1964.5.16 ; 仁川華僑協會, (53)仁僑字第00100號, 民國53年6月28日(이상, 인천화교협회 소장 자료) 참조.

55) 仁川華僑協會, (53)仁僑字第00100號, 民國53年6月28日(인천화교협회 소장 자료) 참조.

두 가지 문제가 있었다. 첫째는 소유권 등기 이전이 제대로 이루어지지 않았다는 것이고, 둘째는 해방 이전에 이미 법에 따른 소유권 취득 허가절차를 제대로 거치지 않았다는 것이다.

우선, 첫 번째 문제에 대해서는 화교협회도 이미 인지하고 있었던 것으로 보인다. 본래 이 중국인공동묘지는 화교협회 공유재산이기는 했으나, 전임 교령이었던 양기당, 부유공, 손경삼, 왕성홍 등 4인의 명의로 분할 등기되어 있었다. 그런데 이들이 모두 사망한 뒤에 소유권 이전 등기가 제대로 이루어지지 않았던 것이다. 이에 화교협회는 서둘러 위 4인의 후손들로부터 양해각서를 받아 당시 인천화교협회 회장인 우홍장(于鴻章) 명의로 소유권 등기를 이전하고자 했다.[56] 그리고 이와 동시에 분쟁의 소지가 있는 이 땅을 급매 형태로 팔아버림으로써 문제의 소지를 미연에 해결하고 매각비용으로 화교중학을 증축하고자 했던 것이다. 실제로 이 땅은 우홍장 명의로 한국인 김병두, 김태청 등 양인에게 매각되었다.[57] 이에 성광학원 측에서 곧바로 소유권 이전등기 말소 및 매매계약의 불법성을 고발하는 명도소송을 제기했다. 소송의 시작이다.

여기서 원고인 성광학원의 소송제기의 취지를 간단히 정리하면 다음과 같다.

첫째, 본 부동산은 일정시기부터 인천 거주 중국인이 소유권을 취득해 공동묘지로 사용하던 토지로써, 1936년 11월 27일 손경삼, 왕성홍 등의 명의로 소유권 이전등기를 했다. 이는 외국인토지법이 시행되기 전이므로

---

56) 仁川華僑自治區, (53)仁僑字第0085號, 中華民國53年6月18日.(인천화교협회 소장 자료).
57) 「覺書」, 1964. 7.15(인천화교협회 소장 자료) 참조.

타당하다. 그러나 1936년 11월 28일 외국인토지법이 시행됨에 따라 본 토지에 대해 지방장관을 경유해 정부의 허가를 받아야함에도 불구하고 이를 이행치 않았기에 자연 소유권을 상실하게 되었다. 따라서 이후에 이루어진 소유권 등기 이전은 모두 무효이다.(필자 주 : 이는 앞서 제기한 두 번째 문제에 대한 지적이다.)

둘째, 소유권을 상실하였음에도 불구하고 이를 타인(김태청, 김병두)에게 매도하였으므로 이 역시 무효이다.

셋째, 중국인묘지가 만수동으로 이전하게 되면서, 남은 도화동 공지는 자연스럽게 인천시 관리 하에 편입되었고, 인천시가 교육의 목적으로 성광학원에 사용토록 승인한 것이므로 이는 유효하다.[58]

소송기간 중에 인천화교협회는 각 유관기관(인천시청, 동인천경찰서, 인천소방서, 내무부, 경기도교육위원회 등)에 성광학원의 불법토지점유 및 소유권 인지를 알리는 각종 청원서를 보냈고 심지어 주한중화민국대사관에게까지 도움을 요청하는 등[59] 갖은 노력을 다했다. 그러나 대사관은 한국정부와의 관계를 고려한 탓인지 소극적 대응으로 일관했고, 한국 공공기관 역시 소송의 민감성 때문인지 처음과는 다르게 자신의 소관사항이 아니라는 이유로 반려하기 일쑤였다. 결국 인천화교협회가 받아든 법원의 최종판결은 심히 유감스러운 것이었다. 법원 판결의 취지는 원고인 성광학원의 소장 내용과 거의 일치했다. 법리적 근거에 이의를 제기할 일은 아니겠지만, 화교가 느끼는 감정은 마이너리티로서의 서글픔이었을 것이다.

58) 「訴狀」, 1966.8(인천화교협회 소장 자료) 참조.
59) 이에 대해서는 仁川華僑協會, 仁僑字第0111號, 1964.7.10 ; 인천소방서, 인소방호 125-1971, 1964.12.5 ; 내무부, 내무총125.1-16927(3-8437), 1964.12.10 ; 경기도교육위원회, 경기교문 125-4028, 1964.12.18. ; 中華民國駐韓大使館, 韓領(54)字第0338號, 中華民國54年2月14日(이상 인천화교협회 소장 자료) 참조.

맺음말

법정 소송을 통해 도화동 공동묘지 터를 사실상 빼앗기다시피 한 인천화교사회는 또 한 번의 묘지이전을 경험하게 된다. 이에 대해서는 『인천광역시 외국인묘지 정비 및 보존방안』에 일단의 기록이 있다.

> 1981년 9월 8일 구월지구 토지구획정리사업 시행인가로 화교협회와 수차례 협의하여 집단적으로 인천가족공원 내(舊 부평공설묘지) 부지면적 약 60,000㎡에 1989년부터 90년까지 2,873기를 이장 조치하여 현재 2,886기에 이르고 있으나 가족공원 재정비계획에 따라 또 다시 개장하여야 하는 상황에 처해 있음.[60]

현재의 인천시 부평구 부평2동 산58번지에 위치해 있는 인천부평가족공원 내에 별도의 '중국인묘역'을 마련해 이곳으로 중국인 무덤들을 모두 이장한 것이다. 다시 말해, 그동안 독자적인 묘역을 조성해왔던 중국인공동묘지가 이 시기부터는 한국인공동묘지 및 일본인공동묘지(약 60㎡의 면적에 51기의 묘비만이 남아있다.)와 함께 동거를 하게 된 격이다. 현재 이곳에 안장되어 있는 중국인 무덤 2,886기 가운데 1,900여기는 무연고 분묘이고 이를 추념하기 위해 '무연고자 위령탑'이 세워져 있다.

그런데 문제는 사실상 이마저도 조만간 사라질 운명에 처하게 되었다는 사실이다. 현재 인천시는 인천가족공원의 재정비를 통해 장사시설을 확충하고 환경생태를 복원해 궁극적으로 시민공원으로 만드는 계획을 추진하고 있다.[61] 2002년부터 2021년까지 단계적으로 추진되는

---

60) 『인천광역시 외국인묘지 정비 및 보존방안』, 65쪽.
61) 『인천광역시 외국인묘지 정비 및 보존방안』, 32쪽 참조.

이 사업으로 인해, 중국인묘역 가운데 1단계 사업구간 내에 있는 화교 분묘 61기는 이미 개장되었고, 나머지도 단계별 사업계획에 따라 추후 사라지게 될 것이다. 더 이상 관내에 분묘 설치 부지를 확보하는 일이 쉽지 않은 마당에 화장을 독려하고자 하는 인천시의 입장과 고충은 십분 이해되는 바이다. 화교사회 내에서도 아쉬운 일이기는 하지만 시정부의 방침에 원칙적으로 동의하는 편이다. 이에 대해 대놓고 반기를 드는 경우는 거의 없다고 볼 수 있다. 다만, 화교사회가 원하는 것은 대신 중국식 봉안당과 사당(廟)을 지어달라는 것이었고, 이에 대해서는 인천시도 잠정 협의한 것으로 알고 있다.

그러나 설혹 상황이 어쩔 수 없다 하더라도 화교사회로서는 조상들의 무덤을 다시 건드려야 하는 난감한 지경에 당혹해하고 있는 것도 사실이다. 그도 그럴 것이 동아시아의 일반적인 상례나 제례에서 이장이나 개장의 문제는 매우 민감한 문제이기 때문이다.

지난 몇 년 동안, 인천화교사회는 부평가족공원 내에 위치한 이 중국인묘역의 개장문제를 둘러싸고 인천시와 오랜 줄다리기를 벌여왔다. 지금은 일정 정도 타결을 보기는 했지만 화교사회로서는 여전히 마뜩치 않아 보인다. 필자는 저간의 상황에 대해 소상히는 알 수 없지만 간접적으로 관여도 해본 탓에, 그동안의 경과에 대해 어느 정도는 인지하고 있다. 특히, 얼마 전 유연묘(有緣墓) 강제 개장문제는 화교협회뿐만 아니라 화교사회 전체의 공분을 사기에 충분했다. 본시 유연묘란 고인 (故人)의 성명 및 출신지 등에 관한 기록이 명시되어 있고, 유가족 또한 엄연히 존재하는 말 그대로 연고가 명확한 분묘를 일컫는다. 그런데 이 가운데 현재 유족의 주소가 명확치 않거나 파악되지 않음으로 인해 연락이 원활치 않은 경우가 빈발하게 되자, 인천시 당국(인천광역시 종합건설 본부)은 인천화교협회에 사업개시 일까지 파악되지 않은 유연묘(92기)에 대해 무연묘로 간주해 강제개장을 하겠다고 일방적으로 통보했던 것이다. 이 문제가 해결되기까지 난항을 거듭하게 된 데에는 무엇보다 인천시 나아가 한국사회 전체에 대한 화교들의 불신과 피해의식이 그 배경에 자리하고 있다는 게 필자의 소견이다. 적어도 중국인묘역으로만 문제를 한정해보더라도, 화교들은 자신들의 뜻과는 무관하게 몇 번의 강제이장을 겪어야 했고, 이 유쾌하지 못한 경험이 지금의 현안에 대한 불만과 경계로 이어지고 있는 셈이다. 신뢰는 상대방의 입장을 이해하고 인정하는 바탕 위에서 가능한 것이다. 한국사회가 화교 및 화교사회를 일방적인 수혜자로 보거나 시혜를 베풀어야 하는 대상으로만 인식한다면, 상호간의 신뢰는 요원한 일이 될 것이다.

누대에 걸쳐 인천에 거주하고 있는 이른바 구(舊)화교를 언젠가는 중국으로 돌아간다는 '낙엽귀근'의 존재로 생각하는 일은 더 이상 없어야 할 것이다. 누가 보더라도 그들은 이 땅에서 살다가 이 땅에 묻힐 '낙지생근(落地生根)'의 존재이다. 그들에게 더 이상 피해의식을 갖지 않도록 하는 현명한 해법이 필요한 시점이 바로 지금이다. 이것이 다문화사회를 지향하고 문화혼종의 도시정체성을 정립하고자 하는 인천의 모든 이들이 기껍게 짊어져야 할 소임일 것이다.

필자는 이상으로 인천 중화의지에 대한 초보적 정리를 시도해보았다. 그것이 처음 조성된 시기 및 소재지 그리고 세 번의 이전을 거치는 과정에서의 각각의 이전 시기, 위치, 규모, 운영·관리 및 이전과정에서 벌어진 화교사회와 한국사회 간의 충돌과 소송 등. 어느 것 하나 명확하고 제대로 된 실체를 밝혀내기에는 역부족이었으나, 필자가 새로 발굴하고 확보한 자료를 일반과 공유할 수 있는 기회가 되었을 것이라는 점에서 다소간의 위안을 삼으며, 미진한 부분에 대한 보충과 오류에 대한 수정은 후속연구자들의 지속적인 탐구와 열정에 기대고자 한다.

북한의 산업집단화와
북한화교(1954~1966)

송우창(宋伍强)

해외화교는 화상(華商), 화공(華工), 화교(華僑), 화예(華裔) 등 조금은 다른 성격의 면면으로 변모하는 과정 속에서,[1] 다양한 업종을 자신의 생업으로 하는 가운데 세계 곳곳에 그 족적을 남겼다. 중국, 일본, 한반도를 중심으로 한 동아시아의 근대는 서구열강의 강압에 따른 개항장 설치로부터 시작되었다. 중국대륙의 인민들이 조선과 일본으로 본격적인 이주를 시작한 것도 바로 이즈음 즉, 19세기 중반 이후이다. 20세기 초에 이르면, 조선과 일본에 거주하는 화교인구는 각각 1만 명 규모로까지 늘어나게 된다. 심지어 만주사변이 발발하기 1년 전인 1930년 현재, 조선의 화교인구는 67,794명이었고, 일본의 화교인구는 30,836명이었다.[2]

새로운 거주지에 뒤늦게 발을 들여놓은 화교들은 앞선 선배들이 개척해 놓은 무역업, 소매업, 요식업 등 특정업종을 그대로 이어받는 경우가 대부분이었다. 화교커뮤니티는 바로 이렇듯 업종이라는 자장을 중심으로 형성된 것이다. 그러나 이른바 내지(內地)라 불리던 일본과 그

---

1) 王庚武,『中國與海外華人』, 臺灣商務印書館, 1994, 3~25쪽.
2) 조선화교와 일본화교의 인구통계는, 安井三吉,『帝國日本と華僑: 日本・臺灣・朝鮮』, 青木書店, 2005, 31쪽, 132쪽 참조.

상대되는 의미라 할 수 있는 외지(外地)인 한반도는 화교의 직업에 있어 차이를 보인다. 그중에서도 가장 큰 차이라고 한다면, 일본에서는 화교 노동자의 입국을 엄격히 통제한 탓에 화교노동자의 수가 증가하지 않았지만,[3] 조선에서는 많은 화교들이 공사현장[4]이나 야채재배[5] 등의 육체노동에 종사했다는 점일 것이다.

조선에 건너온 화교들의 마이너리티로서의 직업선택은 새로운 거주 지에서 자신들만의 장점을 최대한 살릴 수 있는 몇몇 특정업종에 집중

---

3) 일본의 화교노동자 이민정책에 관해서는, 許淑眞의 연구에 상세하게 기술되어 있다. 「日本における勞動移民禁止法の成立: 勅令第352號をめぐって」, 布目潮渢博士古稀記念論集, 『東アジアの法と社会』, 汲古書院, 1990 ; 「勞動移民禁止法の施行をめぐって: 大正13年の事例を中心に」, 『社会學雜誌』, 神戸大學社会學研究會, 1990.

4) 식민시기 조선의 화교노동자에 관해서는, 호리우치 미노루(堀內稔)가 2000년부터 2014년에 걸쳐 『むくげ通信』(むくげの会) 각 號에 연구 성과를 게재했다. 「赴戰江水電工事と中國人勞働者」, 第183號, 2000.11. ; 「植民地下朝鮮における中國人勞動者(2): 新聞社説に見る中國人勞動者問題」, 第192號, 2002.5. ; 「植民地下朝鮮における中國人勞動者(3): 中國人勞動者と勞動爭議」, 第199號, 2003.9. ; 「植民地下朝鮮における中國人勞動者(4): 1934年における中國人勞動者の入國制限問題」, 209號, 2005.3. ; 「植民地朝鮮における中國人勞動者(5): 鑛山と中國人勞動者」, 第217號, 2006.7. ; 「植民地朝鮮における中國人勞動者(6): 石工などの技術系勞動と中國人」, 第225號, 2007.11. ; 「植民地期朝鮮における中國人勞動者(7): 新聞記事にみる萬寶山事件の影響」, 第231號, 2008.11/第232號, 2009.1. ; 「植民地期朝鮮における中國人勞動者(8): 新聞記事にみる日中戰爭の影響」, 第239號, 2010.3. ; 「北朝鮮開拓と中國人勞動者(上): 植民地期朝鮮における中國人勞動者(9)」, 第247號, 2011.7. ; 「北朝鮮開拓と中國人勞動者(中): 植民地朝鮮における中國人勞動者(10)」, 第255號, 2012.11. ; 「北朝鮮開拓と中國人勞動者(3): 羅津築港, 平元・滿浦線鐵道工事」, 第262號, 2014.1.

5) 李正熙, 『朝鮮華僑と近代東アジア』, 京都大學學術出版社, 2012, 第3部(第9章-第11章) 참조. 이정희는 이 책에서 조선화교농민의 생성기, 전성기, 쇠퇴기를 시기별로 분석하고 있다. 또한 직물업 및 잡화업과 같은 상업, 양말제조업과 주물업과 같은 제조업 그리고 노동자 등 다양한 각도에서 조선화교에 대한 분석을 시도하고 있다.

적으로 종사하는 방식으로 이루어졌다. 우선, 그들은 구매 및 판매와 관련된 시장정보를 수집하는데 탁월한 능력을 발휘함으로써 이를 중국과 조선 간의 무역활동에 적극 활용했다. 둘째, 자신들의 장기라 할 수 있는 중화요리 기술을 활용해 음식점을 개업했다. 셋째, 그들은 값싼 임금과 열악한 노동환경에도 불구하고 비교적 양질의 노동력을 제공함으로써 공사현장 등에서 환영을 받았다. 넷째, 화교농민들의 경우에는 자신의 고향인 산동의 야채재배기술을 조선에 들여와 대도시 근교를 중심으로 농업에 종사했다. 다섯째, 수공업으로는 허베이(河北) 출신자를 중심으로 한 주물업과 안동(安東, 현재의 단동丹東) 양말 공장 자본의 조선 진출 등을 들 수 있다.[6] 결국, 화교집단은 이렇듯 다양한 직업과 업종을 중심으로 형성된 것이다.

이러한 양상은 다시 외적요인과 내적요인으로 구분해 설명할 수 있다. 여기서 말하는 외적요인이란 화교가 아닌 제3자에 의해 발생된 것을 의미한다. 따라서 이것은 자신들만의 힘으로는 어쩔 수 없는 부분이기 때문에, 화교들은 항시 이에 대해 수동적인 입장을 취할 수밖에 없었다. 반면, 내적요인이라고 하는 것은 화교 스스로 주역이 되어 능동적인 입장에서 자신들의 힘으로 변화시킬 수 있는 것을 말한다. 이를테면, 일본의 화교노동자 입국금지는 외적요인에 해당하고, 그것을 돌파하기 위해 양복재단사나 요리사로 위장해 입국을 시도하는 화교들의 행위는 내적요인이라고 할 수 있다. 외적요인이 화교들에게 가하는 압력이 강할수록 화교의 '생활공간'은 작아지고 생활양식의 유사성은 높

---

6) 조선화교의 양말제조업에 대해서는, 李正熙, 위의 책(2012), 213-240쪽과 졸고, 「1920年代における新義州朝鮮華僑の商業活動について: 靴下製造業を中心に」, 『星陵臺論集』, 第43卷 第3號, 2011 참조.

아지기 마련이다. 실제로 화교들은 사회적으로 마이너리티이기 때문에 직업선택의 폭이 작을 수밖에 없고 따라서 그들이 자신의 장점을 최대한 발휘할 수 있는 업종에 집중할 수밖에 없는 것이다. 그 결과, 화교의 직업에는 동일성과 유사성이 한층 더 높아지게 되었다.

제2차 세계대전 이후, 한반도는 냉전으로 말미암아 남북으로 분단되었다. 이러한 해방기의 혼란한 상황을 틈타 한국화교는 남방의 홍콩이나 북방의 다롄(大連) 등지로부터 생필품을 수입해 막대한 이득을 올렸다.[7] 그러나 1948년 8월 15일 대한민국정부가 수립되면서, 화교의 무역활동과 토지소유에 제한이 가해지는 등 화교에 대한 압력은 한층 가중되었다. 심지어 상업이나 요식업의 경우에는 기존의 영업규모마저 유지하기 힘들 정도가 되었다.[8] 일설에 의하면, 남한과는 달리 북한(원문에서는 '조선'이라 표기—옮긴이)에서는 화교들에게도 토지분배가 이루어졌고, 한국전쟁 후에는 조선 각지에 화교조합도 만들어졌다고 한다. 그러나 어쨌든 사료적 한계나 제도적 제약 때문인지는 몰라도 북한화교에 관한 연구는 제대로 이루어지고 있지 못한 게 현실이다. 특히, 그들의 직업변화에 관한 상세한 기술은 거의 없다고 볼 수 있다.[9]

---

7) 해방직후, 한국화교의 경제활동에 대해서는, 이정희, 「해방이후 한국화교의 자본축적과 그 의의(1945.8~1949)」, 한국경제학공동학술대회 발표논문, 2001 참조.
8) 해방 후, 한국정부의 화교정책에 대해서는, 王恩美, 『東アジア現代史のなかの韓國華僑: 冷戰體制と「祖國」意識』, 三元社, 2008 참조.
9) 북한화교에 관한 연구는 1980년대 초, 북한에서 중국으로 귀국한 이른바 북한화교 출신인 장경경(張慶京), 모덕정(慕德政) 등이 중심이 되어, 지린성귀국화교연합회(吉林省歸國華僑聯合會) 산하에 지린성화교역사학회(吉林省華僑歷史學會)를 결성하면서부터 시작되었다고 볼 수 있다. 이들은 북한에서 귀국한 화교에 대한 인터뷰조사뿐만 아니라 북한화교관련자료 수집에도 열심이었고, 이를 토대로 정기적으로 연구회도 개최했다. 발족 당시 회원으로는 북한의 화교학교교육관계자인 장지동(章智東)과 유건위(劉建偉), 화교연합회 출신인 왕균생(王均生)과 황영화(黃榮華) 그리고 중국군지원자 출신인 장경경과 옌볜대학의 귀국화교 교원인

제2차 세계대전 이후, 북한화교의 직업은 그들을 둘러싼 다양한 외적요인의 변화에 직접적인 영향을 받았다. 그 중에서도 북한 화교커뮤니티에 비교적 커다란 영향을 끼친 요인을 다섯 가지로 정리하면 다음

모덕정 등이 참여했다. 1998년 당시 회원 수는 약 40명이었지만, 후속세대 양성이 제대로 이루어지 않아 현재는 활동이 거의 중단된 상태이다. 〔陳冬東 主編, 『中國社會團體組織大全・第 2 卷』, 北京專利文獻出版社, 1998, 919쪽. ; 吉林省人民政府弁公廳, 『吉林省情』, 吉林人民出版社, 1987, 656-657쪽. ; 지린성화교역사학회 상무이사 곡효범(曲曉範)의 방문조사(방문지는 창춘長春, 조사 일시는 2008년 12월).〕 한편, 연구자의 연구 성과로는 余以平, 「朝鮮華僑敎育初探」(『華僑敎育第 2 輯』, 暨南大學出版社, 1984.)이 최초라고 생각된다. 이외에도 지린성화교역사학회의 성과가 다수 있다. 또 한중수교 직전인 1991년에 楊昭全・孫玉梅, 『朝鮮華僑史』(中國華僑出版公司)가 출판되었는데, 이 책 6장은 해방이후 북한화교에 관한 내용으로 구성되어 있다. 그러나 이마저도 사료적 한계와 제도적 제한으로 인해, 북한의 화교커뮤니티 전반에 걸쳐 다루고 있지 못하며, 더군다나 이는 북한화교의 입장에서 기술된 것도 아니다. 2000년에는 곡효범(曲曉範)과 유수진(劉樹眞)이 처음으로 지린성과 랴오닝성(遼寧省)의 정부 당안관(檔案館)에 숨겨져 있던 자료(북한에서 귀국한 화교에 관한 문서)를 바탕으로, 해방이후 북한화교의 직업에 관한 역작을 완성했다. 그러나 이 역시도 연구과제의 차이로 북한화교의 직업에 대해서는 간접적인 기술에 그치고 있다. 〔曲曉範・劉樹眞, 「当代朝鮮華僑的歸國定居及其安置史略」, 『華僑華人歷史硏究』 第4期, 中國華僑華人歷史硏究所, 2000, 45-54쪽.〕 최근에는 한국에서도 단동-신의주 간의 북중무역 경로에 주목해, 북한화교의 북중무역 참여와 그것이 북한경제에 미치는 영향에 대해 서술한 연구 성과가 발표되었다. 그러나 이것은 한국의 자료와 신문기사, 탈북자의 증언 등에 주로 의존하고 있어 객관성이 다소 떨어진다고 볼 수 있다. 〔김주환, 「북한경제활동 動因으로서의 북한華僑의 역할」, 『세계지역연구논총』, 제30권 제1호, 한국세계지역학회, 2012 ; 이승엽, 「북한화교의 형성과 역할에 관한 연구」, 동국대학교석사학위논문, 2012.〕 최근의 연구 성과로는, 지린성과 랴오닝성 당안관에 보관되어 있던 북한 귀국화교 관련문서와 옌볜 일대에 거주하는 북한 귀국화교를 대상으로 한 인터뷰조사를 바탕으로 한 리위롄(李玉蓮), 「연변지역의 귀국화교사회와 북한화교사회의 상관관계 및 역사성」(『한국학연구』, 제30집, 인하대학교 한국학연구소, 2013.)이 있다. 2014년에는 경남대학의 쩨르치즈스키표도르가 석사논문으로 「북한화교의 사회적 지위에 관한 연구」를 발표했다. 그러나 이 두 개의 논문 역시 해방이후 북한화교의 변혁을 집단화정책이란 관점에서 다루고 있지는 않다.

과 같다. ① 해방이후 냉전체제의 확립 ② 한국전쟁 ③ 북한의 집단화 (합작사, 협동조합 등) ④ 중국의 문화대혁명 ⑤ 중국의 개혁개방.

이 글에서는 이상 다섯 가지 외적요인을 기반으로, 북한의 사회주의 집단화정책이 북한화교의 직업형태에 어떤 영향을 끼쳤는지에 대해 고찰하고 나아가 식민지시기부터 이어져온 북한화교의 직업형태가 단절되어가는 과정에 대해서도 밝혀보고자 한다. 아울러 내적요인에 의한 그들의 직업선택의 유사성에 대해서도 검토할 것이다.

구체적인 내용의 구성은 다음과 같다. 첫째, 제2차 세계대전 직후, 북한에서의 화교의 사회적 지위와 화교농민의 토지문제 그리고 화교자영업자의 경영환경에 대해, 당시 북한임시정부가 공포한 법률문서를 기초로 분석을 시도할 것이다. 둘째, 한국전쟁시기에 북한화교가 전쟁에 참전한 중국지원군에게 식료품이나 숙박시설을 제공함으로써 일종의 부수입을 얻었다는 사실을 확인할 것이다. 셋째, 1950년대 후반 북한에서는 산업 전반에 걸친 집단화(합작사화, 협동조합화)가 진행되었는데, 이 과정에서 북한화교가 어떻게 재편되었는지에 대해서도 분석할 것이다. 넷째, 1960년대 초 집단화정책으로 인해 북한화교들은 현지사회와 보다 긴밀한 관계를 형성하게 되었고 그에 따라 현지화도 급속하게 진전되었는데, 이 과정에서 젊은이들을 중심으로 비농업부문으로의 이동이 이루어졌다. 이에 대해서도 논의해볼 것이다.

이 글에서 주로 참고한 사료는, 북한주재 중국영사관이 작성한 영사관보고서[10]와 북한화교의 대규모 귀국 시에, 중국 기관이 만든 당안(檔

---

10) 중국외교부당안관은 2010년 2월 현재까지 다음과 같은 단계를 거쳐 자료를 공개한 바 있다. 제1단계(2004년 1월 16일) : 1949년~1955년의 당안 1만5,003건 공개, 제2단계(2006년 5월 10일) : 1956년~1960년의 당안 2만5,651건 공개, 제3단계 (2008년 11월 12일) : 1961년~1965년의 당안 4만1,097건 공개. 〔中華人民共和國

案)사료[11] 그리고 귀국자를 포함한 북한화교에 대한 인터뷰조사[12]와 북한에서 화교를 대상으로 발간한 중국어신문자료[13] 등이다.

끝으로, 이 글에서 필자가 사용하는 '북한화교'와 '한국화교'란 용어는 다음과 같이 구분된다. 즉, '북한화교'의 경우에는 제2차 세계대전 이전부터 한반도에 체류한 중국인뿐만 아니라 해방이후 38선 이북에 거주하게 된 중국인까지 모두 포함하는 개념이다.[14] 반면, '한국화교'는 제2차 세계대전 이후 38선 이남에 거주하는 중국인을 뜻한다.

外交部檔案館 http://dag.fmprc.gov.cn/chn/dajmkf/(2010.2.6 열람.)〕

11) 북한에서 귀국한 화교와 관련한 자료(檔案)에 대해서는, 지린성화교역사학회 상무이사 곡효범씨로부터 귀중한 코멘트를 받았다. 이 자리를 빌려 감사를 드린다.

12) 북한화교에 대한 인터뷰 조사(전화 인터뷰 포함)는 직접 북한에 들어가 실시하는 것이 불가능하기 때문에, 부득이 북한에서 귀국한 화교와 북한화교 일시귀국자를 중심으로 진행할 수밖에 없었다. 방문조사는 2008년부터 현재까지 중국의 광저우(廣州), 텐진(天津), 옌지(延吉), 룽징(龍井), 허룽(和龍) 등에서 실시했다.

13) 이 글에서는 평양에서 발행된 화교 대상의 신문 『전우(戰友)』와 『화신(華訊)』 중의 일부를 활용했다. 해방이후, 북한에서는 『민주화교(民主華僑)』, 『전우』, 『화신』 등 3종류의 중국어신문이 발행되었다. 이 가운데 최초의 간행물은 1948년 발행된 조선화교연합총회의 주간(週刊) 기관지 『민주화교』로, 한국전쟁 발발 직후인 1950년 8월 정간되었다. 이후, 전황(戰況)을 전달할 목적으로 1951년부터 『전우』가 주 2회 발행되었다. 현재 베이징국가도서관에는 1958년 10월호까지 소장되어 있다. 조선화교연합회중앙위원회는 1956년 3월 기관지 『화신』을 부활시켰다. 원래는 순간(旬刊)이었지만, 1959년 1월부터는 5일에 한 번 발행하는 것으로 바뀌었다. 1964년 7월에 정간되었다. 〔華僑華人百科全書・新聞出版卷』編輯委員會, 『華僑華人百科全書・新聞出版卷』, 中國華僑出版社, 1999, 142쪽, 243쪽, 497쪽.〕

14) 이글에서 말하는 해방이후, 북한화교에는 조선민주주의인민공화국 국적을 취득한 귀화자를 포함한다. 북한에 거주하는 '중국인' 가운데, 처음으로 북한국적을 취득한 귀화자들이 등장한 것은 1958년이었다. 1966년에 이르게 되면 그 수가 전체의 80% 이상을 차지하게 된다. 그러나 북중관계가 악화되면서 그들 대부분은 다시 중국국적을 회복했다. 이에 대한 상세한 내용은 졸고, 「朝鮮戰争後における朝鮮華僑の現地化について―1958年前後における華僑聯合会と朝鮮華僑の国籍問題を中心に」, 『華僑華人研究』 第7號, 日本華僑華人学会, 2010, 7-29쪽 참조.

1. 북한 화교커뮤니티의 개요와 직업

근대 조선화교의 탄생은 1882년 10월 청국과 조선 간에 체결된 〈조청상민수륙무역장정〉15)을 그 기점으로 한다. 1882년 7월 조선에서 일어난 군란(임오군란)을 진압한 청국군대가 일시적으로 한성에 주둔하게 되었는데, 그때 상하이에 거점을 둔 광동인(廣東人)들이 한성과 인천 일대에서 상업 활동을 활발히 전개하기 시작했다.16) 또한 지리적으로 가까운 산동반도(山東半島) 및 랴오동반도(遼東半島)와 조선의 서해안을 왕래하는 해로를 이용해 한반도로 이주한 많은 산동인들이 점차 조선에서 세력권을 확보해나가고 있었다. 20세기 들어서는 압록강 일대에 거주하는 중국인들이 조선으로 건너가는 경우도 점차 증가했다. 1920년대 산동지역은 전화(戰火)가 끊이지 않았고 잇단 천재까지 겹치는 바람에, 다수의 산동인들이 활로를 찾아 동북지역으로 이주했는데, 그 일부가 육로와 수로를 통해 조선으로 들어오게 된 것이다.17)

한편, 일본은 19세기 말 청일전쟁과 20세기 벽두의 러일전쟁을 승리로 이끌더니, 급기야는 1910년 8월 조선을 '합병'했다. 나아가 1920년경부터는 조선화교상인이 장악하고 있던 직물·잡화류에 대해 높은 관세를 매기는 정책을 실시해, 사실상 화교들의 상권을 빼앗아갔다. 반면

---

15) 〈朝淸商民水陸貿易章程〉에 관한 분석은, 權赫秀, 『近代中韓關係史料選編』, 世界知識出版社, 2008, 3-8쪽 참조.
16) 조선의 광동상인의 활동에 관해서는, 강진아, 『동순태호: 동아시아 화교자본과 근대 조선』, 경북대학교출판부, 2011. 참조.
17) 산동지역 인구이동의 원인인 '밀고 당기기(push&pull)'에 대한 분석은, 松田利彦, 「近代朝鮮における山東出身華僑: 植民地における朝鮮總督府の對華僑政策と朝鮮人の華僑への反應を中心に」, 千田稔·宇野隆夫 共編, 『東アジアと半島空間: 山東半島と遼東半島』, 思文閣出版社, 2003 참조.

에 조선에서의 사회기반시설에 대한 정비가 필요했던 일본으로서는 그 어느 때보다도 노동력에 대한 필요성이 절실했는데, 결과적으로 이 수요를 충족시킨 것이 바로 화교노동자였다. 더욱이 일본은 조선인의 중국 동북지역 이주와 육로로 이어진 중국과 조선 간의 관계 등을 고려해, 조선으로 건너오는 화교 노동자나 농민에 대해 일본 내지에서 실시한 것과 같은 엄격한 입국금지정책 따위는 적용하지 않았다.[18] 이로 인해 식민지시기 조선화교의 인구는 단속적으로 일진일퇴를 반복하기는 했지만 전체적으로 보면, 꾸준한 증가추세를 보였다고 할 수 있다. 그들의 직업분포는 |표1|과 같다.

|표1| 식민지시기 조선의 화교 인구와 직업

(단위: 명)

연도	농업	공업	상업	기타	합계
1906	641(18%)	611(17%)	1,468(40%)	941(25%)	3,661(100%)
1916	2,658(16%)	2,427(14%)	8,770(52%)	3,049(18%)	16,904(100%)
1926	8,817(19%)	5,460(12%)	24,119(52%)	8,145(17%)	46,541(100%)
1936	13,407(21%)	10,942(17%)	29,347(45%)	11,577(17%)	65,273(100%)
1942	21,532(26%)	18,259(22%)	27,991(34%)	15,385(18%)	83,167(100%)

출처: 朝鮮總督府 編, 『朝鮮總督府統計年報』(各年號), 梁必承・李正熙, 『韓国, 没有中國城的國家─21世紀型中國城的出現背景』, 清華大學出版社, 2006, 26쪽 등을 참고해 작성.

(주1) 이 표의 통계에는, 1926년의 2%, 1936년의 2%, 1942년의 0.6%의 화교 이외의 외국인이 포함되어 있다.

---

18) 조선총독부는 1930년경부터 중국인노동자의 조선입국을 엄격히 제한하는 정책을 실시했다. 일례로, 1934년 9월부터는 소지금 100엔과 취업처가 확실한 중국인노동자에 한해 입국을 허가하는 등 더욱 엄격하고 까다로운 입국조건을 제시했다. 이 정책은 1923년부터 일본(내지)에서 실시된 것과 거의 동일한 것이다. 그러나 중국인노동자에 대한 통제와 단속은 내지와 조선 간에 다소간의 온도차가 존재했다. 安井三吉, 위의 책(2005), 246-247쪽.

조선에서는 20세기 초부터 화교상인 외에도 화교노동자 및 화교농민
의 비율이 꾸준히 15%에서 20%를 차지하고 있었다. 1930년대부터는
상인의 비율이 지속적으로 감소하고 노동자, 농민의 비율은 상대적으
로 증가하는 추세를 보였다. 특히, 화농이나 화공은 한반도 북쪽에 주
로 집중되어 있었다. 왜냐하면, 이 지역에는 야채재배가 가능한 산간지
역 등의 유휴농지가 비교적 많았고, 대형 플랜트 건설이 밀집되어 있었
기 때문이다. 화교인구가 가장 많았던 1942년을 예로 들면, 조선의 외
국인 총인구 83,167명(화교 82,661명) 중에 84.2%인 70,016명이 한반도 북

|그림1| 해방이후 북한화교의 인구 추이

(명/년)

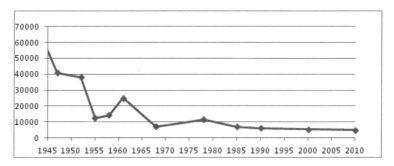

출처 : 1944년은, 「北韓(三十八度以北)華僑槪況」, 『韓國僑務案(1946.11~1948.6)』;
   1947년은, 國史編纂委員會 編, 『北韓關係史料集·第9卷』, 國史編纂委員會, 1990,
   436쪽. ; 1952년과 1955년은, 華僑問題硏究會 編, 『華僑人口參考資料』, (출판사
   미상), 1956, 182~183쪽. ; 1958년은, 楊昭全·孫玉梅, 『朝鮮華僑史』, 304쪽. ;
   1961년~1984년은, 曲曉範·劉樹眞, 「當代朝鮮華僑的歸國定居及其安置史略」, 『華
   僑華人歷史硏究』第4期, 中國華僑華人歷史硏究所, 2000, 48-49쪽. ; 1990년~
   2010년은, 기타 여러 자료와 북한화교 인터뷰를 통해 종합적으로 비교 판단해 정
   리한 것이다.
(주1) 1944년부터 1958년까지 화교인구 외에는 대략의 추정인구임을 밝혀둔다.
(주2) 1945년의 화교인구는 불명확해, 부득이 1944년의 인구 61,668명을 기준으로 했음
   을 밝혀둔다.

부19)에 거주하고 있었고, 직종별로는 화공과 화농의 90% 이상이 이 지역에 집중되는 양상을 보이고 있다.

해방이후, 북한(38선 이북, 이하 동일) 화교커뮤니티는 다양한 외적요인의 영향으로 총 다섯 차례에 걸친 집단귀국이 이루어졌다. 그 결과, 화교인구는 처음의 6만여 명에서 지금의 5천명 규모로 급감했다.(|그림1| 참조)

그러나 애석하게도, 화교인구의 전체구도를 파악할 수 있는 통계자료 중에 현재 필자가 입수한 것은 1958년까지의 자료뿐이다. 따라서 지금까지 확보한 자료를 중심으로, 필자가 도별·직업별로 정리한 통계가 바로 |표2|과 |표3|이다.

|표2| 해방이후, 북한화교의 인구 추이와 분포

(1944년~1958년)

	1944	1947	1952	1955	1958
평 양	9,552	7,657	3,126	1,785	2,449
평안남도			3,353	2,659	1,172
평안북도	33,021	20,093	14,933	1,045	2,867
자 강 도			4,073	1,486	1,644
황해남도	9,285	3,546	2,948	335	433
황해북도				241	303
강 원 도		1,344	764	412	496
함경남도		2,753	2,980	498	501
함경북도	9,810	5,470	5,877	3,413	3,838
양 강 도				659	642
총 인 구	61,668	40,863	38,054	12,533	14,345

출처: 졸고, 「朝鮮半島北部地域の華僑社会に関する社会経済的分析」, 兵庫県立大学博士学位請求論文, 2010, 89쪽.

---

19) 황해도, 평안남도, 평안북도, 강원도, 함경남도, 함경북도를 가리킨다.

우선, 해방직후 화교귀국자가 많았던 지역은 조선 서북부에 위치한 평안북도와 동북부의 함경북도였다. 이를 자세히 들여다보면, 조선에서 강제노역에 동원된 화교노동자나 혼란기에 직장을 잃고 일용잡부로 전전하던 노동자 등 약 2만 명이 대거 귀국한 것으로 나타난다. 그러나 공교롭게도 이 시기는 중국 내에서도 내전이 한창이던 때였다. 특히, 그중에서도 동북지역은 전쟁의 참화가 가장 극심했던 곳이었다. 이러한 상황은 해방직후 조선화교의 귀국의욕을 상당히 저하시켰던 것으로 보인다. 4만 명 이상의 화교들이 그대로 북한에 남아 있던 것이 이를 방증한다.

1950년 6월 한국전쟁이 발발했다. 그러나 1952년 2월 기준으로 볼 때, 북한화교의 인구변동은 38선 일대(강원도, 황해도) 및 북한 서부지역(평안남도, 평안북도)의 인구수가 조금 감소했을 뿐, 큰 영향은 없었던 것으로 보인다. 반면, 전황이 교착상태에 빠지게 되면서 귀국을 희망하는 화교의 목소리가 점차 높아져갔다. 결국, 1952년 말부터 1953년 초에 걸쳐, 약 25,000명이 귀국을 선택하게 되면서[20] 1953년 말 현재 화교인구는 11,839명으로 격감했다.[21] 이후, 북한의 정세가 점차 안정화되면서 귀국화교의 일부가 다시 북한으로 돌아오는 일도 있었고 인구의 자연증가도 있어서 1958년에는 14,345명을 기록하게 되었다. 1958년 화교의 분포를 보게 되면, 중국과 국경을 마주한 평안북도를 비롯해 함경북도, 자강도, 양강도 그리고 수도인 평양 일대를 포함한 평안남도가 상대적으로 많았다.

---

20) 한국전쟁 중 북한화교의 귀국에 관해서는, 曲曉範・劉樹眞, 위의 책(2000)과 졸고, 「關于朝鮮戰爭期間朝鮮華僑的歸國問題」, 袁丁 主編, 『近代以來亞洲移民與海洋社會』, 廣東人民出版社, 2014, 216-225쪽 참조.
21) 曲曉範・劉樹眞, 위의 책(2000), 47쪽.

북한화교의 직업별 분포는 |표3|에서 보이는 바와 같이, 농업종사자
가 1948년 45%에서 1958년 76.3%로 상승하고 있다. 한편, 화상의 경우
에는 1952년까지만 해도 음식점 등을 경영하는 화교가 20% 가량 되었
지만, 그중의 상당수가 한국전쟁 막바지에 귀국했고 더군다나 1954년
부터 추진된 북한의 집단화정책으로 인해 그 수는 훨씬 더 급감했다.
이는 수공업자의 경우에도 마찬가지였다.

|표3| 북한화교의 직업별 비율의 변화(1948년~1958년)

(%)

	1948	1952	1955	1957	1958
농업	45	58.7	72.6	74.0	76.3
상인	18	21	12.6	11.3	6.6
노동자		9	8.4	5.6	11.8
수공업자	21	—	2.0	3.1	0
교원·직원		—	2.9	4.0	4.1
무직	16	11.3	1.4	1.8	1.3
총세대수(戶)	—	9,499	3,538	3,739	3,788

출처: 졸고, 「朝鮮半島北部地域の華僑社会に関する社会経済的分析」, 兵庫県立大学博
士学位請求論文, 2010, 138쪽.

2003년의 경우를 예로 들어 오늘날 북한화교의 지역별 분포를 보게
되면, 평양, 신의주, 강계, 청진 등 북한의 대도시나 중국과의 접경지대
에 주로 밀집되어 있는 것을 알 수 있다.

|그림2| 북한화교 분포도(2003년)

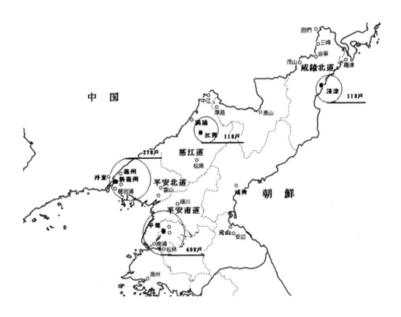

出처 : 慕德政,「朝鮮華僑敎育的現狀」,『延邊大學學報・社會科學版』, 第36卷 第2期,
2003.6, 27쪽을 참고해 작성.

다음 장에서는 해방직후부터 1960년대 초까지, 북한 화교커뮤니티의
농업・공업・상업별 직업변화에 관해 논의해보기로 하겠다.

2. 두 번의 혼란기(1945~1953)

1945년 8월 15일 일본의 패전은 한반도 통치권의 일시적 공백을 가
져왔다. 결국, 한반도 북부에서는 소련에 의한 '신탁통치'가 개시되었
고, 같은 해 10월 8일부터 10일에 걸쳐 북한5도(道)대회가 소련의 지원

하에 개최되었다. 이 대회는 북한지역에 한정된 정권창출의 토대가 되었다.[22] 그로부터 사흘이 지난 13일, 조선공산당 북조선 분국이 창설되었고, 제1서기로 국내파인 김용범이 선출되었다. 그러나 12월 제3차 확대집행위원회(12월 17일~18일)에서는 김일성이 책임비서(제1서기)로 취임했다.[23] 김일성은 또 1946년 2월 9일 발표된 북조선임시인민위원회 간부 구성에서 위원장으로 선출되었다.[24] 임시인민위원회가 설립되고 가장 먼저 착수한 사업이 바로 북한의 토지개혁이었다.

1946년 3월 8일 북한에서는 현지인 및 외국인 지주가 소유한 토지를 몰수해 소규모 자작농과 소작농에게 분배하는 토지개혁이 단행되었다. 북한에는 해방이전부터 다수의 화교농민들이 존재했고, 그 대다수는 소작농이었다. 그들이 경작하는 토지와 관련된 규정은 당시 〈토지개혁 법령에 관한 세칙〉(이하 〈세칙〉)에서 엿볼 수 있다.

이 〈세칙〉은 1946년 3월 8일에 공포되었다. 동 세칙 제2장 제8조에는 다음과 같이 규정되어 있었다. "외국인이 소유한 토지에 대해서도 조선인 토지소유자에게 실시한 것과 같은 토지법령이 그대로 적용된다." 또 제2장 제10조에는 "조선국적자가 아니면서 주로 도시 인근에서 채원(菜園)을 경영하는 외국인이 경작하고 있는 토지를 몰수해 인민위원회 재원으로 환수한다. 단, 인민위원회는 계약에 의거해 경작권을 원 소작인에게 이양하는 것을 허가한다."라고 되어 있었다.[25]

---

22) 和田春樹, 「ソ連の朝鮮政策: 1945年8~10月」, 『社會科學硏究』, 第33卷 第4號, 東京大學社會科學硏究所紀要, 1981, 135-136쪽.

23) 金學俊 著·李英 譯, 『北朝鮮50年史: '金日成王朝の夢と現實』, 朝日新聞社, 1997, 102쪽, 110쪽. 초대 책임서기 김용범은 건강상의 이유로 자리에서 물러났다.

24) 和田春樹, 「ソ連の朝鮮政策: 1945年11月~1946年3月」, 『社會科學硏究』, 第33卷 第6號, 東京大學社會科學硏究所紀要, 1982, 90-92쪽. 북조선임시인민위원회는 1946년 2월 7일부터 8일 사이에 결성되었다.

이 제2장 제10조의 '도시 인근에서 채원을 경영하는 외국인'이란 다름 아닌 화교농민을 가리킨다. 다시 말해, 그때까지 화교가 경작하고 있던 토지는 모두 정부가 관리하되, 화농의 경작권만큼은 인정하겠다는 것이다. 어쨌든 야채재배는 계속 해나갈 수 있었다. 실제로 당시 일부 화교들이 소유하고 있던 토지는 몰수되었을 것으로 보이지만[26], 이를 입증할만한 사료나 증언은 그 어디에서도 발견되지 않고 있다.

해방직후 화교의 농지경영에는 주로 전대(轉貸), 자작, 일당제 고용이라고 하는 세 가지 형태가 있었다. 이러한 방식은 1947년 초까지 지속되었다.[27]

1947년 봄 중공중앙동북국주북조선판사처(中共中央東北局駐北朝鮮辦事處)와 화교연합회(華僑聯合會)[28]의 지원 하에, 북한화교에 대한 토지분배가 시행되었다. 주북조선판사처의 책임자였던 주리즈(朱理治)는 1947년 6월 27일의 보고서에, 신의주, 평양, 진남포 3개 지역의 토지분배에 협력했다고 기술하고 있다.[29] 즉, 화교에 대한 토지분배는 이 3개 지역을 시

---

25) 鄭慶謨・崔達坤 編, 『北韓法令集・第2卷』, 大陸硏究所, 1990, 277쪽.
26) 일본이 조선을 병합한 1910년대 이후에는 화교들이 새로운 토지를 소유하는 것은 제한되었지만, 기존에 확보한 토지의 소유권은 원칙적으로 인정되었다. 식민지시기 조선화교의 토지소유에 관해서는, 1920년의 조사보고서가 남아있다. 「外國人土地法關係(4) 1920年6月調」, 래퍼런스코드(C08021704600), アジア歷史資料センター: http://www.jacar.go.jp/ ; 또한, 해방직후 동란기에 일본인지주로부터 빌린 땅을 그대로 구입한 화교들도 있었다. 王永貴, 「朝鮮記憶(三): 記旅居朝鮮華僑的崢嶸歲月」, 遼寧省外事僑務辦公室・遼寧省人民政府僑務辦公室, 『僑園』, 2013. 8, 60쪽.
27) 楊昭全・孫玉梅, 위의 책(1991), 304-305쪽.
28) 해방직후 북한의 중공중앙동북국주북조선판사처 및 조선화교연합회 설립에 관해서는, 졸고, 「第二次世界大戰後朝鮮における華僑管理機構の成立」, 『星陵臺論集』, 第43卷 第3號, 兵庫縣立大學大學院都市キャンパス硏究會, 2011.1, 239-255쪽 참조.
29) 張文傑 等 編, 『記念朱理治文集』, 河南人民出版社, 1993, 294쪽.

동남아화교와 동북아화교 마주보기

작으로 전국으로 확대된 것으로 보인다. 그 결과, 화교 6,260호에 970만평의 농지와 소 549두가 분양되었다.[30] 전 주조선청진영사관 총영사 왕용꾸이(王永貴)[31]에 따르면, 토지는 기본적으로 농사를 짓겠다고 신청한 화교들에게 무상으로 분배되었기 때문에 행상이나 소매업에 종사하던 일부 화상들 중에는 농업으로 전직하는 일도 있었고, 야채판매를 전문으로 하는 점포까지 등장했다고 한다.[32]

북한에서는 1947년 2월 27일 〈세금제도개혁에 관한 결정서〉가 공포되었다. 그 제1조(농업현물세)에는 "농민은 농업수확물의 25%를 북조선인민위원회의 농업현물세에 관한 제28호 결정서에 의거해 납부한다."라고 되어 있다.[33] 화교농민에 대한 징세에도 이 25%의 현물세가 그대로 적용되었다. 일례로, 청진귀국화교 유(劉) A씨[34]의 경우에는 해방 후에도 청진의 네 곳에 총 7천 평 가량의 토지를 가지고 있었고, 주로 야채재배를 하고 있었는데, 당시에도 지세로 산출량의 25%를 현물 납부했다고 했다. 또 유씨의 회고에 따르면, 평소에는 일가족 10명이 7천 평의 토지를 경작했지만, 농번기 때에는 일당제로 사람을 고용하기도 했다는 것이다.[35] 또 회령귀국화교 전(田)씨의 경우에도, 해방직후에는 해방이전과 마찬가지로 숙부가 빌린 토지를 일가족이 함께 경작한 바 있

30) 楊昭全·孫玉梅, 위의 책(1991), 305쪽.
31) 왕용꾸이(王永貴)는 2003년 6월부터 2005년까지 주청진중국영사관 총영사를 역임했다. 中華人民共和國外交部政策研究司 編, 『中國外交: 2005年版』, 世界知識出版社, 2005, 440쪽과 청진화교 송(宋)씨 전화인터뷰조사.
32) 王永貴, 「朝鮮記憶(三): 記旅居朝鮮華僑的崢嶸歲月」, 遼寧省外事僑務辦公室·遼寧省人民政府僑務辦公室, 『僑園』, 2013.8, 60쪽.
33) 鄭慶謨·崔達坤 編, 위의 책(1990), 99쪽.
34) 북한화교의 성명은 한국어 발음으로 표기한다.(옮긴이)
35) 청진에서 귀국한 화교 유(劉)A씨에 대한 방문조사(방문지는 롱징龍井, 조사일시는 2008년 8월)

다고 회고했다.[36] 한편, 평양귀국화교 왕(王)씨는 원래 와공(瓦工)이었는데, 해방직후 토지를 분배받아 야채를 재배했다고 한다.[37] 화교에게 분배된 토지는 주로 그들이 해방이전부터 경작하고 있던 차지(借地)가 그 대상이었으며, 토지를 갖지 못한 자에게는 인민위원회로부터 새로운 토지가 분배되었다.

해방직후 북한에서는 토지몰수 등 자산계급에 대한 탄압이 이루어졌는데, 그로 인해 일부 화상들도 피해를 입었다.[38] 또 북한 화교커뮤니티 내부에서는, "화교 젊은이들이 전부 강제로 징용되어 중국동북지방 전장에서 죽었다." "공산당은 공동으로 생산하는 것뿐만 아니라 마누라마저 공유한다." 등의 허무맹랑한 유언비어가 확산되고 있었다. 이 때문에 잡화점이나 직물업 혹은 대형음식점 등을 경영하는 돈 있는 화교들 중에는 서울로 남하하는 자도 꽤 많았다. 해주에서는 화성원(華盛園), 홍발원(鴻發園), 봉래각(蓬萊閣) 등의 음식점이 남한으로 점포를 옮겼고, 거상 손학령(孫鶴齡, 福盛長 사장)도 1946년 초 한국으로 이주했다. 풍성원

---

36) 회령에서 귀국한 화교 전(田)씨에 대한 방문조사(방문지는 옌지延吉, 조사일시는 2008년 8월)

37) 평양에서 귀국한 화교 왕세복(王世福)의 회고는 林明江 編, 『報效祖國獻靑春: 吉林歸僑口述錄』, 中國華僑出版社, 2011, 282쪽 참조.

38) 중국 국민정부 주한국대표였던 류위완(劉馭萬)은 1947년 6월 14일 외교부에 다음과 같이 보고한 바 있다. "조선북부 교민대표가 방문해 조선북부에 있는 우리나라 교민이 억압을 받고 있으며, 생활불능에 빠져있다고 호소하면서, 하루속히 자신들을 보호해달라는 요청이 있었다."「韓國僑務案」, 臺灣國史館檔案, 문서관리번호 05000-0670-4460. ; 실제로 평양에서 음식점을 경영하고 있던 화교 거상 우정해(于定海)가 1946년 3년간의 실형을 선고받고 1950년까지 복역했다. 왕언메이 저, 송승석 역, 『동아시아현대사속의 한국화교: 냉전체제와 조국의식』, 學古房, 2013, 212-213쪽. ; 또한, 1947년에는 평양에서 40리 정도 떨어진 대동군 장산탄광에서 40명의 북한사람과 30명의 화교가 탄광노동자로 일하고 있었는데, 그들 대다수는 혼란기에 박해를 받았다고 한다. 진유광 저, 이용재 역, 『중국인 디아스포라: 한국화교 이야기』, 한국학술정보, 2012, 244쪽.

(豊盛園)과 동항무(東恒茂) 같은 경우에는 아예 중국으로 돌아갔다고 한다. 이러한 월남(越南) 열풍은 동북부 지역인 청진이라고 예외일 수 없었다. 청진의 화교유지였던 이영춘(李迎春, 東亞樓 사장)이 한국으로 남하한 것이 그 예이다.[39] 당시에는 화교들의 월남을 도와주는 안내인까지 있었다고 한다.[40]

같은 시기 북한에서는 식료품 부족이 큰 사회문제가 되고 있었다. 특히, 함경도와 평안남도 일대에서는 식료품 부족이 극에 달해 자칫 위기 상황으로 치달을 수도 있는 지경이었다.[41] 이에 조선임시인민위원회는 1946년 2월 27일 그 타개책의 하나로 〈식료대책에 관한 결정서〉를 하달했다. 그 제5조에는 이렇게 규정되어 있었다. "식료품으로 제공 가능한 곡물을 원료로 하는 떡, 조청, 과자 등의 제조를 금지한다. 또 모든 음식점은 최소한도로 억제하고, 그 신설을 금지한다."[42] 이는 결과적으로 화교요식업의 약화를 가져왔다. 그러나 그럼에도 불구하고 화교음식점의 경영상황은 그다지 나쁘지는 않았던 것으로 보인다. 북한귀국화교 진향란(陳香蘭)은 이렇게 회상했다. "해방직후, 아버지는 청진에서 여러 명의 화교들과 동업으로 음식점을 개업했어요. 그렇게 해서 번 돈으로 3층집을 샀지요. 그런데 한국전쟁 때 다 불타버린 거예요."[43] 이처럼

---

39) 慕德政,「旅朝華僑與朝鮮經濟」,『韓華學報』, 第2輯(韓華史料篇), 韓華學會, 2003, 308쪽.

40) 북한화교 이(李) 모(원문, 리가흠)씨는 1947년 봄 진남포에서 해주로 이주해 야채 행상을 하고 있었는데, 1948년 4월 송림시 화교 3명의 월경(越境)을 안내하고 그 대가로 3천원을 받았고, 또 같은 해 5월 상순에는 신천 화교 일가 5명의 월남을 도와주고 5천원을 받았다고 한다. 國史編纂委員會 編,『北韓關係史料集·第9卷』, 國史編纂委員會, 1990, 600-601쪽 참조.

41) 이 시기의 식량부족 현상은 북한에 주둔한 소련군의 곡물 징발이 한 원인이었다. 和田春樹 저, 남기정 역,『와다 하루키의 북한현대사』, 창비, 2014, 59-60쪽.

42) 鄭慶謨·崔達坤 編, 위의 책(1990), 2쪽.

43) 청진 출신의 귀국화교 진향란(陳香蘭)의 회고는, 林明江 編, 위의 책(2011), 20쪽

한국전쟁은 북한 화교커뮤니티의 축소를 가져왔다. 일반 손님들을 상대로 하는 음식점이 입은 타격은 특히나 컸다. 그러나 반면에 중국지원군을 '단골'로 하는 장사는 성업을 했다.

1950년 10월 하순 중국지원군이 한국전쟁에 참전하게 되면서, 대량의 인민폐(人民幣)가 북한 내에서 유통되기 시작했다. 지원군은 야채 등의 식료품을 조달할 때, 처음에는 군표를 사용했지만 나중에는 현금으로 지불했기 때문이다. 공급자 측에서 볼 때는 당연히 북한 돈을 선호했을 것이다. 그러나 지원군 입장에서는 중국 돈을 북한 돈으로 환전하는 게 여간 번거로운 일이 아니었다.[44] 조선에서의 야채재배는 해방이전부터 화농들이 상당한 비중을 차지하고 있었다. 게다가 이제는 같은 중국인으로 언어도 통하는 지원군에게 야채를 공급하게 되었으니 화농들에게는 이만큼 유리한 상황이 없었을 것이다. 결과적으로, 북한화교들은 지원군의 수중에 있는 인민폐를 끌어 담는 그릇 역할을 하게 되었다. 실제로 북한 주재 중국대사관의 전후 보고서에도 다음과 같이 기록되어 있다. "조선전쟁 기간 중에, 중국지원군이 조선에 주둔하고 있던 관계로 말미암아 화교의 수중에는 구(舊) 인민폐가 상당수 있었다."[45] 이에 대한 상세한 내용은 북한귀국화교들의 회상에서 그 일단을 엿볼

참조.

44) 木村光彦, 「1950~51年の北朝鮮経済資料」, 『青山國際政經論集』第57號, 2002.8, 239–243쪽. 이 자료는 당시 북한 주재 소련대사관 고문이었던 페리셴코(V. Pelishenko)가 「북한(DPRK)과 중화인민공화국 간의 통화·금융관계에 대한 보고」라는 주제로 작성한 것으로, 현재 러시아외무성공문서관(fond0102, opis7, delo53, papka30, listy145–54)에 소장되어 있다. 이 글에서 참고한 것은 기무라 미츠히코(木村光彦)의 일본어 번역본이다.

45) 「駐朝鮮使館領事部 1955年上半年總結報告」, 中國外交部檔案118–00568–02. 이 보고서에서 구인민폐(舊人民元)라고 한 것은 신중국이 1955년 3월 1일 발행한 신인민폐와 구분하기 위해서이다.

수 있다. 남포귀국화교 도가형(陶嘉珩)은 이렇게 말했다. "전쟁기간 중에 지원군은 종종 우리 집에 와서 밥을 먹고 가곤 했어요. 또 주변에 사는 화교농민들은 야채를 지원군 주둔지로 실어 날랐고요."[46] 또 원산귀국 화교 예진신(倪進臣)은 "아버지는 원래 농사를 지었는데, 전쟁 통에는 음식점을 했어요. 주로 지원군한테 밥을 대거나 잠자리를 제공하는 그런 일을 한 거죠. 1951년에는 가족 전부가 안변으로 소개(疎開)되는 일도 있었는데, 거기서도 아버지는 애채농사를 지었어요. 거기서 수확한 야채를 장기계약을 맺는 식으로 해서 지원군한테 공급한 거예요."[47]

한국전쟁이 끝난 후, 4만 명 규모였던 북한화교는 전쟁기간 중에 약 3만 명이 귀국한 탓에 1만 명 정도로 감소되었다. 이때부터 화교커뮤니티 내에서는 이러저러한 변화들이 생겨났다. 우선, 화교가 운영하던 주물공장, 상점, 음식점 등은 이미 불타 없어졌고, 농지도 더 이상 경작이 불가능할 정도로 황폐해졌다. 뿐만 아니라 대략 70%에 달하는 화교들이 귀국하는 바람에 북한 화교자본의 토대도 붕괴되다시피 했다. 더욱이 화교인구의 감소는 북한 내 화교의 거주공간이 직업중심에서 지역중심으로 바뀌게 되는 상황을 초래했다. 이를테면, 함경남도에서는 전쟁 중에 화교의 60%가 귀국했는데, 전쟁이 끝나면서 각지에 흩어져 있던 화교들이 한꺼번에 대도시 함흥으로 이주하는 사태가 빚어지게 된 것이다. 그 바람에 당시 함흥에는 화교가 경영하는 음식점이 대여섯 곳 있었는데, 일손이 모자라 그 지역에 사는 북한인 여성까지 고용해야 했을 정도였다고 한다.[48]

---

46) 남포에서 귀국한 화교 도가형의 회고는, 林明江 編, 위의 책(2011), 225쪽 참조.
47) 원산에서 귀국한 화교 예진신의 회고는, 林明江 編, 위의 책(2011), 206쪽 참조.
48) 王永貴, 위의 글(2013.8), 61쪽.

남북한화교의 삶과 화교정책

북한에 남은 화교 중에는 생활고에 시달리던 자들이 적지 않았다. 이에 북한정부는 전쟁 중에 토지를 잃어버린 화교 418 가구에 44.5만평의 토지를 새롭게 분배해주었다. 또 1954년 봄에는 화교농민들에게도 춘계경작이 순조롭게 진행되도록 대출을 해주거나 곡물을 담보로 가불을 해주었다.[49] 그 결과, 북한 화농의 인구비율이 전보다 증가했다.

3. 합작사(合作社) 시대(1954~1958)

북한의 농업합작사 전개와 화농(華農)

3년에 걸친 한국전쟁은 결국 1953년 7월 27일 휴전이라는 형태로 막을 내렸다. 이후, 북한에서는 생산기반 파괴와 농지 유실 그리고 노동력 부족 등으로 인한 생산력 저하가 계속되었고, 그에 따라 인민들의 생활도 갈수록 궁핍해졌다. 이에 북한정부는 신속한 전후복구를 전면에 내걸고 그 일환으로 각 산업에 대한 구조조정을 단행했다. 즉, 개인경영에서 집단경영으로의 전면개조를 시도했던 것이다.[50]

1953년 8월 조선노동당 제6차 중앙위원회에서, 정부는 1954년부터 농업의 집단화를 추진할 것을 결정했다. 이 방침은 국유화되지 않은 소규모 상공업자들에게도 적용되었다.

49) 楊昭全·孫玉梅, 위의 책(1991), 305쪽.
50) 外國文出版社, 『全國農業合作社大會文件彙編』, 朝鮮外國文出版社, 1959, 5-6쪽.

|표4| 북한의 각 산업에 대한 집단화 진척과정

(%)

연도	분류	농업	상업	공업
1949	공유	3.2	56.5	90.7
	사유	96.8	43.5	9.3
1953	공유	32.0	67.5	96.1
	사유	38.0	32.5	3.9
1956	공유	80.9	84.6	98.3
	사유	19.1	15.4	1.7
1957	공유	95.6	87.9	98.7
	사유	4.4	12.1	1.3
1958.6	공유	98.6	100	
	사유	1.4	0	
1958.10	공유	리(里)를 단위로 통합	100	
	사유	(농업협동조합화)	0	

출처: 李相禹 等 著, 『북한40년: 朝鮮民主主義人民共和国의 특성과 변천
   과정』, 乙酉文化社, 1989, 126쪽.

북한의 전면적인 합작사로의 전환은 1954년부터 본격화되어 1958년
에 완료되었다. 이 시기, 북한화교의 취업형태에도 상당한 변혁이 일어
났다.

|표5|는 북한화교의 직업상의 변화를 업종별로 구분해 정리한 것
이다. 이 가운데 '부양자'는 본래 공공기관이나 국유기업에 근무하는 자
의 가족을 가리켰다. 1955년 3월의 부양자 통계가 화교학교 교원이나
화교연합회 직원의 가족들만을 계상한 것도 이 때문이다. 그러나 이후
에는 수공업자나 노동자 나아가 상인의 부양자 수까지 계산에 넣고 있
다. 따라서 이 부양자 항목을 통해서도, 화교 상인 및 노동자의 집단화
진척과정을 엿볼 수가 있다. 가령, 1957년 11월의 부양자 통계를 보면,
수공업자와 노동자의 집단화가 진행되고 있다는 것을 알 수 있다. 다

221

만, 음식점과 잡화점 경영자, 행상 등의 경우에는 부양자 수가 0으로 표기된 것으로 보아 이들 대부분이 여전히 개인경영을 유지하고 있었던 것으로 보인다. 이는 화교상인이 공장 관련 화교에 비해 집단화가 지체되고 있다는 것을 시사한다. 이듬해인 1958년 현재, 상업에 종사하는 화교의 경우에는 전년도 426세대에서 249세대로 40%가 감소했고, 이때 부양자가족은 596명이었다. 이는 1957년 말부터 1958년에 걸쳐 상업의 집단화가 급속히 진행되었다는 것을 의미하며, 그 과정에서 많은 화교 경영자들이 농업이나 공장노동자로 전직했다는 것을 방증한다.

|표5| 북한의 집단화와 북한화교의 직업변화

(세대/명)

직업	1955.3			1957.11				1958		
	세대	인구	부양자	세대수		인구	부양자	세대	인구	부양자
농업	2,570	9,232	0	2,767		10,117	0	2,884	10,993	0
음식점	309	1,070	0	426		1,641	0	249	369	596
잡화상	91	395	0	(음식점 269)						
행상	46	153	0							
점원	28	68	0	13		13	16			
수공업	69	227	0	107		405	16	444	539	1,143
자유직	229	714	0	90		110	109			
기업노동자	43	176	0	국유	104	155	807			
				민영	14	15	86			
교원	80	127	126	120		166	259	153	199	403
사무원	22	23	65	29		33	86			
무직	51	157	0	67		145	0	48	122	0
총계	3,538	12,533		3,723		14,051		3,778	14,351	

출처: 1955년은 華僑問題硏究會編, 위의 책(1956), 182-184쪽, 1957년은 「關于在朝鮮華僑情況資料」, 中國外交部檔案106-01130-03, 1958년은 楊昭全·孫玉梅, 위의 책(1991), 303쪽을 각각 참고해 작성.

화교의 업종을 농업, 공업, 상업 별로 구분해 검토하는 것은 제3절에서 다루기로 하고, 다음 절에서는 같은 시기 화교농민의 상황에 대해서만 논의를 진행해보기로 하겠다. 참고로, 화교농민들에게는 합작사 내에서 수확물의 총생산량에 따라 분배가 이루어졌다. 따라서 그들 가족에게는 부양자가 존재하지 않는다는 것을 미리 밝혀두는 바이다.

화교농민의 집단화

한국전쟁이 끝난 후, 북한의 농가세대는 1954년 104.6만호, 1956년 106.9만호, 1958년 105.5만호로 대략 100만호를 넘어서고 있다. 정부는 자작농에서 집단화로 이행되는 과정을 3단계로 나누어 진행할 방침이었다. 즉, ① 제1단계 : 협동으로 경작한다. ② 제2단계 : 조합의 공유재산으로 헌납된 토지의 규모와 노동의 총생산량에 따라 성과를 분배한다. ③ 토지 및 농기구 등의 생산수단을 통합해 노동의 양과 질에 따라 성과를 분배한다.[51] 북한정부는 화교농민에 대해서도 집단화의 첫걸음이라 할 수 있는 합작사의 설립과 가입을 촉구했다.

1955년 현재, 화교 농가는 약 2,500호로 북한의 전체 농업인구의 0.25%에 불과했다. 그러나 화농은 야채재배에 특화되어 있었기 때문에, 북한 전체 야채생산량에 미치는 영향은 실로 지대했다. 일례로, 1955년 화농이 재배한 야채 총량은 북한의 전 지역 주민에게 1인당 24kg을 공급할 수 있을 정도였다.[52]

이에 북한정부는 화교농민도 집단화 대상에 추가하고, 그들의 합작

---

51) 이상우·심호민 외, 『북한40년: 조선민주주의인민공화국의 특성과 변천과정』, 을유문화사, 1989, 122~123쪽.
52) 「關于在朝鮮華僑情況資料」, 中國外交部檔案106-01130-03.

사 전환을 특별 지원했다. 『전우(戰友)』(1956년 6월 30일자)에는 다음과 같은
내용이 실렸다. "(북한정부는) 화교농업생산합작사의 발전을 위해 1955년
봄, 식료품이 부족한 700호의 (화교)농민에게 49톤의 식량배급과 579만
원의 융자 외에도 말, 농약, 비료 등을 지원했다. …… 평양의 5개 화교
농업생산합작사는 1956년 봄, 지방정부로부터 65,000평의 논과 25,000
평의 밭을 제공받았다. 또한 일부 (화교)농업합작사에는 조선인 농민도
가입했다." 이를 통해, 세 가지 점을 지적해볼 수 있을 것이다. 첫째,
합작사제도의 도입단계라고 할 수 있는 1955년 봄부터 이미 북한정부
는 화교합작사에 대해 대대적인 지원을 시행했다.[53] 둘째, 지역별로는

|표6| 화교농업생산합작사의 규모와 연간수입

	합작사 수	사원 수(호)	합작사 비율	호별 연간수입
1955	9개 (평양 4개 이상)	—	—	17.8만원 (8개사 평균)
1956.6	49개	841호	29.7% (평양 50%)	15.3만원 (48개사 평균)
1957.2	93개	—	61%	14.9만원 (78개사 평균)
1957.11	103개	2,145호 (화교 총세대수 3,739호)	77.4%	—
1958.10	114개	2,691호 (화교 총 세대수 3,778호)	93.3%	—

출처: 「關于在朝鮮華僑情況資料」, 中國外交部檔案106-01130-03, 『戰友』, 1956.6.30, 1957.4.13.

---

53) 북한정부가 1955년부터 1957년 사이에 화교합작사에 융자한 금액은 약 3천만 원
에 달했고, 식량제공도 이루어졌다. 「關于在朝鮮華僑情況資料, 中國外交部檔案
106-01130-03.

평양, 계층별로는 화교빈곤층이 이에 대해 지지했다. 셋째, 화교합작사에 조선인 농민도 가입했다고 하는 사실이다. 화농의 경작방식이 자작(自作)에서 공작(共作)으로 바뀌는 상황에 대해서는 |표6|에서 확인할 수 있다.

1955년 현재 존재한 화교농업합작사는[54] 총 9개였다. 이 중에서 소재지를 확인할 수 있는 4개는 평양에 집중되어 있었다. 또한 이듬해 6월 현재 화교농민의 합작사 전환 비율은 841호인 29.7%였다. 이를 다시 평양만으로 한정해보면, 50%에 달한다. 화농의 합작사 가입률은 이후에도 계속 높아져 1957년 2월에는 61%, 1957년 11월에는 77.4%에 달했다. 북한정부가 합작사에서 협동조합으로의 공유제 강화를 선언한 1958년 10월에는 화농의 집단화가 거의 완료되었다.

그럼, 북한정부의 화농에 대한 현지화정책을 중국정부는 어떻게 바라보고 있었을까? 이에 대해 일부 설명해 줄 수 있는 자료로 당시 북한 주재 중국대사관이 중국정부에 제출한 보고서가 있다. 그 내용은 다음과 같다.[55]

〈1955년, 농업합작사 조직에 관한 원칙〉
① 화교농민이 조선농민과 협동으로 합작사를 설립하는 것을 인정한다.
② 화교 집중거주지역의 경우, 협동설립의 조건이 불충분한 곳에서는 화교합작사를 설립하고, 북한농민의 합작사 가입을 환영한다.[56]
③ 분산되어 거주하는 화교농민의 경우, 가능한 한 해당지역의 조선농업사에 가입하도록 독려한다.

---

54) 화교농업생산합작사의 규모는 20호에서 30호를 하나의 단위로 했다.
55) 주)52와 동일.
56) 1956년 2월, 평양시 동구 화교농민 28세대와 북한농민 3세대가 공동으로 「동방홍농업생산합작사(東方紅農業生産合作社)」을 시작했다.(『전우』, 1956.3.3.)

다시 말해, 중국정부는 북한정부의 화교포섭정책을 인정하고 이에 적극 협조하는 방향으로 방침을 정했던 것이다.57) 구체적으로는 화교연합회가 그에 대한 선전활동을 담당했다. 『전우』(1956년 6월 30일자)에는 이런 내용이 보도되었다. "양자청(梁子淸)은 지난해 가을 홍광(紅光)농업생산합작사에 가입해, 579평의 토지에서 25.5톤의 야채를 수확했다. 반면, 자영농을 유지하고 있던 인근의 진옥삼(秦玉森)은 800평에서 7.6톤의 야채를 수확하는데 그쳤다. …… 송가락(宋家落)의 경우에는, 합작사 가입 이전에는 연평균 야채수확량이 1,200평에 10톤이었지만, 합작사에 가입한 지난해에는 수확량이 27톤에 달했다."

합작사에 가입할 때에는, 농가별로 소유한 토지는 대가없이 그대로 합작사 공유재산으로 환수되었지만, 소와 농기구에 대해서는 대금이 지불되었다. 또 일단 가입한 후에는 '노동점수'에 따라 수입이 계산되었다고 한다.58) 그들의 수입을 보면, 1955년에는 8개사의 연평균수입이 호당 168,080원호이었고, 1956년에는 48개사 연평균수입이 호당 153,480원이었다.(|표6| 참조)

---

57) 그 배경으로는, ① 당시 중국에서도 사회주의 집단화정책이 실시되고 있었고, 북한의 농업 집단화정책이 구소련의 일괄개조방식이 아니라 중국의 단계적 집단화(3단계)와 유사했다는 점.(J. K. Fairbank 編, 謝亮生 等 驛, 『劍橋中華人民共和國史·上卷』, 中國社會科學出版社, 2007, 82-117쪽.) ② 중국은 〈평화 5개 원칙(平和五原則)〉에 따라 대외적으로 융화정책을 취하고 있었고, 동남아에서는 화교의 현지화를 이미 인정하고 있었다는 점. (程希, 『僑務與外交關係研究: 中國放棄 '雙重國籍'的回顧與反思』, 中國華僑出版社, 2005.) ③ 중국정부는 동북지역에 거주하는 조선족에 대한 현지화를 추진했다는 점.(孫春日, 『中國朝鮮族移民史』, 中華書局, 2009, 716-733쪽.) 등을 들 수 있다.

58) 청진 출신의 귀국화교 유(劉)A씨에 대한 방문조사(방문지는 룽징, 조사일시는 2008년 8월)

합작사의 호당 연평균수입은 집단화가 진행됨에 따라 줄어든 것처럼 보인다. 1956년의 총 49개 합작사의 연평균수입은 호당 151,303원이었다. 반면, 1957년 11월 현재, 합작사 수는 103개였지만 연평균수입을 계산할 때에는 78개사 밖에 포함시키지 않았는데도 오히려 그 수입은 호당 149,647원으로, 15만원이 채 되지 않았던 것이다. 한편, 합작사 설립 초기단계부터 적립금 제도가 실시되었다. 적립금 총액은 1955년 8개사 /2,678,232원, 1956년 38개사/8,169,000원, 1957년 77개사/25,176,074원 이었다. 이러한 적립금제도는 훗날 북한의 협동농장에서 확산된 잉여 금저축제도의 전신이었다.

상업의 집단화

1955년 봄, 북한정부는 도시의 일반시장에서 식료품을 거래하는 것을 금지하고, 식료품의 통일배급제를 도입했다. 당시 화교들도 일반시민과 똑같이 1인당 300 g/일의 식료품을 배급받았다. 또한 이와 보조를 맞추는 형태로, 음식점과 제조업에 대한 개인경영의 폐지가 본격화되었다. 북한주재 중국대사관의 다음 두 보고서로부터 그 과정의 일단을 추적해볼 수 있다.

> ① 북한주재 중국대사관 1955년 7월 27일 보고[59]
> • 조선에서는 금년 봄부터 식료배급제를 도입함과 동시에 일반시장에서의 식료품 거래를 금지했다.
> • 조선에서는 3월부터 음식점의 개인경영을 금지했다. 화교음식점은 평양에만도 62개(250명)가 있는데, 조선정부는 그들의 직업에 대해서

---

59) 「駐朝鮮使館領事部1955年上半年總結報告」, 中國外交部檔案(118-00568-02).

는 어떠한 배려도 하지 않아 생활이 곤란에 빠졌다.

② 북한주재 중국대사관 1958년 1월 1일 보고[60]

• 1956년 조선에서는 부정부패 반대, 낭비 반대, 관료주의 반대라는 '삼반운동(三反運動)'이 전개되고 있다.

• 조선노동당의 지시에 따라 화교연합회는 화교음식점을 경영하는 228세대를 대상으로, 세금미납에 관한 전면적인 사상교육을 실시했다. 그 결과, 체납된 1,420만원의 세금에 대한 납부가 이루어졌다.

북한 내 곡물유통망 전체를 장악하게 된 정부는 1955년 3월부터는 음식점의 개인경영에 대한 단계적 폐지에 돌입했다. 그 결과, 북한화교가 경영하는 음식점도 영업정지에 내몰리게 되었다. 그러나 이로 인해 직장을 잃게 된 점원들의 재취업 문제도 있고, 음식점 경영자의 불만도 만만치 않아 순조롭게 정책집행이 이루어지지는 못했던 것으로 보인다. 이에 북한정부는 이듬해인 1956년부터 후속조치로 개인경영자에 대한 단속을 강화해나가기 시작했다. 구체적으로는, 세금징수에 보다 철저를 기했고 이른바 '반(反)낭비'운동에 근거해 음식점경영에 대한 각종 제한조치를 마련했다. 이러한 정책적 조치는 1955년의 정책과 마찬가지로 화교상인에게도 동일하게 적용되었다. 화교연합회도 조선노동당의 지시에 따라 이러한 조치의 시행에 적극 협력했다.

1957년 11월 3일 북한 내각부(內閣部)는 내각결정 제102호 〈식료판매를 국가의 유일한 체계에 따라 시행할 것에 대하여〉를 공포했다.[61] 여기에는 "농민이 판매하는 곡물의 수매와 주민에 대한 식료품 판매는 국가의 유일한 체계에 의해서만 실시"하며, "1957년 12월 1일부터는 곡물

---

60) 주)52와 동일.
61) 鄭慶謨·崔達坤 編, 위의 책(1990), 26쪽.

에 대한 일체의 개인적 상행위를 금지한다."고 명기되어 있다. 본래 1955년 봄부터 실시되어왔던 식료품에 대한 국가통일관리 제도는 초보적 단계의 방침이었기 때문에 농업의 집단화를 수행하는데 많은 문제점이 있었던 게 사실이다. 1957년 12월 1일부로 시행하게 된 식료품에 대한 상기 국가관리 제도는 이러한 제도적 미비점을 상당부분 보완해 농업의 집단화에 걸맞게 정비된 것이었다. 그러나 어쨌든 이러한 조치로 인해, 화교음식점 경영자의 식자재 조달은 상당한 어려움에 빠지게 되었다.

화교의 직업형태를 확인하기 위해, |표5|를 다시 보도록 하자. 1955년 3월 통계를 보면, 화교상인 446세대 중에 309세대가 음식점을 하고 있는 것으로 나오는데 사실, 이들 대부분은 호떡이나 만두 등을 파는 소형 음식점들이었다. 그 다음으로 많았던 것은 잡화상으로 91세대였고, 또 그 다음으로는 야채행상 46세대가 있었다. 한편, 국가에 의한 식료품 유통망의 단일체제가 정식으로 기능하기 직전인 1957년 11월 통계를 보면, 화교상인 426세대 중에 음식점 경영자는 13% 줄어든 269세대였다.

이 시기 화교음식점의 운영형태에 대해 『화신(華訊)』(1957년 4월 15일자)에서는, 1957년 4월 현재 평양시 동구의 화교상인 중에 83%가 음식업생산판매합작사에 가입되어 있었고, 중구에도 이와 유사한 형태의 음식생산판매공사가 설립되었으며, 지방의 경우에는 원산이나 청진에도 음식업생산판매합작사의 형태로 합작사 전환이 진행되고 있다고 보도한 바 있다.[62] 여기서 말하는 음식업생산판매합작사란 국영기업이 아니라 민간의 동업조합 성격을 띤 것이었다. 따라서 자립경영은 유지할

---

62) 『화신』, 1957.4.15.

남북한화교의 삶과 화교정책

수 있었다.

북한주재 중국영사관보고서(1957년 11월)에는 화교상인의 합작사 가입 상황에 관해 다음과 같이 기록되어 있다. "(총426세대? 중에) 129세대가 (화교)생산합작사 혹은 조선상공업합작사에 가입되어 있고, 그 외 69세대는 농업사(農業社)나 국영기업의 노동자로 전직했다. 또 나머지 221세대는 1958년 내에 사회주의개조를 완료할 예정이다."[63]

여기에는 합작사 추진이 개시된 날로부터 2년 반이 경과되었음에도 불구하고 화교내부의 합작사 전환비율은 여전히 50%를 밑돌고 있었는데 이마저도 1958년까지는 완료시키겠다는 화교연합회 혹은 중국대사관의 의지가 엿보인다. 이러한 화교연합회의 움직임과 북한정부의 식료품 통일관리 제도에 떠밀려, 화교음식점경영자는 어쩔 수 없이 집단화의 길로 들어서게 되었다.

1958년 후반, 합작사의 협동조합으로의 통합을 촉구하는 목소리가 높아지면서, 이미 존재하고 있던 화교음식업생산판매합작사나 기타 합작사들에 가입되어 있는 개인경영자들도 협동조합이란 형태로 북한의 국영상업망에 흡수되었다. 앞서 소개한 왕용구이의 말에 따르면, 처음엔 화교음식점도 자력으로 합작사를 조직했지만, 2년 후에는 해산하고 국영 음식점에서 요리사로 일하던지 아니면 노동자로 전직했다고 한다.[64] 또 청진귀국화교 진향란도, 친정이 하던 음식점이 더 이상 경영이 불가능해지는 바람에 아버지는 상업국 기계제작소에 목공으로 배속되었다고 했다.[65] 실제로 이 당시 상인에서 노동자나 농민으로 전직한

---

63) 주)52와 동일. 인용문의 화교상인을 합계하면 419세대가 되지만, 동 보고서에는 418세대로 기술되어 있다. 여기서는 원문을 우선했다.
64) 王永貴, 위의 글(2013.8), 61쪽.
65) 주)43과 동일.

자들이 꽤 많았다. 결국, 북한화교상인에 대한 집단화는 예정대로 1958
년 완료되었다.

집단화를 통한 사회개조라는 변혁기 속에서, 주물과 유리제품 등을
생산하고 있던 화교수공업자들도 처음에는 개인경영을 유지하고자 했
지만, 결국에는 합작사에 가입할 수밖에 없었다. 따라서 1957년 말 합
작사 가입률이 37.11%이던 것이 1958년 3월이 되면, 82.1%로 급증하
게 되고 급기야 그 해 연말에는 거의 모든 사람이 협동조합에 가입하
던지 전직을 선택했다.[66]

4. 현지화[67] 시대(1958~1965)

1958년 10월 북한에서는 기존의 '합작사'를 리(里)를 단위로 하는 '협
동조합'[68]으로 통합시키는 작업이 진행되었다.[69] 이에 따라 각지 화교
농업합작사도 해당 지역의 협동조합에 흡수되어 화교작업반이란 형태
로 야채를 재배해야 했다.[70] 즉, 총 114개였던 화교농업합작사는 128

---

66) 楊昭全·孫玉梅, 위의 책(1991), 308쪽.
67) 북한에선 1958년부터 화교에 대한 현지화정책이 추진되었다. 그 대표적인 것으로
는 북한국적의 취득과 조선어교육의 강화를 들 수 있다. 이 시기에 현지화 정책이
추진된 것은 한국전쟁에 참전한 중국지원군이 1958년까지 전원 귀국하게 된 것도
고려되었을 것이다. 북한화교의 귀화에 관해서는, 졸고, 「朝鮮戰争後における朝
鮮華僑の現地化について: 1958年前後における華僑聯合會と朝鮮華僑の國籍問題
を中心に」참조.
68) '협동조합'은 1962년에 '협동농장'으로 명칭이 바뀌었고, 이때부터는 지방정부의
군(郡)협동농장경영위원회가 지도했다. 이상우·심호민 외(1989), 124쪽.
69) 북한 전역에 있던 13,309개의 합작사는 1958년에 3,843개소로 정리되었다. 外國
文出版社, 위의 책(1959), 20-21쪽.
70) 王永貴, 위의 글(2013.8), 61쪽.

개의 조선인합작사에 통합되었고, 전(前) 화교합작사 사장은 협동조합의 부위원장(총81명)이나 위원(총152명)이 되었다.[71]

평안북도귀국화교인 유선문(劉善文)은 농업협동조합 상황에 대해 이렇게 회고하고 있다. "사회주의 개조 초기(1958년?), 아버지는 평안북도 쌍학리 영광협동조합에서 작업반장을 했어요. 영광협동조합은 주로 화교로 조직되어 있어서 야채재배가 전문이었지요. 작업반은 300무(畝, 1畝=667㎡)가 넘는 땅에 배추, 무, 호박, 토마토 같은 걸 재배했어요. …… 그런데 아버지는 1959년 조선노동당의 권유로 노동당에 입당했던 거죠."[72] 또 남포귀국화교 도가형은 "아버지(도신지陶新芝)는 1949년 전부터 남포화교연합회 부위원장을 했어요. …… 1957년 조선 각지에 화교합작사가 설립되면서, 아버지는 남포화교사(南浦華僑社) 부사장이 되었죠. 1960년쯤 화교합작사가 조선합작사로 합병되어 협동농장(협동조합)이 되었을 때부터 1967년 1월 귀국할 때까지는 농장관리위원(화교대표)을 맡아서 일했어요."라고 말했다.[73] 이로부터 각지 화교연합회 책임자가 화교농업합작사 간부를 겸임했고, 1958년 협동조합으로 통합되었을 때에는 화교 측 대표를 맡았다는 것을 알 수 있다.

|표7|에서도 확인할 수 있듯이, 기존의 화교합작사는 협동조합에 이른바 '화교반(華僑班)'으로 편입되었다. 또한, 요식업이나 제조업(소규모 주물공장, 유리공장, 제분소 등)도 1959년부터는 '합작사'에서 '협동조합'으로 명칭이 변경되었다.

---

71) 楊昭全·孫玉梅, 위의 책(1991), 306쪽.
72) 평안북도 출신의 귀국화교 류샨원(劉善文)의 「舊憶雜叙」는 王連祥·王殿虎 主編, 『遼寧文史資料精萃: 民族·華僑·社情』, 遼寧人民出版社, 1999, 374쪽.
73) 남포 출신 귀국화교 타오쟈형의 회고는, 林明江 編, 위의 책(2011), 229쪽 참조.

|표7| 각종 화교조합사 명칭 일람표

분류		지역	사명(社名)
농업	합작사	평양	동방홍농업사, 홍광농업사, 영광농업사
		의주	우의농업사
		청진	신화사농업사
		회령	회령군제1농업사
		함흥	함흥시신화농업사
		홍원	홍원군신흥농업사
		단천	단천화교농업사
		신포	조중농업사
		남포	영광농업사
	협동조합	평양	대성사화교반(1957.7.1 현재)
		신의주	신의주남하농업사화교소채작업반(1962.2.15 현재)
상업		평양	평양시동구음식업생산판매합작사, 평양중구화상음식업생산판매합작사
		원산	원산음식업생산판매합작사
		청진	청진음식업생산판매합작사
		신포	신포화교음식업협동조합
제조업		평양	평양시화교유리제품생산합작사(1956 현재) 이후, 「평양시화교유리제품협동조합」으로 개칭
		혜산	혜산시화교춘우생산협동조합
		강계	강계화교주물협동조합
		청진	청진주물협동조합

출처: 이 표는 선행연구 및 각종 간행물 자료 등에 등장하는 화교관련 조합명을 추출해 작성.

주1) : '농업사'의 올바른 명칭은 '농업생산합작사'이다.

북한 화교커뮤니티의 각종 협동조합으로의 편입은 단기간에 이루어졌다. 따라서 현장에서 이러저러한 문제가 발생하는 것은 어쩌면 당연한 일이었다. 용암포의 경우, 1958년에 지역 협동조합 내에 화교농민야채작업반이 설치되었는데, 화교농민들은 이를 중심으로 커뮤니티를 재편해야 했기 때문에, 북한 농민들과의 교류는 거의 없었다고 볼 수 있다. 특히, 당시 화교들 대부분은 조선어를 할 수 없었기 때문에 같은 직장에서 일을 하더라도 작업공정이 순조로울 리 없었다. 이처럼 화교와 북한사람들 간에는 언어라는 큰 장벽이 가로놓여 있었던 것이다.[74] 이에 북한에서는 그에 대한 대책으로, 1960년경부터 화교를 대상으로 한 조선어교육이 본격적으로 실시되었다. 특히, 여기에는 1959년 7월 김일성의 평양 대성사화교반 시찰이 결정적인 계기가 되었다. 북한주재 중국대사관 자료(1962년 8월 6일 작성)를 근거로, 그 사실관계를 정리하면 다음과 같다.[75]

산업별로 협동조합화가 완료되어 화교들도 조선인과 함께 직장에서 일을 하게 된 지금, 조선어 습득은 필수불가결한 것이 되었다. 화교들이 조선어를 몰라서는 노동당의 기술혁명과 문화혁명의 임무를 제대로 완성할 수 없다. 화교에 대한 조선어교육은 1956년부터 실시되었지만, 그 효과는 그다지 높은 편이 아니었다. 마침 1959년 7월 1일 김일성이 평양 대성사화교반을 몸소 시찰한 바 있다. 이로부터 화교의 정치, 경제, 문화생활 등 각 방면에서 극적인 변화가 나타나기 시작했고, 조선어를 중심으로 한 문화계몽운동이 한층 활발하게 전개되었다.

1960년대에 들어서면서 북한은 인간의 사상의식 개조가 노동생산성 향상과 직결된다는 인식 하에, 정치사상교육을 강화하기 시작했다. 이 감화운동(感化運動)의 대상에는 당연히 화교도 포함되었다. 그 최초의 관문이 되었던 것이 바로 화교학교[76]에서의 조선어교육이었다. 다만, 이와

---

74) 북한 출신의 귀국화교 유현일(劉賢一)의 회고는, http://bbs.dzwww.com/thread-24079042-1-1.html 참조.(2012.8.1 열람)

75) 「華聯會委員長在各級中國人學校校長會議上的講話摘要」, 中國外交部檔案118-01459-01.

관련된 논의는 이 글의 주제에서 벗어나는 것이라 생략하기로 하겠다.[77]

1958년 8월, 평양중국인고급중학교는 제1회 졸업생을 배출했다. 졸업생 중에 7명은 중국 동베이사범대학(東北師範大學)과 랴오닝사범대학(遼寧師範大學)에 진학했다. 그리고 제2회 졸업생부터는 북한의 각 대학에도 입학이 가능해졌다. 그 결과, 1966년까지 100명 가까운 화교졸업생들이 북한의 명문대학에 진학할 수 있게 되었다.[78] 또 청진, 신의주, 강계에 설립된 중국인초급중학교를 졸업한 학생들은 그 지역 전문학교에 응시하는 것이 가능해졌다. 북한정부는 고학력과 전문기술을 지닌 화교를 적재적소에 배치한다는 원칙하에, 공공기관이나 연구소, 국영기업 등에 젊은 화교인재들을 다수 고용했다. 이런 방식으로, 화교청년층의 지역사회와의 연계 및 현지화가 진행될 수 있었던 것이다.

---

76) 식민지시기 조선에는 화교가 많이 모여 사는 지역에 화교소학이 설립되었다. 중학교는 서울의 광화중학(光華中學)이 유일했다. 따라서 중학교 진학을 희망하는 조선북부지역 화교자녀들은 서울까지 유학을 가야했다. 이런 연유로, 해방이후 1947년 8월 평양에 평양화교중학이 신설되었던 것이다. 이후, 중국정부의 제안으로 북한정부는 1949년 4월 1일부터 각지 화교연합회에 의해 운영되고 있던 화교학교를 북한 교육성이 관할하도록 결정하고, 학교 명칭도 화교소학은 '중국인민학교'로, 평양의 화교중학은 '평양중국인중학교'로 각각 변경했다. 물론, 한국전쟁 기간 중에는 화교학교들도 운영을 할 수가 없었다. 결국 평양중국인중학교는 1955년 7월이 되어서야 제1회 졸업생을 배출하게 되었고, 같은 해 8월 평양중국인고급중학교가 신설되었다. 또한 소학교 졸업생이 증가함에 따라, 북한정부는 1959년에 청진중국인인민학교, 1960년에는 강계중국인인민학교와 신의주중국인인민학교를 각각 중학교로 승격시켰다. 더불어 1972년 가을부터 고등의무교육 제도가 실시되면서, 평양중국인고급중학교, 신의주중국인초급중학교, 청진중국인초급중학교, 강계중국인초급중학교가 각각 '중국인고등학교'로 교명이 바뀌었다. 북한에서는 지금도 이 명칭이 그대로 사용되고 있다. 慕德政, 「朝鮮華僑敎育的歷史回顧」, 『華僑華人歷史研究』第4期, 中國華僑華人歷史研究所, 2001 참조. 이 글에서는 이들을 총칭해 '화교학교'라 하겠다.

77) 대표적인 연구로는, 余以平, 위의 논문(1984)와 慕德政, 위의 논문(2001) 등이 있다.

78) 慕德政, 위의 논문(2001), 46쪽.

바로 이즈음 평양에서는 각지에 도로와 고층빌딩이 건설되는 등 이른바 개발붐이 일어나기 시작했다. 이 공사에는 전국의 고학년 학생들도 동원되었는데, 평양화교학교 학생들도 동참했다.[79]

|사진1|은 1960년 7월 그 성과가 우수하다고 평가되어 '천리마반'[80]이란 칭호를 받은 평양중국인고급중학교 3학년생들이 기념 촬영한 사진이다. |사진2|는 1963년 당시 북한 대학교육의 최고봉이었던 김일성종합대학에 재학하고 있던 화교대학생 9명의 기념사진이다. 이밖에도 많은 화교학생들이 평양중국인고급중학교를 졸업하고 북한의 명문대학에 진학했다. 화교학생 상당수가 졸업 후, 북한의 대학이나 전문학교에 진학할 수 있었던 것은 대개가 특별전형으로 처리되었기 때문이다. 일부 대학에서는 시험을 치더라도 그 문제가 비교적 간단하고 쉬웠다. 게다가 당시 화교학교의 교육수준이 상대적으로 높았다는 데에도 그 원인이 있다.

79) 평양 출신 귀국화교 초(初)씨 방문조사(방문지는 광저우, 조사일시는 2012년 5월)
80) 북한에서는 1959년부터 '천리마운동'이 전개되었으며, 1961년에는 평양시내에 '천리마' 동상이 세워졌다. 和田春樹 저·남기정 역, 위의 책(2014), 137쪽.

|사진1| 1960년 평양화교학교 '천리마반(班)' 수여식

(출처: 朝鮮華僑網 cxhq.info)

|사진2| 1963년 김일성종합대학 화교대학생

(출처: 朝鮮華僑網 cxhq.info)

평안북도 출신의 귀국화교 왕환영(王煥永)은 당시를 이렇게 기억했다. "중국에서 파견되어 왔던 중국인교원은 1961년 거의 전원이 귀국했지만, 그들의 교육수준은 조선인학교 교원보다 훨씬 높았어요. 그래서 화

교학생의 성적도 조선인학생보다 좋았어요. 난 중학교를 졸업하고 평양을 떠나 평안북도에 있는 기계전문학교에 입학했었는데, 이 학교 2학년생보다도 수준이 높았어요. …… 중국인에 대한 특혜도 있었고 해서 입학하자마자 곧바로 2학년이 되었어요. 그리고 얼마 안 있다가 다시 3학년으로 월반했고요. 그래서 결국 전문학교를 1년 만에 졸업했다니까요."[81] 한편, 청진귀국화교 진향란은 이런 말도 했다. "내가 평양중국인고급중학교에 입학한 건 1962년이었어요. 그런데 고등학교 1학년 때였을 거예요. 평양시내에서 우연히 무용학교 학생모집 전단을 보게 된 거예요. 그래서 바로 그 학교에 문의를 했죠. 내가 중국인이라는 걸 알고, 학교에서는 중국동북지역에서 귀국한 조선인 선생님 김춘화를 불렀어요. 1차 시험은 진작 끝났을 때였는데, 바로 그 김 선생님 덕분에 추가시험에 합격할 수 있었어요. 그때 학교에는 나 말고도 화교학생이 란홍서(蘭洪瑞), 장백홍(張柏紅) 이렇게 두 명이 더 있었어요.[82] 마찬가지로 청진귀국화교였던 학덕량(郝德亮)의 경우에는, 청진의과대학 중국의학전공에 응시했는데 중국인인데다가 이 전공을 가르치는 교원들도 중국어로 수업을 하고 있었기 때문에 무시험으로 입학할 수 있었다고 한다.[83] |표8|은 조선귀국화교의 회상과 인터뷰를 토대로 작성한 이력일람표이다. 여기에 기재된 그들의 학력을 보면, 대학졸업생 7명, 전문학교졸업생 3명, 화교고등학교졸업생 2명, 화교중학교졸업생 1명으로 총 13명이다.

---

81) 신의주 출신 귀국화교 왕환영(王煥永)의 회고는, 林明江 編(2011), 269쪽 참조.
82) 주)43과 동일.
83) 청진 출신 귀국화교 학덕량(郝德亮)의 회고는, 林明江 編, 위의 책(2011), 116쪽 참조.

|표8| 1960~1967년 10대/20대 북한화교의 이력일람표

이름	출생연도	출생지	학력	이력
彭作明	1935	청진	49년 청진소학 졸업 58년 평양고교 졸업	• 49~52년 아버지와 농사를 지음 • 고교 졸업 후, 58년부터 59년까지 평양화교학교 교사로 재직 • 67년 귀국(북중관계 악화로 대학으로부터 퇴학조치)
王發美	1936	청진	58년 평양고교 졸업 中國東北師範大學 화학과 입학 (고교재학 중 생활비조로 월 5원을 지급받음)	• 사범대학 졸업 후, 평양화교학교 교원으로 재직 • 63년 귀국(학교추천과 북한정부 동의. 북한주재 중국대사관 심사를 거쳐 중국의 대학에 진학, 졸업 후, 북한에 돌아온다는 서약을 함.)
曹桂福	1935	청진	59년 평양고교 졸업 청진광산대학 졸업	• 59년 고교졸업 후, 혜산화교학교에서 3년간 교원으로 재직 • 대학입학시험을 위해 청진 귀환 • 84년 귀국
陳祥志	1939	후창	60년 평양고교 졸업 (조선어능력 부족)	• 60년 고교졸업 후, 신설된 강계중국인초급중학에서 교원으로 재직. (당시 이 학교는 교원부족 상태) • 63년 조선어교육 강화 • 65년 학교 사직 후, 전문학교에서 운전기술 공부 • 66년 후창으로 돌아옴 • 67년 월경
郝德亮	1932	청진	47년 청진소학 졸업 한동안 농사지음 58년 7월 평양고교 졸업 후, 청진의과대학 입학 60년 대학졸업	• 47년 농업 종사 • 60~67년 함경북도 도동의원 배속, • 배급 생활, • 67년 귀국 (당시 대학응시는 자유. 의과대학 무시험 입학. 중국의학전공, 수업은 중국어로 진행)
倪進臣	1941	원산	평양고교 졸업 대학졸업	• 대학졸업 후, 북한 정부기관 공무원으로서 67년까지 재직.(북한정부로부터 거주지 분양 받음,) • 67년 귀국(직장 내에서 당서기 외에는 자신이 화교라는 사실 모름.)

남북한화교의 삶과 화교정책

이름	출생 연도	출생지	학력	이력
于在玉	1943	자강도 중강	63년 평양고교 졸업 평양우전대학 입학. (당시 화교4명 재학) 67년 졸업(10년 후, 졸업장 받음)	• 67년 5월 자강도 우전관리국 기사, • 67년 11월 자강도 전천탄광 통신수 리공. • 69년 4월 중강군 압록강건축회사 자재운반 • 71년 중강군 화교학교 교장 • 83년 귀국
王煥永	1944	신의주	평양중학 졸업 귀화강요 거부 북중기계전문학교 입학 조선화공대학 입학	• 전문학교졸업 후, 북중기계공장에서 기사로 재직하다가 뒤늦게 대학진학 (전문학교에선 월반시험 2회 합격. 1년 만에 졸업, 화교에 대한 특혜) • 67년 귀국
陳香蘭	1947	청진	62년 평양고교 입학 고1 때, 평양무용학교 입학(특별전형) (당시 화교2명 재학) 66년 8월 졸업.	• 외국인이라는 이유로 평양에 남을 수 없어 함경북도 도립극장에 배치 • 귀화거부로 조선소노동자문화센터에 재배속 • 이후 모(某) 회사 창고 관리원 • 친정에서 생활 • 67년 귀국
田洪春	1945	회령	회령소학 卒 '62 청진중학 卒 '65 평양고 卒	• 대학진학 실패 • 청진고등기술학교에서 기계운수 전공 • 무산자동차사업처에서 운전수 재직 • 67년 귀국
劉同舉	1946	청진	청진중학 卒 '64 청진공업기술학교 入(선반기술)	• 65년 귀국 (배급: 중·고교 화교학생 700 g/일, 북한학생 500 g/일)
陶嘉珩	1944	남포	'57 소학교 卒 '59 평양중 入 '63 평양고 入 '66.3. 卒	• 57년 생활고로 진학 단념 • 2년간 합작사에서 노동 • 이후, 생활수준 향상으로 복학 • 66년 귀국
于公生	1944	청진	'59 청진소학 卒 '63 청진중학 卒	• 63년 청진 인근 농장에 배속 • 1978년까지 농업에 종사

출처: 林明江編,『報效祖國獻青春:吉林歸僑口述錄』, 中國華僑出版社, 2011 가운데 북한 귀국화교 부분과 북한화교를 대상으로 한 인터뷰에 의해 작성.
주1) 표 가운데 구체적인 학교명이 명기되지 않은 경우는 모두 화교학교를 지칭한다. 가령, '청진소학 졸업'은 청진중국인인민학교를 졸업한 것을 뜻한다.
주2) 표에는 대학졸업생이 반수 이상 차지하고 있는 것으로 되어 있지만, 당시에는 고등학교를 졸업하고 대학에 입학한 자는 소수에 지나지 않았다. 대부분의 화교자녀들은 화교소학교나 중학교를 졸업한 후에는 곧바로 취업을 했다.

|표8|에서도 확인할 수 있듯이, 대학에 진학하기 위해서는 고등학교 졸업이 필수적이었지만, 1972년까지는 평양에 중국인고급중학이 한 곳 밖에 없었다.[84] 따라서 지방의 화교학교를 졸업한 화교학생 중에 경제적으로 여유가 있는 일부 가정의 자녀들만이 평양의 화교학교에서 기숙사 생활을 하면서 평양의 화교학생들과 함께 공부할 수 있었다. 또 고등학교를 졸업한 후에 북한에서 대학진학을 희망하는 자들은 아무 제한 없이 입학시험에 응시할 수 있었다. 1959년 청진, 1960년 신의주와 강계에 각각 중국인초급중학이 설립되면서, 중학교를 졸업한 화교들도 다양한 전문학교에 진학할 수 있게 되었다. 실제로 상당수의 학생들이 전문학교에서 운전기술이나 선반기술을 습득했다. 그리고 대학이나 전문학교를 졸업한 후에는 북한정부의 통일된 배속조치에 따라 다양한 직장에 취업했다. 직장 배정은 기본적으로 출신지로 돌아가 자신의 전공을 살릴 수 있는 직업을 택하는 것이 원칙이었지만, 일종의 예외적인 특례도 존재했다. 일례로, 북한국적을 취득한 자들은 직업 배속에 있어 특혜를 받았다.

또 한편으로는 대학에 입학할 수 없었던 화교들 중에, 전문학교를 졸업한 자들은 출신지에 돌아가 노동자가 되기도 했다.[85] 중학교와 소

---

84) 慕德政, 위의 논문(2001), 56쪽.

남북한화교의 삶과 화교정책

학교를 졸업하고 곧바로 사회에 진출한 자들의 직업 선정에는 부모의 직업이 하나의 판단기준으로 작용하기도 했다. 가령, 부모가 농민인 경우에는 그 자녀도 농촌에 배속되는 경향이 있었던 것이다. 청진귀국화교 유(劉)B씨는 1962년에 청진화교학교를 졸업하고 부모가 일하는 청암협동농장에 배치되었다고 한다.[86] 또 다른 청진귀국화교 우공생(于公生)은 이렇게 회상하고 있다. "1963년에 청진중국인학교를 졸업하고 농장에 배속되었어요. 1978년 귀국할 때까지 거기서 죽 집단생활을 했던 거예요. …… 우리는 식구가 10명이었는데도 (협동농장에서) 노동점수 채우기도 빠듯했어요. 그래서 첫해에는 외려 40원[87]이 적자였어요. 수확하면 다 나라에 바치고 우린 배급을 받아 생활한 거죠. 그게 하루에 1인당 700 g 이었을 거예요."[88]

1960년부터 본격화된 북한화교의 귀화선풍과 화교학교의 조선어교육 강화는 많은 화교들에게 당혹감과 불안감을 야기했다. 1962년경부터 화교들의 집단귀국이 시작된 것도 상당부분은 여기에서 연유했을 것이다. 귀국자 수는 1968년 현재, 약 18,000명에 달했다.[89] 결국, 현지화 추진과 화교인구의 감소는 북한 화교커뮤니티의 구심력 약화와 화교의 지역사회 흡수로 이어졌다.

---

85) 해방이후. 북한의 도시화와 맞물려 1953년부터 1960년까지는 노동인구가 급증했지만, 1960년대에 들어서면 그 반동으로 둔화되었다. 홍민・박순성, 『북한의 권력과 일상생활: 지배와 저항 사이에서』, 한울, 2013, 156-159쪽.
86) 청진 출신의 귀국화교 유(劉)B씨에 대한 방문조사(방문지는 옌지, 조사일시는 2008년 8월)
87) 북한에서는 1959년에 통화에 대한 평가절하가 실시되었다. 따라서 구 화폐 100원은 신 화폐 1원으로 교환되었다. 이재기・서정익, 『신북한경제론』, 신론사, 2007, 146쪽.
88) 청진 출신 귀국화교 우공생(于公生)의 회고는, 林明江 編, 위의 책(2011), 300쪽 참조.
89) 曲曉範・劉樹眞, 위의 책(2000), 47-48쪽.

맺음말

이 글에서는 제2차 세계대전 이후, 북한 화교커뮤니티의 변용에 대해 고찰했다. 특히, 사회주의집단화 정책이 추진된 1950년대 후반부터 1960년대 전반까지 화교의 직업변화를 중심으로 논의를 진행했다. 이를 통해, 얻은 결론은 다음 네 가지로 정리해볼 수 있다.

첫째, 해방직후부터 한국전쟁 휴전까지의 기간 동안, 일부 부유층 화교의 귀국과 월남이 있기도 했지만, 그럼에도 불구하고 북한에 거주하는 화교의 직업형태는 전체적으로 볼 때, 종전의 직업을 계속해서 유지하는 경향을 띠었다.

둘째, 휴전직후, 북한에서는 이른바 산업집단화가 본격화되었다. 이 정책의 대상에는 당연히 북한화교도 포함되었다. 이러한 움직임에 대해 기본적으로 지지하고 있던 중국정부는 화교의 합작사 전환을 환영하는 입장에 있었고, 이에 부응해 화교연합회가 정책실현을 위한 구체적인 움직임에 나섰다. 화교 내부에서는 1955년경부터 주로 빈곤층을 중심으로 농업합작사에 가입하기 시작했고, 그 선두에는 평양화교가 있었다. 농업의 합작사 전환과 병행해 상업이나 수공업의 합작사화도 시작되었다. 집단화의 제1단계로 자리매김 된 합작사 전환은 합작사 내에 있는 화교들의 자주경영을 일부 용인하는 비교적 유연한 정책이기는 했지만 어쨌든 이로 인해, 화교음식점 경영자를 중심으로 농업으로 전직하는 일이 일어나게 됨으로써 화교농업인구는 증가하게 되었다.

셋째, 북한의 집단화정책은 1958년에 들어서게 되면, 합작사화에서 협동조합화로 진화하게 된다. 그 과정에서 화교노동력도 북한의사회주의건설에 적극적으로 동원되었다. 이로 인해, 화교농민과 상공업자는 더 이상 자주경영이 불가능해졌고, 식민지시기 '방(幇)'으로 대표되는 직장을 중심으로 형성된 화교커뮤니티의 구심력도 약화되었다. 한편, 중국인으로서의 특혜를 받아 북한의 대학이나 전문학교에서 공부를 할 수 있게 된 화교 청년세대는 졸업 후에는 자신들의 전공을 살릴 수 있는 분야에 배속되어 일을 했다. 개중에는 비농업 분야로 이동하는 경우도 있었다. 어쨌든 이것은 북한화교가 지역사회에 보다 밀착될 수 있는 계기를 마련해주었다. 그러나 1966년 중국에서 문화대혁명이 일어나게 되면서, 중국과 북한의 관계는 일거에 냉각되었고 이에 따라 화교에 대한 현지화정책도 그 궤도를 수정하게 되었다. 따라서 그동안 공공기관이나 국영기업에서 일하고 있던 화교들이 일반노동자나 농민으로 재배치되는 일도 있었다.

넷째, 북한화교의 직업선택은 북한사람과 마찬가지로 국가통제에 의해 엄격히 관리되었다. 이는 각 산업에 종사하던 화교 자영업자의 몰락을 가져왔고 결과적으로 농민의 비율만 증가시켰다. 그러나 특별전형 등의 형태로 대학이나 전문학교에 입학할 수 있는 길은 여전히 열려있었다. 따라서 화교들은 이 특별 루트를 통해, 농민에서 노동자나 기술자로의 전직이 가능했다. 이러한 움직임은 화교를 둘러싼 외적요인이 그들의 선택을 제한하는 가운데에서도 그것을 극복하기 위해 좁은 틈바구니를 뚫고 나가려는 그들만의 자구책이었다고 볼 수 있다.

결국 이상을 통해, 한국전쟁 이후 북한화교의 직업형태에 있어 유사성과 동일성을 보아낼 수 있었다. 다만, 마이너리티로 살아가는 화교들에게 있어 그 정도의 차이는 분명히 존재할 것이다. 화교연구에서 구술사나 생활사 혹은 가족사적 접근이 필요한 것은 바로 이 때문일 것이다. 따라서 이러한 접근방식의 중요성에 대해 재인식할 필요가 있을 것으로 보인다. 특히, 북한화교에 대한 구술사 연구는 그야말로 시간을 다투는 급무가 아닐 수 없다.

3

동남아화교와
동북아화교의 마주보기

지역정체성과 화인단체의
초국적 네트워크 구축
— 역외(域外)[1] 진장(晉江)인 단체를 중심으로

런나(任娜)

해외화인사회가 형성되기 시작한 것은 대체로 1860년대부터 1870년
대 사이라고 할 수 있다. 말 그대로 중화민족의 해외확장인 셈이다. 화
인들은 세계 각지에 흩어져 살고 있지만, 거주국의 일반 소수민족과는

---

1) 여기서 말하는 '역외'란 일반적인 해외뿐만 아니라 홍콩, 마카오, 타이완까지 아우
르는 개념이다. 나아가 필자가 해외가 아니라 특별히 '역외'란 표현을 고집하는 것
은 필자 나름대로 지리와 공간을 뛰어넘는 네트워크 및 관계를 강조하기 위함이
다. 역외의 진장인(晉江人)은 대개 동남아시아와 동아시아(주로 홍콩, 마카오, 타
이완 지역을 일컫는다.)에 분포하고 있다. 특히, 그중에서도 필리핀, 인도네시아,
말레이시아, 싱가포르, 홍콩, 타이완에 집중 거주하고 있다. 싱가포르의 진장인은
수적인 면에서 인도네시아나 말레이시아보다 훨씬 적지만, 역외 진장인집단 전체
로 볼 때, 그들의 위상이나 활약상은 가히 독보적이다. 한편, 타이완에 거주하는
진장인은 100만이 넘는다. 그러나 타이완은 정치, 경제는 물론이고 기타 방면에서
도 여타 지역과는 구별되는 나름의 독특한 시스템과 운영방식을 가지고 있다. 더
군다나 1965년부터 1970년대 말까지 타이완은 중국대륙과 거의 단절되어 있었다.
따라서 필자는 연구의 밀도를 높이기 위해 주로 필리핀, 싱가포르, 홍콩 등 3개
국가 및 지역으로 대상을 한정하고 이들을 중심으로 역외 진장인들의 초국적 관
계를 고찰하고자 한다. 따라서 이를 제외한 기타 지역의 경우에는 중점적으로 분
석했다기보다는 잠깐 언급하고 지나가는 것으로 그쳤다. 이 점에 대해서는 넓은
양해를 바란다.

달리 보이지 않는 무형의 선에 의해 하나로 연결되어 있고, 이것이 곧 전 지구적 화인네트워크 형성의 단초로 작용했다.[2] 20세기 후반 이른 바 전 지구화 과정이 가속화되면서, 지연, 혈연, 방언 등의 지역정체성 (local identity)을 조직원칙으로 하는 해외화인단체들도 이러한 세계사적 흐름에 동참해 각양각색의 초국적 모임을 결성하고 다양한 활동들을 전개해나가기 시작했다. 그 가운데 해외에 거주하는 진장(晉江) 출신의 단체들 역시 세계화인사회에서 활발한 활동을 펼치면서 점차 세간의 주목을 끌기 시작했다. 이 글에서는 바로 이 역외(域外) 진장 출신 화인 단체를 중심으로, 20세기 후반(주로 1965년 이후)의 전 지구화과정 속에서 지역정체성과 지역을 연고로 한 이른바 지연단체(地緣團體)가 상호 맞물 리는 가운데 초국적 네트워크(transnational networks)를 구축해나가는 도정 에 대해 고찰해보기로 하겠다.

필자는 주로 다음 세 가지 문제를 중심으로 논의를 진행해보고자 한 다. 첫째, 자칫 상호 모순된 것으로 보일 수도 있는 '지역성'과 '전 지구 화'가 20세기 후반 해외화인단체의 초국적 실천을 통해 어떻게 조화되 고 통일될 수 있었던가? 둘째, 역외 진장인 단체의 초국적 네트워크는 어떠한 내외적 요인에 의해 형성되었는가? 셋째, 초국적 네트워크 구축 과정에서 이들 단체의 구조적·역사적 특징은 어떠한 방식으로 표출되 었는가? 화인단체의 이른바 트랜스내셔널리즘에 대한 연구는 오늘날 이미 많은 학자들에 의해 진행되고 있고, 괄목할만한 성과도 적지 않 다.[3] 그러나 화인의 지역정체성과 화인단체의 초국적 실천을 하나로 연결해 진행되는 연구는 의외로 많지 않다. 설사 이와 관련된 기존 연

2) 陳衍德, 「論華族—從世界史與民族史的角度所作的探討」, 『世界民族』, 2000(2).
3) 劉宏, 周敏, 廖赤陽 등의 관련 저작 참조.

구가 있다하더라도, 그 대부분은 주로 화인단체와 교향(僑鄕) 간의 연계성에 주목했지 해외화인단체 간의 초국적 상호작용에 대해서는 거의 논하지 않고 있다. 아울러 이들 지연단체의 초국적 네트워크에 관한 연구 역시도 그에 대한 역사적·구조적 차원의 분석은 상당히 결여되어 있는 편이다. 따라서 필자는 이러한 기존의 연구 성과를 기반으로 하되, 해외화인사회 및 단체와 관련된 문서, 회보, 회의기록 등의 일차자료를 중심으로 기존연구에서 미처 다루지 못한 부분들을 보충해보려 한다.

1. 조직의 원칙과 기초 — 지역정체성과 단체조직

화인은 "중화민족의 혈통과 특징을 몸에 지닌 채, 해외에서 안정적인 공동체를 형성해 살고 있는 중국인"[4]이라 할 수 있다. 이렇듯 동일한 혈통과 문화를 기반으로 화인들은 확고한 정체성과 강한 귀속감을 갖고 있다. 그러나 주지하다시피, 중국은 국토면적이 굉장히 넓은 나라이다. 따라서 지역마다 언어, 문화, 풍속 등에서 차이가 있을 수밖에 없다. 이렇게 볼 때, 이들이 느끼는 정체성이나 귀속감은 국가적 차원이라기보다는 지역적 차원에서 형성되는 게 보통이다. 결국, 해외화인들은 이러한 강력한 지역정체성 의식을 토대로 수많은 지연단체들을 만들어나가고 있는 것이다.

---

4) 莊國土, 『中國封建政府的華僑政策』, 廈門大學出版社(廈門), 1989, 354-355쪽.

'지역정체성'이란 특정지역과 그 지역의 문화, 방언, 풍속 등의 인문적 환경에 대한 귀속의식을 의미한다. 다시 말해 그것은 주로 행정구역상의 정체성을 핵심으로 하고, 그 위에 기타 관련된 정체성들을 투영한다. 따라서 역외에 거주하는 진장인들의 지역정체성 역시 일반적으로 원적지의 종족(宗族, 혈연)정체성, 지역정체성, 방언정체성 등으로 표현된다.

역외 진장인들이 강력한 지역정체성을 갖고 있는 것은 진장 지역의 전통문화와 밀접한 관련이 있다. 진장의 문화전통은 주로 민월(閩越), 농경, 해양, 상업 등 네 가지 문화요소가 상호 융합되는 과정 속에서 형성되었다. 이것이 바로 진장인들의 이른바 '출양문화(出洋文化)'를 배태시켰고, 급기야는 근대 이후 계속된 해외이민열풍을 만들어낸 것이다. 또 한편으로는, 해외 진장인들의 강렬한 '향토정서' 역시 여기에서 비롯되었다 할 수 있다. 이러한 '뿌리'에 근거한 문화정체성이야말로 해외에 거주하는 진장 출신 이민자들을 하나로 연결해주는 중요한 끈이 되어주었다. 타향살이의 고단함과 외로움에 지쳐있던 진장인들은 이렇듯 혈연과 지연으로 얽힌 고향사람들과의 교류를 통해 해외에서 빠르게 '뿌리를 내리고' 안정적으로 삶을 영위할 수 있었다. 한마디로, 고향에서의 종족 간의 단결력과 응집력이 해외에서도 서로 돕고 의지할 수 있는 네트워크의 힘으로 작용하게 되었고 나아가 사회구조적으로는 진장 출신들끼리의 다양한 단체를 조직하는 것으로 표출되었던 것이다. 통계에 따르면, 역외에서 조직된 진장 출신의 단체들은 종친회, 동향회를 비롯해 노동조합, 상인조합까지 포함해 대략 541개이다. 이것들은 주로 필리핀, 홍콩, 말레이시아, 싱가포르 등 9개 나라 및 지역에 골고루 분포되어 있다.

|표1| 역외 진장(晋江) 출신 단체 분포

국가(지역)	동향회	종친회	동업공회	문화단체	기타단체	합계
필리핀	166	112	71	42	54	445
홍콩	45	1		13		59
마카오	2					2
말레이시아	13			2		15
인도네시아	7			2		9
싱가포르	6			2		8
미국	1					1
타이	1					1
미얀마	1					1
총계	242	113	71	61	54	541

출처 : 吳泰, 『晋江華僑志』, 上海人民出版社(上海), 1994. ; 晋江縣僑務辦公室, 『晋江縣旅外社團組織』, 1987. ; 『新加坡晋江會館紀念特刊(1918~1978)』, 施振民, 「菲律賓華人文化的持續」, 洪玉華, 『華人移民―施振民敎授紀念文集』, 菲律賓華裔靑年聯合會和拉刹大學中國硏究室聯合出版(馬尼拉), 1992. ; 菲華商聯總會檔案, 『菲華商聯總會會員名錄』; 楊力・葉小敦, 『福建華僑華人(2)』, 福建人民出版社(福州), 1989. ; 『香港晋江同鄕會十週年(1985~1995)』, ; 『石獅市旅港同鄕公會十週年紀念特刊(1999~2000)』.

|표1|에서 보이는 것처럼, 역외 진장인 단체 가운데 동향회가 전체의 절반가량을 차지할 정도로 가장 많고 분포지역도 가장 광범위해 9개 나라 및 지역에 모두 설치되어 있다. 또한 동향회는 종친회나 동업공회 같은 다른 단체들과 비교해, 역사적 변천과정뿐만 아니라 운영체제나 그 활약상 등에 있어서도 보다 튼실하고 활발했다. 따라서 이 글에서는 주로 동향회를 중심으로 고찰하되, 기타 단체들에 대해서는 선택적으로 논하기로 하겠다.

2. 역사적 축적 — 1965년 이전 단체들의 초국적 네트워크

과거 누대에 걸쳐 화인의 지역정체성을 토대로 건립된 역외 진장인 단체들의 초국적 관계는 1965년 이후의 네트워크 확장 및 안정화에 중요한 기초이자 전제가 되어주었다. 이는 단체 설립 당시의 취지와도 밀접한 관련성을 지닌다. 1948년 싱가포르 안하이공회(安海公會, 안하이는 진장 지역의 진鎭 이름이다.)의 설립취지에는 다음과 같이 기록되어 있다. "동향인 간의 정서를 공유하고 상호 협력과 발전을 기하고자 동향회를 발족한다. 또한 이를 발판으로, 고향의 복리와 사회적 공익에 앞장선다."[5] 1925년에 설립된 필리핀 선후동향총회(深滬同鄉總會)도 "동향인 간의 우의를 돈독히 하고, 상호단결과 협력의 정신을 바탕으로 교향의 복리를 꾀하고 국가와 사회를 위해 봉사하며 나아가 고향 개혁을 촉진하는 등의 일을 할 것"[6]을 설립취지로 하고 있다. 따라서 1965년 이전까지 해외 진장인 단체의 초국적 네트워크는 주로 해외와 고향 간의 쌍방향적 관계와 상호작용에 집중되어 있음을 알 수 있다.[7]

이처럼 초기 화인단체의 초국적 네트워크의 주요 실천방법은 단체와 고향 간의 상호교류 및 상호역할이었다. 그러나 이 시기 해외 진장인 단체들의 경우에는 지역정체성을 토대로 해외화인사회와도 관계를 맺고 활동한 자취들도 일부 보인다. 물론, 그 빈도나 지속 여부는 전자와 비교할 정도는 아니었다. 심지어 그것은 엄밀한 의미에서 네트워크라 칭할만한 것도 아니었을지 모른다. 그러나 이후 화인단체 간의 초국적

---

5) 新加坡安海公會三十週年紀念特刊, 1978. 74쪽.
6) 旅非深滬同鄉總會六十週年紀念特刊, 1985.
7) 劉宏, 『中國-東南亞學 : 理論建構, 互動模式, 個案分析』, 中國社會科學出版社 (北京), 2000, 145쪽.

네트워크 건립에 기초를 마련해준 것만은 분명한 사실이다. 일례로, 1947년 7월 싱가포르 진장회관(晋江會館)은 필리핀에 대표를 파견해, 필리핀 췬성(群聲) 농구팀(선수 대부분은 진장 출신들로 구성되어 있었다.)을 초청해 싱가포르 진장학교(晋江學校)와 친선경기를 치르기로 합의하고 이에 따른 기금을 마련하는 일도 아울러 논의한 바 있다.[8] 1954년에는 인도네시아 메단의 진장동향회가 싱가포르 진장회관에 두 차례 서신을 보내, 동향회 건립에 따른 비용 일부를 후원해줄 것을 부탁한 일도 있었다.[9] 이밖에도 1964년 홍콩 진장학교 건립추진위원회 대표인 광판(廣範) 법사(法師)가 학교 건립에 필요한 기금마련을 위해 싱가포르 진장회관을 찾아오기도 했다.[10] 초창기에 있었던 이러한 개별적 활동들은 훗날 역외 진장인 단체들 간의 광범위한 초국적 활동의 선례가 되었고 동시에 1965년 이후 단체들 간 대규모 초국적 네트워크의 형성, 지속 및 발전에 가장 기본적인 전제이자 배경이 되어주었다.

3. 대내외적 요인의 융합 — 네트워크 구축의 시대적 동력

1965년 이후, 역외 진장인 단체 간의 네트워크는 전례 없는 발전을 가져와 보다 넓은 초국적 공간과 발전경로를 확보할 수 있었다. 여기서는 초국적 네트워크 형성의 시대적 배경을 내부요인과 외부요인으로 구분해 설명해보기로 하겠다.

---

8) 新加坡晋江會館紀念特刊(1918~1978), 1978.
9) 新加坡晋江會館會議記錄, 1954.4.19.
10) 南洋商報(馬來西亞), 1964.1.13.

동남아화교와 동북아화교의 마주보기

내부동력

첫째, 진장인들은 세계 각지에 널리 분포되어 있고, 그에 따라 새로운 단체들도 계속해서 등장했다.

1965년 이후에도 동남아는 진장 이주민들의 주요 집단거주지였다. 그러나 진장인들의 해외이민 행선지가 점차 다변화하고, 더군다나 동남아 화인들의 재(再)이민 열풍이 불기시작하면서, 역외에 거주하는 진장인들의 분포지역에도 눈에 띄는 변화가 발생했다. 특히, 1980년대 이후로는 홍콩이나 마카오 등지가 새로운 이민지로 급부상하게 되면서 진장인들에게도 이 지역은 주요 출국지가 되었다. 비공식통계에 따르면, 현재 홍콩이나 마카오에 거주하는 진장인은 약 40만 명에 달한다고 한다.[11] 그리고 진장인의 해외이민 분포지역도 더욱 광범위해져 "5개 대륙 50여개 국가 및 지역에 두루 분포되어 있다."[12]

이민자들의 분포공간이 확장되면서, 역외 진장인 단체 및 조직도 그 수량이나 공간 면에서 상당한 확충이 이루어졌다. 더욱이 1980년대에 들어서게 되면서 역외 진장인 단체는 급증세를 보였다. 분포공간이 미얀마, 홍콩, 마카오, 필리핀, 미국, 오스트레일리아 등지로 대폭 확장됨에 따라 진장동향회도 잇달아 건립되기 시작했고, 그 수도 배로 늘었다. 홍콩에만도 32개의 촌(村)이나 진(鎭) 단위의 진장동향회가 설립되었다. 결론적으로 말해, 세계 각지에 잇달아 건립된 진장인 단체는 단체 간 네트워크의 전 지구적 확산에 든든한 버팀목이자 동력이 되었다고 할 수 있다.

---

11) http://jjzx.jinjiang.gov.cn/szx/newstext.asp?id=15620(晋江市政協 Homepage)
12) 吳泰,『晋江華僑志』, 上海人民出版社(上海), 1994.

둘째, 역외 진장인 단체는 특별히 상업분야에서 두드러진 특징을 보이고 있다.

먼저 단체 자체로 보면, 해외동향회의 형성은 기본적으로 중국 본토 동향조직의 해외확산이란 성격을 갖고 있었다. 일례로, '싱가포르 진장회관', '페낭 진장회관'처럼 '회관'이라고 하는 전통 동향조직의 명칭을 그대로 차용하고 있을 뿐만 아니라, 본토 동향회와 동일한 상업적 기능을 가지고 있었다. 이로 인해, "명·청 이래 국내 지방무역네트워크의 핵심적 토대"[13]가 된 단체나 조직은 해외화인사회의 상업분야에서도 마찬가지로 중요한 역할을 담당했다. 다음으로는 역외에 거주하는 진장인들은 전형적인 상업 집단이었다는 점이다. 진장인들은 예로부터 상인의식이 매우 강해서 해외로 이민을 가서도 대부분 '상(商)'을 주업으로 삼았다. 또한 진장인들은 특히, 인간관계를 중시해 이를 사업경영의 주요 자원으로 이용하기도 했다. 이렇듯 인간적인 유대와 상업적인 이익이 결합되면서, 여간해서는 끊을 수 없는 끈끈한 사회적 관계가 형성될 수 있었고 동시에 든든한 상업적 관계로 발전될 수 있었던 것이다.

셋째, 단체 지도자의 '국제화'를 들 수 있다.

단체가 국제화로 나아가기 위해서는 그 지도자 또한 다음과 같은 세 가지 공통된 특징을 가지고 있어야 했다. 즉, 초국적 경제활동, 다원적 정체성 그리고 단체 지도부의 중첩성이 그것이다.[14] 여기서는 세계진장동향총회(世界晋江同鄕總會)의 핵심 지도부 가운데 창립멤버라고 할 수 있는 세 명 즉, 왕웨이첸(王為謙, 홍콩), 차이진송(蔡錦淞, 싱가포르), 황청후이(黃呈輝, 필리핀)에 대해 구체적으로 분석해보기로 하겠다. 우선, 경제 분

---

13) 王日根, 『鄕土之鏈－明淸會館與社會變遷』, 天津人民出版社(天津), 1996.
14) 劉宏, 앞의 책(2000), 247쪽.

야에서 세 사람 모두 사업적으로 성공한 기업가로, 중국대륙(대부분은 자신의 고향)이나 해외 다른 국가나 지역에도 투자를 진행하고 있었다. 따라서 그들이 경제발전과정 속에서 가지고 있는 국제적 안목은 역외 진장인 단체들이 국제화를 추진하는데 있어 필수적인 토대로 작용했다.

다음은 그들의 출신에 따른 정체성이다. 왕웨이첸, 황청후이는 모두 중국대륙에서 태어나 어려서 해외로 이주해 지금껏 살고 있는 이른바 화인이민이다. 차이진송 같은 경우에는 해외에서 출생한 화인이민 2세대이다. 물론 이들은 국적선택이나 정치적 충성이란 면에서 거주국 정체성을 분명히 하고 있는 사람들이다. 그러나 원적지에 대한 동질감이나 화인문화의 전승이란 차원에서는 하나같이 강한 책임감과 열정을 가지고 있는 사람들이었다. 바로 이러한 다원적 정체성과 화인전통문화의 발전과 계승에 대한 강렬한 의지가 있었기에, 이들은 단체 상호간의 소통과 연계를 위한 네트워크를 구축할 수 있었던 것이다. 결과적으로 이는 그들이 화인전통문화를 보존하는 하나의 길이 되어주었다.

마지막으로 '지도부의 중첩'이란 한 명의 지도자가 동시에 여러 개의 다른 성격을 가진 단체에서도 지도자를 겸임하게 되는 것을 말한다. 만일 한 지도자가 겸직하고 있는 단체가 다른 국가나 지역에 있는 것이라면, 이러한 중첩은 곧바로 국경을 뛰어넘는 '초국적 지도자 모임'[15]이 되는 것이다. 실제로 이러한 행위는 화인단체의 국제화 열풍을 조장하는데 핵심요소 중의 하나가 되었다. '초국적 지도자 모임'이란 한마디로 다양한 국가나 지역에 소재한 단체 지도자들 간의 교차와 중첩을

━━━━━━━━━━━━━━━━━━━━━━━━━━━━━━
15) '지도자 모임(執事關聯)'이란 말은, 리이웬(李亦園)이 말레이시아 무아르지역 화인단체조직에 대한 고찰을 통해, 가장 먼저 제기한 것이다. 이에 관한 자세한 내용은, 李亦園, 『一個移殖的市鎭—馬來亞華人市鎭生活的調査硏究』, 中央硏究院民族學硏究所(台北), 1970, 133쪽 참조.

의미한다. 다시 말해, 이는 개별 국가나 지역의 단체 지도자들이 인적인 차원에서 상호 중복됨으로써 결과적으로 초국적 네트워크를 구성하게 되는 것이다. "각 단체들 간에는 이러한 상호 중첩된 네트워크를 하나의 교류채널로 삼아"[16] 상시적인 초국적 관계를 형성하게 된다. 가령, 싱가포르 진장회관이나 홍콩 진장동향회 등은 말레이시아, 필리핀, 타이 등지의 진장인 단체의 지도자를 연이어 명예회장으로 추대했다.[17] 이러한 교차 겸직 관계로 얽혀있는 네트워크를 통해, 국가를 달리하는 단체들 간에 명실상부한 초국적 네트워크가 형성될 수 있었던 것이다.

넷째, 단체 성원들의 '지역정체성' 의식을 들 수 있다.

동일한 지연, 혈연, 방언, 문화 등을 바탕으로 생성된 단체 성원들의 '지역정체성' 의식은 단체의 초국적 네트워크 형성 및 발전에 매우 중요한 역할을 했다. 제1회 세계진장동향연의대회(世界晉江同鄕聯誼大會) 회장인 차이진송은 회의석상에서 다음과 같이 말했다. "피는 물보다 진합니다. 또 지연과 혈연은 줄곧 종족 단합의 기본이 되어왔습니다. 세계 각지에 흩어져 살고 있는 화인들은 바로 이러한 물보다 진한 피의 관계로 방대한 네트워크를 형성할 수 있었던 것입니다."[18] 이렇듯 이들의 강렬한 지역정체성의식이 역외 진장인 단체들이 국제화로 나아가는데 무형의 교량을 놓아준 셈이 되었다.

---

16) 李亦園, 『人類的視野』, 上海文藝出版社(上海), 1996, 367쪽.
17) 新加坡晋江會館會議記錄, 1969.2.7/1996.4.14.; 香港晋江同鄕會十週年特刊(1985 ~1995) 참조.
18) 新加坡晋江會館會訊(三慶大典特輯), 1993.

동남아화교와 동북아화교의 마주보기

외부환경

단체들이 초국적 네트워크를 건립하는데 영향을 준 외부환경은 크게 거시적인 측면과 미시적인 측면 두 가지로 나누어볼 수 있다. 우선 거시적 차원에서 보자면, 1953년에 열린 커차이지양국제종친회(柯蔡濟陽國際宗親會)[19]를 시작으로, 해외화인종친단체들 간의 간친회나 친목회(聯誼會)가 지금까지도 정기적으로 열리고 있는데, 이와 같은 해외화인단체들의 초국적 교류는 역외 진장인 단체들의 국제화를 직접적으로 추동한 외부동력 중의 하나였다. 뿐만 아니라 글로벌경제, 아태지역 화인경제의 성장, 해외화인과 교향 간 경제교류의 확대, 아태지역의 정치적 안정 등도 해외화인단체들이 신속하고 대규모로 국제화를 실현하는데 강력한 외부환경이 되어주었다.[20]

반면에 미시적 차원에서 보게 되면, 다음의 네 가지 요소가 역외 진장인 단체의 초국적 발전과정을 촉진했다고 볼 수 있다. 우선, 싱가포르는 동남아 화인전통문화의 중심이자 동남아 화인 간 상호교류의 중추이다. 가령, 싱가포르와 그 인접국가인 말레이시아에 소재한 각 화인단체들은 상호간에 얽히고설킨 관계를 형성하고 있었다. 이것이 바로 역외 진장인 단체의 초국적 네트워크를 확대발전시키는데 하나의 토대가 되어주었다. 싱가포르와 말레이시아는 1965년 개별국가로 분리 독립했다. 그러나 양국은 지리적으로 인접해 있었고, 역사적으로도 경제, 사회, 문화 등의 방면에서 오랫동안 밀접한 관계를 형성하고 있었기 때

---

19) 지양(濟陽) 차이(蔡)씨 가문과 지양 커(柯)씨 가문은 본관이 같다는 이유로 종친회를 공동으로 꾸리고 있다.(옮긴이)

20) 劉宏, 『跨界亞洲的理念與實踐—中國模式, 華人網絡, 國際關係』, 南京大學出版社(南京), 2013, 161쪽.

문에 민간차원의 교류는 여전히 지속되고 있었다. 따라서 싱가포르와 말레이시아에 있는 진장인 단체들 역시 지금까지도 꾸준히 관계를 맺고 있다. 이러한 관계가 훗날 단체 간 초국적 네트워크 형성을 직접적으로 추동한 배경이다.

다음으로, 해외 진장인들의 경제가 급속히 발전하게 되면서 그룹화, 국제화된 현대적 대기업들이 속속 등장하게 되었다. 필리핀《세계일보》의 보도에 따르면, 1980년대 필리핀의 5대 기업 가운데 3개가 진장 출신 화인의 기업이었고, 푸젠(福建) 출신 화인들이 설립한 13개 중국계 은행 가운데 8개가 진장 출신 화인들의 소유였다. 개중에는 이미 다국적 은행으로 변모한 것들도 있었다. 같은 시기, 싱가포르 진장인들의 경제력도 이에 못지않았다. 당시 대표적인 싱가포르 진장 출신 화인기업가로는 꽤 규모가 큰 회사들을 7개나 가지고 있던 차이스간(蔡世柑)·차이진송(蔡錦淞) 부자(父子)와 브루나이와 말레이시아 등지에 투자처를 갖고 있던 '망고 황제(芒果大王)' 옌치웨이(顏期偉) 등을 들 수 있다. 이처럼 진장 출신 화인들의 경제력은 날로 강대해졌고 그에 따라 사회관계도 점차 확장되었다. 이 역시 해외 진장인 단체의 국제화 전략에 중요한 배경의 하나가 되어주었다.

또 그다음으로는, 20세기 후반에 시행된 각국의 화교정책이 이러한 화인단체의 초국적 네트워크 발전에 안정적이고 유리한 정치 환경을 조성해주었다. 상호협력과 상호발전을 기치로 내건 아세안(ASEAN)을 기초로, 동남아 각국의 지도자들은 화인단체의 국제화가 자국의 발전에도 도움이 된다고 판단해 적극적인 지원을 아끼지 않았다. 가령, 1989년 말레이시아 끌란탄에서 제2회 진장단체연의회(晋江社團聯誼會)가 개최되었을 때, 끌란탄정부와 중앙정부는 각각 5,000원과 10,000원이 넘는 찬조금을 지원했다. 이는 "끌란탄정부와 중앙정부가 화인 종향(宗鄕)대회에 최초로 지원을 한 사례"[21]이다. 싱가포르에서도 정부차원에서 화인단체들이 자신들의 경제력과 문화적 역할을 최대한 발휘할 수 있도록 적극 장려했다. 일례로, 싱가포르 진장회관이 1993년 이른바 '삼경대전(三慶大典)'을 개최했을 때, 당시 리콴유(李光耀) 총리가 친히 대회에 참석해 축사를 하기도 했다.[22] 이처럼 거주국의 정책적 장려는 해외 진장인 단체의 초국적 발전에 있어 중요한 외부적 보장 장치였다.

마지막으로, 1970년대 말부터 시작된 중국 교무정책(僑務政策)의 개방은 1980년대 이후 해외 진장인 단체들이 중국과 교류하는데 강력한 외부적 보호막이 되어주었다. 1978년 이후, 중국은 교무업무를 개선하고 개혁하기 위한 일련의 방침과 정책을 잇달아 발표했다. 〈화교 출신 지주 및 부농의 신분 변화에 관한 문제〉, 〈화교부동산정책을 구체화하는 것에 관해〉 등이 바로 그것이다. 진장교무기구(晋江僑務機構) 또한 현지 화교상황에 기초해, 해외 향친조직(鄕親社團)과의 관계 강화를 핵심과제로 내세우고 그에 따라 해외에 거주하는 동향 출신 화교와의 관계를 정립하는데 적극적으로 나섰다.

이렇게 볼 때, 1965년 이후 해외 진장인 단체가 더욱 광범위한 발전을 이룩하는데 있어, 이상의 내외적 환경의 역사적·현실적 요소들은 핵심적인 동력이자 보호막으로 작용했다고 볼 수 있다. 나아가 이러한 요소들은 1980년대 말부터 흥성하기 시작한 단체의 초국적 네트워크를 보다 넓은 지역으로 확대하는 데에도 기여했다.

---

21) 區如柏, 第二屆亞洲晋江社團聯誼會在吉蘭丹熱烈擧行. 新加坡晋江會館會訊, 1990(3), 17쪽.
22) 新加坡晋江會館會訊(三慶大典特輯), 1993, 4쪽.

4. 단계적 변화
— '선'에서 '블록'으로의 변화 및 네트워크의 무게중심

구축단계 : 선, 면, 블록

1966년 문화대혁명이 시작되면서, 역외 화인단체와 중국의 관계는 거의 단절되다시피 했다. 이러한 상황은 1980년대까지 지속되었다. 이러한 상황에 근본적인 변화가 일어나기 시작한 것은 개혁개방 이후였다. 따라서 1965년부터 1980년까지는 해외 진장 출신 이민자들과 고향 간의 관계도 거의 '진공' 상태에 가까웠다. 그러나 오히려 이것은 역외 진장인 단체들 간의 네트워크를 구축하고 나아가 이를 제도화함으로써 안정적인 궤도에 진입하게 하는 하나의 계기로 작용했다.

이 시기에 구축된 네트워크의 특징은 다음 두 가지로 구분해 볼 수 있다. 첫째, 쌍방향적으로 구축된 기존의 단체 간 초국적 네트워크를 보다 강화해주었다. 싱가포르—말레이시아 네트워크, 싱가포르—필리핀 네트워크, 말레이시아—필리핀 네트워크 등이 그 예이다. 둘째, 기존의 네트워크가 양자 간 쌍방향적 관계에 그칠 뿐, 네트워크 간의 또 다른 네트워크 구축으로 발전되지 못했다면, 이 시기부터는 네트워크 간의 네트워크가 형성됨으로써, 다원적이고 다방향성의 연계가 가능해졌다. 다시 말해, 이때부터 역외 진장인 단체는 진정한 전 지구적 상호네트워크 구축의 단계로 진입하게 된 것이다. 결국, 이러한 네트워크는 하루아침에 갑자기 형성된 것이 아니라 작은 것에서 큰 것으로, 선에서 면 다시 블록으로 발전되는 일련의 과정을 거친 결과물이라고 할 수 있다.

역외 진장인 단체의 전 지구적 네트워크가 구축된 것은 1970년대 싱가포르와 말레이시아의 동향회 간에 형성된 초국적 네트워크가 그 발

단이었다. 1965년 싱가포르가 말레이시아로부터 분리 독립했지만, 그
것이 역사적으로 이미 형성되어 있던 두 지역 인민과 단체 간의 밀접
한 교류마저 막을 수는 없는 일이었다. 1971년 싱가포르와 말레이시아
의 진장 동향단체는 매년 한 차례 상호 방문한다는데 합의했다. 이 합
의는 1970년대에 몇 차례 열린 '싱가포르-말레이시아 진장동향좌담회'
의 발단이 되었을 뿐 아니라 진장인 단체가 네트워크 제도화의 기반을
다지는 첫걸음이었다.[23] 1978년 제7회 싱가포르-말레이시아 진장동향
좌담회는 싱가포르에서 열렸다. 그런데 당시 회의에는 양국 외에도 인
도네시아, 필리핀, 홍콩 등지의 동향조직들도 초청되어 함께 참여하게
되었다. 따라서 이때부터는 회의 명칭도 아예 '동남아 진장동향연의회
'로 바꾸고, 그에 따른 사무국도 별도로 설치하기로 했다. 사무국은 "매
년 지역별로 돌아가며 설치하고, 매달 각 지역과 관련된 문화, 경제동
향, 동향회를 비롯한 각지 동향조직의 활동 등을 알리는 회보를 제
작"[24]하는 일을 맡았다. 그러나 1980년대에 들어서면서, 싱가포르와 말
레이시아 간의 초국적 네트워크는 말레이시아정부의 일방적 규제조치
로 인해 일시적으로 발전이 지체되었다. 그러나 바로 이 기간 중에, 양
국의 진장인 단체는 양국 이외의 다른 지역으로의 네트워크 확장에 나
서기 시작했다. 이는 훗날 아시아적 차원의 진장인 단체 간 네트워크
구축으로 이어지는 결과를 낳았다. 1980년 말레이시아 타이핑런허공소
(太平仁和公所)는 상호친선을 위해 18일간의 단체일정으로 필리핀, 홍콩,
타이완 등지를 차례로 방문했다. 1982년에는 싱가포르 진장회관이 설
립되고 64년 만에 처음으로 '동남아방문단'을 조직하기도 했다. 이러한

---

23) '네트워크 제도화'는 네트워크의 운영시스템이 지속되고 안정화되는 것을 말하며,
더불어 명확한 조직운영규정(정관 등)을 가지고 있음을 의미하는 것이다.
24) 新加坡晉江會館紀念特刊(1918~1978), 1978, 610쪽.

활동은 모두 싱가포르와 말레이시아 간 초국적 네트워크가 기타 지역으로 확장되는데 있어 사전준비과정의 일환이자 그 출발점이었다.

싱가포르-말레이시아 네트워크가 처음이자 공식적으로 확장된 지역은 바로 홍콩이었다. 첫 기착지로 홍콩을 선택하게 된 데에는 두 가지 이유가 있다. 첫째는 1980년대부터 홍콩으로 이민을 가는 진장인들이 급증해 1987년이 되면 그 수가 27만 8천 5백 명에 이르게 되었기 때문이다.[25] 둘째는 홍콩의 진장인들은 아주 오래전부터 필리핀, 싱가포르, 말레이시아 등지의 동향인들과 개인적인 친분과 관계를 유지해 왔기 때문이다. 결국, 싱가포르와 말레이시아 진장화관의 지원 하에, 1985년 '홍콩 진장동향회'가 탄생하게 되었다. 홍콩 진장동향회는 성립된 지 2년 만에, 방문단을 꾸려 싱가포르, 말레이시아, 타이 3개국을 순방했다. 이번 방문은 "매우 역사적인 방문이자 의미 있는 방문으로 기억되고 있다. 왜냐하면, 이를 계기로, 싱가포르, 말레이시아, 홍콩 동향인들 간에 협력기반이 마련되었을 뿐만 아니라 동남아 전체로 네트워크를 확장하는데 새로운 길을 열어주었기 때문이다."[26] 홍콩 진장동향회의 탄생과 순방은 장기간 지속되어 온 싱가포르, 말레이시아, 홍콩 세 지역 진장인 간의 교류를 제도화하는 첫 출발점이었다. 또한 이로부터 홍콩 진장동향회는 자신의 지리적 이점을 기반으로 해외 진장인 단체 간 네트워크가 보다 광활한 공간으로 발전할 수 있는 길을 닦는데 있어 또 다른 중심지가 될 수 있었다.

진장인 단체 간의 네트워크가 싱가포르와 말레이시아에서 홍콩으로까지 확대되었다는 것은 네트워크의 구조가 '2개의 점-1개의 선'에서

---

25) 吳泰, 『晋江華僑志』, 1220쪽.
26) 新加坡晋江會館會訊, 1987(1), 12쪽.

동남아화교와 동북아화교의 마주보기

'3개의 점—1개의 면'으로 확장되었음을 의미한다. 또 1988년에 싱가포르 진장회관이 주최한 제1회 '아시아진장동향회대표연의좌담회(亞洲晉江同鄕會代表聯誼座談會)'와 이후 연속 3년 동안 열린 '아시아진장단체연의회(亞洲晉江社團聯誼會)'의 경우에는 진장인 단체의 네트워크 구조가 실질적으로 '면'에서 '블록'으로 변화되었음을 뜻한다. 해외 진장인 단체의 초국적 연계는 이로부터 권역 네트워크 단계로 진입했다고 할 수 있다. 1988년 싱가포르 진장회관은 홍콩, 타이완 필리핀 등지의 진장단체를 모두 초청해 제1회 '아시아진장단체연의좌담회'를 개최했고, 뒤이어 1989년 제2회 대회에서는 '아시아진장단체연합회준비위원회(亞洲晉江社團聯合會籌委會)'를 발족시켰다. 또한 1990년 홍콩에서 열린 제3회 대회에서는 '아시아진장단체연합회(亞洲晉江社團聯合會, 약칭, 亞晉聯)'가 정식 출범했다. 이 단체연합회는 정관에 "각지 동향회 간의 교류를 활성화"하는 등의 설립취지를 명기했고, 아시아 각국 성원들로 구성된 이사회(董事會)를 정식으로 구성했다. 결국 역외 진장인 단체의 아시아(주로 동아시아)를 중심으로 한 권역네트워크 구축은 이를 통해 안정적인 제도적 보장 장치를 마련할 수 있게 되었다.

그러나 역외 진장인 단체의 궁극적인 목표는 권역네트워크를 넘어 전 지구적 범위로 확장된 네트워크를 구축하는 것이었다. 구체적으로, 역외 진장 단체의 전 지구적 네트워크의 제도화는 이하 두 차례의 회의를 기초로 이루어졌다. 하나는 '아시아진장단체연합회' 출범 이후, 3년간의 준비과정을 거쳐 1993년에 개최된 제1회 '세계진장동향연의대회(世界晉江同鄕聯誼大會)'였다. 싱가포르에서 열린 이 대회에는 미국, 캐나다, 네덜란드, 뉴질랜드, 영국, 오스트레일리아, 프랑스 등 세계 16개국 및 지역의 동향인들이 회원으로 참여했다. 또 하나는 1995년 진장시정부가 '세계진장동향총회(世界晉江同鄕總會, 약칭, 世晉總)'의 설립을 조속히 추진하기 위해 특별히 선전(深川)에서 개최한 해내외향친간담회(海内外鄕親懇談會)였다. 이 대회에서는 홍콩의 왕웨이첸, 싱가포르의 차이진송, 마카오의 쉬젠캉(許健康)을 공동회장으로 하는 주비위원회를 구성하고 더불어 '세계진장동향총회'의 구체적인 출범일자를 의사일정에 포함시켰다.[27] 결국 이상 두 차례의 회의를 기초로 '세계진장동향총회'는 1997년 5월 1일 중국 진장에서 정식 성립되었다. '아시아진장단체연합회'와 비교해 '세계진장동향총회'는 보다 상세하고 구체적인 총회장정을 마련했다. 장정에서는 '전 지구적'으로 이사진을 구성할 것과 "세계 각지의 동향회 및 동향인들과의 교류를 증진"한다는 내용을 재차 강조했다. 이는 역외 진장인들의 전 지구적 네트워크가 점차 성숙된 방향으로 나아가고 있음을 보여주는 것이며, 보다 안정적으로 작동될 수 있는 제도화된 시스템과 조직적 보장 장치를 갖게 되었음을 의미하는 것이다.

결과적으로, 역외 진장단체의 전 지구적 네트워크는 마치 잔잔한 물 위에 조약돌 하나 던지면 파문이 조금씩 큰 원을 그려나가듯이 그렇게 단계적으로 구축될 수 있었다. 다시 말해, 싱가포르—말레이시아 네트워크가 가장 안쪽에 있는 작은 원이었다면, 그것이 점점 커져 선에서 면으로, 면에서 블록으로 차츰차츰 확장되어 나가게 된 것이다.

중심의 변화

해외진장인 단체의 네트워크 중심은 국가별 혹은 지역별로 조직된 진장 출신 단체 및 기구로 순차적으로 이동되었다. 가령 20세기 후반 해외진장인 단체의 초국적 네트워크 형성과정을 일괄해 보면, 싱가포

27) 新加坡晋江會館會議記錄, 1995.1.12.

르, 홍콩, 진장 등 3개 지역이 네트워크 구축에 있어 차례로 중요한 전략적 지위를 차지하고 있음을 알 수 있다. 한마디로, 네트워크의 중심이 싱가포르, 홍콩, 진장 순으로 옮겨갔다는 말이다.

싱가포르

싱가포르는 초기 네트워크 확장과정에서 중요한 역사적 지위를 차지했다. 특히, 이 지역은 네트워크 캐리어(즉, 단체)라는 측면과 네트워크시스템 구축이란 측면에서 핵심적인 역할을 했다. 우선, 네트워크 캐리어라는 측면에서 보면, 싱가포르 진장회관은 각지에 동향단체(鄕團)의 건립을 촉구함에 있어 대표적인 발의자이자 주도세력이었다. 1970년대 말레이시아 진장단체연합총회(晉江社團聯合總會)나 1980년대 홍콩 진장동향회(晉江同鄕會)의 성립뿐만 아니라 타이와 필리핀의 진장향회(晉江鄕會)의 탄생에 이르기까지, 싱가포르 진장회관은 매우 핵심적이고 주도적인 후견인의 역할을 담당했다. 한편, 네트워크시스템 구축이란 차원에서도 싱가포르는 하나의 본보기이자 귀감이었다. 좌담회 개최를 예로 들어보면, 싱가포르 진장회관은 1970년대의 '싱가포르말레이시아진장동향좌담회(新馬晉江同鄕座談會)', 1980년대 '아시아진장단체연의회(亞洲晉江社團聯誼會)' 그리고 1990년대의 '세계진장동향연의대회(世界晉江同鄕聯誼大會)' 등에서 모두 사실상의 발기자이자 제1회 대회의 주최자였다. 그렇다면, 과연 무엇이 싱가포르 진장회관으로 하여금 이렇듯 중요한 역할을 자임하고 나서게 했을까?

첫째, 싱가포르의 지리적 위치이다. 세계적으로 볼 때, 싱가포르는 동서양 교통의 결절점이다. 지역적으로 보더라도, 싱가포르는 "아시아 대부분의 주요도시와 5,000km 이내의 거리에 위치한"[28] 이른바 '아시아의 차축(車軸)'에 해당한다. 바로 이러한 지리적 이점 덕분에, 싱가포르의 화인조직들이 지역네트워크 나아가 전 지구적 네트워크의 중심으로 부상할 수 있었던 것이다. 둘째, 싱가포르의 '대외개방형' 경제구조이다. 싱가포르는 중계무역과 수출주도형 경제를 그 특징으로 하고 있다. 따라서 싱가포르는 국내시장이나 아시아시장처럼 상대적으로 협소한 시장에 스스로를 한정할 수 없는 경제구조를 갖고 있었다. 결국, 싱가포르 국가운영의 기본은 세계 각국과의 교류를 통해 자국의 발전기회를 모색하는 이른바 '세계적 도시'를 지향하는데 있었던 것이다. 이에 발맞추어 싱가포르 화인단체들도 대외개척에 대한 확고한 의지와 탁월한 능력을 갖추고자 노력했고 지금도 노력하고 있다. 셋째, 지역 환경의 직접적인 자극이다. 싱가포르는 선천적으로 생존과 발전에 있어 극히 제한적인 상황에 놓여있는 탓인지 대외환경과 국제정세에 매우 민감한 편이다. 일례로, 1960년대 중반 동남아국가들이 일종의 국가연합체인 아세안을 결성했을 때에도, 싱가포르의 민간단체들은 그에 대해 매우 신속하게 반응했다. 싱가포르 안하이공회 회장 왕슈더(王修德)는 1978년에 다음과 같이 말한 바 있다. "벌써 각종 민간단체들이 이에 호응해 교류를 강화하고 있다.……각국에 거주하는 우리 고향사람들도 그 수가 결코 적지 않고 곳에 따라서는 상당한 조직을 갖추고 있다.……진장 출신들 간의 교류를 강화함으로써 아세안 간의 상호협력에 이바지해야 할 것이다.……"[29] 넷째, 단체 직능상의 변화에 대한 적응과 자기갱신이다. 제2차 세계대전 이후, 동남아국가들이 잇달아 독립을 쟁취하게 되면서 중국인 이민자들 가운데 거주국에 동화되기 위해 귀화를 선

28) 劉宏, 『戰後新加坡華人社會的嬗變 : 本土情懷・區域網絡・全球視野』, 厦門大學出版社(厦門), 2003, 138쪽.
29) 新加坡晋江會館紀念特刊(1918~1978), 1978, 8쪽.

택하는 이들이 점차 늘게 되었다. 이는 화인 종족단체나 동향단체의 전통적인 직능에 심대한 충격과 심각한 변형을 가져왔다. 싱가포르의 대외개방형 발전전략과 그 요구에 부응하기 위해, 1970년대 진장회관 회장을 역임했던 차이스간은 누차에 걸쳐 다음과 같이 말했다. "동향단체(鄕團)는 국가이익에 기초해 조직의 위상을 재정립해야 한다. 또한 스스로 정부와 민간 간의 소통을 담당하는 통로이자 교량임을 자각해야 할 것이다. 아울러 대내적으로는 정부의 각종 정책추진에 적극 협조하고 대외적으로는 기존의 각국 동향단체 간에 형성된 양호한 관계를 최대한 이용해 우의증진과 더불어 다각적인 경제협력을 추진함으로써 국가의 번영과 안정에 이바지해야 한다."30) 이렇듯 상기한 요소들의 영향 하에서, 싱가포르 진장회관은 그들 자체의 발전 및 변화과정에서 획득한 담대한 용기, 해박한 식견, 확고한 의지를 기반으로, 20세기 후반 이후 해외의 수많은 종족단체 및 동향단체 가운데에서 일약 발군이 될 수 있었고, 그들의 모범이 될 수 있었다.

홍콩

1980년대 말부터 1990년대 초에 이르는 시기에 중요한 역할을 했던 것은 홍콩이었다. 특히, 홍콩은 진장단체의 네트워크 구축을 제도화함으로써 안정적인 궤도 위에 올려놓는데 상당한 공헌을 했다. 1985년에 설립된 홍콩진장동향회는 홍콩이 가진 독특한 경제적·지리적 이점─국제항으로서 금융과 무역의 중심지이고 중국대륙과 잇닿아 있다.─을 최대한 이용해 꽤 주목할 만한 성과를 거두었다. 홍콩진장동향회는 '아진연(亞晉聯, 亞洲

---

30) 新加坡晋江會館紀念特刊(1918~1978), 1978, 10쪽.

晋江社團聯合會)'과 '세진총(世晋總, 世界晋江同鄕總會)' 기획회의의 주최자였을 뿐만 아니라 이 양대 기구의 소재지이자 회의 개최지이기도 했다. 따라서 동아시아지역 및 세계적 범위의 네트워크 구축과 그 제도화를 수행하는 명실상부한 중심이었다고 할 수 있다. 홍콩이 이러한 중심으로 새롭게 자리하게 된 데에는 다음의 세 가지 원인을 들 수 있다.

첫째, 인구수이다. 20세기 후반부터 홍콩은 진장인들이 가장 이민을 가고 싶어 하는 첫 번째 목적지이자 체류지가 되었다. 그러나 본래 해외화인들의 홍콩 이주가 급증하게 된 것은 1949년 중국이 출국제한정책을 실시하고, 제2차 대전 이후 동남아 각국이 중국이민자의 입국에 대해 엄격한 제한과 관리를 시행하면서부터였다. 역사적으로 볼 때, 진장인들의 홍콩 입경이 최고조에 달했던 것도 바로 이 시기였다. 심지어 그 수는 같은 시기 동남아나 구미지역 등으로 이민을 간 수보다 훨씬 많았다.(아래 |표2| 참조) 둘째, 경제력이다. 1960년대부터 홍콩의 경제가 급속히 발전하게 되면서, 그에 비례해 이 지역 진장인들의 경제력도 신장되었다. 1990년대에 이르면, 홍콩의 진장인들이 설립한 기업이 무려 800여개에 달했다.[31] 업종도 다양해 상업, 수출입무역, 해운업, 부동산투자 등 수십 가지가 넘었다. 따라서 탄탄한 재력과 리더십을 갖춘 기업가들도 속속 배출되었다. 해외진장사회의 대표이자 지도자들은 대개 이들 중에서 나왔다. 셋째, 구조이다. 단체는 홍콩진장인사회의 핵심인자이다. 최근 통계에 따르면, 현재 홍콩에 소재한 진장인 단체는 72개가 넘는 것으로 되어 있다. 그리고 이 중에 절대 다수는 촌(村, 鄕)을 단

---

31) Elizabeth Sinn, "Xin Xi Guxiang: A study of Regional Associations as a Bonding Mechanism in the Chinese Diaspora. The Hong Kong Experience", Modern Asian Studies, 31. 2, p.395.

위로 한 단체들이다. 이러한 특징은 홍콩의 진장인 단체가 20세기 후반에 꾸준히 활약하고 고향과 밀접한 관계를 유지하는데 필요한 전제를 제공했다.

|표2| 진장인(晉江人) 출입국 목적지 비교

(단위 : 명)

연도	홍콩/마카오 (주로 홍콩)	동남아/유럽/미국	합계
1953~1977	36,840	9,928	46,768
1978~1986	23,394	15,673	40,067
1991~1995	30,991	4,532	35,523
합계	91,225	31,133	122,358

진장(晉江)

원적지이자 교향이라 할 수 있는 진장(晉江)은 1980년대 교무정책이 일부 조정되면서, 해외진장인사회에서 더욱 중요한 역할을 맡게 되었다. 특히, 진장의 지방정부기관이 앞장서 해외동향회 활동에 적극 참여하기 시작했고, 정부 관료들도 각종 동향회 기념식이면 어김없이 얼굴을 내비치곤 했다. 싱가포르 진장회관의 경우, 1987년까지만 해도 고향 진장에서 온 방문단을 접대한 게 2번에 불과했지만, 1989년에는 5번, 1993년에는 6번으로 늘었고, 1995년에는 무려 15번에 달했다.[32] 한편, 지방정부는 세계 각 국가나 지역에 거주하는 고향사람들이 동향회를 조직하는 일에도 적극 개입하거나 독려하기도 했다. 필리핀 진장총회(晉江總會)의 건립이 그 대표적인 경우라 할 수 있다. 1993년에는 처음으

32) 新加坡晉江會館會議記錄, 1988.2.21, 1990.2.4, 1994.2.20, 1996.3.3.

로 싱가포르 진장회관의 삼경대전(三慶大典)과 같은 해외동향회의 개별적 경축활동 등을 진장시 최고위급상무위원회의 정식 의제로 상정하고 나아가 아예 전담팀까지 꾸려 지원하기도 했다.[33] 해외 진장인 네트워크가 전 세계적 차원에서 제도화되었음을 상징하는 것이라 볼 수 있는 '세진총'도 궁극적으로 진장시 정부차원의 직접적인 추진이 있었기에 탄생할 수 있었다. 더욱이 그 창립대회 역시 진장에서 열렸다. 이외에도 2012년 진장에서 개최된 세계진장간친대회(世界晉江懇親大會)에는 지방정부는 물론이고 중앙정부에서까지 각급 정부지도자들이 대거 참석해 성황을 이루었다. 이처럼 중국경제의 급성장과 그에 따른 전 지구화과정에 대한 적극적 참여는 국민국가 안에서 수직적으로 통합되어 있던 지방의 특성과 자주성을 새롭게 복원시켰다. 또 한편으로는, 해외화인 사회의 역사적 기억과 사회문화적 차원에서 교향이 갖는 의미는,[34] 궁극적으로 교향인 진장이 주도하는 지역플랫폼이 해외 진장인 단체 간의 네트워크 구축과 제도화 및 확장에 큰 역할을 할 수 있도록 했다는 점에서 찾을 수 있다. 이로써 해외 진장인 단체의 초국적 네트워크에 없어서는 안 될 '중심'이 될 수 있었던 것이다.

---

33) 新加坡晉江會館會議記錄, 1993.5.26.

34) Tan Chee-Beng, "Introduction: Chinese overseas, transnational networks and China" in Tan Chee-Beng(ed.), Chinese Transnational Networks, USA and Canada: routledge, 2007, pp.1-20.

맺음말

이 글에서는 20세기 후반 해외진장인 단체를 중심으로 화인단체의 초국적 네트워크에 대해 고찰해보았다. 이상에서 필자는 다음과 같은 결론을 얻을 수 있었다.

첫째, 화인네트워크는 해외화인의 사회문화와 밀접한 관련성을 가지고 있다. 다시 말해, 혈연과 지연을 핵심개념으로 하는 '지역정체성'은 화인사회의 문화적 귀속성을 가늠하는 중요한 잣대 중의 하나이자, 동시에 화인사회만이 가지고 있는 고유한 지역네트워크를 구축하는 정신적 토대이다. 전 지구화 과정 속에서, 지역성에 대한 강조는 어찌 보면 시대에 역행하는 정반대의 길을 모색하는 것처럼 보일지도 모르겠다. 그러나 공교롭게도 지역정체성은 화인단체의 세계화 진행과정을 가속화시키는 일종의 촉진제로서 작용하고 있음을 확인할 수 있었다. 말 그대로, '글로컬리티(Glocality)'를 체현하고 있는 셈이다.

둘째, 해외 진장인 단체는 정기적인 상호방문과 상호관찰 그리고 일련의 각종 회의 개최 및 국제적 조직의 결성 등을 통해, 화인단체의 초국적 네트워크를 제도적으로 구축할 수 있었다. 개인의 초국적 네트워크와 비교해볼 때, 단체의 초국적 네트워크는 경제, 사회, 문화 등 각 방면에서 훨씬 더 팽팽한 장력과 훨씬 더 촘촘한 밀도를 가지고 있다. 또한 그것은 발휘할 수 있는 역량이나 영향력, 역할도 훨씬 더 크다. 효능 면에서도 단체 간에 구축된 네트워크는 개인의 역량을 훨씬 뛰어넘는다. 이렇게 볼 때, 단체 간의 네트워크가 구축되는 과정에서 나타나는 종적 역사성, 횡적 단계성 그리고 중심의 가변성은 종족집단 간의 네트워크 구축에 시공간이란 좌표가 얼마나 심대하고 심각한 내함을 갖고 있는지를 잘 설명해주고 있다 할 것이다.

셋째, 국민국가(nation-state)는 단체의 초국적 실천에 여전히 중요한 영향을 미치는 요소 중의 하나이다. 1960년대에는 해외단체와 중국 교향간의 교류네트워크가 단절되었고, 1979년에는 제1회 동남아진장동향연의회(東南亞晋江同鄕聯誼會)가 처음이자 마지막 대회로 마감되는 일도 있었다. 그러나 이는 곧 해마다 이어지는 세계진장단체대회(世界晋江社團會議)의 성공적인 개최와 해외단체와 중국 간의 관계회복 등으로 빠르게 복원되기도 했다. 이 모두는 국민국가가 화인단체의 초국적 활동에 얼마나 큰 영향력을 발휘하고 있고, 또 제약을 가하고 있는지를 잘 보여주는 예라 할 수 있다. 이른바 '트랜스내셔널리즘'이 애초에 제기된 데에는 국민국가라고 하는 전통적 이론의 틀이 제한하고 있는 속박에서 벗어나는데 그 목적이 있었다. 그런데 실제 사례에서 보듯이, 트랜스내셔널리즘은 여전히 국민국가의 힘과 도움을 필요로 하고 있다. 마찬가지로 단체의 초국적 활동 역시 국민국가와의 상호작용 속에서 부단히 자기적응의 훈련을 거치고 있다.

원향(原鄕)과 타향(異地) 사이에서

― 싱가포르 진먼회관(金門會館)의
초국적 활동(1949년 이전)

장보웨이(江柏煒)

1. 근대 진먼(金門) 화교의 초국적 흐름

한때 우장(浯江), 우저우(浯州), 우다오(浯島), 창우(滄浯) 등 다양한 이름으로 불리기도 했던 진먼(金門)은 지리적으로 민난(閩南) 연해에서 얼마 떨어지지 않은 곳에 위치해 있고 중국대륙과는 바다를 사이에 두고 있는 외딴 섬이다. 이 진먼이라는 작은 섬은 사면이 취엔저우(泉州)의 웨이터우(圍頭), 난안(南安), 통안(同安), 샤먼다오(廈門島) 그리고 장저우(漳州)의 하이청(海澄) 등지에 둘러싸여 있어, 민난문화의 핵심지역 중의 하나이기도 하다.(|그림1| 참조)

그런데 지방 사료를 보면, 진먼 사람들이 16세기 중반 넘어 해외로 나갔다는 기록들이 여기저기 보인다. 『진먼화교지(金門華僑志)』에, 명대(明代) 융경(隆慶, 1567~1572), 만력(萬曆, 1573~1620) 연간 이후에 진먼인들이 남양(南洋)으로 건너갔다는 기록이 실려 있는 게 그 예라 할 수 있다.[1]

---

1) "명나라 융경(隆慶), 만력(萬曆) 이후, 왜구가 소탕되어 해상이 안정화되면서 민인

동남아화교와 동북아화교의 마주보기

|그림1| 민난(閩南) 구역 안의 진먼(金門)

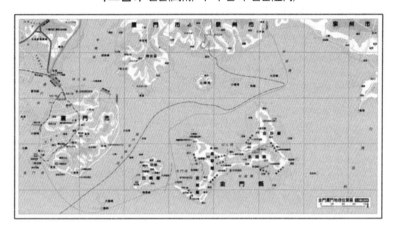

일부 족보 중에도 17세기 중반 이후 바다로 나간 기록들이 간혹 보인
다.[2] 또 필자의 현지조사를 통해서도, 근대 이전 해외에 거주했던 진먼
인들의 자취를 엿볼 수 있었다. 가령, 말라카의 부킷차이나(三寶山)에는
초기 진먼인들의 무덤 7기(基)가 있는데, 이 중에 시기가 가장 이른 것
은 1772년에 죽은 천컹(陳坑) 출신의 천쉰머우(陳巽謀)라는 사람의 무덤이

(閩人)들은 베트남, 타이, 루손 등과 빈번한 교류를 진행했다. 우민(浯民)들도 예
외가 아니었다. 이에 영향을 받은 다른 지역사람들 중에서도 배를 타고 멀리 바다
를 건너는 자들이 생겨났다. 고구마 등과 같은 남양의 특산물이 이미 이 시기에
본도(本島)에서도 재배되고 있다는 것이 이를 충분히 입증해주고 있다." 金門縣
文獻委員會, 『金門華僑志』, 編者出版(金門), 1960, 95-96쪽.
2) 가령, 리에위(烈嶼)의 『護頭方氏族譜』에는 다음과 같은 기록이 있다. "보양개열
파(莆陽開烈派) 11세손 (팡)샨위((方)善玉)는 남양으로 이주해 마오쥬(茂玖)를 낳
았다. (팡)닝위(方)寧玉)는 펑후(澎湖)로 이주해 와둥파(瓦硐派)의 시조가 되었
다. …" 이 시기를 추산해보면, 대략 1650년에서 1680년 사이임을 알 수 있다. 또
청나라 도광(道光) 원년(1821)의 판본인 『浯江瓊林蔡氏族譜』에는, 명대의 한 가
문이 "캄보디아로 가서 캄보디아에서 죽었다.…" "18세손인 (차이)스쩐((蔡)士振)
의 장자 훼이자오(譚竈, 字는 允愼)가 캄보디아에서 태어나…정묘년에 돌아왔다."
등의 기록이 있다. 이를 추산해보면, 적어도 1687년 이전에 이미 해외로 나갔음을
알 수 있다.

었다. 또 나가사키에는 1628년 취엔장(泉漳) 출신의 선주(船主)가 창건한 후쿠사이지(福濟寺)가 있는데, 여기에는 민난사람들의 묘비 339좌(座)가 모셔져 있다. 이 가운데 원적을 확인할 수 있는 것 중에서는 진먼 출신의 묘비가 84좌로 가장 많은 수를 차지하고 있었다.[3] 이것만 보더라도, 진먼인들이 1840년 이전부터 이미 동남아시아나 동북아시아 등지의 항구도시를 왕래하고 있었다는 사실을 확인할 수 있다.

1860년부터 1940년대 중반까지, 진먼 출신 해외이민자 규모는 지속적으로 확대되었다. 중국내부의 경제적 궁핍과 정치적 불안이 이들을 밖으로 내보내는 추진력으로 작용했다면, 동남아 식민경제의 발전은 이들을 흡수하는 또 다른 장력이었다. 특히, 1915년부터 1929년 사이에 진먼 인구의 41.45%가 감소했다.(남성은 43.35%, 여성은 39.06% 각각 감소했다.)[4]

---

3) 이 후쿠사이지 뒤편 언덕에는 초기 민난 사람들의 공원묘지도 있다. 이곳에는 주로 민난 출신의 선원, 장인, 기타 타향에서 객사한 사람들의 묘비가 세워져있다. 현지 조사한 바에 따르면, 총 339기의 묘가 다섯줄로 배열되어 있었다. 이 가운데 남성의 무덤은 290기였고, 여성의 무덤은 21기 그리고 나머지 28기는 본인미상이었다. 또 이를 원적지별로 보면, 진먼 출신과 통안(同安) 출신이 각각 84기와 83기로 가장 많았다. 물론, 민난 출신이 아닌 자들의 무덤도 일부 있었다. 그러나 128기의 묘비는 비문이 잘 보이지 않아 원적지를 판별하거나 확인할 수 없었다. 해독 가능한 묘비 가운데에서, 연대가 가장 이른 것은 광동성(廣東省) 차오저우부(潮州府) 하이양현(海陽縣) 출신의 리샤오칭(李小慶)의 무덤으로, 청나라 강희45년 2월 13일 축(丑)시에 태어나 옹정7년 4월 초파일 진(辰)시에 죽은 것으로 되어 있다. 즉, 생졸연대는 1703년부터 1731년인 셈이다. 연대가 가장 늦은 것은 일본인 요시다 유타카(吉田豊)에게 시집을 간 쉬(徐)씨 성을 가진 여인의 무덤으로, 민국16년에 사망한 것으로 되어 있다.

4) 민국4년(1915) 현정부소재지(縣治)가 설치되면서, 인구조사통계도 비교적 신뢰할 만해졌다. 당시 "총 10개의 보(保), 176개의 향(鄕, 村)에 18,183가구가 살았다. 남성인구는 44,141명이었고, 여성인구는 35,216명으로 총인구가 79,357명이었다." 민국18년(1929)의 통계를 보면, "현 전체에 84,004가구가 살았고, 총인구는 남성이 25,005명, 여성 21,462명으로 도합 46,467명이었다." 金門縣政府, 『金門縣志』續修, 編者自印(金門), 2009, 43쪽.

이는 14년이란 단기간 동안, 진먼인들의 상당수가 해외로 빠져나갔다는 것을 방증해주는 하나의 사례라 할 수 있다. 그러나 왕경우(王賡武)가 지적한 것처럼, 초창기 그들의 이주 성격은 '교거집단(僑居社群, sojourning communities)'이었지 결코 '정거집단(定居集團, settling communities)'은 아니었다. 물론 이것은 이른바 '낙엽귀근(落葉歸根)'이란 유교적 관념과 일맥상통하는 것일 수도 있지만, 무엇보다 교거지의 불안정하고 불안전한 정치현실과 밀접한 관련이 있다고 볼 수 있다.[5]

진먼 출신 해외이주민들은 동남아 전역에 걸쳐 자신들의 족적을 남겨놓았다. 싱가포르, 말레이시아의 페낭·셀랑고르포트끌랑·부킷차이나·조호르바루, 브루나이, 인도네시아의 방카-베이퉁·수라바야·자카르타, 필리핀의 세부·카가얀데오르·일로코스노르테, 베트남의 사이공, 타이의 방콕, 미얀마의 양곤 등 그들의 발걸음이 닿지 않는 곳이 없었고, 일부는 일본의 나가사키, 고베 그리고 홍콩 등에도 둥지를 틀었다.[6]

싱가포르 화인사회에서 진먼 출신의 이주민집단은 매우 중요한 커뮤니티 중의 하나이다. 이들은 1870년대에 싱가포르에서 이른바 진먼방(金門幇)이라고 통칭되는 두 개의 단체를 조직했다. 하나는 상인(商紳, merchant gentry) 중심의 진먼회관(金門會館)이고, 하나는 노동자 중심의 우장공회(浯江公會)와 그 산하의 쿨리방(苦力間, 估俚間)들이다. 이 글에서는 1870년대부터 1949년 이전까지 싱가포르에 거주하는 진먼 출신 상인들

---

5) Wang Gungwu, "Merchants without Empires: The Hokkien Sojourning Communities", in Wang Gungwu ed. *China and the Chinese Overseas*, Singapore: Times Academic Press, 1991, pp.79-101.

6) 江柏煒, 「僑郷史料中的金門(1920s~1940s)―珠山『顯影』之考察」, 『人文與社會研究集刊』 第17卷 第1期, 中央研究院人文社會科學研究中心(台北), 2005, 179-180쪽.

의 지연정체성(地緣認同) 형성과 동향회(鄕團) 조직과정 그리고 그들이 싱가포르와 교향(僑鄕)인 진먼 사이에서 담당했던 역할에 대해 고찰할 것이다. 특히, 이들의 초국적 활동에 대한 분석은 해외 상인계층의 동향회가 했던 역사적 역할을 이해하는데 진일보한 도움을 줄 것이라 믿는다.

2. 우장부제묘(浯江孚濟廟)
― 싱가포르 진먼커뮤니티(Quemoy Community) 조직의 효시

1870년, 싱가포르에서 상업을 통해 성공한 진먼 출신의 유력자(鄕賢)들은 고향 사정에 대한 정보교류와 고향사람들 간의 친목과 단합을 위한 모임장소로서 사당(祠廟)의 창건을 발기했다. 싱가포르 토지관리국(Singapore Land Authority)에 보존되어 있는 부제묘(孚濟廟)의 땅문서를 보면, 1875년 부제묘가 해협식민지[7]정부에 등기한 영문명은 Hoo Chay Beoh 였다. 그리고 창립 초기의 신탁자는 Wee Eng Wee(黃英偉), Goh Teong Chong(吳仲鐘), Lee Pie(李排, 李連排), Ung Chuan(黃川, 黃良川), Yeo Toh(楊都, 楊振都), Ung Chong(洪聰, 洪文聰)으로 되어 있다.[8]

6년간의 준비과정을 거쳐, 1876년에 드디어 우장부제묘(浯江孚濟廟)와 진먼공사(金門公司)가 스미스 스트리트(Smith St., 牛車水土敏街) 49호와 51호에 정식으로 건립되었다. 두 개의 출입문이 나있는 이 2층 점포건물의 내부를 들여다보면, 1층 중당(中堂)에 위치한 주사(主祀)에는 진먼의 성후은

---

7) 말레이반도의 남부 믈라카 해협에 면한 옛 영국 직할 식민지. 1946년에 싱가포르는 분리되고 나머지는 말라야연방에 편입되었다.(옮긴이)
8) 許振義 主編, 『金門先賢錄: 新加坡篇』, 新加坡金門會館(新加坡), 2015, 184쪽.

주(聖侯恩主)라고 할 수 있는 천위엔(陳淵)과 그 부인의 신상(神像)이 모셔져 있다. 먼 길을 떠나는 상인들이나 여행객들은 어김없이 이곳에 와 향을 피우며 자신들의 안전을 기원하곤 했다. 그리고 후전(後殿)에는 복덕정신(福德正神)이 모셔져 있는데, 이곳이 바로 진먼공사9) 사무실이었다. 2층으로 올라가면, 각 유력자들의 녹위(祿位)가 세워져 있고 그 앞에는 제를 올릴 수 있는 제단이 마련되어 있다. 당시 이사(董事) 중의 한 명이었던 린헝난(林衡南)이 작성한 『우장부제묘 비문(浯江孚濟廟碑記)』(1876년, 그림 21)에는 설립 당시의 취지가 다음과 같이 기록되어 있다.

무릇 대지(地)는 신(神)으로부터 그 영험(靈)을 얻고, 인간(人)은 화합(和)을 통해 자신의 귀함(貴)을 인정받는 법이다. 고로 신명(神明)의 가호(呵護)에 의지하고자 한다면, 먼저 고향(桑梓) 사람들 전체를 영화롭게 할지어다. 허나 남양(南洋)에 와 있는 우리 우다오인(浯島人)들은 비록 그 수는 많되 정작 서로를 끌어주고 밀어주는 일은 드물었다. 이에 늘 공허함이 없지 않았다. 가지 많은 나무에 바람 잘 날 없다는 속담이 그 같은 이치이리라. 이에 고향사람들 간에 서로를 잇고 묶어주는 일이 필요하다고 생각한 자들이 뜻을 함께 해 싱가포르 뉴처수이(牛車水)10)에 우장부제묘(浯江孚濟廟)를 창건

---

9) 여기서 말하는 '공사'는 영리를 목적으로 하는 기업(company)이 아니라 혈연 및 지연으로 이루어진 동업집단(合夥)의 공유산업, 공유재산 및 그 조직을 가리킨다. 이러한 '공사'는 민난 지역에 널리 분포되어 있다가 훗날 동남아화인사회에까지 전파되었다. 공사방(公司房), 공사조(公司厝), 쿨리방(估俚間) 등의 명사는, 당시 남양으로 이주한 사람들이 공동으로 합숙을 하며 서로 의지하고 단합하기 위해 구성한 어느 정도 제도적 틀을 갖춘 단체를 말한다. 이는 당시 남쪽으로 이주한 사람들 대부분이 독신남성이었기에 가능한 일이었고 그에 걸맞은 매우 유용한 조직이기도 했다. 초창기 화인들의 공사 중에서 가장 안정적 기반을 갖춘 공사로는 페낭의 5대성공사(五大姓公司, 邱, 謝, 楊, 林, 陳)가 있다. 이렇듯, 당시의 우장부제묘는 고향사람들 간의 교류와 친목을 위한 일종의 공사방 및 그 조직형태였다. 이는 결국 지연 정체성 및 사회적 네트워크를 통해 구성된 일종의 동업공동체적 성격의 사회관계를 뜻하는 것이라 볼 수 있다.

코자 한다. 때는 광서(光緒) 2년 병자(丙子)년이다. 정남향에 자리한 사당의 내부로 들어가면, 정중앙에 위치한 중당(中堂)에는 성후은주(聖侯恩主)가 모셔져 있다. 무릇 성후(聖侯)는 영험함이 있어 일찍이 우다오의 재난과 우환을 막아주고 먼 길 떠나는 상인들을 보호해주었다. 지금 그 은택이 이곳 싱가포르에까지 미치고 있으니 어찌 그를 기리지 않을 수 있으랴! 이에 그 덕과 공을 기리고자 함이다. 사당 뒤 후전(後殿)에는 복덕정

|그림2| 「浯江孚濟廟碑記」(1876)

신(福德正神)을 모시어 그 은덕과 가호를 함께 빌고자 한다. 2층에는 삼가 녹위를 세워 훗날 배향(配享)코자 한다. 신과 인간이 함께 하면 백성과 만물이 모두 안녕하고 매사 순조롭고 편안한 법이다. 이렇듯 모두가 힘을 합치고 친목을 도모한다면 실로 동고동락함이 따로 없을 지어다. 방법이 좋으면 뜻도 좋은 법이다. 차제에 이는 천재일우의 기회가 될 것임을 믿어 의심치 않는다.……11)

---

10) 지금의 싱가포르 차이나타운(唐人街)이 위치한 곳이다.(옮긴이)
11) 린헝난(林衡南)은 진먼 출신으로 일찍이 싱가포르로 건너가 고우헌인무관(古友軒印務館)을 설립하고, 1891년에는 《성보(星報)》를 창간해 아들 광취엔(光銓) 명의로 정부에 정식으로 등록했다. 이는 싱가포르, 말레이시아 일대에서는 처음으로 발행된 정식 중국어신문이었다. 『金門縣志』, 1992, 1323쪽.

우장(浯江)이란 곧 진먼을 가리키며, 부제묘(孚濟廟)는 이 진먼의 지연 (地緣)적 특징을 상징하는 대표적인 신앙체계이다.[12] 1945년 이전까지 만 해도, 매년 음력 2월 초이틀이 되면 천위엔(은주공恩主公) 탄신일을 맞 아 제를 올리고 연극도 하는 등 매우 성대한 행사가 치러졌던 것도 이 때문이다. 초창기 주로 상인 중심으로 이루어졌던 우장부제묘는 일반 동향회처럼 가난구제나 생계지원 혹은 사후처리와 같은 일까지 도맡아 할 필요는 없었다. 그러나 훗날 고향사람들로부터 영원토록 떠받들어 지고 존경을 받기 위해 미리 돈을 내고 녹위를 세우는 일은[13], 타향이 라 제대로 된 사당을 마련하지 못한 당시 상황으로서는 그나마 최선이 었을 것이라 생각된다. 1926년 〈부제묘관리장정(孚濟廟治理章程)〉에는 다 음과 같이 기록되어 있다. "진먼 출신 선현을 영구히 기리기 위해 철이 나 절기마다 제사를 지내며 그들의 우상(偶像)이나 회상(繪像)을 길이 보 존한다."[14] 바꿔 말하면, 우장부제묘는 종교적 신앙을 통해 진먼 지연

---

12) 798년(唐 德宗 貞元13年) 목마감 천위엔은 차이(蔡), 쉬(許), 웡(翁), 리(李), 황 (黃), 왕(王), 뤼(呂), 류(劉), 홍(洪), 린(林), 샤오(蕭) 등 12개 성씨의 사람들을 이 끌고 우저우(浯州, 金門)에 건너와 땅을 개간했다. 훗날 진먼 사람들은 이에 대한 보은의 마음으로 그를 호기장군(護驥將軍)으로 추숭함과 동시에 암자를 짓고 그 의 신상을 모셨다. 전해 내려오는 말에 의하면, 원나라 말기 왜구가 쳐들어왔을 때, 천위엔이 현령(顯靈)하여 백성을 지켜내었고 이에 조정은 그를 복우성후(福佑 聖侯)에 봉하고 암자 앞에 있는 평링산(豐蓮山)에 일곱 채의 사당廟宇)을 지어 '부제묘(孚濟廟)'라 명명했다고 한다. 이때부터 백성들도 그를 은주공(恩主公) 혹 은 성후은주(聖侯恩主)로 떠받들었다는 것이다. 천위엔은 진먼을 개척한 한인(漢 人) 시조로 여겨졌기 때문에, 그에 대한 신앙도 오래도록 널리 유전되었다. 현재, 진먼 각지에는 성후은주를 모시는 9개의 부제묘가 있다.

13) 생전에 미리 사당의 감실(祖龕) 안에 자리를 마련해 녹위를 세워놓으면, 백년 후 에 자손들이 정식으로 사당에 모시고 때마다 제를 지냈다. 녹위란 이름을 새겨 넣 은 목패(木牌)를 빨간색 천으로 싸둔 것으로 신주의 위패와는 그 성격이 다르다. 빨간색 천은 백년 후에나 열어볼 수 있었다.

14) 金門會館, 〈孚濟廟治理章程〉, 1926, 미출판.

정체성의 상징적 의미를 표현하는 것이기도 했고, 동시에 커뮤니티 공동으로 선현을 기리는 제사를 올리는 사당의 기능도 담당했던 것이다.

이외에도 우장부제묘의 성립에는 또 다른 외부적 요인이 존재했다. 당시, 싱가포르에는 상업을 통해 부를 이룬 진먼 사람들이 적지 않았다. 그런데 이들이 지닌 경제력이 결코 무시할 수 없는 수준이었음에도 불구하고, 기존의 푸젠방(福建帮) 조직 안에서는 별다른 지위를 확보하지 못하고 있었던 게 그들의 엄연한 현실이기도 했다. 때마침 당시에는 푸젠방이란 상급조직과는 별도로 이차적인 하급지연조직을 만드는 게 하나의 유행처럼 되어 있었다. 가령, 난안회관(南安會館), 용춘회관(永春會館), 장타이회관(長泰會館) 등이 그 예이다. 이러한 유행과 풍조는 진먼 상인들의 사회적 지위 개선에 대한 심리적 욕구를 자극했고, 급기야 이들도 나름의 자발적인 단체를 조직하게 되었다. 이렇게 형성된 지연동향회(地緣鄕團)는 내부적 단결과 협력 그리고 외부적 지위상승을 꾀하는데 도움이 되었다. 한마디로, 이것은 상인들이 필요로 하는 일종의 사회자본인 셈이었던 것이다.

이러한 내외적 요인의 영향 하에서, 1876년 리스타(李仕撻, 대총리大總理), 리롄파이(李連排), 황잉웨이(黃英偉), 양전두(楊振都), 홍원총(洪文聰), 우쫑쫑(吳仲鍾), 천칭타이(陳清泰, 陳泰), 황량촨(黃良川), 황차오허(黃超和) (이상 대이사大董事) 등이 중심이 되고, 린광취엔(林光銓), 리스탄(李仕炭), 우투관(吳凸觀), 리마오관(李毛觀), 우쫑관(吳宗觀), 차이공성(蔡貢生), 홍건관(洪根觀), 장제주(張傑諸), 허원충(何文瓊), 황량이(黃良椅), 쉐멍린(薛夢麟), 리칭루(李清爐), 황량탄(黃良檀), 쉐룽화(薛榮華), 황원짠(黃文瓚), 양웬타이(楊淵泰), 황량촹(黃良闖), 천광신(陳光信), 황송관(黃送觀), 천밍신(陳明欣), 양원관(楊聞觀), 장수이스(張水石), 관톈송(關天送), 천진핑(陳金瓶), 천밍티(陳明提), 황칭지(黃清吉), 류루이린(劉瑞麟), 양쑤이쉬(楊歲序), 황진 (黃金篆), 리롄커(李連科), 천자오관(陳

罩觀) (이상, 이사) 등의 지지를 받아 우장부제묘와 진먼공사를 정식으로 설립하게 된 것이다. 이외에도 242명이 자진해서 기부금을 내기도 했다. 가령, 1,000원 이상을 기부한 자는 4명이었다. 가장 많이 기부한 사람은 당시 미곡상, 조선업, 제재소 등을 경영하고 있던 대부호 황잉웨이로 1,300원을 기부했고, 양쩐두, 리롄파이가 각각 1,100원, 대총리 리스타가 1,000원을 기부했다.

|그림3| 「浯江孚濟廟祿位碑」(1876)

『우장부제묘 비문』에 따르면, 기부자 중에는 두 명의 비(非) 진먼출신자도 있었다. 한 명은 진먼과 이웃한 자허(嘉禾, 즉, 샤먼廈門) 출신의 목재상 천칭타이로 500원을 기부했다. 이 사람은 8명의 대이사 가운데 하나이기도 했다. 나머지 한 명은 푸젠성 난징(南靖) 출신의 상인 류진방(劉金榜)으로 은(銀) 10냥을 기부했다.

그런데 화인들의 비밀결사체라 할 수 있는 「사회당(私會黨)」이 쿨리무역(coolie trade)을 장악하려 들면서, 부제묘와 사회당 간에는 잦은 무력다툼이 일어나게 되었고 이는 심각한 사회문제의 하나로 대두되었다. 이에 영국 식민정부는 1869년 "모든 사회단체는 반드시 등록을 거쳐야 하며, 불법집회는 전면 금지한다."는 내용의 〈불순단체 단속령(危險社團壓制法令, The Dangerous Societies Suppression Ordinance, also named Secret Societies Ordinance)을 통과시켰다.(앞서 1867년에는 임시조치로 〈치안법령〉을 통과시켰다.) 이에 따르면, 10명 이상이 모인 모든 사회단체는 필히 정부에 등록을 해야 했고 그 활동상황을 정기적으로 보고해야 했다. 이는 궁극적으로 사회당을 겨냥한 조치였다고 할 수 있다. 결국 영국 식민정부는 1890년에 사회당을 불법단체로 규정하고, 같은 해 7월에는 정부 명의로 《성보(星報)》에 이를 고시했다. 고시한 바에 의하면, 기존의 6개 사당(廟宇) 및 회관은 계속해서 운영을 허가한다고 되어 있다. 물론 여기에는 진먼 상인 중심의 부제묘도 포함되어 있었다. 이는 부제묘가 상인을 중심으로 한 회관의 성격을 지니고 있다는 판단에서 비롯된 것이라고 볼 수 있다.

□□금지조치

현□ 영국헌법에 준해 싱가포르에서는 사당 및 회관을 제외한 모든 단체는 법에 따라 그 개설을 제한하도록 되어 있다. □□□□□□ 이에 다음과 같이 고시하는 바이다. 기타 모든 회당(會黨)은 일체 그 개설 및 운영을 불허하고 금지한다. 단, 기존의 웨하이회관(粤海會館), 부제묘, 상산회관(香山會館), 보적궁(保赤宮), 관음당(觀音堂), 불조묘(佛祖廟) 등은 법에 따라 운영을 허용한다. 이는 이미 등록을 마쳤기 때문에 가능한 일이다. □□□주지해야 할 것이다.[15]

1886년 린하오(林豪)는 진먼에 우장절효사(浯江節孝祠) 창건을 주창하고, 사당 건립에 있어 부족한 자금에 대해서는 해외에 지원을 요청했다. 이에 1889년 2월 린웨이화(林維化)는 《성보》에 싱가포르 고향교민들의 기부를 바라는 호소문을 게재했다. 같은 해 4월에는 린하오, 홍쥐저우(洪作舟), 쉬짠상(許贊商), 린즈제(林資傑), 쉬커자(許克家), 쉬차오선(許朝紳), 린웨이쉔(林慰萱) 등 진먼 현지의 유지(鄉紳)들이 싱가포르에 있는 진먼 사람들에게 절효사 창건에 따른 기부금을 내줄 것을 호소하는 서신을 보내

---

15) 《星報》, 1890.7.15. □는 판독불능.

동남아화교와 동북아화교의 마주보기

기도 했다. 이에 호응해 부제묘 총리 리스타는 《성보》에 진먼 교민들의 기부를 호소하는 광고를 실었다. 결국 절효사는 이듬해(1890) 낙성되었고, 정월 17일에 정식으로 낙성식을 거행했다. 린하오는 절효사 창건 외에도 육영당(育嬰堂)의 관리와 운영에 소요되는 비용을 마련하기 위해 손수 남양으로 가 모금활동을 벌이기도 했는데, 이때 그는 진먼공사(부제묘)에서 숙박을 해결했다.[16] 1897년 진먼에서 전염병이 창궐했을 때에는 황량탄이 우장부제묘 이사들을 움직여 모금활동을 벌였고, 그 자신이 솔선해 300원이란 거금을 내기도 했다. 《성보》에 실린 기부자 명단을 보면, 웡쥔위(翁君喩), 세리공사(協利公司), 진전메이(金振美), 양번성(楊本陞), 옌원펀(顔文分), 천팡컹(陳芳坑), 진위싱(金裕興) 등의 상인들이 포함되어 있는 것을 알 수 있다.[17] 이러한 역사적 사실은 제1세대 화교들이 여전히 고향에 대한 강한 애착과 애정을 가지고 있고, 그에 따라 그들이 조직한 동향회도 자연스럽게 고향에 대해 관심을 기울이고 있음을 증명해주는 것이라 볼 수 있다.

---

16) 許允之, 手稿 『金門會館史略』, 미출판, 연대미상. 쉬윈즈(許允之, 1890~1960)는 서예가이다. 어려서 잠시 싱가포르에 살았던 적이 있는 그는 1924년에 다시 싱가포르에 가서 화상은행(華商銀行)에서 비서로 근무했다. 1933년 화상은행, 화풍은행(和豊銀行), 화교은행(華僑銀行)이 하나로 합병되었을 때에도 중국어 담당 비서로 일했다. 진먼회관의 이사로도 오래 있었다. 당시 회의기록을 보면, 그가 친필로 쓴 문서들이 많이 보이는데, 이는 모두 싱가포르 진먼회관의 진귀한 사료들이다.

17) 《星報》, 1897.9.17.

3. 20세기 초 진먼 공공사무에 대한 회관의 참여

진먼의 현(縣) 설치 추진

1911년 리스타가 사망하게 되면서 우장부제묘의 총리직은 진푸허(金福和)의 주인인 황량탄18)이 이어받았다. 리스타는 개인적인 생업에 바빠 회관의 일을 제대로 돌보지 못했던 1891년을 제외하고는19) 1870년

---

18) "황량탄은 허우푸터우(後浦頭) 사람이다. 그는 비록 배움은 짧았지만, 일찍이 함풍(咸豊) 연간에 약관(弱冠)의 나이로 네덜란드령 동인도제도에서 사업을 벌였다. 훗날 그는 네덜란드 식민정부로부터 이 지역에서 생산되는 소금에 대한 전매권을 획득하고 제염회사를 차렸다. 처음에는 바간 등 이 지역 항구도시를 중심으로 한 소금전매만으로도 상당한 수익을 올렸다. 그러나 뒤이어 영국령 싱가포르에 양행(洋行)과 윤선공사를 설립하는 등 사업을 확장했다. 보유자산만 수백만에 달하게 되자, 네덜란드 정부는 그를 치부의 귀재라 칭송하며 카피탄이란 감투를 씌워주기도 했다. 인도네시아뿐만 아니라 싱가포르 화교사회에서 그의 도움을 받지 않은 자가 거의 없을 정도였다. 그는 훗날 천수를 다하고 사망했다."『金門縣志』, 1992, 1323쪽.

19) "모든 이들의 여망에 부응해 싱가포르 뉴처수이에 부제묘가 설치되었다. 이곳은 신께 제를 올리고 고향사람들이 함께 모여 각종 일을 상의하는 장소이다. 설립 당시에는 황잉웨이가 이사로 천거되었지만 기부를 많이 한 우쭝쫑, 리스타, 양전두 등이 회관을 이끌어야 한다는게 중론이었다. 그러나 리스타를 비롯한 이들은 모두 사업에 바빠 도저히 시간을 낼 수 없었기에 하는 수 없이 류즈페이(劉滋培)가 총리로 선출되었다. 그동안 부제묘에서는 수차례 성대한 연극이 상연되었지만, 오늘처럼 이렇게 흥겨울 때는 없었다. 이처럼 흥이 가시지 않고 계속되는 것은 모두 하나같이 그가 선출되었기 때문이다. 평소 류(劉)군은 청렴하고 거만하지 않으며 성품이 올바른 사람이기 때문에 모두의 마음을 흡족하게 한 것이다. 그는 언제나 온갖 어려움에도 불구하고 자신이 맡은 일에 최선을 다했고 매사 정의와 의리를 중시하고 편벽됨이 없으며 남의 일도 자기 일처럼 생각하는 사람이라 뭇사람들의 존경을 한 몸에 받아왔던 사람이다. 해서 금일 이렇게 선출되니, 기뻐하지 않는 사람이 없는 것이다. 군(君)은 본 회관에 와서 사람들과 만나 이야기를 할 때에도 항시 사람들로부터 칭찬이 자자했다. 실로 남양 제일의 진실한 사람이며 자신을 낮출 줄 아는 겸손한 사람이다. 군의 능력과 재주야 모두가 알고 있는 바이다. 고로 그를 추천함에 누구도 이의를 달거나 하는 사람이 없었던 것이다. 군은 확실히 누구나 본받을만한 영웅호걸임에 틀림없다. 이는 앞으로 두고보면 알

부터 줄곧 싱가포르 진먼 커뮤니티를 이끌어오면서 싱가포르에 거주하는 고향 교민들의 단합을 위해 애썼고 진먼의 자선사업에도 지원을 아까지 않았다.

2년 후인 1913년에는 황량탄의 아들 황안지(黃安基)가 아버지의 뒤를 이어 총리직을 수행했다. 그와 부총리 천팡쑤이(陳芳歲)는 화상 123명과 공동으로 푸젠 순안사(巡按使) 쉬스잉(許世英)에게 현(縣) 설치를 주청하는 탄원서를 제출했다. 물론, 그 이전에도 진먼 현지의 유지(土紳) 린나이빈(林乃斌)이 같은 내용의 청원을 한 적이 있었다. 그러나 당시에는 제대로 논의가 이루어지지 않다가[20] 이처럼 싱가포르 동향회가 나서 탄원서를 제출하자, 그때서야 비로소 쉬스잉은 당시 북양정부 내무부의 자문을 거쳐 민국4년(1915) 4월 9일 현 및 현청 소재지의 설치를 결정했던 것이다. 다시 말해, 민국 초기에 진먼이 스밍(思明)에서 분리되어 독립적인 현으로 승격될 수 있었던 것은 전적으로 해외동향회의 호소에 따른 것이었다. 이처럼 외부의 추동으로 성공할 수 있었던 진먼의 현 설치는 진먼 커뮤니티의 정체성을 강화하는데 기여했고 특히, 당시 해외동향회에 상당한 힘이 되었다.

부제묘는 1919년 개축되었다. "민국 8년에 이르러, 다시 토목공사를 하게 되었다. 3층으로 개축하는데 엄청난 자금이 소요되었다. 가장 위층에는 사당(廟堂)을 설치했다. 회관도 바로 이곳에 두었다. 아래층은 세를 주어 거기서 나오는 임대료로 운영경비를 조달했다. 그리고도 얼

<hr />

것이다."《星報》, 1891.3.30.

[20] "이 안(案)이 올라오기 전에도 이미 진먼 유지 린나이빈 등이 진먼에 현을 설치할 것을 청원한 바 있다. 그러나 당시 민정장관 류츠웬(劉次源)이 행정상의 간섭을 줄여나가던 때이라 논의가 뒤로 미루어졌다."「金門開設縣治原案」, 許如中, 『新金門志』, 金門縣政府(金門), 1959, 492-493쪽.

마간은 돈이 남아 이것으로 어려운 사람을 구제했다. 모두가 성실근면 하게 맡은 바 소임을 다하니, 이 어찌 기쁘지 않겠는가!"[21] 이처럼 맨 꼭대기 층인 3층의 대청은 정중앙에 매우 세밀하게 조각된 성후은주 부처의 신상을 모신 신단(神壇)이 설치되어 있는 것 말고는 비교적 깔끔 하고 간소하게 꾸며졌다. 그리고 나머지 1층과 2층은 모두 세를 주었기 에 당시 회원들은 별도로 회비를 납부할 필요가 없었다.『부제묘 중건 기부자 방명록(重建孚濟廟捐款芳名)』을 보면, 39명(혹은 점포)만의 모금으로 12,150원을 모금한 것으로 되어 있는데, 이는 당시 진먼방(幇)의 경제력 이 얼마나 컸는지를 단적으로 보여주는 하나의 사례라 할 수 있다. 기 부자 중에는, 총리를 역임했던 황량탄이 1,200원, 천팡쑤이가 1,000원 을 각각 기부했고, 천방챵(陳芳窗), 우지녠(吳繼輦), 우광핑(吳光枰), 창파하 오(長發號), 어우양징총(歐陽景聰), 황원팅(黃文汀), 천징란(陳景蘭) 등이 500원, 진허싱(金和興), 이순하오(益順號), 리칭펀(李淸愼), 천허우쭝(陳厚仲), 천이먀 오(陳益描) 등의 거상과 점포들이 400원을 각각 기부했다. 기부한 점포들 중에서, 진푸허(金福和), 순메이(順美), 창파(長發), 진푸웬(金福源) 등은 고무 업 경영을 주업으로 했고, 창성(長生), 이순(益順), 순웬(順源) 등은 자바 (Java)의 토산품을 주로 취급했다.

현재 보존되어 있는 오래된 사진 한장으로(I그림6I, 당시 이 3층 건물 의 건축풍격을 대강 짐작해볼 수 있다.

이 건물은 1882년 이후 영국령 해협식민지에서 흔히 보이는 이른바 오각기둥(the five-foot way)과 민난지방의 특징을 고스란히 보여주는 지붕 이 한데 어우러져 있다. 즉, 1층에 있는 5피트 너비의 베란다 복도, 통 풍이 잘 되도록 오픈되어 있는 2층의 외랑(外廊)과 블라인드식 창문이

21) 許允之 撰,『重建孚濟廟碑記』, 1931.

전자의 특징이라면, 제비꼬리처럼 날렵하게 뻗은 팔작지붕은 후자의 특징이라고 할 수 있다. 이렇듯 중국과 서양의 건축양식이 함께 결합된 건축풍격이야말로 싱가포르 화인의 독특한 문화적 풍격을 생생하게 재현해주는 것이라 볼 수 있다.

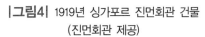

|그림4| 1919년 싱가포르 진먼회관 건물
(진먼회관 제공)

공익사업의 촉진

192, 30년대 동향회는 진먼의 공공사무에도 적극적으로 참여했다. 교통운수의 개선이나 이재민 구제를 위한 의연금 모금부터 학교 건립 등의 교육사업에 이르기까지 그들은 고향발전을 위해 최선의 노력을 경주했다. 이를 구체적으로 개괄하면 다음과 같다.

첫째, 진먼윤선공사의 설립을 들 수 있다. 1922년 진먼의 지방단체인 진먼구락부는 싱가포르 회관의 천징란, 차이자쭝(蔡嘉種), 천환우(陳煥武) 등에게 편지를 보내 진먼의 교통 불편을 호소했다. 그 즉시 회관은 진먼윤선주식회사를 설립하기로 뜻을 모으고, 구체적으로 싱가포르에 판사처를 설치하고 샤먼이나 진먼에 사무소를 설치할 것 등을 결정했다. 그해 연말에는 싱가포르 진먼화상들이 진먼윤선공사에 발기인이자 주주로 참여해 조직의 정관을 마련했다. 이들은 주당 10원씩 총 4,000주 즉, 자본금 4만원(싱가포르달러) 모집을 목표로 고향교민들의 주주 참여를

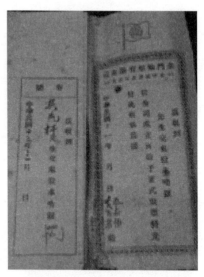

독려함으로써 상당한 성과를 거두었다. 가령, 우광핑은 1,000원, 천광창은 750원, 천징란, 우지녠, 차이자쫑, 천광쑤이, 천루이여우(陳睿友), 황윈쫑(黃雲鍾), 린춘수이(林春水)등은 각각 500원을 출자했다. 주식매입에 대한 영수증은 차이자쫑, 황샤오옌(黃肖岩), 천징란 등이 직접 발급했고, 출자금은 당시 화교은행에 적립했다.(|그림5|, |그림6|, |그림7|)22) 이런 식으로 목표했던 자본금이 모두 모금되자, 진싱룬(金星輪)이란 대형 증기선을 구입해 진먼과 샤먼 간을 운행했다. 결국, 진먼윤선공사의 설립은 진먼 사람뿐만 아니라 남양을 오가는 화교들에게 각종 편의는 물론 안

___

22) "제1조 : 본 공사의 명칭은 진먼윤선공사로 정한다. 제2조 : 본 공사는 진먼과 샤먼 일대의 선박운수업 및 기타 영업을 그 목적으로 한다. 제3조 : 본 공사는 싱가포르에 판사처를 설치하고, 사무소는 샤먼이나 진먼에 설치한다. ……제5조 : 본 공사는 자본금 총액을 4만원으로 정하고 주당 10원씩 총 4,000주의 주식을 일괄 발행한다. 제6조 : 본 공사는 주식을 싱가포르 통용화폐로 계산한다.……" 〈金門輪船公司章程〉(金門會館所藏), 미출판, 1922.

전까지 제공할 수 있었던 것이다.

|그림6| 진먼윤선공사의 화교은행 예금증서 (영문)	**|그림7|** 동 예금증서(중문) (1927.6.30. 진먼회관 소장)
	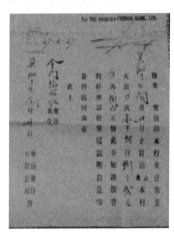

진싱룬의 건조에 관해 원로인 황치슈(黃啓樹)는 다음과 같이 말했다. "당시 공사의 대표가 홍콩 칭펑행(慶豊行)의 양카이판(陽開盤)과 린얼푸(林爾馥)에게 편지를 보냈다. 내용인즉슨, 두 사람이 회사를 대신해 조선소와 의논해 선박건조를 진행하고 배 이름은 진싱룬으로 할 것 그리고 배가 다 건조되면 진수식을 거행하고 사람을 사서 샤먼으로 배를 끌고 올 것 등이었다." 그리고 그의 말에 따르면, 이 배의 항해노선은 아래와 같다.

매일 새벽 샤먼을 출발해 진먼까지 가는데 대략 두세 시간이 걸렸다. 허우푸(後浦)의 통안(同安) 나루터까지 승객과 화물을 실어 나르고 다시 샤먼으로 돌아오면 시간은 벌써 네다섯 시가 훌쩍 넘어 날이 저물락 말락 했다. 진싱룬은 또 (매달) 2일, 5일, 8일에는 허우푸를 출발해 푸볜(浦邊)의 류자(六甲) 해상에 정박했는데, 이 때문에 속칭 258 카오지지(靠雞臂, 雞冠礁)라 했다. 그럴 때면, 첸수이터우(前水頭)나 허우반강(後半港, 後豊港) 부근의 작은 어촌 혹은 레쉬후(烈嶼湖)나 뤄추어(羅厝) 일대에서 금의환향하는 화교(番客)들을 만날 때도 있었다. 그들이 휘파람을 불어 배를 부르면 잠시 가던 길을 멈추고 그들을 태우기도 했다. 이 노선을 이용하는 등짐장수들도 이 배를 자주 이용했다.[23]

또한 1923년 5월부터 1924년 12월까지의 수입지출표를 보면, 진먼윤선공사의 총수입은 133,430.3원(싱가포르달러)이었고, 지출은 105,000.5원(샤먼 여사부旅社部 설치비 포함), 대외부채는 2,776.38원으로,(I그림8I) 초창기만해도 적자는 내지 않고 있었음을 알 수 있다. 지금으로선 1923년부터 1924년까지의 장부 외에는 발견된 것이 없기 때문에, 후반기의 경영상황이나 주주들 간의 권리 및 의무 관계에 대해서는 알 길이 없다. 그러나 분명한 것은, 진먼화교들은 본시 사업경영에 능해서인지 처음 공익사업을 벌이는 데에도 적자가 아니라 흑자를 내고 있었다는 사실이다.

|그림8| 진먼윤선공사 장부(1923.5~1924.12)
(진먼회관 소장)

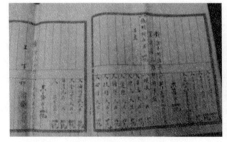

23) 黃啓澍, 「金門會館對故鄉幾項貢獻」, 『亞洲金門同鄉通訊錄』, 1990, 102쪽.

1937년 10월 23일 일본군이 진먼을 압박해들어오기 시작했다. 그러자 현정부는 진싱룬을 징발해갔고 나중에는 아예 허락도 없이 임의로 처분해버렸다. 이로 인해, 그동안 화교들이 심혈을 기울여 애썼던 노력도 일거에 물거품이 되어버리고 말았다.[24)]

이밖에, 진먼공사는 별도로 샤먼에 여사부(旅社部, 객잔)를 마련해, 배를 기다리는 고향 교민들에게 편의를 제공했다. 이 객잔은 처음에는 다티에(打鐵)에 설치되었는데, 뒤에 인근에 있는 하이허우루(海後路)로 자리를 옮겼다. 초대 경리(經理)는 천즈저(陳智澤)라는 사람이었는데, 사람들은 그를 보통 라오후저(老虎澤, '호랑이 저'라는 의미)라 불렀다. 그의 두 아들 아푸(阿扶)와 아번(阿本)은 말라카에 살다가 후에 싱가포르에 정착했다. 제2대 경리는 싱가포르 세실 스트리트(cecil st.)에 있는 헝퉁하오(恒通號)의 사장 리캉타(李康塔)였고, 제3대이자 마지막 경리는 샤먼 화교은행 행장 홍차오환(洪朝煥)의 사촌동생 홍차오싱(洪朝興)이었다. 진먼공사 여사부는 영리를 목적으로 하지 않았다. 1937년 전란 때에는 난민을 수용하고 교민을 돌보는 등 자선단체의 역할도 했다.(1그림9)[25)] 그러나 1938년 5

---

24) "……일본 전함이 진먼에 접근하자, 진먼 현장 쾅한(鄺漢)과 군사장관 천원자오(陳文照)는 진싱룬을 강제로 징발해 허우강(後江)에 정박시켜놓고 언제든 도망갈 준비를 했다. 이후 배는 내내 내항에 정박해 있었고, 차이(蔡) 모라는 자가 관리를 했다. 그런데 이 자는 유지비도 자비로 부담해야 했고 급여 또한 받을 수 없는 상황이었다. 진먼회관 회의기록에는, 바로 이러한 이유로 진싱룬이 누군가에게 팔려버렸다고 되어 있다.……" 黃啟澍, 위의 글(1990), 102쪽.

25) 황치슈는 다음과 같이 회상했다. "16세 때, 진먼이 함락되면서 우리는 샤먼으로 피난을 갔다. 마침, 선친 황둔총(黃敦崇)이 공사의 재부(才副)로 있었기 때문에 공사에서 한달 남짓 투숙할 수 있었고, 그 뒤에 홍콩으로 갔다. 당시에는 진먼 출신 피난민이 아주 많아서, 공사는 이들을 수용하는 것만으로도 이만저만 골치를 썩는 게 아니었다. 다행히 싱가포르에서 이사 황샤오옌(黃肖岩)이 파견되어 와서 중대사항은 거의 그에 의해 처리되고 결정되었다. 가령, 돈이 없는 피난민에게는 숙박비를 받지 않았고, 출항일자가 너무 지체되거나 교민송금을 아직 받지 못한

월 샤먼이 함락되면서 여사부의
영업도 중지될 수밖에 없었다.

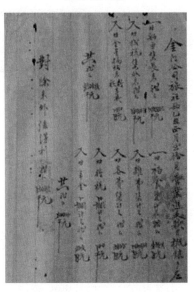

|그림9| 진먼공사 여사부
수입지출표(1925)
(진먼회관 소장)

1924년 진먼에 식량난이 닥치
자, 차이자쫑은 싱가포르에서
모금한 구제기금을 가지고 고향
으로 돌아왔다. 그는 이 돈으로
곡물을 수매해 저장했다가 흉년
이 들면 싼 값에 방출하는 사업
을 벌였다. 그리고 이렇게 얻은
수익 1만원(국폐 國弊)을 중간도로
(中幹公路, 後浦~沙美 간 도로) 건설비
명목으로 진먼 현장 리징쫑(李敬
仲)에게 기탁했다. 한편, 같은 해
인 1924년에는 부제묘 뒤편에 있는 낮은 건물(금문공사 판사처) 여러 채를
4만원(싱가포르달러)을 받고 싱가포르 공무국(工務局)에 매각했다. 그리고
이사회는 곧바로 이 건물매각대금을 더한 총 5만원의 적립금을 부동자
금 형태로 은행(현, 싱가포르 대화은행大華銀行)에 예치했다. 이외에도 1924년
진먼상업학교와 진먼공학교 등 진먼 현지의 학교 두 곳에서 싱가포르
에 사람을 보내 교육비를 모금한 일이 있었는데, 이때에도 동춘보(董春
波), 차이자쫑, 천징란 등의 이사들이 상당한 금액을 기부했다.26)

자들에게는 임시거처를 마련해주거나 내륙의 난민수용소로 옮겨갈 수 있도록 지
원했다. 이처럼 공사는 가는 사람 배웅하고 오는 사람 맞이하는데 여념이 없었다.
또 피난민 중에 남양 각지로 이주하기를 희망하는 사람들이나 아비를 찾으러 아들
을 보내고자 하는 가족들의 경우에는 훨씬 더 많은 인력과 비용이 들었다. 개중에
송금을 받지 못해 돈이 없는 자들에게도 이것저것 따지지 않고 일단 배에 태워 보
냈고 뱃삯은 나중에 돌려받는 것으로 하기도 했다." 黃啟澍, 위의 글(1990), 102쪽.

동남아화교와 동북아화교의 마주보기

295

결론적으로 말해, 1870년부터 1920년대에 걸쳐 사업에 성공한 진먼 출신 싱가포르 화상들은 현실적 기능과 제의적 성격을 동시에 갖고 있는 우장부제묘와 진먼공사란 이름의 지연단체를 조직하고 이를 통해, 교거지에서 사회적 네트워크와 문화를 재건할 수 있었다. 또한 제1대 화상지도자들은 여전히 고향 진먼의 발전에 지대한 관심을 갖고 있었기 때문에 독립적인 현 설치, 윤선공사 및 여사부의 설치 등에도 앞장 설 수 있었다. 결국 이들의 외부로부터의 개입과 지원은 교향 진먼이 변화하고 발전하는데 지대한 공헌을 했던 것이다.

4. 우장부제묘에서 진먼회관으로(1927~1937)

당산파(唐山派)와 교생파(僑生派) 간의 분쟁

1920년대에 들어서면서 부제묘와 진먼공사를 창건했던 제1세대는 점차 현직에서 물러나기 시작했다. 개중에는 고향으로 돌아간 이들도 있었고 노환으로 세상을 떠난 이들도 있었다. 이들에 이어 진먼회관을 이끌게 된 것은 황잉웨이의 아들 황마텅(黃媽騰), 양쩐두의 아들 양창수이(楊長水), 우쫑쫑의 아들 우더리(吳得力), 황량탄의 조카 황원팅(黃文汀)과 같은 싱가포르 현지에서 출생한 제2세대 교생(僑生)들이었다. 그런데 이들은 진먼에서 갓 넘어온 새로운 화교들과 사고방식이나 문화정체성 면에서 상당한 차이가 있었다. 이로 인해, 양자 간에는 회관경영을 둘

26) 許允之 강연원고, 「許允之講述本會館史略」, 薛殘白 主編, 『新加坡金門會館大廈 落成暨成立壹一六週年紀念特刊』, 1986, 29-30쪽.

러싸고 잦은 충돌이 일어났고, 급기야 이는 부제묘와 진먼공사의 대대적인 개편으로 이어졌다. 쉬윈즈(許允之)의 친필원고 「진먼회관사략(金門會館史略)」에서는 1924년의 사건에 대해 다음과 같이 기술하고 있다.

교생(僑生) 양창수이는 양전두의 (사랑스럽고?) (착실한?) 영식(令息, 哲嗣)이다. 그가 신탁인(信託人)의 직을 이어받아 진먼공사를 이끌게 되었다. 그는 매사 열정이 넘쳤다. 총협리(總協理)가 추진하는 부제묘의 재건에도 적극 찬동했다.……양창수이는 한때 통역원 일도 한 적이 있어 □ 세력이 막강했다. 그러나 회관의 모든 전권을 한손에 틀어쥐고 있어 그가 하는 모든 행동에 감히 □ 반대하는 이들이 없었다. 그런데 당산(唐山)에서 새로이 이주한 자들이 많아지게 되면서 회관은 점차 당산파와 교생파로 □나누어지기 시작했다. 총리(總理)인 황안지(黃安基)가 중재에 나섰지만 □□ 양자는 뜻을 함께 하지 않았다. 그는 불행히도 민국 12년에 세상을 떠났다. 양창수이는 당산파를 극도로 싫어했다. 그래서 그는 □ 당산파가 은행거래를 할 때는 세 명의 보증인을 세워 직접 그들로 하여금 수표에 날인하도록 했다. 그래야 효력을 인정했다. 당산인은 이처럼 매번 수표를 낼 때마다 다른 사람의 수결이나 날인이 필요했다. 이때부터 양 파벌은 사업상으로 □ 잦은 충돌을 빚게 되었다. 또 양씨는 제멋대로 회관 아래층을 마위산(馬玉山)에게 세를 주었다. 임대료는 아주 쌌다. 이 일로 사람들 사이에서 말들이 많았다. 또 회관의 모든 장부와 기부금은 모두 양씨가 장악하고 있었다. 그러나 회의에서 이에 대해 □ 불평을 하는 이도 거의 없었다. 그런데 교생 중에 홍차오환(洪朝煥)이란 자가 있었다. 그는 성품이 강직하고 영국에서 교육을 받았다. 그가 천팡쑤이, 차이자쭝, 천징란 등을 등에 업고 점차 세를 불려나가기 시작했다. 이로 인해 양 파벌의 분쟁은 극단으로 치달았다. 양씨는 이 사당은 조상들이 물려준 유산인데, 그가 함부로 나서는 것은 그야말로 무례하고 터무니없는 짓이라며 한 치도 물러서지 않았다. 결국 이 일은 관청이 나서게 되었고 끝내는 □ 법정소송으로까지 비화되었다. 당산파 출신의 이사 □치(其)는 법정에서, "교생 황진종(黃金鐘)은 그의 형 안지

(安基)의 유지를 계승해 고향을 위해 애썼고 이로 인해 사람들의 존경을 받았다. 또한 이미 작고한 신탁인 리렌파이 후손 원자이(文宰)를 찾게 되면 부제묘의 소유권을 증명할 수 있다." 등등으로 호소했다. 그러나 양씨 등 여러 사람들이 이를 적극 반대했다. 황량탄의 조카 황원팅, 황잉웨이의 아들 황마텅, 우쭝종의 아들 우더리 등이 그들이었다. 이렇게 양 파벌은 완강히 버텼고, 그 대치는 수년에 걸쳐 이어졌다. 결국 천자껑(陳嘉庚) 씨 등이 나서 중재를 시도했다. 그러나 워낙 내부사정이 복잡해 마땅한 결과를 얻지는 못했다. 급기야 현지 정부가 나서 부제묘의 비기(碑記)와 녹위(祿位)를 검토해보건대, 공공재산이 분명하니 공동으로 관리함이 마땅하다고 판결했다. 결국 양 측은 이에 수긍하고 각자 20여원을 갹출하게 되었다.[27]

이상의 내용을 간단히 정리하면 다음과 같다. 양 파벌은 부제묘의 재산권과 주도권을 놓고 법정싸움을 벌이게 되었다. 당시 교생파의 대표는 양창수이, 양치산(楊岐山), 황마텅, 우더리, 황원팅 등이었고, 당산파(唐山派)의 대표는 천징란, 차이자쭝, 천팡쑤이 등이었다. 그러나 교생들 중에도 양창수이 파를 지지하지 않는 자들이 있었다. 홍차오환, 황진종(黃金鐘) 등이 그들이다. 소송과정에서, 당산파는 리렌파이의 후손 리원자이(李文宰)를 찾으면 부제묘 재산의 공동소유권을 증명할 수 있다고 주장했다. 결국 법정에서는 공공재산으로 판결이 났다. 소송이 일단락 된 후, 양 파벌은 재협상에 들어갔고 결국 1926년 11월 8일에 〈부제묘관리장정〉을 통과시켰다.[28] 이 장정에는 주로 해외에 교거하는 진먼인에 대한 복리와 지원책 등이 포함되어 있었다.

27) 許允之 手稿, 『金門會館史略』, 未出版, 年代不詳.
28) 《叻報》, 1926. 12. 17.

부제묘의 유지비를 거두고자 하는 것은 진먼인의 일반적인 이익을 위해 사용코자 함이다. 즉, 해외에 거주하는 진먼인 단체와 교류 및 연락을 취하고, 진먼 출신 선현을 영구히 기리기 위해 철이나 절기마다 제사를 지내며, 그들의 우상이나 회상을 길이 보전하기 위함인 것이다. 또한 싱가포르에 이 회관의 모임장소를 마련하고, 가능한 범위 내에서 진먼 출신 자녀들이 교육받을 수 있는 학교와 진먼 출신 노약자들이 잠시나마 거처할 수 있는 쉼터를 세우고자 함이다. 뿐만 아니라 진먼 출신 장애인을 싱가포르에서 진먼현으로 돌려보내는 데에도 쓰일 것이다. 나아가 싱가포르의 진먼 출신 학생들이 대학에 진학해 더 높은 수준의 교육을 받을 수 있도록 장학금을 마련해 지원할 것이다. 본 단체는 앞으로 해협식민지 내의 새로운 산업체나 사당을 구입함은 물론, 복리를 위한 자선사업도 추진할 것이다. 본 단체는 이렇게 진먼인의 일반적인 이익과 교류를 증진함으로써, 구성원 모두로부터 인정받는 단체가 되고자 한다.[29)]

1927년 1월 7일 부제묘는 회관신탁관리인을 선출하기 위한 대회를 화민정무사서(華民政務司署)에서 개최했다. 여기서는 황원팅(Wee Boon Teng), 양창수이(Yeo Tiang Swee), 쉬이후이(許怡輝, Koh Ee Whee), 리마짠(李媽贊, Lee Mah Chan), 우더리(Goh Teck Leck), 차이자쫑(Chua Kah Cheong) 등이 신탁관리인으로 선출되었다. 같은 해 3월 12일에는 다시 회원대회를 개최해, 새로운 이사진을 선출했다. 즉, 총리에는 리옌팅(李炎庭), 부총리에는 황줘만(黃卓滿)과 양두워(楊篤沃)가 뽑혔다. 이밖에 총무(庶務員) 동이단(董怡淡), 회계(財政員) 양춘딩(楊存錠), 감사(查帳員) 양윈자오(楊允鑿), 협리(協理) 린쯔징(林子敬), 리모장(李漠漳), 양톈치(楊天乞), 황디산(黃帝善), 천칭허(陳淸和), 양진치(楊金杞), 린전춘(林禎純), 웡더통(翁德通), 천투디(陳土地) 등이었다.[30)] 그

29) 金門會館, 〈孚濟廟治理章程〉, 1926, 미출판.
30) 《新國民日報》, 1927. 4. 28.

동남아화교와 동북아화교의 마주보기

러나 선거결과, 실질적 권한을 가지고 있는 신탁관리인은 대부분 영어에도 능통하고 싱가포르 식민지법령에도 비교적 해박한 교생파들이 차지하게 되었다. 이는 결국 당산파인 차이자쫑이 물러나는 결정적인 계기로 작용하기도 했다.[31]

1927년 화민정무사서에서 열린 회원대회에서는 새로운 장정을 의정한 것 외에도 진먼회관이란 이름을 확정지었다. 그 전까지는 사당과 동향회가 하나로 통합되어 있어 진먼회관이란 정식명칭은 등장하지 않았다. 그러나 이때부터는 영국 식민지정부에도 진먼회관이란 이름으로 정식 등록되었다.

그러나 진먼회관으로 새롭게 개편된 후인 1928년, 장정 개정을 둘러싸고 또 한 번 교생파와 당산파 간의 분쟁이 발생했다. 분쟁의 도화선은 당시 산동 지난(濟南)에서 일어난 이른바 5·3 참안(慘案)에 따른 의연금 모금문제였다. 당시 싱가포르 화교사회에서는 구호기금 마련을 위한 모금활동이 전개되었다. 그러나 진먼회관은 개인적인 기부 외에는 회관 명의의 별도 모금은 하지 않았다. 이는 회관의 공금으로는 영국령 말레이반도 내에서의 공익사업에만 지원할 수 있다고 하는 장정 제21조의 규정 때문이었다. 바로 이 규정이 교생파와 당산파 간 다툼의 근본적인 원인이었다. 황장화이(黃章懷) 등을 중심으로 한 당산파는 장정 개정을 위한 특별대회를 소집할 것을 요구했다. 그러나 정작 회의가 열리자, 범 교생파라 할 수 있는 총리 리옌팅과 부총리 황쥐만은 아예 참석을 거부했다. 대신 교생파의 실질적 수장 양창수이가 참석해 당산파와 격렬한 논쟁을 벌였다. 그의 주장은 회관의 수입도 부족한 마당에 공금을 함부로 써서는 안 되며, 자선사업은 가까운 곳에서부터 시작해

31) 許允之 강연원고, 「許允之講述本會館史略」, 30쪽.

야 한다는 것이었다. 또한 그는 진먼회관의 새 장정이 1926년에 등록되었는데, 등록된 지 얼마 되지도 않은 이 시점에 다시 수정하려면 식민정부의 비준을 받아야 하고 그에 따른 비용만 해도 족히 1, 2천원은 소요되므로, 장정개정은 차후에 다시 논의하는 게 좋겠다고 했다. 그러나 정작 격론 끝에 장정개정에 관한 건은 표결을 통해 결정하기로 했고, 표결 결과 52 대 2로 장정개정안이 통과되었다. 황장화이는 자선범위를 규정한 제21조 조항을 아예 삭제할 것을 요구했고, 차이자쫑은 "모든 선거는 선거관리인의 1/3을 교생으로 할 때만이 비로소 효력이 발생한다."는 제6조의 선거규정을 삭제할 것을 요구했다.[32)]

본 대회에서는 홍차오환, 왕빙딩(王丙丁), 웡루송(翁如松), 리징타이(李景泰)가 장정개정의 책임자로 임명되었다. 특별대회가 종료되자마자 이들을 중심으로 한 당산파는 곧바로 심의에 들어갔다. 특히, 사안의 심각성을 고려해 세부 개정조항에 대해서는 변호사의 법률적 자문을 구했다. 이렇게 마련된 개정안은 1929년 2월 16일에 소집된 대회에서 통과되었다.[33)] 진먼회관의 당산파는 1926년의 장정을 개정하는데 성공했을 뿐만 아니라 당산파를 중심으로 한 새로운 이사진을 꾸리는 데에도 성공했다. 차이자쫑이 새로운 총리로 선출된 것이 그 단적인 예라 할수 있다.

---

32) 《新國民日報》, 1929.2.7. 제8면. 1924년과 1928년에 일어난 두 차례의 충돌사건에 관한 구체적인 내용은, 呂世聰, 「終將他鄉當故鄉―從浯江孚濟廟到金門會館」, 許振義 主編, 『金門先賢錄: 新加坡篇』, 新加坡金門會館(新加坡), 2015, 216-235쪽 참조.
33) 《南洋商報》, 1930.2.21.

고향(原鄕)에 대해 적극적인 기부활동을 벌인 해외회관

1929년 당산파가 진먼회관의 패권을 다시금 장악하게 되면서, 고향에 대한 관심과 기부는 전에 비해 대폭 확대되었고, 진먼의 근대화에도 적극적인 입장을 취하게 되었다.

① 진먼 치안에 대한 관심과 도난방지기금 조성

화교들은 의외로 고향의 치안에 각별한 관심을 기울이고 있었다. 교향의 치안이 화교들의 핵심과제로 부상한 것도 여기에서 연유한다고 볼 수 있다. 그도 그럴 것이 192, 30년대 교향 민난의 치안상황은 몹시도 불안했다. 가옥의 침탈, 화상의 감금, 선박의 나포는 이제 흔한 일이 되었다. 이러한 도적들 중에는 연해 각 현의 도둑들도 있었지만, 개중에는 총을 지닌 군인들도 있었다.[34] 그러나 당시의 지방정부는 이러한 문제를 제대로 해결할만한 능력이 없었기 때문에 민간 스스로 자구책을 마련해야 할 형편이었다. 가령, 1921년 싱가포르화교 천징란은 상칭(尚卿)에 망루(碉樓)를 세웠고, 1928년에는 필리핀화교 쉐용난(薛永南) 형제가 서양식 양옥과 함께 망루(更樓)를 지었다. 또 1931년에는 인도네시아 화상 황후이황(黃輝煌)이 자신의 양옥 앞에 더웨러우(得月樓)란 망루를 세우기도 했고, 1932년에는 허우푸(後浦) 출신 점포들을 중심으로 '진먼상인자위대'를 구성해 날로 악화되는 치안상황에 대비하기도 했다.

---

34) 金門僑刊《顯影》 각 권(卷) 중에는 당시 치안사건에 관한 대량의 기사들이 수록되어 있다. 특히, 이를 보면 화교들의 저택이 침탈당하고 화교들이 납치되는 사건이 빈번하게 일어났음을 알 수 있다. 江柏煒, 「僑刊史料中的金門(1920s~40s): 珠山《顯影》(Shining)之考察」, 『人文及社會科學集刊』 第17卷 第1期, 中央研究院 人文社會科學研究中心(台北), 2005, 159~216쪽.

치안사건의 빈발은 해외 교계사회의 우려를 자아냈다. 심지어 지방 정부조차도 싱가포르 진먼회관에 도움을 요청할 정도로 교향의 치안문 제는 심각한 상황으로 치닫고 있었다. 1933년 10월, 당시 현장 귀창원 (郭昌文)은 진먼회관에 서신을 보내 치안개선을 위한 8개 조항의 〈육상 방어대책(陸防辦法)〉을 제안했다. 즉, "1. 총기류 보충 ; 2. 망루 건축 ; 3. 해상탐지등 설치 ; 4. 군용전화 설치 ; 5. 경비대 창설 ; 6. 병력확충 ; 7. 리에위(烈嶼)에 분리 주둔 ; 8. 따덩(大嶝)에 분리 주둔." 이 가운데 제1항부터 제4항까지에 소요되는 경비 16,200원에 대한 지원을 진먼회 관에 요청한 것이다. 이에 곧바로 진먼회관은 당시 고향에 있던 교령 (僑領) 우광핑, 쉬윈즈, 차이자쫑, 천징란, 홍차오환 등에 편지를 보내 이 에 대해 논의했다. 위원회의 토의를 거친 결과, 육상과 해상을 동시에 방어하는데 37,000여원이 소요된다는 결론에 도달했고, 이와는 별도로 "25,000원을 모금해 소형선박 한 척 구매, 병기확충, 병력양성 등에 사 용하고 아울러 주야로 진먼 해상을 순찰"[35]하도록 주문했다. 이에 따 라 진먼회관은 모금을 전담하는 기구를 별도로 조직하게 되었다. 그리 고 회의를 통해, 기구의 명칭을 「진먼해륙보안회」로 정하고, 천징란, 양창수이, 정구웨(鄭古悅), 황쥐산, 차이징룽(蔡景榮), 천칭지(陳淸吉), 옌궈룽 (顔國榮), 쉬윈즈(許允之) 등을 이 별도조직의 이사로 선출했다. 이와 더불 어 싱가포르와 기타 남양지역의 항구도시(가령, 말레이반도 셀랑고르주의 포트 끌랑)에 거주하는 진먼 교민들을 대상으로 모금활동을 전개했다.[36]

1934년 11월 4일 차이자쫑은 이사회에 해륙보안회의 모금 진행상황

35) 「星洲頒來佳音」, 《顯影》 第9卷 第4期, 1933.12. (江柏煒 編輯, 《顯影》 重刊, 國立金門技術學院・金門珠山薛氏宗親會(金門), 2006, 2076-2079쪽.)

36) 金門會館, 「金門會館會議記錄」, 1933.10.29, 미출판.

에 관해 보고했다. 그리고 1935년 2월 17일 드디어 진먼회관의 주도하에, 지방유지(鄉紳)들과 결합해 「진먼총연방위원회(金門總聯防委員會)」를 설립하고 각 마을에는 분회를 설치했다. 이 위원회의 주석은 황샤오옌이 맡았고, 쉬웨이저우(許維舟), 차이청젠(蔡承堅), 천원보(陳文波)가 각각 주임과 부주임으로 임명되었다. 이밖에 쉬용(許湧)이 총무, 천용스(陳永思)가 방무(防務)를 맡았고, 그 방무 산하에 황톈성(黃天生), 왕위룽(王裕榮) 등 두 명의 교관을 초빙해 자위대 훈련을 맡겼다. 이 조직의 구체적인 업무는 다음과 같다. "연해 각 향촌으로 하여금 위험지역에 망루를 세우도록 독려하고, 망루 당 200원의 건축비를 보조하며 당해(1935)에 최소한 25개의 망루를 설치할 것을 목표로 한다. …… 또한 본 위원회는 최근 혹은 그 이전에 신탁관리인을 역임한 자를 홍콩에 파견해 망원경, 손전등, 청홍등(青紅燈) 등을 구입해오도록 하고 이를 속히 망루에 지급해 제때에 사용토록 한다. 해당 사무소의 유지비용은 월 500원으로 책정하고, 이는 싱가포르 진먼회관이 부담하도록 한다.……"[37]

한편, 1934년 11월 4일 진먼회관은 정구웨 주석 명의로 싱가포르 중화총상회(中華總商會)에 서신을 보내, 푸젠성정부와 민교연석회의(閩僑聯席會議), 난징교무위원회(南京僑務委員會) 등에 도적에 대한 엄격한 단속과 지방 보호를 요구하는 공문을 보낼 것과 이에 대한 회신을 받으면 푸젠성 보안처(保安處)에 연락해 도적 소탕 명령을 진먼현에 하달할 것 등을 요청했다.[38] 그러나 이 모든 활동은 1937년 10월 일본군이 진먼을 점령하게 되면서 전부 중단되었다.

37) 「聯總會正式辦公, 建槍樓, 辦保甲, 常月預算五百元」, 《顯影》 第12卷 第1期, 1935.3. (江柏煒 編輯, 위의 책(2006), 2512쪽.)
38) 金門會館, 「金門會館會議記錄」, 1934.11.4.

② 인프라 건설에 대한 지원과 각종 사업 개설

화교들이 고향에 돈을 갖고 들어와 공공이익을 위해 인프라 건설에 협력하고 각종 사업을 벌이는 것은 교향 진먼의 근대화에 있어 중요한 동력이었다. 화교잡지『현영(顯影)』과 1930년대 진먼회관 회의기록을 보면, 이와 관련된 기록들을 쉽게 찾아볼 수 있다.

도로교통의 완비는 경제발전의 기초일 뿐만 아니라 지역치안유지에도 큰 도움이 된다. 그러나 당시 지방정부는 인프라 건설을 진행할만한 힘이 없었기 때문에 대신 화교들이 나서게 된 것이다. 1928년 「진먼민간도로공사(金門民辦汽車路公司)」가 설립되었고, 1930년 12월에는 "……자동차 두 대를 구입한 천즈저(진먼공사 여사부 초대 경리)에게 차량을 운행할 수 있는 권리를 우선적으로 부여"했다. 물론 이에 따른 자금은 대부분 해외화교에게서 나왔다. 그러나 이 회사는 "허우푸(後浦)-관아오(官澳) 간 간선도로 건설에 무리하게 뛰어들면서 자금압박에 시달리게 되었고, 공사도 얼마 안 있어 중단"되고 말았다. 그리고 곧이어 "노면배수관마저 빗물에 파손되어 그동안의 공사가 전부 쓸모없게 되었다."[39] 그럼에도 불구하고 진먼회관은 고향의 낙후를 그냥 두고 볼 수만은 없었던지, 1934년 1월 21일 차이자쫑, 천징란, 홍샤오옌 등 세 명의 교령을 고향에 파견해 현지를 시찰하도록 했다. 시찰 후, 황샤오옌은 교육, 산업, 교통, 치안 등을 포함해 최근 고향이 직면한 전반적인 상황을 이사회에 상세히 보고했다. 진먼의 현황과 문제점을 총체적으로 진단한 이 보고서를 통해, 황샤오옌은 다방면에 대한 발전적 건의를 이사회에 제출했고, 동시에 정부에도 동산현(東山縣)과 진먼현(모두 푸젠성의 섬)을 화교특구로 지정하는 등의 방안을 마련할 것을 제안했다. 이에 대한 구체적인

---

39) 「浯江消息」, 《顯影》 第3卷, 1930. (江柏煒 編輯. 위의 책(2006), 608쪽.)

305

동남아화교와 동북아화교의 마주보기

내용은 아래와 같다.

　　저는 이번에 고향에 돌아가 20여개의 현을 돌아보았습니다. 먼저 교육
에 대해 말씀드리자면, 진먼은 싱화(興化)나 룽시(龍溪) 등 큰 현에는 미치지
못하지만 그래도 윈샤오(雲霄)보다는 나은 편이었습니다. 현청소재지에 있
는 현립학교, 공학교, 소학교 등도 시설 면에서 꽤 훌륭했습니다. 다만, 허
우푸 일대의 학교들은 운영난에 시달리고 있었습니다. 각 향(鄕)에 소재한
학교들도 교육환경은 그리 나빠 보이지는 않았으나 하나같이 교사의 수가
부족했습니다. …… 이번에는 농업에 대해 말씀드리겠습니다. 진먼은 원래
부터 농업규모도 작은데다가 농민들도 옛날 방식을 그대로 고수하고 있어
서 개량할 생각을 하지 않고 있습니다. 게다가 나무도 많이 심지 않았고
제대로 된 수원도 확보하지 못하고 있는 상황입니다. 이 때문인지 수확량
도 많지 않은 편이었습니다. 삼림은 리에위섬이 가장 적었습니다. …… 부
업으로 노새, 말, 돼지 등 가축을 길러야 했고, 농사짓는 틈틈이 다른 작물
들도 재배해야 했습니다. ……진먼의 공업은 상대적으로 매우 낙후되어
있는 편입니다. 아주 간단한 것조차도 자체적으로 만들 수 없을 정도였습
니다. 예를 들어, 나무의자나 죽기 같은 일용품도 제대로 만들지 못하고
있었습니다. …… 어업도 마찬가지였습니다. 고기를 잡는 방법도 여전히
옛날 방식을 고수하고 있어서 어획량도 많지 않았습니다. 그래서 사람들
은 해외로 나가 생계를 도모하지 않을 수 없는 것입니다. 그래도 제일 많
이 잡히는 게 굴 같은 것이었는데, 이마저도 돌 대신에 목죽(木竹)을 사용하
고 있어서 생산량을 더 이상 늘리지 못하고 있습니다. 따라서 다른 방법
을 강구할 필요가 있을 것 같습니다. 가령, 전기 그물 같은 걸 사용해 고
기를 잡으면 꽤 많은 이익을 얻을 수 있을 것 같습니다. 교통상황을 보게
되면, 삼사년 전에 도로를 깐 적이 있는데 그다지 많이 훼손되지 않아 지
금까지도 꽤 쓸 만했습니다. 토질도 견고한 편입니다. 하지만 빗물에 씻겨
내려 훼손된 부분도 곳곳에 보였습니다. 앞으로 최소한의 노력으로 최대
한의 성과를 얻기 위해서는 공사를 설치하거나 건설협회에 관리를 맡기는

게 좋을 것 같습니다. 어쨌든 잃는 것보다는 얻는 것이 많을 것 같습니다. 산업의 경우에는 무엇보다 원료가 풍족합니다. 일례로, 도자기 재료인 규사나 백토가 많았습니다. 그래서인지 만들어진 자기도 아주 훌륭했습니다. 일찍이 원료를 일본에 가져가 시험을 했는데, 꽤 좋은 평가를 받았다고 합니다. 규사로는 유리도 만들 수 있고, 백토로도 각종 가루재료를 만들 수가 있습니다. 이는 돈이 많이 들지 않아 당장이라도 시행할 수 있는 것들입니다. 직물업은 샤먼 허산(禾山)이 제일 유명합니다. 여기서는 여공 한 명이 이틀이면 한 필을 짜는데, 그에 대한 보수는 한 필당 8각(角, 0.8元) 정도였습니다. 진먼의 여공은 이보다 더 낮아서 한 필당 2각이나 3각 정도만 주면 됩니다. …… 마지막으로 치안에 대해 말씀드리겠습니다. 치안은 앞에서 말씀드린 각종 산업과 상당히 밀접한 관계를 가지고 있다고 할 수 있습니다. 현재 가장 큰 골칫거리는 바로 해적입니다. 하지만 그 수는 결코 많은 편이 아닙니다. 따라서 우리가 조직적으로 단결된 힘을 보여준다면, 그들도 함부로 날뛰지는 못할 것입니다. …… 동산현과 진먼현은 모두 섬입니다. 앞으로 이 두 지역에 화교특구를 설치해달라고 정부에 건의할 생각입니다. 그렇게 되면 훨씬 더 좋아질 것입니다.[40)]

1936년 회관은 도로건설을 위한 모금운동을 전개했다. "…… 린바오송(林葆松)과 황샤오옌을 고향에 특별 파견해 모금한 돈을 현에 전달했다. 이는 연방위원회 사무소를 설치하고 각 항구에 망루를 세우는데 쓰일 것이며, 아울러 지역의 치안유지와 허우푸와 관아오 간 도로 복원에도 사용될 예정이다." "우선, 국폐 5천원을 착수금으로 주고 여기에다 각 개인이 낸 기부금을 보태줄 것이다. 이미 기부를 약속한 이들이 있다. 천팅젠(陳廷箋)이 4천원(이 중 2천원은 랴오루어料羅의 도로건설비용으로 지정), 황칭창(黃慶昌)이 3천원을 기부하기로 약속했고, 이밖에도 천허우쫑(陳厚

40) 金門會館, 「金門會館會議記錄」, 1934.1.21.

仲), 우광핑, 황카이원(黃開文) 등이 각각 2천원을 내기로 했다.……"41) 이를 위해 회관은 6개 조항으로 된 〈기금 관리 및 기부 장려 조례(捐款管理及獎勵條例)〉를 입안해, 해외교민들이 고향의 복리를 함께 도모하도록 독려했다.42) 이번에 건설하기로 한 도로는 차오산(潮汕), 아오쫑(粵中), 장샤(漳廈) 등지에서 화교가 건설한 철로가 주로 화물의 생산, 운송, 판매 및 여객운송의 기능을 갖추고 있던 것과는 달리, 일종의 도난방지 상호보험과 유사한 성격의 비영리적 공익사업의 일환이었다.

③ 고향사람들의 억울함에 대한 구제와 지방정치 개입

1930년대 교향의 지방정치는 그야말로 문제투성이였다. 실제로 국민정부는 걸핏하면 반대세력에게 좌파라는 딱지를 부치기 일쑤였다. 이로 인해 억울하게 누명을 쓰고 투옥되는 자들이 적지 않았다. 이른바 백색공포의 시대였던 것이다. 심지어는 무고한 일반 백성을 폭력배나 강도로 몰아 강제로 구금하기도 했다. 그때마다 고향사람들은 해외회관에 도움을 요청했다. 그러면 회관이 전면에 나서 정부와 협상을 벌여 빼내주곤 했다. 일례로, 1934년 진먼회관 이사 왕빙딩의 동생 왕차오지(王朝基)가 공산당과 내통했다는 혐의로 현정부로 압송되어 조사를 받고

---

41) 이는 서쪽 섬인 허우푸와 동쪽 섬인 관아오를 잇는 도로를 건설하는 것을 말한다.
42) 〈기금 관리 및 기부 장려 조례(捐款管理及獎勵條例)〉 6개 조항은 다음과 같다. "제1조: 모금된 기부금은 샤먼의 화교은행에 예치한다. 제2조: 쉬윈즈, 천팅젠, 홍차오환을 기부금 관리위원으로 위촉한다. 제3조: 모든 입출금증서에는 각 위원이 책임지고 서명 날인한다. 제4조: 기부금이 얼마가 되든 상관없이 모든 기부자의 이름은 돌에 새겨 길이 보존한다. 제5조: 5백 원 이상 기부한 자는 정부에 요청해 상장을 수여토록 한다. 제6조: 교량 하나는 족히 건설할 만큼의 거금을 기부한 자는 해당 교량에 그 이름을 새겨 넣고 아울러 그 사실을 현지(縣誌)에 수록토록 한다. 新加坡金門會館, 「金門公路敬告海外各埠鄕僑書」, 《顯影》 第15卷 第5期, 1936.12. (江柏煒 編輯, 위의 책(2006), 2992-2993쪽.)

통안파출소에 구금된 일이 있었다. 이에 왕빙딩은 회관 이사회에 도움을 요청했고, 회관은 진먼건설협회[43]에 진상규명을 촉구하는 서신을 보냈다. 사정을 들은 진먼건설협회는 곧바로 통안파출소와 교섭에 나섰고, 진먼회관에는 향후 처리상황을 설명하는 서신을 보냈다. 회관은 그 즉시 왕빙딩에게 연락해 고향에 가서 동생을 구출할 채비를 하라고 일렀다.[44]

회관은 주로 고향사람들을 보호한다는 입장에서 정부와 교섭을 진행하고 심지어는 진상을 제대로 파악하기 위해 사람을 파견해 자료를 수집하는 등의 구체적인 작업을 통해 지방정치에 참여했다. 이를테면, 1935년 3월 28일 푸젠성 정부주석 천이(陳儀)는 싱가포르 진먼회관에 다음과 같은 공문을 보냈다. "장원샤(張文夏)는 일찍이 고향에서 절도죄를 범해 해당 현정부에 의해 체포된 적이 있다. 그러나 현재 그 자는 이미 싱가포르로 도망을 갔다. 향후 이 같은 일이 되풀이되지 않기 위해 제대로 된 대책을 강구하기 바란다.……" 이에 "이사회는 장시간의 논의 끝에, 사람을 파견해 범죄의 증거를 조사토록 하고, 고향에 있는 황, 린(황샤오옌, 린저양林則楊) 양 씨에게 확실한 증거를 수집해 보낼 것을 요청하는 서신을 보내기로 의결했다. 그리고 그 자리에서 양진치, 차이자쫑, 황펑쥐(黃鵬舉), 천징지(陳淸吉)를 조사원으로 추천했다." 그리고 천이에게는 "장원샤는 이미 싱가포르로 도망을 와 있는 상황이라 지금으로서는 달리 처벌할 방법이 없다. 속히 확실한 물증을 찾아 보내주기 바란다."[45]는

43) 『金門縣志』 「大事志」에는 다음과 같이 기록되어 있다. "민국23년 3월 10일, 진먼 건설회사가 성립되었다. 집행위원으로는 쉬윈즈, 홍차오환, 쉐푸웬(薛福緣), 린옌이(林燕眙), 옌천위(顏臣宇), 쉬윈쉔(許允選), 쉐융슈(薛永紊), 린처쉰(林策勳), 천톈팡(陳天放) 등이 선출되었다.(1992, 146쪽.) 1934년 진먼건설협회의 성립은 귀향화교의 힘을 빌려 진먼의 근대화를 이룩하고자 하는 바람에서 비롯되었다.
44) 金門會館, 「金門會館會議記錄」, 1934.11.25.

내용의 답신을 보냈다.

이상은 1929년 당산파가 다시 패권을 장악한 이후에 진먼회관이 했던 일들이다. 당시 진먼회관은 회관 성원들의 이익을 추구한다는 부제묘의 근본 취지를 그대로 계승해 자선, 복리, 교육, 문화 등의 공익사업을 추진했다. 이외에도 회관은 회원이 아닌 가난한 교민들에 대해서도 구호사업을 벌였다. 이는 한마디로, 진먼을 공동체로 하는 지연정체성을 확립하고자 함이었다. 또한 진먼회관은 고향 진먼을 위해 진먼윤선공사를 설립하고, 고향의 치안문제, 인프라 건설, 산업발전에도 적극 개입했다. 심지어 지방정부와 의견이 갈릴 때에는 과감하게 이견을 제출하기도 했다. 뿐만 아니라 여러 차례 모금운동을 통해, 교향의 사회개혁을 위한 실제적인 행동에 나섬으로써 일종의 계몽적 근대화 과정을 구현하고자 했다. 결론적으로 말해, 192, 30년대 싱가포르 진먼회관은 싱가포르와 교향 진먼 두 지역에서 동시에 영향력을 발휘했고, 진먼의 민간사회와 지방정부의 상호교류에도 적극 개입했다. 또한 법치가 제대로 이루어지지 않아 치안이 극도로 불안했던 당시 사회적 상황 하에서, 교민의 권익과 그들의 재산보호를 위한 안전장치를 확보하고자 최선의 노력을 경주했다.

45) 金門會館, 「金門會館會議記錄」, 1935.4.21.

5. 뒤숭숭한 교향 — 1937~1949년 해외회관의 활동

1937년 10월 26일 일본군이 진먼을 점령하자, 많은 수의 진먼인들이 가족들을 데리고 샤먼(샤먼은 이듬해 5월 일본군에 함락되었다.)으로 피난을 갔고 다시 거기에서 남양으로 거처를 옮길 채비를 했다. 국가적 재난과 고향의 함락 앞에서 진먼회관은 싱가포르 신문지상에 지원을 애타게 호소하는 글을 발표했다. "간청하옵건대, 진먼을 도와주십시오. 각계의 성원이 간절히 필요합니다. 진먼은 팔민(八閩, 푸젠성의 별칭)의 문호인 바, 진먼을 잃는 것은 곧 하나의 성(省)을 잃는 것보다도 더 심각한 일입니다. 현재 짧은 기간임에도 불구하고 각지의 고향사람들로부터 앞 다투어 성금이 답지하고 있습니다. 또한 샤먼과 구랑위(鼓浪嶼) 사이에 난민 수용소가 설치되었고 마항(馬巷)과 통안 등 내지에도 분회가 설치되어 난민들을 수용하고 있습니다." 이외에도 진먼회관은 차이청젠, 쉬피니(許丕倪), 천더싱(陳德幸)을 샤먼에 직파해 구호사업을 돕기도 했다. "이듬해 5월(민국27년) 샤먼으로부터 샤구(厦鼓, 厦門과 鼓浪嶼)에 설치된 진먼 난민 구제위원회가 국제구제회에 합병된다는 급보가 날아들었습니다."[46]

1941년 12월 7일 일본이 진주만 공습을 감행하게 되면서 태평양전쟁이 시작되었다. 1942년 2월 15일 일본은 싱가포르를 함락했다.[47] 당시 뉴처쉐이 차이나타운에 있던 진먼회관 건물은 강제 폐쇄되고, 일본군 클럽으로 전용되었다. "훗날, 고향 교민 진롱타이(金龍泰), 진청쿤(金曾君) 형제가 건물을 돌려받고 봉인을 풀었지만, 수십 년간의 문서는 전부 불

---

46) 許允之 강연원고, 「許允之講述本會館史略」, 위의 책(1986), 30쪽.
47) Arthur Swinson, *Defeat in Malaya: the fall of Singapore*, New York: Ballantine Books, 1970.

311

동남아화교와 동북아화교의 마주보기

에 타 없어진 뒤였다. 지난 3년 8개월 동안, 본 회관은 겨울잠에 빠진 뱀처럼 똬리만 튼 채 세상 밖으로 모습을 드러내지 못하고 그저 부제 묘란 이름만 내걸고 있었다. 1945년 광복을 맞아 회관도 다시 부흥하기 시작했다. 당시 주석을 연임하고 있던 정구웨(鄭古悅) 선생은 처참한 몰골로 변해버린 고향산천을 돌아보고 와서는 여유자금을 마련해 고향에 기부했다. 그나마 쌀이라도 구입해 가난한 집을 돕기 위해서였다. 그리고 그는 고향의 후학을 위해 진먼중학(金門中學)의 부흥에도 힘을 기울였다."[48]

그러나 전쟁종식이 교향에 진정한 평화의 빛을 가져다주지는 못했다. 다음의 세 가지 심각한 문제가 남아 있었던 것이다. 첫째는 전쟁 전보다 치안이 훨씬 불안해져 재산보호는 물론 신변의 안전마저 보장할 수 없는 지경이 되었다는 것이다. 둘째는 국공내전의 재개로 징병차출이 무단으로 이루어지게 되면서 화교자제들이 귀국을 포기하게 되었다는 것이다. 셋째는 1949년을 전후한 금융 붕괴로 교민송금에 심각한 손실이 발생하게 된 것이다.

전쟁 이후의 치안문제

전쟁은 끝났지만 교향의 혼란상은 전혀 개선되지 않았다. 그 중에서도 1948년의 중싱룬(中興輪)사건은 큰 파장을 일으켰다. 동년 2월 28일 오후 2시, 진먼현 관할 하에 있는 따덩양탕(大嶝洋塘) 해상에서 샤먼 안하이(安海)로 가는 선박 중싱룬(厦門錦昌船務行 소유)이 해적들에 의해 습격을 당하는 사건이 발생한 것이다. 선체는 침몰하고 탑승객 300여명 가

48) 許允之 강연원고, 「許允之講述本會館史略」, 위의 책(1986), 30쪽.

운데 200명 가까운 사람이 익사하는 전대미문의 대참사였다. 그해 화교잡지 『현영(顯影)』의 발췌문에는 리에푸(烈甫)라는 사람의 「중싱참안으로부터 본 민족의 도덕」이란 평론이 실렸는데, 여기에서는 치안문란의 주범으로 도덕불감증을 들고 있다.[49]

이렇듯 치안문제가 심각해지면서, 화교들도 귀향을 주저하게 되었다. 1948년 2월 싱가포르 진먼회관은 「고향 진먼의 어르신들에게 고합니다.」라는 글을 통해, 다음과 같이 지적했다. "……강도들이 집을 습격해 겁살을 일삼고 특히, 귀향한 화교들이 그 주요한 표적이 되고 있어 심히 걱정이 아닐 수 없습니다. 오랫동안 밖에 나와 있는 교상(僑商)들 중에는 고향으로 돌아가 말년을 보내고 싶어 하거나 고향에서 새로이 사업을 하려고 하는 자들이 많습니다. 또한 그 젊은 자식들 중에는 고국에서 공부를 하고 싶어 하거나 고향에서 결혼을 하려는 자들도 있습니다. 그런데 다들 이와 같은 도겁(盜劫)과 병역, 이 두 가지 일 때문에 고향 가는 걸 두려워하고 있습니다. 이는 고향의 개발과 건설에도 심대한 영향을 줄 것인 바, 지역경제가 심각한 손실을 입지 않을까 심히 우려됩니다."[50] 이 공개서한은 분명히 정부를 겨냥한 압박이었다. 이에 진먼의 현(縣)정부는 「싱가포르 진먼회관에 보내는 답신」을 보내 대응하지 않을 수 없었다. 이 회신에는 〈본 현의 치안계획초안〉이 함께 첨부되어 있었는데, 여기에는 "해상교통의 어려움을 타파하고, 통신망을 설치하며, 보루를 건축해 감시초소를 세우고, 무기를 구입해 주민의 자위역량을 키운다." 등의 네 가지 방안이 포함되어 있었다. 이처럼 해외

---

49) 烈甫, 「從中興慘案看民族道德」, 《顯影》 第19卷 第4期, 1948.3.(江柏煒 編輯, 위의 책(2006), 3538쪽.)

50) 金門會館, 「告吾金父老書」, 《顯影》 第19卷 第3期.(江柏煒 編輯, 위의 책(2006), 2517-3518쪽.)

교민들에게 있어서 고향의 혼란은 항시 걱정거리가 아닐 수 없었던 것이다.

1948년에서 1949년까지의 강제징병문제

항전 승리 이후 곧바로 국공내전이 재개되었다. 이때부터 국민정부는 병력을 보충하기 위해 각지에서 강제징병을 실시했다. 이는 결과적으로 화교들의 귀국을 막는 역할을 했고, 오히려 교향의 청장년 상당수를 병역기피자로 만들고 말았다. 화교잡지 『현영』에는 당시 이와 관련된 상황을 엿볼 수 있는 사료들이 적지 않게 남아 있다. 가령, 1947년 「징병에 걸린 장정 다수가 해외로 도피. 이러한 풍조를 바로잡지 못한다면, 진먼은 앞으로 여인천하가 될 것.」이란 제목의 기사에서는, 그해 징병대상은 20세에서 40세 사이의 장정들이었고, 모집정원은 77명이었는데, "……이러한 사실을 잘 몰랐던 장정 대다수가 잇달아 도망을 갔고, 해당연령 장정들 외에도 그에 해당하지 않는 미성년이나 노인들까지도 덩달아 도망을 가는 실정이다. 해외로 도피하는 장정의 수가 매일 수십 명에 달할 정도이니, 하루속히 이를 바로잡지 않는다면 진먼 전체가 '여인천하'가 되는 건 그리 오래지 않은 일이 될 것이다."라고 보도하고 있다. 이에 정부는 징병자의 병역기피를 방지하기 위해, 보갑(保甲) 관계자에게만 밀령으로 통지하고 별도로 인명을 공개하지는 않았다.[51] 병역을 피해 샤먼 등지를 떠도는 많은 진먼 청년들은 둥지 잃은 새들처럼 온종일 길거리를 헤매고 다니는 신세로 전락했다.[52] 이처럼 병역

---

51) 「兵役抽籤後, 壯丁多向外逃. 此風不設法糾正, 金門將成女兒國」,《顯影》 第18卷 第3期, 1947.6.(江柏煒 編輯, 위의 책(2006), 3381쪽.)

52) 金人, 「不如歸去! 為踽踽廈市街頭之金門走丁言」,《顯影》第18卷 第3期, 1947.6.

문제는 심각한 사회문제로 대두되었다.

상황이 이렇게까지 되자, 싱가포르 진먼회관은 공개적으로 글을 발표해 징병제를 철회해줄 것을 요청했다. 가령, 진먼회관의 「고향 진먼의 어르신들에게 고합니다.」라는 글에는 이렇게 되어 있다. 화교들은 "도겁(盜劫)과 병역, 이 두 가지 일 때문에 고향 가는 걸 두려워하고 있습니다." 또 "현재의 현(縣) 호구(戶口)는 전임 현장(縣長) 예(葉)씨가 전전(戰前) 호적에 근거해 대충 날조한 것이기에 징병인 수가 지나치게 많습니다." 이에 고향에 있는 장정 전부가 징병에 응해야 할 형편이니 외지에 있는 사람들이야 아예 고향에 돌아갈 엄두를 내지 못하고 있다는 것이다. 더군다나 "……전쟁 이후로 고향의 인구는 크게 감소해 장정들도 많지 않습니다. 게다가 실제로 해마다 군대에 끌려가거나 이를 피해 타지로 도망하는 자들이 증가해 현재 고향에는 징병대상에 해당하는 장정들이 거의 없는 실정입니다.……" 그러하니 "정확한 호구조사가 이루어져 징병대상이 확정되기 전까지는 잠시 징병을 중단해줄 것을 간청합니다. 아니 오히려 그들로 하여금 고향에 남아 고향을 지키게 한다면, 고향사람들은 물론 해외에 나와 있는 교민들까지 감사해하고 감격해마지 않을 것입니다."[53] 이러한 건의들은 모두 화교의 권익을 쟁취하기 위한 해외교민사회의 노력을 보여주는 것이라 할 수 있다.

당시 이와 같은 교계(僑界)로부터의 압력에 직면해 있던 진먼의 현장 홍원쥐(洪文擧)는 「싱가포르 진먼회관에 보내는 답신」이란 글에서 다음과 같은 요지로 대응했다. 첫째, 호적 날조에 관한 건. "본 현은 민국

(江柏煒 編輯, 위의 책(2006), 3389쪽.)

53) 金門會館, 「告吾金父老書」, 《顯影》 第19卷 第3期.(江柏煒 編輯, 위의 책(2006), 2517~3518쪽.)

34년 11월 수복되자마자 곧바로 제1차 정태조사(靜態調査)를 실시했고, ……이어서 인사등기(人事登記)도 진행해 호구의 증감을 수시로 수정, 보충하고 있으며, 이를 월별로 통계를 내고 있다.……고로 호정(戶政)기관이 업무를 대충대충 처리한다거나 일부러 수치를 부풀린다고 말하는 건 그야말로 근거 없는 억측에 지나지 않는다. 결코 그런 일은 없다.…" 둘째, 징병정원문제. "국가 병역정원은 현행 법령에 따라 총인구수를 기준으로 배분하고 있다. 가령, 한 성(省)에 할당된 인원이 1만 명이라고 한다면, 이는 성 전체인구수가 1천만 명이라는 말이다. 다시 말해, 천 명 당 한 명 꼴로 병역의무를 지는 셈이다. 같은 이치로, 현의 경우에도 할당인원은 해당 현의 총인구수를 기준으로 한다. 본 현은 인구수가 5만 명이기에 천 명의 한 명꼴은 반드시 병역을 이행해야 한다. 물론 여기에는 부녀자와 아이의 비율이 전체 인구에서 얼마를 차지하는지는 따지지 않는다." 셋째, 병역면제의 문제. "'잠시 징병 차출을 미루자는 요구'에 대해서는, 법령에는 중앙정부의 법령이 있고, 지방자치정부의 법령이 있다. 병역에 관한 사항은 중앙정부 소관이며, 그 집행권자 역시 현이 아니라 성이다. 또 중앙정부의 법령에 따르면, 병역은 연령에 따라 분배하도록 규정되어 있다.(당시, 징병연령은 20세에서 40까지의 남성이었다.-인용자 주) 고로, 지방은 법령을 시행할 의무만 있을 뿐 개정할 권리는 없다.……"54) 결론적으로 말해, 국가가 동란에 빠져 가능한 병력자원을 동원해야 하는 상황에서, 진먼회관의 건의는 받아들일 수 없다는 것이었다.

---

54) 金門縣政府, 「覆星洲金門會館書」, 《顯影》 第19卷 第6期, 1948.5.(江柏煒 編輯, 위의 책(2006), 3569~3571쪽.)

금융 붕괴의 문제

1947년부터 중국에서는 인플레이션이 심각했다. 이로 인해, 교향의 생활고는 갈수록 심각해졌고 게다가 중국 위안화가치의 하락과 환율불안으로 인해 국내송금에 손실이 발생하게 되면서 화교들은 송금 자체를 주저하게 되었다.

당시 상황의 심각성에 대해서는 화교 간행물 『현영』의 보도에서도 잘 드러나 있다. 1947년 1월 「한 달 새, 쌀 값 또 폭등」이란 기사를 보면, 근(市斤, 500g)당 400원선을 유지하던 쌀값이 최근 들어 700원 이상으로 올랐고, 앞으로도 계속 오를 전망이라고 되어 있다.[55] 1947년 2월 「50위안 권 법폐 사용 거부, 법규를 무시하고 금융을 교란하는 행위, 현 정부 법에 따라 엄중조치」란 기사에는, 연일 물가가 상승하게 되면서 허우푸(後浦)시에서는 50원 권 법폐(法幣, 국민당정부가 발행한 법정지폐)를 받지 않는 일이 발생하고 있다고 되어 있다.[56] 이후에도 상황은 나아지지 않고 갈수록 심각해졌던 모양이다. 1947년 6월 「화폐가치 날씨 흐림, 서민 생활난 가중. 쌀값은 오락가락, 홍염은 너울너울」에서는, 통화가치 하락과 물가 상승으로 생활난이 극심해지고 있다면서 "아이 하나를 포함해 네 가족을 둔 본 기자의 경우에도, 자급자족할 수 있는 식량 말고도 매달 3, 40만 정도가(의약품 및 경조사비 제외) 더 들 정도이니, 일반 서민들의 생활고는 가히 짐작할 수 있을 것이다."[57]라고 보도하고

---

55) 「月來米價, 又狂熱上漲」, 《顯影》 第17卷 第4期, 1947.1.(江柏煒 編輯, 위의 책 (2006), 3281쪽.)

56) 「罔視法紀, 擾亂金融, 拒用五十元法幣―縣政府過令嚴辦」, 《顯影》 第17卷 第5期, 1947.2.(江柏煒 編輯. 위의 책(2006), 3299쪽.)

57) 「貨幣貶值天又雨, 一般生活益艱難. 白米勢成拉鋸, 紅鹽船隨潮高」, 《顯影》 第18卷 第3期, 1947.6.(江柏煒 編輯, 위의 책(2006), 3384쪽.)

있다. 이처럼 물가는 고삐 풀린 망아지처럼 걷잡을 수 없이 치솟고 있었다.

국민정부가 타이완으로 철수하기 직전인 1948년 말부터 1949년 초까지도 법폐와 금원권(金圓券)[58]의 통화가치는 계속해서 하락했다. 『현영』제21권 각 기(期)에는 열흘마다 혹은 일주일마다 발표되는 '물가비교표'가 실렸는데, 이를 통해 상인들도 외환시세를 파악하고 물가를 달러나 금값으로 환산할 수 있었다. 가령, 진먼 현지의 돼지 값은 짐(擔) 당 황금 3전(錢)이었고, 1948년 12월 쌀값은 짐 당 3.9달러였으며, 이듬해 1월에는 7달러였다. 이처럼 물가가 치솟게 되면서 민생의 어려움은 극에 달했던 것이다. 민생물자를 계산하는데 달러를 본위화폐로 했다는 것 자체가 이미 대세가 기울었음을 반증하는 것이라 볼 수 있다. 1949년 1월부터는 마오권(角票)이나 1위안(元)짜리 소액권은 이미 시중에서 거의 통용되지 않았고, 급기야 4월 26일부터는 금원권이 폐지되기에 이르렀다. 금융 붕괴란 위기상황을 타개하기 위해, 진먼현 상회에서는 자체적으로 유통권을 발행해 이에 대응하고자 했지만, 이마저도 당국의 단속과 통제로 성공하지 못했다.[59] 이와 같은 금융질서의 문란은 설상가상으로 화교들의 고향송금마저 주저하게 만들어 경제는 더욱 어려워졌다.[60]

싱가포르 진먼회관은 여러 차례 공문을 보내거나 신문지상에 공개서

---

58) 국민정부는 1948년 8월 19일부터 법폐를 대신해 금원권(金圓券)을 발행했다.(옮긴이)

59) 「商會發行流通券」, 《顯影》 第21卷 第5期, 1949.5.(江柏煒 編輯, 위의 책(2006), 3762쪽.)

60) 「僑匯間斷物價貴」, 《顯影》 第21卷 第5期, 1949.5.(江柏煒 編輯, 위의 책(2006), 3762쪽.)

신을 게재하는 방식으로 정부에 이에 대한 시정과 개선을 요구했다. 물론 되돌리기에는 이미 때가 늦었다는 건 그들도 알고 있었을 것이다. 그러나 이러한 노력을 통해, 그들이 개인이나 가족의 권익보호라는 차원을 넘어 교향의 공공사무 나아가 국가나 민족의 장래에도 관심의 폭을 확장하고 있었다는 것을 알 수 있다.

6. 초국적 활동 ─ 화인회관의 역사적 역할

그동안 해외화교화인연구를 진행해온 학자들 가운데, 가족의 이산(離散)이라는 화교의 특징에 주목한 이들은 꽤 많았다. 이상의 연구를 총결하면, 화교들은 고향에 남은 가족들과 지리적으로는 함께 살지 못하지만 경제적으로는 어떻게든 함께 할 수 있는 길을 찾고자 애써왔고, 가족성원으로서의 권리와 의무를 다하기 위해 최선의 노력을 다해왔다는 사실을 확인할 수 있다. 한마디로, 화교는 교향과 교거지에 동시에 존재하는 가운데 양쪽 모두에서 핵심적인 역할을 하고 있는 자들인 셈이다. 이러한 사실은 화교의 가족, 종족 그리고 그들이 모여 사는 지역의 특수성을 사회적 네트워크란 측면에서 새롭게 사고할 필요성을 일깨워주고 동시에 해외 동향회의 초국적 활동에도 새삼 주목할 것을 요구하고 있다. 그리고 이러한 연구방법은 화인회관 연구에 새로운 길을 제시하는 것이기도 하다.

필자는 근대 싱가포르 진먼회관의 초국적 활동에 대한 연구를 통해, 화인회관의 역사적 역할에 대해 진일보한 논의를 진행하고자 했고 결과적으로 다음과 같은 두 가지 결론에 도달할 수 있었다.

진먼회관에서 촉발된 진먼커뮤니티(Quemoy Community)의식

1870년대 우장부제묘의 성립, 1927년 진먼회관으로의 개편을 위한 새로운 장정 마련, 1929년 당산파가 주도권을 잡은 이후에 고향에 기울인 관심 등 이러한 일련의 과정을 거치면서, 경제적으로 성공한 진먼상인들은 싱가포르 화인사회에서 일정한 지위를 확보할 수 있게 되었고, 지연을 중심으로 형성된 커뮤니티의 성원들을 지원할 수 있게 되었다. 뿐만 아니라, 교향의 근대화에도 적극적으로 나설 수 있었다. 1915년 독립적인 현(縣) 설치나 1920년대부터 1940년대에 걸친 지방의 정치, 경제, 문화 발전을 위한 협력과 지원 등이 그 예라 할 수 있는데 이를 통해, 진먼회관은 지연정체성에 기초한 공동체의식을 촉발시킬 수 있었던 것이다.

15세기부터 19세기 중반까지의 진먼 문인(文人)에 대한 호칭을 보게 되면, 진먼인은 진먼인이란 독립된 이름으로 살지 않았다는 것을 알 수 있다. 즉, 당시 진먼은 통안(同安)에 속해 있었기 때문에 진먼인은 대외적으로 스스로를 통안인으로 칭해왔던 것이다. 가령, 명대 만력연간 과거에 장원급제해 진먼 제일의 수재로 불렸던 쉬시에(許獬), 청대 초기 타이완의 주치엔(竹塹, 지금의 신주新竹)을 개척한 왕스제(王世杰), 청대 도광(道光)연간 거인(舉人)이자 서예가였던 뤼스이(呂世宜) 등은 모두 진먼 출신이지만 스스로를 통안의 문인으로 칭했다. 이외에도 싱가포르로 건너가기 전, 진먼에서는 종족 간에 혹은 종족 내 파벌들 간에 얼마 안 되는 섬의 자원들을 둘러싸고 적지 않은 무력충돌이 발생했다. 물론 이러한 일들은 단지 진먼뿐만이 아니라 민난 전역에서 종종 일어나곤 했다. 그런데 이렇게 다툼을 벌이던 사람들이 영국 식민통치자, 화인, 말레이족, 인도인, 기타 다양한 방언집단들이 한데 섞여 사는 싱가포르에 오

동남아화교와 동북아화교 마주보기

320

게 되면서 자아와 타자를 새롭게 구분하기 시작했다. 종족과 혈연에 따라 스스로를 구분하던 기존의 분리의식은 다양한 타자들과의 생존경쟁을 벌이게 되면서 자연스럽게 사라지게 되고, 대신에 지연에 따른 공동체의식을 통해 자신들의 권익을 보호하고자 나선 것이다. 그에 따라 이러한 공동체의식이 만나는 지점 역시 더 이상 각 마을별로 모시던 왕야묘(王爺廟), 보생대제(保生大帝), 마조(媽祖) 등의 신앙이 아니라 일종의 지연을 상징하는 성후은주공 신앙이 된 것이다.

해외에서 촉발된 이러한 진먼커뮤니티는 진먼인의 정체성이나 지연의식이 단순히 혈연이나 지연에 따른 자연스러운 과정이 아니라 일종의 사회화 과정을 통해 형성된 것임을 방증해주는 것이라 볼 수 있다. 1915년 진먼에 현이 설치된 것이야말로 이러한 지연의식이 제도화되었음을 보여주는 단적인 증거라고 할 수 있다.

근대공민사회의 추형

일반적으로 정치학에서는 공민사회(civic society, 일명, 시민사회)를 국가와 개인 사이에 존재하는 공공적 성격의 사회영역으로 규정한다. 따라서 여기에는 국가기관과 구별되는 독립적이고 자발적인 각종 단체들이 포함된다.[61] 한마디로, 공민사회는 공동의 이익과 공동의 목표 그리고 공동의 가치를 구현하기 위한 비강제적인 단체를 뜻한다고 볼 수 있다.

1920년부터 1940년대까지 싱가포르 진먼회관은 치안, 병역, 교육, 산업 등 정치적 혹은 공적인 분야에 대한 지속적인 개입을 통해 교향의

---

61) Robert D. Putnam/Robert Leonardi/Raffaella Y. Nanetti, *Making Democracy Work: Civic Traditions in Modern Italy*, Princeton, N. J.: Princeton University Press, 1993.

근대적 계몽운동을 추진해왔다. 어찌 보면, 당시 싱가포르 진먼회관은
지방정부의 역할을 상당부분 대신해왔다는 점에서 서구 공민사회의 추
형이었다고도 할 수 있겠다. 바꿔 말하면, 처음에 개인이나 가족의 권
익 보호를 목표로 출범했던 진먼회관이 결국에는 그 관심의 폭을 교향
의 공공사무로까지 확장했고, 심지어는 국가와 민족의 미래에 대한 나
름의 의견을 제시하는 데에까지 이르게 되었던 것이다. 근대 영국 식민
지의 발전과 그 경험을 직접 보고 체득했던 해외화교로서는 중화민국
초기의 각종 정치적 문제와 사회적 불안을 목도하면서 그 시정의 잘못
을 지적하고 이견을 제출하고 나아가 회관의 단결된 힘을 통해 직접
행동에 나서는 것은 어찌 보면 당연한 일이었을지도 모르겠다. 이런 점
에서 그들은 조정의 명령이라면 무조건 복종하던 전통사회의 사신(仕紳,
gentry)과는 근본적으로 성격을 달리하는 집단이었다. 그들은 일종의 공
민의식을 갖춘 근대적인 상신(商紳, merchant-gentry)인 셈이었다. 그러나
서구사회와는 달리, 이러한 사회발전과정은 결코 내부적 자발성에 의
해 형성되었다기보다는 해외회관의 초국적 활동과정을 통해 형성된 것
이라 볼 수 있다. 그러나 이들의 의식과 실천이 당시에 상당한 영향을
끼쳤고, 일정정도 분명한 역할을 했던 것도 사실이지만, 해외이민송금
경제에서 보듯이 이러한 과정은 일종의 상향식 발전과정이라고는 볼
수 없다. 따라서 교거지 화교사회가 점차 화인사회로 바뀌게 되면서 초
국적 활동은 더 이상 일어나지 않게 되었고, 이러한 근대적 발전경험도
더 이상 존재하지 않게 되었다. 그러나 근대 화교들이 했던 공익적 활
동은 여전히 진먼 민간사회에서 일종의 집단기억과 문화유산의 전범으
로 남아있다.

　　이상에서 필자는, 해외동향회가 원향과 타향 즉, 교향과 교거지 사이
에서 벌였던 초국적 활동에 대한 역사적 분석을 통해, 해외이민/해외동

향회/교향사회/교거사회 간의 복잡다기한 상호작용 및 이른바 차지연
방언군(次地緣方言群, sub-local dialect group) 커뮤니티의 공동체 형성과정을
이해할 수 있었다.

근대 필리핀화교의 경제발전모델과 그 역할

공닝(龔寧)

일반적으로 동남아 각국에 대한 역사연구는 크게 두 가지 차원에서 진행되는 것이 보통이다. 하나는 중국과 동남아 국가들 간의 교류라는 차원[1]에서, 중국 전적(典籍)에 나타난 남양(南洋) 각국에 관한 기록을 기초로 연구를 진행하는 것이다. 다른 하나는 서구 식민종주국이 동남아 각국에 새로운 발전의 계기를 제공해주었다는 이른바 서구 식민주의적 시각[2]을 연구의 출발점으로 삼는 것이다. 그러나 전자는 자칫 동남아 역사를 중국사의 일부분으로 간주하는 우를 범하기 쉽다. 더군다나 중국의 전적이 철저하게 중국적 시각만을 대변하는 것이라고 전제한다면, 이를 기초로 남양 각국을 연구한다는 것은 편파적이기도 하고 객관적이지도 못하다. 후자 역시 동남아역사를 서구식민사의 일부분으로 간주함으로써, 서구 식민종주국의 영향을 지나치게 긍정적으로 평가할

---

1) 張蔭桐, 『南洋華僑與經濟之現勢』, 商務印書館(上海), 1946. ; 高事恒, 『南洋論』, 南洋經濟研究所, 1948. ; 邱致中, 『南洋概況』, 正中書局(南京), 1937. ; 葉文雄 · 沖矛, 『南洋各國論』, 讀書出版社(上海), 1943.

2) 스페인 통치기, 필리핀의 경제 · 사회 현황을 연구하는데 가장 중요한 사료로는, H. Blair & J. H. Robertson: "The Philippines Islands, 1493-1898", Cleveland: The Arthur H. Clark Co., 1903이 있다.

우려가 있다. 이렇게 되면, 이른바 '서구중심주의'적 늪에서 헤어 나올 길이 없게 된다. 따라서 이 글에서는 가능한 한 이러한 경향으로부터 탈피해, 동남아국가 자신의 입장에서 현지 화교의 경제활동을 고찰하고, 아울러 경제학적 분석방법을 차용해 근대 동남아국가의 경제발전 모델을 엿보고자 한다. 필자가 특별히 필리핀을 연구대상으로 선택한 데에는 나름의 이유가 있다. 첫째, 역사적으로 필리핀은 동남아국가들 중에서 경제발전이 비교적 늦었던 곳 중의 하나이다. 사실, 스페인이 점령하기 전까지 필리핀은 원시사회 말기 정도에 해당할 만큼 생산력 수준이 보잘 것 없었다. 둘째, 동남아 각국의 역사를 비교해볼 때, 필리핀은 화교정책이 가장 열악한 나라 중의 하나였다. 스페인이 통치하는 기간 동안, 필리핀에서는 다섯 차례의 화교학살사건이 일어났다. 그중에서도 앞의 두 번은 현지 화교에 대한 전면적 도살이었다고 할 정도로 참혹했다. 따라서 필리핀처럼 극단적이었다고 할 만큼 특수한 국가를 사례로 분석을 진행하게 되면, 동남아 전체의 화교경제상황에 대한 대체적인 파악이 가능할 것이라고 믿는다. 참고로, 구체적인 연구 시기는 마닐라가 개항된 1834년부터 일본이 마닐라를 점령한 1942년까지로 한정했음을 미리 밝혀둔다.

1. 수출주도형 경제발전모델

레스닉(Resnick)[3]은 소비자·생산자·수출무역 영역을 포함한 미시경제모형을 통해, 타이, 미얀마, 필리핀 등의 경제발전모델이 수출주도형을 띠게 되는 원인을 |그림1|과 같이 분석했다.

|그림1| 수출주도형 필리핀 경제

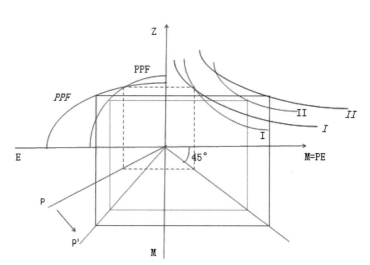

M은 수입품을 나타내고, E는 수출품, Z는 국내 비(非)무역품, P는 무역조건 즉, 수출품가격과 수입품가격의 비율을 가리킨다. 그리고 수출품 E는 국내에서는 소비되지 않고 오로지 수출만 하는 것이며, 그 생산은 전적으로 M을 교환하기 위한 것으로 가정한다. 제1사분면은 소비자

---

3) Stephen A. Resnick, "The Decline of Rural Industry Under Export Expansion: A Comparison among Burma, Philippines, and Thailand, 1870-1938", The Journal of Economic History, 1970, 3(01), pp.51-73.

영역으로, 수입품 M과 국내 비무역품 Z가 소비자의 효용함수 U(Z, M)를 구성한다. 제2사분면은 생산자영역으로, 생산자가 정해진 기술조건에 근거해 생산가능곡선 PPF에 따라 국내 비무역품 Z와 수출품 E의 생산량을 선택한다. 제3사사분면은 국제무역영역으로, 무역조건의 변화에 근거해 수출품으로 수입품을 교환한다. 양자 간에 균형이 이루어질 경우, 생산자는 상대가격과 생산가능곡선 PPF의 접선에 따라 비무역품 Z와 수출품 E의 생산수량을 결정한다. 생산된 수출품 E는 해외시장에서, 무역조건 P에 따라 수입품 M으로 교환되어 M=PE를 충족한다. 소비자는 예산선(budget line)과 무차별곡선(indifference curuve) I의 접선에 따라 소비된 수입품 M 즉, 국내 비무역품 Z의 수량을 결정한다.

무역조건이 변동되어 P가 P'로 상승되면, 수출품 E는 상대적으로 수입품 M의 가격보다 상승하게 되고, 소비자와 생산자가 직면하게 되는 상대가격도 달라진다. 소비자영역에서, 수입품 M의 상대가격이 하락하면, 예산선은 더욱 완만해지고 대체효과와 수입효과가 동시에 작용해 궁극적으로는 소비자의 수입품 M에 대한 소비가 증가하게 된다. 생산자영역에서, 상대가격선이 보다 가파르게 변하면 균형점은 아래로 이동하게 되는데, 이때 생산자는 보다 많은 자원을 수출품 E를 생산하는 데 이용한다. 이로 인해 새로운 균형점이 형성되면, 수입품 M의 소비와 수출품 E의 생산은 증가하고 반대로 비무역품 Z의 소비와 생산은 줄어들게 된다. 결국, 이렇게 되면 자연히 자원은 수출입부문으로 옮아가게 되어 경제 전체가 수출주도형의 특징을 보이게 되는 것이다.

상술한 좌표평면도는 고도의 추상적인 경제모형으로, 무역조건의 변화에 따라 도출된 근대 동남아국가들의 수출주도형 경제발전모델을 보여주는 것이다. 이처럼 소비자영역과 생산자영역을 구체적으로 설정하게 되면, 특정국가 혹은 특정경제에 대한 분석이 가능해진다. 아래에서는 주로 필리핀 화교경제에 대한 분석에 집중하고자 한다. 우선, 근대 필리핀의 무역조건의 변화를 분석할 것이고, 다음으로는 필리핀 소비 자들이 소비한 두 가지 생산품의 성격 및 이로 인해 형성된 무차별곡 선에 대해 분석할 것이다. 마지막으로는 필리핀 화교경제의 모델 및 이 로 인해 형성된 생산가능곡선을 분석할 것이다.

2. 근대 필리핀 무역조건의 변화

19세기 중반부터 구미 각국에서는 일차제품에 대한 수요가 증가하게 되었다. 이 때문에 필리핀 현지의 경제작물 가령, 자당(蔗糖, sucrose), 야 자, 마(麻)제품 등이 구미 국가들의 수요에 상응해 증가하게 됨으로써, 무역조건 P가 개선되었다. 본래 무역조건이란 상대가격의 크기를 의미 한다. 그러나 근대 식민주의적 배경 하에서는 식민종주국이 식민지의 대외무역시장을 사실상 독점하고 있었기 때문에 가격은 더 이상 시장 의 수요와 공급 상황을 반영할 수 없게 되었다. 그러나 어쨌든 식민지 수출품에 대한 식민종주국의 수요가 늘어나게 되면서 그 자체로 일종 의 대외무역조건의 개선이 이루어졌다고 볼 수 있다.

자당을 예로 들어보기로 하자. 필리핀의 자당 가격은 아주 오랜 기 간 동안, 3페소에서 5페소 사이에서 꾸준한 안정세를 유지해왔다. 그러 나 1910년부터 가격이 점차 상승하기 시작했다. 물론, 일정한 하강곡선 을 그릴 때도 있었지만 금세 본래 가격을 회복하곤 했다. 1919년부터 는 가격이 큰 폭으로 상승해, 1920년에는 23.66페소나 되었다. 전체적 으로 볼 때, 필리핀의 자당 가격은 비교적 안정세를 유지하고 있었지 만, 필리핀 자당에 대한 세계시장의 수요는 계속해서 증가세를 보이고

|그림2| 1836~1920년 미국의 자당 소비

(단위: 톤)

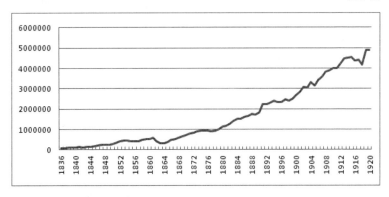

출처 : John A. Larkin, "*The International Face of The Philippine Sugar Industry, 1836-1920*", Philippine Review of Economics and Business, 1984, 21(1), p.42.

|그림3| 1836~1920년 마닐라의 자당 가격

(단위: 페소)

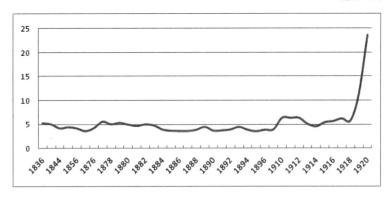

출처 : John A. Larkin, "*The International Face of The Philippine Sugar Industry, 1836-1920*", Philippine Review of Economics and Business, 1984, 21(1), p.50.

주1) 1875년부터 1897년의 통계치는 최고가와 최저가의 평균치를 취한 것이다.

있었다. 1836년부터 1920년까지 미국의 자당에 대한 수요는 |그림2|와 같다. 이를 보면, 미국의 자당 소비는 19세기 상반기만 해도 10만 톤이 채 되지 않던 것이 1920년에는 489.5만 톤으로 증가하고 있음을 알 수 있다. 미국과 마찬가지로, 영국의 1인당 자당 소비량도 1830년대에는 17.8파운드이던 것이 1910년부터 1914년 사이에는 90.8파운드로 대폭 늘어났다.[4)]

이렇게 보면, 가격 면에서 무역조건의 개선이 이루어졌다고는 볼 수 없다. 그러나 이른바 미국통치 시대로 접어들면서[5)], 필리핀의 모든 수출 시장은 사실상 미국이 독점하게 되었다. 이로 인해, 필리핀 자당에 대한 미국의 수요 증가로 일정정도 무역조건이 개선되었다. 더욱이 미국의 자당에 대한 수요가 늘어나게 되면서, 관세정책상으로도 필리핀 자당에 상당한 특혜가 주어졌다. 가령, 1903년에는 자당수입세가 25% 감면되었고, 1909년에는 30만 톤 미만의 수입에 한해서는 100% 면세를 규정하는 〈Payne Aldrich Bill〉이 통과되었다. 또 1913년에는 〈Underwood Tariff〉가 통과되어 필리핀 자당에 대한 수입세 징수가 완전 폐지되었다. 이러한 조치들로 인해, 대량의 필리핀 자당이 미국으로 들어갈 수 있었다. 미국시장의 중요성을 증명하는 또 다른 증거는 필리핀 자당의 고비용이다. 『필리핀당업고찰기(非律賓糖業考察記)』[6)]에는 1934년 딸락(Tarlac)에 있

---

4) John A. Larkin, "The International Face of The Philippine Sugar Industry, 1836-1920", Philippine Review of Economics and Business, 1984, 21(1), pp.39-58.
5) 명목상으로 볼 때, 미국의 필리핀 통치기간은 1898년부터 〈Tydings-Mc Duffie Act〉가 통과된 1935년까지이다. 그러나 이후 필리핀은 자치를 획득하기는 했지만, 1942년 일본이 마닐라를 점령하기 전까지는 미국의 정치적 영향이 강력하게 작용했다. 결국, 1935년부터 1942년까지의 기간도 사실상 미국통치의 연장선으로 볼 수 있다. 따라서 이 글에서는 이 시기를 포함해 미국통치 시기로 규정했다.
6) 黎獻仁, 『非律賓糖業考察記』, 國立中山大學農學院推廣部, 1934, 32-34쪽.

는 어느 한 자당공장의 월 임금 상황에 대한 기록이 있다. 이에 따르면, 임금이 제일 높은 총지배인의 월급은 400페소였고, 가장 낮은 임금을 받는 노동자 가령, 자당시럽을 통에 담는 인부나 석회를 혼합하는 이들의 월급은 45페소였다. 그런데 1935년부터 1936년 사이에 필리핀의 일반 노동자들이 받는 일당은 아무리 높아봐야 0.6페소를 넘지 않았다.[7] 다른 자당생산국과 비교해서도 필리핀의 자당 생산비는 매우 높은 편이어서, "자바의 70%였고, 쿠바의 75%"[8] 정도였다. 이렇게 "생산 비용이 계속 뛰게 되면, 다른 자당생산국과 경쟁하기 힘들 것이다. 지금으로선 자유롭게 판매할 수 있는 곳이라고 해봐야 세칙 상으로 보호를 해주고 있는 미국시장뿐이다."[9]라는 말이 나올 정도로, 원가가 높은 필리핀 자당이 계속해서 살아남을 수 있었던 것은 미국시장의 수요 덕분이었다. 이처럼 미국이 필리핀 자당 수출을 독점하고 있었기 때문에, 가격 면의 무역조건에는 큰 변화가 없었다 하더라도 필리핀 자당에 대한 미국 내 수요 급증만으로도 무역조건이 개선되어 필리핀 자당 수출이 촉진될 수 있었던 것이다. 자당 외에도, 1920년대 필리핀의 다른 일차제품의 시장가격도 정도의 차이가 있기는 하지만 일제히 오르기는 마찬가지였다. 1913년 통계를 기준으로 보면, 필리핀 마(麻)의 가격도 1925년에 배로 뛰었고, 삼베나 야자유의 가격도 각각 79.1%, 47% 인상되었다.[10]

7) 傅泰泉, 『非律賓指南』 第二版, 非律賓指南發行部, 1935, 11쪽.
8) 黎獻仁, 위의 책(1934), 196쪽.
9) 陳駒聲, 『世界各國之糖産』, 商務印書館(上海), 1935, 72쪽.
10) 吳承洛, 『非律賓工商業考察記』 第三篇 「非島之物産與富力」, 中華書局, 1929, 107-108쪽.

3. 필리핀 소비자의 무차별곡선

소비자분석에서는 효용함수를 구성하는 두 가지 상품의 성격을 분석하는 것이 핵심이다. |그림1|의 세로축 Z는 비무역품이다. 쌀과 같은 생필품이 그에 해당할 것이다. 따라서 쌀을 예로 들어보면, 스페인 통치 말기까지만 해도[11] 쌀은 필리핀 수출품 중에 가장 대표적인 것이었다. 그런데 1870년 필리핀 쌀 수출이 금지되자, 1880년대부터는 마, 당(糖), 담배(煙草) 등이 쌀을 대신해 필리핀의 주요 수출품으로 등장했다.

수입품을 보게 되면, 일찍이 갈레온무역(Galleon Trade)시대[12]에는 중국에서 수입한 비단과 면제품이 중요한 비중을 차지했다. 갈레온무역을 일명, '비단무역'이라고 하는 것도 이 때문이다. 심지어 스페인통치 말기와 미국통치 시기에도 방직물이 차지하는 위상에는 전혀 흔들림이 없었다. 다만, 주 수입원이 중국에서 구미국가로 바뀌었을 뿐이었다. 19세기 후반부터 유럽의 방직물은 필리핀 전체 수입의 33%에서 60%를 차지했다. 특히, 그중에서도 영국의 방직물이 30%에서 40%를 점하고 있었다. 미국통치 시대에도 견직물과 면직물은 여전히 필리핀의 주요 수입품이었다. 1929년부터 1939년 사이의 필리핀 수입품 중에서, 면직물은 15%에서 21%를 차지할 정도로 수입품의 대종을 이루었고, 견직

---

11) 스페인의 필리핀 통치는 크게 초기와 말기로 나뉜다. 그 분기점이 되는 것은 바로 1815년 이른바 갈레온무역(Galleon Trade)의 종식이다. 그 이전까지 스페인 식민자들은 갈레온무역을 통해 막대한 이익을 누렸다. 따라서 필리핀의 자원을 개발해야 할 특별한 이유가 없었다. 그러나 갈레온무역이 막을 내린 후에는, 필리핀 현지의 통치를 유지하기 위해서라도 현지 자원을 개발할 필요가 있었다. 이렇게 되어 필리핀은 국제시장에 참여할 수 있게 되었던 것이다.

12) 갈레온무역은 1565년부터 1815년까지이다. 스페인식민지 멕시코와 필리핀 간의 독점무역을 말하며, 주요 무역상품은 중국의 상품이었다. 이 과정에서, 필리핀은 중계무역과 유사한 역할을 했다.

물은 3%에서 5% 정도였다. 수입대상을 보게 되면, 미국이 영국을 대신해 필리핀의 가장 중요한 면제품 수입시장으로 떠올랐다. 1928년에서 1932년 사이에 미국에서 수입한 면제품은 18,100,000페소에서 36,700,000페소였고, 그 다음으로는 일본과 영국으로 각각 8,000,000페소에서 16,200,000페소와 2,900,000페소에서 7,600,000페소에 달했다. 반면, 중국에서 수입한 면제품은 3,100,000페소에서 3,800,000페소에 그쳤다.[13]

　면직물과 견직물 외에도 석유, 자동차 및 그 부속품, 전기기계, 화학제품 등도 필리핀의 주요 수입품이었다. 이렇게 볼 때, 필리핀의 수입품은 주로 공업완제품이라는 것을 알 수 있다. 다시 말해, 필리핀과 외국 간의 무역은 일차제품과 공업완제품을 서로 맞바꾸는 전형적인 교역모델이라고 할 수 있다. 쌀과 같은 생필품과 달리, 필리핀이 수입하는 완제품의 소비자가격은 매우 탄력적이어서 상대가격이 조금만 변동돼도 제품수요는 큰 폭으로 변화되기 일쑤였다. 따라서 필리핀 소비자 입장에서 볼 때에는, 무차별곡선 I은 비교적 완만한 편이었다고 할 수 있다. 실제로 무역조건이 변화되면서, 수입품 M과 비무역품 Z의 상대가격은 하락했다. 그러나 한편으로는, 대체효과로 인해 소비자들은 수입품 M을 더 많이 소비하게 되지만 이 역시 가격하락으로 인해 일종의 가외수입을 얻게 된다. 또한 수입품은 정상제품이기 때문에, 수입효과 면에서도 화교소비자들은 보다 많은 수입품 M을 소비하게 된다.

　결국, 필리핀 소비자들은 두 가지 소비제품의 상이한 성격으로 인해, 무차별곡선은 더욱 완만해지게 된다. 따라서 무역조건이 변화하게 되

13) 黃曉滄, 『非律賓馬尼拉中華商會三十年紀念刊』, 乙編, 中華商會委員會出版部, 1936, 7쪽.

면 소비자들은 보다 많은 수입산 소비품으로 기울게 되고 상대적으로
비무역품의 소비량은 줄게 되는 것이다.

4. 화교경제의 생산가능곡선

앞에서 무역조건과 소비자행위를 고찰할 때에는, 필리핀이 직면한
대외시장의 환경과 수입품의 성격이 무역조건과 소비자선택에 각기 어
떠한 영향을 주었는지에 중점을 두고 분석을 진행했다. 이제 여기서는
화교생산자를 대상으로 생산자행위를 분석하기로 하되 특히, 화교경제
발전모델에 방점을 두고 논의를 진행해보도록 하겠다. 경제학에서 생
산가능곡선의 기울기는 한계변환율(MRT)을 가리킨다. 다시 말해, 일정
한 기술수준 하에서 두 가지 제품을 생산해야 할 때, X재의 생산량을
한 단위 증가시키기 위해 반드시 포기해야 하는 Y재의 수량이다. 이는
가로축 제품의 기회비용을 표시하는 것이기도 하다. 화교경제의 경우,
생산가능곡선 PPF는 훨씬 완만하다. 즉, 화교들은 자신들의 자원을 수
출과 관련된 업종에 투입하기를 원한다는 것이다. 화교경제에서 상업
이 차지하는 비중이 가장 높다고 볼 때, 필리핀의 화교경제는 전형적인
상업경제라고 할 수 있다. 그중에서도 특히, 수출입무역이 전체 화교상
업의 핵심이라고 할 수 있겠다. 아래에서는 이를 중심으로 논의를 전개
해보도록 하겠다.

상업 위주의 화교경제

필리핀화교의 경영방식은 주로 유통을 중심으로 한 전형적인 상업모

델이라 할 수 있다. 심지어 "필리핀 화인사회는 상점 주인과 점원만으로 이루어진 아주 단순한 상인사회이며, 이는 필리핀화인이 여타 동남아화인과 가장 다른 지점"[14]이라고 주장하는 이도 있다. 물론, 화교 중에는 농업이나 농산품가공업에 종사하는 이들도 있다. 그러나 상대적으로 볼 때, 상업이 그 어느 것보다도 필리핀화교의 가장 대표적인 업종임은 부인할 수 없는 사실이다. 스페인통치 초기에도, 상품판매에 종사하는 화교의 수는 화교 집단거주지라 할 수 있는 파리안(parian) 총인구의 60%에서 70%를 차지했다. 마닐라 이외의 지역에서도 상대적으로 그 비중은 높다고 할 수는 없지만, 화교소매상이 과반 이상을 차지했다.

투자액 측면에서 보면, 미국이 통치하기 시작한 처음 30년 동안 화교자본은 주로 상업과 고리대금업에 집중되어 있었다. 물론 생산성 투자가 전혀 없었던 것은 아니지만 상업투자나 금융업투자에 비한다면 그 비중은 상대적으로 낮았다. 이에 대해서는 |그림4|를 참조하기 바란다. 상업투자는 화교투자에서 가장 중요한 부분이다. 1932년에 금융업투자비중보다 약간 낮았던 것을 제외하고는 대부분 화교투자에서 가장 큰 비중을 차지했다. 심지어 1936년에는 화교투자 총액의 3/4 이상을 차지하기까지 했고, 1900년에서 1930년 그리고 1939년에는 화교투자액의 65%를 초과했다. 1930년과 1936년에는 상업투자에서 화교가 차지하는 비중이 42% 이상이었다. 그 비중이 가장 낮았던 1932년만 해도 화교투자의 약 40%가 상업투자였다.

---

14) 施振民, 「非律賓華人文化的持續—宗親與同鄉組織在海外的演變」, 洪玉華 編, 『華人移民—施振民教授紀念文集』, 非律賓華裔青年聯合會·拉殺大學中國研究生聯合出版, 1992, 186쪽.

|그림4| 1900~1939년 필리핀화교의 산업별 투자비중

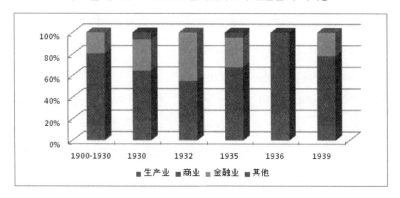

출처: 1900~1930 통계는 楊建成, 『菲律賓的華僑』, 中華學術院南洋硏究所(台北), 1985, 39쪽에 근거해 작성. ; 1930년 통계는 1935년 필리핀통계연감에 따라 작성. 崔丕·姚玉民, 『日本對南洋華僑調査資料選編 第一輯(1925~1945)』, 廣東高等敎育出版社(廣州), 2011, 93쪽에서 재인용. ; 1932년 통계는 중국필리핀총영사관의 추정치에 따라 작성. 黃滋生, 何思兵, 『菲律賓華僑史』, 廣東高等敎育出版社(廣州), 2009, 398쪽 재인용. ; 1935년 통계는 마닐라상업회의에서 제공한 통계자료에 근거해 작성. 楊建成, 『華僑之硏究』, 中華學術院南洋硏究所, 1984, 296쪽 재인용. ; 1936년 통계는 大形太郞, 「南洋華僑與經濟」, 聶德寧, 『近現代中國與東南經易關係史硏究』, 厦門大學出版社(厦門), 2001, 172쪽 재인용. ; 1939년 통계는 楊建成, 『三十年代菲律賓華僑商人』, 中華學術院南洋硏究所, 1984, 45쪽에 따라 작성.

주1) 1900년부터 1930년까지의 통계는 각 행업을 세 가지 업종으로 구분한 후 합산한 결과이다. ; 1930년 통계에서, 생산업에는 농업, 제조업, 광업, 임업, 금융업(은행, 부동산 등) 등이 포함된다. 1932년 통계에서, 상업에는 도소매업이 포함되고 생산업에는 목재업, 양조업, 담배제조업, 비누제조업, 양초제조업 등이 포함된다. 1935년 통계에서, 생산업에는 제고공업, 임업제조업, 광업, 농업 등이 포함된다. 1936년 통계에서, 상업에는 소매상과 포목상이 포함되고, 생산업에는 야자·마·쌀·담배 농사와 임업이 포함된다. 이 조사에서는 금융투자와 부동산투자를 조사되지 않았다. 1939년 통계에서, 생산업에는 제조업과 광업이 포함된다.

필리핀화교들이 주로 상업에 종사하게 된 데에는 두 가지 이유가 있다. 첫째, 거주방식에 대한 그들의 마음가짐과 관련이 있다. 화교들이 필리핀이나 기타 동남아국가로 이주하게 된 것은 오로지 생계를 위해서였다. 따라서 그들은 애초부터 현지에 정착할 마음은 없었다. 대개

동남아화교와 동북아화교의 미주보기

337

그들은 장사나 사업이 어느 정도 궤도에 오르면 국내 후손을 데려다가 경영을 맡기고 본인은 고향에 돌아가 말년을 보내는 게 보통이었다. 또한 필리핀화교들은 거주지와 교향(僑鄕)에 모두 가정을 꾸리는 이른바 이중가정구조를 형성하는 게 보편적인 현상이었다. 화교남성들 중에는 현지에서 필리핀 여성과 결혼해 가정을 꾸리는 경우도 있는데, 이때에도 고향의 조강지처가 진짜 아내였고, 필리핀 아내는 그저 첩에 지나지 않았다. 그들이 필리핀의 여성과 결혼하는 것은 단지 현지에서 사업을 하는데 도움이 될 수 있지 않을까 하는 생각에서였다. 화교들은 고향에 있는 처자식과 부모에 대한 부양의 의무를 갖고 있었다. 따라서 "화교들은 2, 3년에 한 번씩 저축한 돈을 가지고 고향에 다녀오곤 했다."[15] 평소에도 꼬박꼬박 고향에 돈을 부쳤다. 그러나 화교들은 이처럼 언젠가는 고향으로 돌아가겠다는 마음가짐과 이중가정의 구조로 말미암아 거주지에서는 항시 불안정과 불안전에 쫓겨야 했고 거주지에 대한 애착도 별로 없었다. 따라서 자금회전이 더딘 농업이나 공업에 투자하기보다는 자금유동성이 빠른 상업이나 금융업 등에 보다 관심을 갖고 있었다.

둘째, 화교자본은 비교적 소규모였다. 화상들의 사업방식은 대부분 노점이나 행상으로 돈을 벌어 자신의 가게를 마련하고, 혹여 가게가 망하면 다시 노점상으로 돌아가는 식이었다. 이렇게 보면, 화교가 소매점을 가지고 있다는 것은 누대에 걸친 노력의 결과물인 셈이었다. 따라서 이처럼 항시 돈에 쪼들려야 하는 화교들에게 초기자본이 많이 드는 공업생산에 투자하라는 것은 애초부터 무리였다고 할 수 있다. 화교들이 초기자본이 많이 들지 않는 상업으로 몰리게 된 것도 이 때문이다. 특

---

15) 『十九世紀歐洲人對本地華商的印象』,《世界日報》 第6卷 第2期(馬尼拉), 1996.
16쪽.

히, 화교사회는 혈연이나 업연에 따른 결속력이 매우 강한 집단이었다. 처음 이주해오게 되면 대개 친척이 하는 가게에서 도제로 일을 보아주다가 경험이 어느 정도 쌓였다 싶으면 그 가게를 이어받거나 아니면 아버지로부터 얼마간의 초기자금을 받아 자신의 가게를 새로 꾸리는 식이다 보니, 본인 스스로 돈을 모을 필요는 특별히 없었다. 뿐만 아니라 외상거래나 대출을 받는 것은 화교들의 경영방식에서 매우 보편적인 일이기도 했다. 따라서 화교들은 상업경영에서 자금에 대한 압박이 그리 높은 편은 아니었던 것이다.

수출입무역을 핵심으로 한 상업모델

상업은 화교경제의 중심이다. 그중에서도 수출입무역은 절대적 비중을 차지하고 있다. 필리핀화교들에게도 무역업은 일종의 전통으로 자리하고 있었다. 초창기 필리핀에 온 화교들이 중국과 필리핀 간의 무역에 종사한 것도 여기에서 연유한다. 스페인통치 초기, 중국은 필리핀의 가장 중요한 무역파트너였다. 특히, 갈레온무역이 가장 번성하던 시기(1586~1645)에, 화상들의 상선에서 거두어들인 평균관세가 마닐라 관세수입의 약 74%에 달할 정도였다. 심지어 1641년과 1642년에는 마닐라 관세수입의 92.78%가 모두 이들이 낸 세금이었다.[16] 중국에서 들어온 제품은 필리핀인과 스페인 식민통치자들의 중요한 생필품이자 군수물자였다. 또한 갈레온무역을 지탱하는 가장 중요한 물품이었다. 그러나 18세기 들어 점차 쇠락하기 시작한 갈레온무역은 결국 1815년 정식으로 그 종말을 고했다. 1834년 마닐라 개항과 함께 필리핀 대외무역에

---

16) 全漢生, 「明季中國與菲律賓間的貿易」, 『中國經濟史論叢』, 新亞出版社(香港), 1972, 431쪽.

서 서방국가들이 차지하는 비중은 점차 늘어나기 시작했다. 반면, 중국의 위상은 갈수록 줄어들었다. 이에 따라 화교경제의 기능도 자연 변화를 겪지 않을 수 없었다. 일부 화교들은 토착경제와 외국경제를 이어주는 중개상으로 변신해 마닐라 등의 항구도시에서 수출입업무를 담당하기도 했고, 또 일부는 아예 필리핀 내륙으로 들어가 화교무역상의 대리인 자격으로 항구도시와 내륙도시 간의 상업거래를 맡기도 했다. 화교무역상을 대신해 수입품을 판매하거나 수출품을 구매하는 것이 그들의 몫이었다. 이러한 과정을 통해, 화상들 간에는 상업발전에 매우 유효한 내부교역모델이 형성되기 시작했다. 이른바 까베실리아제도(cabecilla system)가 바로 그것이다.

까베실리아[17]라고 하는 것은 서방의 수입품과 수출농산품만을 전문적으로 거래하는 화교도매상을 말하며, 까베실리아제도는 화교상인 간에 형성된 일종의 전통적인 상업관계를 의미한다. 까베실리아는 외국무역상으로부터 외상으로 물품을 사들여 각지 화교대리인에게 위탁판매를 맡기고 이때, 초기운영자금조로 대리인에게 일정한 금액을 대출해줌으로써 그들의 거래를 도왔다. 각지에 퍼져 있는 대리인들은 까베실리아로부터 받은 수입상품을 판매하는 일 외에도, 필리핀농민들로부터 수출할 농산품을 사들였다. 한마디로, 화교 까베실리아란 마닐라를 비롯한 필리핀의 주요 항구도시에서 수출입무역을 담당하는 화교무역상이라고 할 수 있다. 한편, 화교대리인은 크게 세 부류로 구분해 볼 수 있다. 첫째, 자신의 점포를 가진 소매상. 둘째, 자신의 점포나 고정적인 거래장소 없이 짐을 지고 돌아다니는 행상. 셋째, 시장에 좌판을 벌여놓고 물건을 파는 노점상. 이 노점상들은 대개 정부가 지정한 장소

17) 周南京, 『華僑華人百科全書(經濟卷)』, 中國華僑出版社(北京), 2001, 437-438쪽.

에서 좌판을 벌이고, 영업시간이나 좌판 자리도 정해져 있었다.

까베실리아제도가 성공적으로 정착되면서, 화교 까베실리아와 대리인들 간에는 판매와 구매를 위한 화교네트워크가 형성되었다. 이 네트워크의 존재를 증명하기 위해서는 다음과 같은 논리적인 추리가 따라야 할 것이다. 화교무역상은 사업을 벌이기 위해서는 주로 마닐라 등 항구도시에 집결해야 했다. 대리인의 경우에는 수입품 판매 및 수출품 구매를 위해 필리핀의 대표적인 수출품 산지에 집중 거주해야 했다. 이러한 항구도시와 생산지를 정리한 것이 |표1|이다. 화교들은 이러한 지역에서 단순히 인구만 밀집되어 있는 것이 아니었다. 그들은 그곳에서 상당한 세력을 형성하고 있었다. 이러한 세력은 상점의 수나 상인의 수처럼 양으로 측정할 수도 있고, 상업투자나 영업액수 같은 질로도 측정이 가능하다. 다만, |표1|에서는 마닐라에 대한 통계는 넣지 않았다. 마닐라는 화교경제의 중심지답게 화교의 수나 상업규모에서 절대적 우위를 차지하고 있지만 오히려 이것이 다른 지역의 수치를 끌어내릴 수가 있기 때문이다. 마닐라 상황에 대해서는 뒤에서 별도로 보충하기로 하겠다.

|표1| 필리핀 각 지역 상업상황과 인구현황

(단위: %)

지역		농산품	소매상 (1932)	투자 (1938)	상인 (1935)	인구 (3년 평균)
北루손	카가얀	담배	66.75	54.75	14.75	2.8
	이사벨	담배	30.7	46.65	29.46	2.02
	라우니온	담배	8.63	30.74	28.46	0.74
中루손	불라칸	쌀	1.52	19.74	1.36	0.8
	누에바 에시야	쌀	9.09	58.74	12.36	1.94
	팜팡가	자당	3.89	26.60	2.45	1.76
	팡가시난	쌀, 담배	4.73	43.94	2.96	2.51
	딸락	쌀, 자당	9.6	45.37	8.78	1.71

지역		농산품	소매상 (1932)	투자 (1938)	상인 (1935)	인구 (3년 평균)
南루손	바탕가스	자당	2.4	25.10	4.35	1.15
	라구나	야자, 자당	11.74	54.53	12.28	3.26
	퀘존	야자	16.76	53.94	20.20	5.67
비콜	알바이	마	17.07	34.78	17.92	3.46
	카마리네스수르	마, 목재	14.24		11.56	3.76
	소르소곤	마	16.44	78.05	14.17	2.66
비사얀	카피스	쌀	14.32	74.6	6.93	1.15
	일로일로	쌀, 자당, 담배	22.51	69.88	26.79	6.84
	세부	야자, 담배	16.64	38.97	19.83	7.08
	레이테	마	9.33	34.20	9.78	6.3
	네그로스	자당, 목재	22.99	44.50	30.25	5.23
	사마르	야자, 마	23.81		42.63	3.77
민다나오	코타바토	목재	46.03	85.11	69.03	1.51
	다바오	목재, 마	29.33	29.33	47.66	4.15
	라나오	목재	21.83	50	8.77	0.62
	미사미스	야자, 목재	50.16	57.81	23.13	3.16
	삼보앙가	야자, 목재	63.11	25.79	75.38	5.16
항구도시	술루		85.17	73.48	61.84	2.39

출처: 소매상은 필리핀 농상부 통계에 따른 것이다. 黃曉滄, 『菲律賓岷里拉中華商會三十週年紀念刊』(丁編), 中華商會委員會出版部(馬尼拉), 1936, 40쪽. ; 상업투자는 필리핀 상무국 조사에 따른 것이다. 楊建成, 『三十年代菲律賓華僑商人』, 文史哲出版社(台北), 1984, 45-48쪽. ; 상인은 필리핀 통계평론에 따른 것이다. 自修週刊社, 『南洋貿易指南』, 自修週刊社(上海), 1940, 161-163쪽. ; 화교인구는 1918년과 1939년의 인구센서스에 따른 것이다. 巴素 著·郭湘章 譯, 『東南亞之華僑』(下冊), 台北國立編譯館(台北), 1974, 863-869쪽.

주1) 소매상, 투자, 상인의 비율은 각 지역에서 차지하는 화교상점, 상업투자, 화상의 비율이다. 인구비율은 마닐라를 제외한 필리핀 전역에서 화인이 차지하는 비율이다. 본 표에서 언급한 지명은 주요 항구도시나 대표적인 수출품 생산지이다. 주요 생산지는 주로 필리핀 공상부 조사에 근거했다. 위 6가지 생산품의 대표적인 산지 6개 지역에 대해서는 1927년에 정리되었다. 吳序道, 『菲律賓華僑商業指南』, 馬尼拉書局(馬尼拉), 1930 참조. 필리핀 분구(分區) 상황에 대해서는, 黃明德, 『菲律賓華僑經濟』, 海外出版社(台北), 1956 참조. 단, 지명은 현재의 지명으로 바꾸었다.

상술한 26개 지역의 화교인구 수는 필리핀 전체 화교인구의 81. 6%[18]에 해당한다. 상기 지역 중에서, 11개 지역의 인구비율은 1933년 부터 1939년까지 6년에 걸쳐 상승했다. 증가폭이 가장 컸던 곳은 비사 얀의 항구도시 세부와 민다나오의 항구도시 다바오였다. 이 두 도시의 화교인구비율은 1933년 각각 3.79%와 1.74%였는데, 1939년에 이르게 되면 각각 5.2%와 3.06%로 증가한다. 상업상황의 경우에는, 북부루손 과 비사얀, 민다나오 등의 화교세력이 가장 강했다. 심지어 카가얀, 삼 보앙가, 술루 등 세 도시의 화교상점은 해당지역 전체 점포수의 2/3 이 상을 차지했다. 상인 수의 경우에는, 민다나오의 코타바토, 술루, 삼보 앙가 등 세 도시의 화상이 전체 상인 수의 60% 이상을 점하고 있었다. 특히 삼보앙가 상인의 3/4이 화상이었다. 반면, 중부루손과 남부루손의 화교상점의 비율은 상대적으로 낮은 편이었다. 전자는 10% 미만이었 고, 후자는 기껏해야 16.67% 남짓이었다. 이는 미국이 필리핀을 통치 하면서 펼쳤던 일련의 화교제한정책과 연관이 있으며, 필리핀인과 화 교 간의 경쟁과도 관련되어 있다. 그러나 상점의 수와 상인의 수는 일 종의 양적 개념일 뿐 정작 상업의 규모와는 아무런 관련이 없다. 실제 로 필리핀 상점의 78.2%는 영업액수가 500페소에도 미치지 못할 정도 로 규모가 작은 편이었다.[19] 화교의 상업투자로 눈을 돌리게 되면, 화 상의 우세는 훨씬 두드러진다. 사마르와 카마리네스 수르를 제외한 24 개 지역에서, 화교의 절반가량이 상업투자를 진행했는데, 그 투자비율 이 해당 지역 전체 투자의 절반을 넘었다. 물론 그 비율이 50%를 넘은

---

18) 이것은 3년 동안의 평균치이다. 1918년 85.39%이던 것이 이후 약간 하락했다. 1933년과 1939년에는 각각 82.1%와 77.33%를 차지했다.
19) 法貴三朗・鈴木修二・神宮司瑞郞, 『菲律賓統計書』, 國際日本協會(東京), 1942, 198쪽.

것은 아니었지만 투자액으로 따지면, 해당 지역에서 수위를 차지한 것이 5개나 된다. 그 나머지 지역에서는 불라칸이 20% 정도 떨어진 것을 제외하면, 화교의 투자는 그 지역 상업투자의 1/4 이상을 차지했다. 심지어 필리핀의 3대 곡창지역 중의 하나인 코타바토에서 화교들이 상업에 투자한 비율은 거의 85%에 육박했다.

마닐라는 화교들의 대표적인 거주지였다. 1828년과 1849년 마닐라의 화교인구는 필리핀 전체 화교인구의 93%와 92%를 차지했다. 1850년 스페인 식민정부가 필리핀의 경제작물무역을 발전시키기 위해 기존의 화교추방정책을 수정하면서, 화교들은 마닐라 외의 지역에도 거주할 수 있게 되었다. 이때부터 마닐라의 화교비율은 1891년의 61%에서 1899년의 58%로 떨어지는 등 점차 하강곡선을 그리기 시작했다. 이후에는 더욱 떨어져 1918년, 1933년, 1939년에 각각 41%, 40%, 39%를 기록하는 등 절반에도 미치지 못했다. 마닐라 화교상점의 상업규모[20]는 필리핀인 상점보다 훨씬 컸다. 1935년 필리핀 소매상 절반 이상의 영업액수는 500페소 미만이었고, 4,000페소를 넘은 것은 87개에 지나지 않았다. 반면, 화교소매상의 영업액수는 대개 1,000페소에서 2,000페소 정도 선에서 고르게 분포되어 있었다. 그러나 4,000페소를 넘은 상점도 227개나 되었다. 1938년 현재, 마닐라 화교소매상의 상업투자는 평균 2,072페소로 수위를 차지했다. 이는 마닐라 전체 상업투자의 26.56%에 해당했다. 반면, 필리핀 상점의 상업투자는 21.51%에 그쳤다.

까베실리아가 주도하는 수출입무역은 화교상업의 중심이었을 뿐 아니라 전체 화교경제의 핵심이었다. |그림4|에서 보다시피, 필리핀화교의 농업규모는 그리 큰 편이 아니었다. 따라서 화교공업의 대부분은 농

20) 楊建成 編, 『華僑之硏究』, 中華學術院南洋硏究所(台北), 1984, 288쪽.

산물가공업이었는데, 그들이 가공하는 농산품은 화교상업판매네트워크를 통해 필리핀화교에게서 구매한 농산물이 대종을 이룰 수밖에 없었다. 그렇게 가공된 농산품은 현지에서 직접 판매되거나 상업판매네트워크를 통해 마닐라 등 항구도시로 운반되어 해외로 수출되었다. 따라서 화교의 농산물가공업은 "독립적인 공업이라기보다는 상업네트워크의 일부분으로 간주"[21] 하는 것이 타당할 것이다. 화교 금융업에는 전신국, 보험업, 부동산업, 은행업 등이 포함된다. 그 중에서 은행업은 화교금융업의 핵심이었다. 필리핀에서 가장 대표적인 화교은행은 1920년에 설립된 중싱은행(中興銀行)이다. 중싱은행의 모든 기능은 유독 마닐라에만 집중되어 있었다. 다른 지역에는 지점이나 사무소도 설치되지 않았다. 그리고 이 은행을 이용하는 고객은 거의 화교들이었다. 그중에서도 수출입업무를 주로 하는 화교 까베실리아가 대부분이었다. 중싱은행의 업무는 크게 두 가지였다. 하나는 화교송금과 화교무역상의 수출입화물환어음 등을 처리하는 외환업무였고, 다른 하나는 현지 화상을 대상으로 한 예금, 대출, 어음할인 등의 업무였다. 1928년부터 1938년까지 중싱은행의 자산대차대조표[22]에 따르면, 자산업무의 32%에서 51%는 화교무역상에게 어음할인을 해주는 일이었다.[23] 실제로 중싱은행의 주주구성[24]을 보게 되면, 1/4의 주주가 수출입무역에 종사하는

---

21) 楊建成 編, 『三十年僑滙投資報告書』, 中華學術院南洋研究所(台北), 1983, 34쪽.
22) 1928년, 1931년. 1932년, 1934년, 1935년의 통계는, 해당연도 『銀行週報』 참조. ; 1929년과 1930년의 통계는 徐寄廎, 『增改最近上海金融史附刊』, 商務印書館(北京), 1929, 291-293쪽 참조. ; 1933년과 1936년의 통계는 1935년과 1937년의 발간된 中國銀行總管理處經濟研究室 編, 『全國銀行年鑑』, 中國銀行總管理處經濟研究室, 1935, 1937 참조. ; 1937년과 1938년의 통계는 自孫承, 『日本對南洋華僑調査資料選編(1925~1945)』 第2輯, 廣東高等教育出版社(廣州), 2011, 365쪽 참조.
23) 대차대조표 항목은 추심전매입, 어음할인, 매출채권 등으로 구성되어 있다.
24) 주주들은 매년 적절히 조정되는 게 일반적이었기 때문에 『全國銀行年鑑』과 『日

화교상인들이었다.

까베실리아제도는 화교무역상이 주도하는 화교상업네트워크를 구축했다. 그리고 이를 중심으로 화교농산물가공업은 구매한 농산물을 가공해 각지의 화교대리인 및 마닐라 등 항구도시의 화교무역상들에게 물자를 제공했다. 그리고 화교금융업의 경우에는, 화교무역상, 화교소매상 심지어 화교공장 등에 자금을 지원해주었다. 이렇게 해서 화교무역상이 주도하는 수출주도형 화교경제네트워크가 형성된 것이다. 수출입무역을 핵심으로 하는 이러한 화교경제모델은 화교들이 수출무역과 관련된 부문에 보다 많은 자원을 투입하는 것을 가능하게 했다. 결국, 이렇게 됨으로써 생산가능곡선은 비교적 완만해질 수 있었던 것이다.

5. 화교가 주도하는 수출주도형 필리핀 경제

상술한 분석을 통해 다음과 같은 사실을 확인할 수 있었다. 필리핀 사회가 소비하는 비무역품과 수입품의 성격으로 인해 도출된 보다 완만한 무차별곡선과 수출입무역을 핵심으로 하는 화교상업경제의 특징으로 인해 도출된 보다 완만한 생산가능곡선을 통해, 무역조건이 변화된 이후 소비자영역에서의 수입품 소비는 국내 비무역품의 소비를 위축시켰고, 생산자영역에서의 수출품 생산은 국내 비무역품의 생산을

本對南洋華僑調査資料選編(1925~1945)』에 언급된 화교주주들 중에서 20명으로 정리되었다. 그 중에서 수출입무역에 종사하는 것으로 명확히 확인된 상인은 리칭취엔(李清泉), 쉐민라오(薛敏老), 리언슈(李文秀), 양쟈종(杨嘉种), 우지훠(吴记霍) 등 5명이었다.

위축시켰다. 이로 인해 전체 화교경제는 수출주도형 특징을 띠게 된 것이다.

화교경제의 이러한 수출주도형발전모델은 레스닉이 분석한 필리핀의 수출주도형경제모델에 따른 것이라기보다는 오히려 화교가 필리핀경제를 수출주도형으로 변모시킨 것이라고 볼 수 있다. 이 과정에서, 화교 까베실리아와 대리인 간에 형성된 까베실리아제도와 그것을 핵심으로 하는 화교경제네트워크가 매우 중요한 역할을 담당했다. 스페인통치 시대에는 필리핀화교의 경제력을 두고 "필리핀 인구의 1%도 안되는 화교들이 필리핀 전체의 60% 이상의 재부를 차지하고 있다."[25]라는 말이 정설처럼 떠돌았다. 심지어 당시 일부 조사와 저작들에서는 각산업에서 차지하는 화교의 비중을 구체적인 백분율로 제시하기도 했다. 가령, H. F. 맥클러는 소매상의 90%를 화교가 장악하고 있고, 도매상의 대부분도 중국인이 지배하고 있다고 주장했다.[26] 또 나리타 세츠오(成田節男)는 마의 75%에서 80%, 목재, 담배, 쌀의 90%가 모두 화교 수중에 있다고 했다.[27] 이데 기와타(井出季和太)의 경우에는 제당업의 60%에서 70%, 마의 35%에서 40%, 담배와 목재의 90%, 쌀의 50%에서 60%를 화교가 차지하고 있다고 했다.[28]

화교경제네트워크가 형성되면서, 구미나 일본 상인들의 화물판매도 화교에 의존해야 했다. 다음의 두 가지 사례가 이를 반증한다. 첫째, 마닐라상회 30주년 기념간행물에 나타난 기록이다. 여기에는 미국의

---

25) 劉芝田, 『中非關係史』, 正中書局(台灣), 1979, 116쪽.
26) 李國卿 著, 郭梁・金永勛 譯, 『華僑資本的形成和發展』, 人民出版社(福建), 1985, 205쪽.
27) 成田節男, 『華僑史』, 螢雪書院(東京), 1941, 348쪽.
28) 井出季和太, 『華僑』, 六興商會出版部, 1942, 329쪽.

동남아화교와 동북아화교의 마주보기

태평양수출입공사(美國太平洋出入口公司)[29])는 화교무역상을 끼지 않고 독자적으로 양파를 수입하려고 시도했지만, 화교소매상의 연대로 결국 실패하고 어쩔 수 없이 다시 화교무역상에 의존하게 되었다는 기록이 나온다. 둘째, 필리핀화교들의 일본상품 배척운동이다. 지난참안(濟南慘案)[30])에 항의하는 차원에서, 필리핀화교들은 1928년 5월부터 이듬해 4월까지 화교항적회(華僑抗敵會)를 중심으로 일제상품에 대한 배척운동을 계획적으로 전개해 성공을 거두었다. 이로 인해, 일본상품 수입액은 1928년 12월 170만 페소에서 1929년 1월 110만 페소로 하락했다. 뿐만 아니라 9·18사변과 1·28사변에 항의하기 위해, 1931년부터 1933년에 걸쳐 또 한 번의 일본상품 배척운동을 벌이기도 했다. 그 결과, 1932년의 일본상품 수입액은 1930년의 절반에도 못 미쳤다.

이처럼 화교경제네트워크의 세력이 막강해지면서, 화교들은 필리핀의 중국계 혼혈세력과의 상업경쟁에서도 승리를 거둘 수 있었다. 스페인 식민당국은 1750년대 이후부터 화교추방정책을 지속적으로 추진하기 시작했다. 이로 인해 화교들은 인구수는 물론 거주에 있어서도 줄곧 상당한 제한을 받아왔다.[31]) 이러한 정책으로 인해 가장 혜택을 받은 것은 필리핀의 중국계 혼혈인들이었다. 그들은 필리핀 현지의 연이은 경제개혁조치에 힘입어[32]) 화교소매업의 상당부분을 자신들의 수중에

---

29) 黄晓沧 : 《菲律宾马尼拉中华商会三十周年纪念刊》乙编, 马尼拉 : 中华商会委员会出版部, 1936年, 第21页
30) 1928년 중국 산동성 지난(濟南)에서 일본군과 중국국민혁명군이 무력으로 충돌한 사건.(옮긴이)
31) 스페인 식민당국은 1766년 다음과 같은 내용을 법률로 규정했다. 즉, "화교인구는 6,000명을 초과할 수 없으며, 이를 초과할 시에는 출경조치를 취한다. 아울러 화교 기독교도를 제외한 나머지 화교들은 마닐라에서만 거주할 수 있다."
32) 1778년 스페인총독 바스코(Bosco)는 일련의 경제발전계획을 추진했다. 일명, '바스코계획'이다. 이 계획은 필리핀의 천연자원 개발과 농·상·공업 발전을 독려

넣을 수 있었다. 스페인 식민통치자들은 처음부터 기독교도에 대한 우대정책을 실시했다. 이로 인해, 화교들 중에도 기회주의적 태도이긴 하지만 기독교로 개종하는 이들이 늘어나기 시작했다. 그리고 이들 중에는 아예 필리핀 토착민과 통혼을 하는 경우도 있었다. "친(親)스페인적인 가톨릭교도"[33) 화인혼혈집단의 탄생은 바로 여기에서 비롯된 것이다. 1738년 마닐라 비논도에는 대략 5,000명의 화인혼혈인이 있었다. 1741년 식민당국은 이들 혼혈인들에게 별도의 사회적 신분을 부여했다. 그 지위는 스페인인과 필리핀인 다음으로, 화교보다 높은 자리에 위치해있었다. 그들은 세수(稅收)면에서도 화교들보다 특혜를 받았고 25명에서 30명을 단위로 한 촌사(村社)를 구성하는 것도 허용되었다. 1810

해, 더 이상 재정적으로 멕시코에 의존하지 않는 것을 궁극적인 목표로 하고 있었다. 구체적으로는 현지 경제작물의 수출을 증진하기 위해, 개인적 차원의 자원개발 권장, 농업과 광업의 발전을 독려하기 위한 포상제도 실시, 기술전수를 통한 새로운 경작방법 보급 등을 전개했다. 또한 바스코계획의 일환으로 식민정부는 1781년 국가지우경제협회(國家之友經濟協會)를 설치했다. 이 협회는 신기술 도입 및 직업교육 등을 통해 농업을 장려함으로써 농업생산력을 증진시켰다. 이러한 노력의 결과, 1783년에는 중국 뽕나무의 필리핀 이식에 성공했고, 아울러 방직기술의 명인을 초청해 기술을 전수받기도 했다. 1787년에는 인디고재배실험을 진행했고, 19세기 초부터는 방직훈련을 위한 학교를 설립하기도 했다. 또 1824년에는 제비나 참새를 이용해 메뚜기 피해에 대처하는 방법을 중국으로부터 도입했고, 1825년에는 8명의 청년에게 염색기술을 배울 수 있도록 경제적 지원도 했다. 1829년에는 스페인에서 탈곡기를 수입했고, 1837년에는 커피재배에 성공한 이들에게 포상금을 지급하기도 했다. 1853년에는 섬유세척기를 발명한 사람에게 장려금을 지급했고, 1861년에는 필리핀 제1농업학교를 건립했다. 이밖에도 1782년에는 담배전매권을 실시해, 카가얀, 일로코스, 누에바 에시야, 마린두케 등 주산지의 담배생산을 독점했다. 즉, 다른 지역에서는 담배 재배에 특별한 제한을 두지 않았지만, 독점지역에서만큼은 담배 재배를 의무화해, 매년 집집마다 산출량을 배당하고 이렇게 생산된 작물은 전부 정부가 매입하는 방식이었다.

33) Wickberg Edgar, "*The Chinese in Philippine Life, 1850-1898*", London: Yale University Press, 1985, pp.80-98.

년에는 그 수가 이미 필리핀 전체 인구의 4.8%에 해당하는 12만 명을 넘어섰고, 1850년에는 그 배인 24만 명까지 늘어났다. 이는 필리핀 전체인구의 5.8%에 해당하는 수치였다. 19세기 말이 되면, 그 수는 50만에 육박했다. 이러한 혼혈인들은 18세기 중반부터 19세기 중반까지 화교를 대신해 필리핀의 소매업을 거의 다 장악하고 있었다. 특히, 마닐라의 혼혈인들은 쌀 산지와 마닐라 간의 도소매업, 쌀 산지와 비사얀 간의 무역 그리고 개항 이후에는 일로일로와 세부의 수출무역까지 장악했다. 그러나 불과 한 세기만에 식민당국은 화교에 대한 각종 제한정책을 완화해나가기 시작했다.[34] 이에 화교들은 하나둘 필리핀으로 다시 돌아오게 되었고, 기존의 까베실리아제도를 통해 혼혈인과 토착민이 장악하고 있던 자신들의 소매업을 회수하기 시작했다. 그 속도는 매우 빨랐다. 혼혈인들의 상업방식은 마닐라에서 필리핀 내륙으로 상품을 운반해 판매하고 또 현지 작물을 구매하는 방식이었다. 그에 반해, 화교 까베실리아는 일부러 내륙 깊숙이 진출할 필요도 없었고 그들이 잘 알지 못하는 생소한 곳으로 힘들여 들어갈 필요도 없었다. 대신 그들은 현지의 경제상황과 환경에 익숙한 현지 화교소매상들에게 구매 및 판매를 위탁했다. 이것이 보다 더 싼값에 거래를 진행할 수 있는 방식이었던 것이다. 까베실리아와 화교 소매상의 이러한 분업화는 각자의 장점을 최대한 발휘할 수 있도록 했고, 교역에 따른 비용도 줄일 수 있었다. 뿐만 아니라 화교상업네트워크 전체를 활용할 수 있었기 때문에 "언제나 자기 사람들을 고용할 수 있었고, 그 누구와도 경쟁할 수

---

34) 1850년부터는 화인인구에 대한 제한은 더 이상 이루어지지 않았다. 그리고 1851년부터는 화인이민자들에게도 토착민과 동일한 보호조치가 내려졌고, 심지어 화인들이 필리핀 내지에 들어가 사업을 하는 것도 적극 권장했다. 1862년에는 화공의 직업제한도 완화되었고, 중국인의 입경도 자유로워졌다.

있는 확실한 전선을 구축할 수 있었다."[35] 결과적으로, 화상은 아주 빠른 속도로 소매업을 되찾게 되었다. 심지어 각지에서 소매업을 운영하고 있던 혼혈인들도 부족하거나 필요한 상품이 있을 경우에는 마닐라에 와서 화교들의 판매네트워크를 이용하지 않으면 안 되었다. 결국, 대부분의 혼혈인들은 상업을 포기하고 농업이나 의사, 변호사, 교사 등으로 전직해 필리핀의 중산층을 형성하게 되었다.[36]

맺음말

근대 구미국가들의 일차제품에 대한 수요는 필리핀을 비롯한 식민지 경제모델에 변화를 가져왔다. 다시 말해, 무역조건의 변화로 인해, 필리핀경제는 경제작물의 생산 및 수출 증가와 공업완제품의 수입 증가를 통한 수출주도형으로 바뀌게 된 것이다. 소비자영역의 경우, 소비되는 국내 비무역품 대부분이 생활필수품인 데 반해, 수입품은 대개가 사치품이었기 때문에 소비자의 무차별곡선은 훨씬 완만해졌다. 따라서 상대가격이 변화된 이후, 필리핀인들의 수입품 소비는 증가했고, 국내 비무역품 소비는 감소했다. 생산자영역에서 보면, 화교경제는 상업 그 중에서도 수출입무역을 핵심으로 하고 있었기 때문에 생산가능곡선은 비교적 완만했다. 특히, 무역조건이 변화되면서 화교생산자들은 보다 많은 자원을 수출부문에 투입하기 시작했다. 이 때문에 국내 비무역품

---

35) Elliott C. Arensmeyer, "*Foreign Accounts of the Chinese in the Philippines: 18th-19th Centuries*", Philippine Studies, 1970(18), pp.89-90.
36) 陳守國 著, 吳文煥 譯, 『華人混血兒與菲律賓民族的形成』, 菲律賓華裔青年聯合會, 1988, 12쪽.

생산은 줄어들게 되었다. 이 두 개 영역의 변화로 인해, 화교경제는 전반적으로 수출주도형으로 전환하게 되었다. 이러한 특징은 근대 필리핀의 수출주도형경제모델에 따른 것이라기보다는 오히려 화교들이 필리핀 경제를 주도한 데에서 비롯된 것이라 볼 수 있다. 화교사회 내부적으로 볼 때에는, 무역상과 대리인 간의 내부교역모델 즉, 까베실리아제도의 성공적 운영을 통해 까베실리아 중심의 수출입무역을 핵심으로하는 화교상업판매네트워크가 형성되었고 나아가 수출주도형 화교경제네트워크로까지 발전되었다. 이러한 네트워크 구축은 화교들이 필리핀경제에 매우 중요한 역할을 하는데 결정적인 작용을 했다. 일례로, 외국상인과 필리핀 간의 무역은 반드시 화교경제네트워크를 통해야 만이순조롭게 진행될 수 있었다. 한때 필리핀의 새로운 경제세력으로 등장한 바 있던 화인혼혈인들 역시 궁극적으로는 화교들의 경제적 위상을 대체할 수 있을 만큼의 경쟁력은 갖추고 있지 못했다. 일반적으로 동남아 각국을 포함한 식민지의 근대경제발전을 연구할 경우에는 서구식민주의의 영향을 과대평가하는 경향이 자주 나타난다. 바꿔 말하면, 이러한 국가들의 근대화 및 경제발전의 공을 서구 식민통치자들에게 돌리는데 우리는 매우 익숙해져 있다는 것이다. 그러나 필자는 필리핀의 경제발전모델을 하나의 사례로, 근대 필리핀 경제발전에서 화교들이 매우 중요한 역할을 했음을 밝히고자 했다. 구미 식민종주국의 정치적 목적을 띤 국가적 차원의 식민개척과 달리, 송(宋)이나 원(元) 아니 그보다훨씬 이전부터 필리핀에 건너와 상업무역에 종사한 화교들은 어떠한정부의 지원도 없이 오로지 생계만을 위해서 이주한 자들이었다. 그들은 그저 근면성과 총명함 그리고 강한 적응력만으로 근대 필리핀의 경제발전을 이룩한 평화로운 사람들이었던 것이다.

재일타이완인과 전후 일본화교사회의 좌경화

친라이코(陳來幸)

1. 1945년부터 1950년까지

GHQ는 전쟁종식 이후, 포츠담선언(8월 14일 일본 수락)의 합의에 따라 실제적으로 대일점령정책을 실시하게 된 연합군의 기관이다. 정식명칭은 연합군최고사령부(GHQ/SCAP General Headquarters, the Supreme Commander for the Allied Powers)이다. GHQ 산하에는 정책결정기관으로 1946년 2월 총 11개국으로 구성된 극동위원회(極東委員會)가 설치되었고, 최고사령관의 자문기관으로 대일이사회(對日理事會)가 동년 4월에 설치되었다. 또한 GHQ의 총사령관은 직속기관으로 참모부(參謀部)와 막료부(幕僚部)를 두었다. GHQ 내 총 14개 부(部)와 국(局)을 사실상 총괄했던 것은 막료부 내에서 정치와 행정 업무를 관장했던 민정국(民政局, GS)과 이른바 프레스 코드(press code)의 실시를 담당했던 참모2부였다. 이 글에서는 바로 이 민정국의 공문서와 참모2부가 검열을 위해 수집하고 보존해왔던 이른바 플랑게 콜렉션(Prange Collection)[1]중에 남아있던 화교관련 간행물들을

---

1) 미국의 역사학자 고든 윌리엄 플랑게(Gordon William Prange)가 연합군 점령 하

주로 참고했다.

　GHQ 점령 하에 있던 전후 일본의 화교사회가 학계의 이목을 끌기 시작한 것은 극히 최근의 일이다. 중국국적을 회복한 타이완인의 역할에 주목한 연구가 등장하게 된 것도 바로 이즈음이다.[2] 샌프란시스코 평화조약의 체결로 연합군에 의한 대일점령정책이 종료될 때까지의 7년의 기간을 일본화교의 관점에서 시기구분을 해보면 다음과 같다. ① 제1기(1945년 8월~1947년 여름, 혼란기) ② 제2기(1947년 여름~1950년 6월, 안정기) ③ 제3기(1950년 6월~1952년 4월, 공산주의자 숙청(red purge)기)

　필자는 다른 글에서, 제1기 혼란기의 재일타이완인의 대표적인 활동들을 논하는 가운데, 그들이 『국제신문(國際新聞)』(오사카)과 『중화일보(中華日報)』(도쿄) 등 판매부수가 비교적 많았던 신문을 중심으로 화교언론계를 사실상 주도했음을 지적한 바 있다. 아울러 전후 고베(神戶)의 '혼란'의 상징이었다고 할 수 있는 암시장에서 중국인, 조선인, 일본인 사이에 일종의 분업체제가 형성되어 있었다는 사실에 주목한 바도 있다. 이를 좀 더 구체적으로 설명하면, 중국인, 일본인 등은 모토마치(元町)역을 중심으로 「국제총상조합(國際總商組合, 이사장 예량이葉兩儀, 타이완인)」을 결성함과 동시에 린더왕(林德旺)과 판건옌(范根炎)을 총부대장(總副隊長)으로 하는 국제자경단(國際自警團)을 조직했고, 이를 발판으로 그동안 수천에 달

의 일본에서 검열된 출판물들을 수집한 것이다.(옮긴이)
2)　楊子震, 「帝國臣民から在日華僑へ: 涉谷事件と戰後初期在日臺灣人の法的地位」, 『日本臺灣學會報』第14號, 2012. ; 湯熙勇, 「公平待遇與秩序維持之間: 日本東京 涉谷事件與臺灣人的審判(1946~47)」, 『亞太研究論壇』第35期, 2007. ; 何義麟, 「戰後在日臺灣人之處境與認同: 以蔡朝炘先生的經歷爲中心」, 『臺灣風物』, 第60 卷第4期, 2010. ; 何義麟, 『二・二八事件: '臺灣人'形成のエスのポリティクス』, 東京大學出版會, 2003. ; 이와 관련된 許瓊豊과 筆者의 연구에 대해서는 후술하기로 하겠다.

하던 암시장 점포를 신청을 통해 상설점포로 전환시킴으로써 고가통상업협동조합(高架通商業協同組合)을 조직하는 데에까지 이르게 되었다.[3] 당시 일본에서 통용되던 '국제'라는 말은 과거 식민지인과 일본인 사이에 구축된 새로운 관계를 가리키는 것으로, '내재화된' 국제화란 함의를 갖고 있었다. 다시 말해, 전후 새롭게 외국인으로서 일본에 체류하게 된 조선인과 타이완인의 존재의의가 바로 이 시기에 심각한 문제로 대두되었던 것이다. 특히, 오사카, 교토, 도쿄 등과는 달리, 고베에서는 암시장에 대한 강경한 단속방침을 취할 것이 아니라 오히려 그것을 고베 부흥의 동력으로 인정하고 양성화해야 한다는 여론이 비등했다. 당시 고베시장도 그러한 방침에 따라 암시장의 양성화를 위한 각종 시책들을 펼침으로써, '국제도시'로서의 고베의 기틀을 다져나갔다.[4] 이 점에서, 고베는 시부야사건(渋谷事件)[5]을 강경 처리한 도쿄와는 외국인문제를 처리하는 면에서 그 대응과 태도가 사뭇 달랐다. 타이완인은 당시 유일한 조국의 정부였던 중화민국 국민으로서, 기존의 외국인커뮤니티로서 존재해왔던 화교사회에 편입될 수 있었다. 각종 법제도 및 관리체제의 미비로 혼란을 겪었던 점령기 일본사회에서, 내재화된 외국인이 된 조선인뿐만 아니라 타이완인을 포함한 중국인 중에도 '비합법'적인 '밀수'와 '암시장'에서의 밀거래를 통해 치부에 성공한 이들이 꽤 많았다. 특히, 특별배급 등을 밑천으로 한 요릿집 개업이나 기타 다양한 방법으로 축재하는 것도 가능했다. 다만, 여기서는 이 혼란기에 발생한 시부야사

---

3) 졸고, 「在日臺灣人アイデンティティの脱日本化: 戰後神戶・大阪における華僑社會變容の諸契機」, 貴志俊彦 編著, 『近代アジアの自畵像と他者』, 京都大學學術出版會, 2011.
4) 許瓊豊, 「在日華僑の經濟秩序の再編: 一九四五年から一九五〇年代までの神戶を中心に」, 『星陵臺論集』, 第41卷第3號, 2009.
5) 재일타이완인들이 도쿄의 시부야경찰서 앞에서 벌인 항의시위.(옮긴이)

건(1946년 7월) 과 뒤이어 고향 타이완에서 발생한 2·28사건(1947년 2월)이 재일타이완인에게 큰 충격을 안겨다주었다는 점을 특별히 지적해두고자 한다.

제1기에서 제2기로 넘어가는데 있어 결정적 분수령이 된 사건은 두 개였다. 하나는 1947년 5월 2일 공포된 〈외국인등록령〉(칙령207호)이었다. 또 하나는 일본정부의 경제안정본부가 경제긴급대책의 일환으로, 〈음식영업긴급조치령〉에 근거해 7월 5일부터 전국의 모든 음식점에 대한 일제휴업을 단행(〈7·5政令〉)하고 동시에 화교요식업조합에 대해서도 배급정지를 결정한 것이다. 다시 말하면, 일본정부가 이 시기에 화교에 대한 직접관리와 화교들이 그동안 전승국민으로서 누려왔던 특수권익을 일부 제한하는 내용을 골자로 하는 시책을 실시하게 된 것이다. 그리고 이와 거의 같은 시기에, 국민정부도 각종 단체의 등록이나 화교학교 전반의 통일화 조치를 통해 재일화교에 대한 관리체제를 착실히 정비해나가기 시작했다. 같은 해 8월 15일부터 상무대표(바이어)를 통한 중일간의 조건부(GHQ에 의한 허가제) 민간무역이 재개된 것6)도 하나의 큰 계기로 작용했다고 볼 수 있을 것이다.

제3기로의 전환은 국제정세의 변화에 따른 것이었다. 우선, 중국 베이징에서는 공산당정권인 중화인민공화국이 탄생되었다. 그리고 곧바로 1950년 6월에는 미국이 그 베이징정부와 소련을 상대로 한국에서 전쟁을 벌이게 된 것이다. 이는 GHQ가 일본 내에서 레드퍼지를 강력히 추진하는 하나의 계기가 되었다. 주일대표단을 포함한 중국인사회

356

---

6) 당초 일본과의 무역 재개에 정식으로 인정된 바이어 수는 400명으로 전전의 무역 규모에 상응하여 미국 102명, 중화민국과 영국에 각각 64명이 할당되었다. 이 점에 대해서는 위의 許瓊豊(2009)의 논문이 상세하다.

내부의 '좌경화' 경향이 GHQ 당국에 다수 보고되기 시작한 것도 바로 이때부터이다. 1948년 10월에 성립된 화교민주촉진회(華僑民主促進會, 民促)의 기관지『화교민보(華僑民報)』는 1950년 9월 말, 연합국 국민의 간행물로는 처음으로 발행금지처분을 받았다. 화교민주촉진회는 베이징의 중국공산당정부와 밀접한 관계를 갖고 있었고 동시에 중일우호협회나 일본공산당 등을 통해, 일본의 좌파정당과도 긴밀한 관계를 맺고 있다는 것이 당국의 판단이었다. 필자는 이전의 글에서, 그러한 '좌경화'된 화교단체의 중추역할을 담당했던 재일중국인 다수가 양춘송(楊春松), 류밍덴(劉明電), 간원팡(甘文芳), 천청자(陳承家)를 중심으로 한 타이완 출신의 지식인이었다는 사실을 밝혀내고, 그 의미에 대해 분석을 시도한 바 있다.[7] 당시 GHQ는 화교민주촉진회를 '타이완인만으로 조직된', '양춘송에 의해 결성된 것'으로 판단하고 있었다. 또 당시 국민당당원 중에 대표적인 지일파였던 츄녠타이(丘念台) 역시도 화교민주촉진회를 타이완공산당의 후신으로 파악했다.[8] GHQ가 작성한 화교민주촉진회를 중심으로 한 좌파세력 전개도를 여기에서 다시 한 번 인용해보기로 하겠다.(ㅣ그림1ㅣ)

7) 졸고, 「戰後日本における華僑社會の再建と構造變化: 臺灣人の對頭と錯綜する東アジアの政治的歸屬意識」, 小林道彦・中西寬 編, 『歷史の桎梏を越えて: 20世紀日中關係の新しい見方』, 千倉書房, 2010.
8) 丘念台, 「對在日匪共活動之管見(1956.4.17)」, 外交部檔案11-EAP-00550, 「共匪在日活動(1955~1957)」 파일, 27쪽.

|그림1| 중일공산당 정치합작표(2)
화교민주촉진회를 중심으로 한 조직도

(1950년 6월 1일 현재)

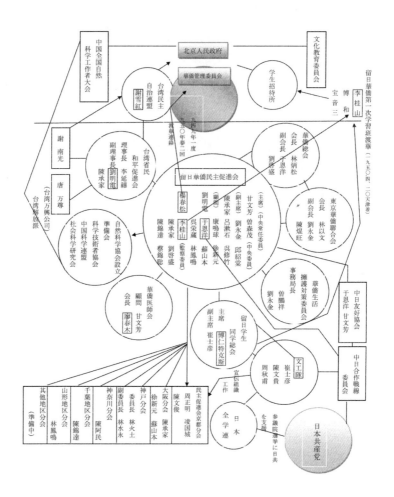

출처: GHQ/SCAP文書GS(B)04242, 구분류2275GG-66 「中國人組織一般(1950.2~
　　　1951.9)」에 따라 작성. 인명 가운데 잘못된 것은 수정했다.

이 글에서는 화교사회와 관련된 공산주의자를 중심으로 한 '국제'연대의 움직임을 추적하고 동시에 이에 따른 화교사회의 '좌경화' 현상을 국민정부가 어떻게 파악하고 있고 또 이에 대해 어떠한 조치를 취했는지를 1950년대를 중심으로 해명해보고자 한다. 여기서 주로 인용한 사료는 상술한 GHQ 민정국 자료 및 플랑게 컬렉션 그리고 타이완 중앙연구원 근대사연구소 당안관에 소장되어 있는 외교부 아태사(亞太司, 일본) 자료 등이다. 이밖에도 화교관련시설에 소장된 화교신문 등도 중요한 참고자료로 이용했다.[9]

2. 일본공산주의세력과 재일화교(1950~1953)

화교민주촉진회를 중심으로 한 공산주의세력의 네트워크

한국전쟁이 발발하고 일 년쯤 뒤에, 사실상 미국이 주도하고 있던 GHQ는 일본의 공산주의세력에 대해 민족구성과 직업구성에 근거한 분석을 진행했다. 분석 결과, GHQ는 적극분자가 소속된 주동단체 8개로, 중국계 회사, 주일소련대표부, 중일우호협회, 화교민주촉진회, 일소친선협회, 일본공산당, 일본귀환자단체전국연합회(日本引揚者團體全國聯合會), 조선해방구원회(朝鮮解放救援會)를 지목하고, 이와 동시에 하코다테(函館), 도마코마이(苫小牧), 오비히로(帶廣), 고베, 히다치(日立) 등의 조선소

---

9) GHQ 문서와 플랑게 콜렉션은 국립국회도서관 헌정자료실 소장 마이크로필름을 사용했다. 이외에, 시가현립대학(滋賀縣立大學) 천더성문고(陳德勝文庫)에 소장되어 있는 신문, 잡지 등의 화교간행물, 고베화교역사박물관자료실 소장의 화교단체 관련자료 등을 이용했다.

및 제지기업 공장 등에 일본공산당의 거점이 있다는 것과, 하바롭스크, 사할린오도마리(樺太大泊), 소련수용소, 심지어 일부 무용단 내에도 첩보 그룹이 암약하고 있다는 사실을 밝혀냈다.[10] 이로보아, 당시 GHQ가 공산주의진영의 총본산격인 소비에트의 존재와 그 동향에 대해 상당히 의식하고 있었음을 알 수 있다.

공산주의자 8대 거점 중의 하나로 지목된 화교민주촉진회가 강력한 레드퍼지에 의해 기관지 『화교민보』의 발행을 금지 당했다는 사실은 앞서도 지적한 바 있다. 이외의 화교조직에 대해서는 국민정부가 발 벗고 나섰다. 우선, 한국전쟁 발발직전인 1950년 5월 초에 국민정부는 이미 좌경화 경향을 뚜렷하게 보이고 있던 도쿄화교연합회에 대한 간섭을 시작했다. 실제로 그들은 도쿄화교연합회의 임원선거에 개입해 좌경분자의 축출을 시도했지만 성공하지 못하게 되자, 이듬해인 1951년에 자신들에게 동조하는 화교들을 중심으로 별도의 도쿄화교연합회를 조직했다. 한편, 정부가 직접 파견한 주일대표단 내의 좌경화도 문제시 되었다. 중앙정부는 1950년 5월, 주스밍(朱世明)을 소환하고 대신 허스리(何世禮)를 대표에 앉혔다. 이후 도쿄의 화교조직은 유학생조직을 포함해 두 파로 갈렸다. 『화교민보』의 발행이 금지되면서 화교민주촉진회의 집행부격인 민주중국연구회(民主中國研究會)가 후속잡지로 『신화보(新華報)』, 『평화를 위해(平和の爲に)』 등을 잇달아 출간하면서 점차 좌파의 중핵으로 떠오르게 되었다. 또한 전국조직이었던 재일도쿄화교총회(留日東京華僑總會)와 학생조직인 재일도쿄동학총회(留日東京同學總會)에서도 내부적

---

10) 「本における共産主義陣營(951.5.12)」, GHQ文書GS(B)04242(61) 「中國人と日本共産黨(1950.3~1951.5)」 파일. 중국인이 경영하는 회사에 대해서는, 그들이 중국 대륙과의 비합법적 무역을 통해 공산당의 활동자금을 벌어들이고 있다는 게 GHQ의 판단이었다.

으로 좌우대립의 경향이 나타나기 시작했다. 좌파의 경우에는 자연과
학연구회를 통해 중국공산당에 직속되어 있는 것으로 인식되었고, 중
화학우회관(中華學友會館, 도쿄 분쿄구 고이시카와 1정목 소재) 내에는 중국공산당
활동자금의 원천이 되는 불법무역 사무소가 존재하고 있는 것으로 파
악되었다.[11]

또한 베이징 지지 세력과 타이완 지지 세력 외에도 타이완민주독립
당을 포함한 제3의 세력이 따로 존재하는 것으로 파악되기도 했다. 이
들은 주로 공산당이나 국민당 그 어디에도 관여함 없이 왕징웨이(汪精衛)
정권 하에서 부역했던 사람들이나 일본군과 행동을 같이 했던 이른바
친일파(漢奸)로 분류되어 전후 일본으로 망명해온 사람들이 중심이 된
세력이었다.

그러나 정작 GHQ가 그 움직임을 예의주시했던 것은 중국공산당으
로의 전향이 의심되는 타이완의 유력자들이었다. 미국을 방문하고 귀
국길에 일본에 잠시 들른 타이완성(省)의회 의장 황차오친(黃朝琴)[12]은
국민정부에 대한 지원과 관련한 미국과의 교섭이 무산되자, 그 실망감
에 시에난광(謝南光, 謝春木)과의 접촉을 시도했다. 전(前) 주일대표단 제2
조 부주임이었던 시에난광은 황차오친과 함께 당시 요양을 빙자해 2·
28사건 이후 타이완을 떠나 일본의 즈시(逗子)에 체류하고 있던 린셴탕
(林獻堂)[13]을 만나 중국공산당 입당을 권유했지만 거절당한 것으로 되어

---

11) 「在日中國人の動向(1951年11月 月報, 1951.12.18)」, GHQ文書GS(B)04242(60)
「中國人一般(1950/31951.12)」 파일.
12) 타이난(臺南) 옌쉐이(鹽水) 출신으로 1897년에 태어나 1972년에 죽었다. 일제식
민시기, 일본에서 유학하던 중 항일운동에 참여한 바 있고, 이후 미국에서 국제공
법을 연구하고 귀국해 중국 외교부에 들어갔다. 전후에는 타이완성의회의장, 국
민당중앙위원 등의 요직을 지내는 등, 20여 년간 주로 타이완성의회를 중심으로
활동했다.

있다.14) 이때 황차오친, 시에난광과 함께 린센탕을 방문했던 6명의 타이완인은 상무대표 자격으로 일본에 와 있던 황무이(黃木邑)15), 시에청웬(謝成源)16) 그리고 그의 형인 시에청예(謝成業)와 샤먼타이완거류민회(廈門臺灣居留民會) 회장을 지낸 린무투(林木土)17) 등이었다. 이들은 모두 당시 도쿄에 체류하고 있던 타이완 경제계의 실력자들이었다. 후술하겠지만, 중국과 일본, 타이완과 일본을 둘러싼 무역이권이 정치적인 줄다리기의 소재가 되었다는 사실은 이 미묘하고도 복잡한 배경이 자리하고 있는 타이완인 간의 회합만 보더라도 충분히 상상할 수 있는 것이었다.

시에난광(1902~1969)18)은 장화(彰化) 출신의 타이완인으로, 일본유학을 마치고 돌아와 타이완문화협회에 참여해 활동했고, 협회가 분열된 뒤

---

13) 장화(彰化) 출신으로 1881년에 태어나 1956년에 일본에서 객사했다. 타이완의 명문가인 우펑(霧峰) 린(林)씨 집안사람으로, 일명 '타이완 의회의 아버지'로 불리기도 하는 일제식민시대 타이완의 정치가이다. 타이완문화협회 창설자이기도 한 그는 문화협회가 해산된 뒤에는 줄기차게 타이완의회설치청원운동을 전개했다. 2·28사건 이후, 병 치료를 위해 일본에 체류하고 있었다.

14) 「中國共産党に轉向した國民政府の重要人物(1951.2.9)」, GHQ文書GS(B)04242(61)「中國人と日本共産黨(1950.3~1951.5)」 파일.

15) 1947년에 상무대표의 일원으로 일본에 왔다. 도쿄 마루노우치(丸の内)빌딩 8층에 소재한 바이싱행(百興行)의 대표이다.

16) 타이베이 디화가(迪化街) 출신으로, 일제식민지시기부터 경영해온 이위행(義裕行)을 선대로부터 물려받은 사업가이다. 전후에는 상무대표의 일원으로 일본에 가서, 구상무역(barter trade)으로 성공했다. 특히, 타이완 파인애플을 비롯한 통조림산업을 타이완의 주요 수출산업으로 육성한 것으로 유명하다. 이후에도 식품공업발전연구소를 설립하는 등, 타이완 식품업계의 발전에 공헌했다.

17) 1893년 타이베이 하이산군(海山郡)에서 태어났다. 한때, 반차오공학교(板橋公學校)에서 교사로 근무하기도 했다. 이후, 신까오은행(新高銀行)을 창립하고, 1918년에는 샤먼(廈門)으로 이주했다. 샤먼타이완거류민회(廈門臺灣居留民會) 회장, 샤먼펑난신탁공사(廈門豊南信託公司)와 상하이신싱은업공사(上海新興銀業公司) 등의 대표를 지냈다.

18) 「抗日反蔣的臺灣愛國人士—謝南光」, 『回國五十年: 建國初期回國旅日華僑留學生文集』, 臺海出版社, 2003, 115쪽.

에는 타이완민중당 중앙위원을 지냈지만 곧바로 해산을 경험해야 했다. 이 시기 그의 대표적인 저작으로는 『타이완인은 이렇게 본다(臺灣人は斯く觀る)』(台灣民報社, 1930), 『타이완인의 요구: 민중당의 발전과정을 통해(臺灣人の要求: 民衆黨の發展過程を通じて)』(台灣民報社, 1931) 등이 있다. 타이완민중당이 해산된 후, 그는 가족들을 데리고 대륙으로 이주했다. 거기에서도 그는 남양화교연합회에서 활동하는 등, 타이완인 조직화를 위해 적극 활동했다. 전후에는 중화민국 주일대표단의 일원으로 일본에 와 있었지만, 위에서 말한 배반의 움직임이 발각되는 바람에 면직되었다. 당시 그는 기업을 경영하는 사업가였다. 그는 결국 1952년 2월 대륙으로 건너가 베이징정부 하에서 전국정치협상회의 위원, 전국인민대표대회 상무위원 등의 요직을 두루 지내는 등 여생을 중국에서 보냈다. 이러한 배경을 가지고 있었기에 GHQ는 처음부터 그를 '극좌파'[19]로 분류해 예의주시하고 있던 참이었다. 그러나 그는 국민정부 측의 타이완인과도 관계가 밀접했기 때문에 때로는 '중립파'[20]로 분류되기도 하고, 때로는 '기회주의자'로 인식되기도 하는 등, 그에 대한 평가는 보는 사람에 따라 갈린다.

일본공산당 민족대책부(民族對策部)와 국제공동투쟁

이 시기 공산당 인맥을 매개로 한 소련, 중국, 조선, 타이완, 일본 간의 국제연대 움직임은 GHQ나 일본정부에게는 상당히 위협적인 일이

---

19) 「日本における中國人極左派(1950.11)」, GHQ文書GS(B)04242(61) 「中國人と日本共産黨(1950.3~1951.5)」 파일.

20) 「中日共産黨政治合作表」, GHQ文書GS(B)04242 「中國人組織一般(1950.2~1951.9)」. 난외(欄外) 단서(但書)에 '중립파'로 되어 있다.

었다. 당시 공산주의 진영에서는 스탈린(코민포름)의 일국일당주의 원칙이 관철되고 있었다. 따라서 재일조선인과 재일중국인 출신의 공산주의자들도 일본공산당에 입당해 그 산하에 있는 민족대책부(民族對策部, 民對)의 지도를 직접 받았다. 재일중국인 섹션은 우싱웨이(Wu Hsing-wei), 보런(博仁, Po Ren), 캉밍츄(康明球, Kang Ming-chin), 류치성(劉啓盛, Liu Chi-sheng), 저우아인(周阿銀, Chou A-Yin), 린청예(Lin Cheng-ye), 쉐룽(薛榮, Hsie Jung), 우슈주(吳修竹, Wu Hsui-chu), 청선옌(Cheng Sen-yen) 등으로 지도부가 조직되었다. 이들은 모두 도쿄 다이토구(臺東區) 아사쿠사(淺草)의 중일구락부(中日俱樂部)를 거점으로 활동하던 사람들이었다. 전국에 산재한 당원은 100명이 넘었고, 이에 동조하는 자들만 해도 150명 가까이 되었다. 그리고 이들이 운용할 수 있는 예산규모는 당비, 기부금, 기업수입, 기타 수입 등을 합해 총 483만 9,891엔이었다고 한다.[21] 일본공산당 내에서 중국인당원과의 연락을 담당했던 이들은 공직추방 뒤 중국으로 망명한 이른바 '소감파(所感派)'인 도쿠다 규이치(德田球一)[22]와 노사카 산조(野坂參三)의 개인비서들이었다.

---

21) 「日本共産黨中國人グループから黨臨時中央指導部への報告(1952.3.8)」, GHQ文書GS(B)04242(61) 「中國人と日本共産黨(1950.3~1951.5)」 파일. 원 자료에서는 인명이 모두 로마자로 표기되어 있다. 따라서 확실하게 밝혀진 인명에 대해서만 필자가 한자로 부기했다.

22) 1894년 오키나와 나고시(名護市)에서 태어나 1953년 베이징에서 사망했다. 전후 출옥하자마자 일본공산당을 재건하고 1945년 12월부터는 일본공산당 서기장을 역임했다. 1950년 일본공산당은 코민포름의 비판을 받고 내부적으로 분열하게 되었고, 도쿠다 자신은 이 시기에 레드퍼지에 의해 공직에서 추방되자 베이징으로 망명했다. 그곳에서도 그는 베이징기관(北京機關)을 조직하는 등, '국제파'와 대립하고 있던 '소감파'를 사실상 이끌었던 지도자였다. 그는 줄곧 무장투쟁 방침을 견지한 것으로 유명하다.

|표1| 일본공산당 민족대책부의 중국인당원과 그 동조자

	당원	동조자
홋카이도(北海島)	12	16
도호쿠(東北)	2	6
도쿄(東京)	24	29
간토(關東)	8	8
요코하마(橫濱)	11	9
츄부(中部)	7	5
나고야(名古屋)	4	11
간사이(關西)	6	9
오사카(大阪)	10	13
고베(神戸)	19	20
중국(中國)	8	5
시코쿠(四國)	0	3
규슈(九州)	11?	12?
계	120?	146

출처: 「日本共産党中国人グループから党臨時中央指導部への報告(1952.3.8)」, 2쪽,
GHQ文書GS(B)04242(61) 「中國人と日本共産黨(1950.3~1951.5)」 파일.
(주1) ?는 자료가 명확치 않아 해독이 불가능한 것이다.

수만 명의 당원 규모를 자랑하는 재일조선인 섹션도 마찬가지로 민족대책부의 관할 하에 있었다. 물론, 경우에 따라 재일중국인과 재일조선인 간에 공동전선이 꾸려지기도 했다. 가령, 전후 첫 〈출입국관리령〉이 1952년에 발효되었을 때, 양측은 1951년 말부터 1952년 초에 걸쳐 조중(朝中) 공동투쟁을 위한 라운드테이블을 마련했다. 화교 측에서는 린이원(林以文, LIN Yen-sheng), 쉐룽, 류치성, 차이진웬(蔡錦淵, TSAI His-Yuan), 조선 측에서는 RI Chukan, SO Shintetsu, KO Kenki 등 재일단체의 대표들이 각각 나서, 어떻게 연대를 추진할 것인지 또 일본의 각 당파에게 어떠한 절차를 밟아 협력을 요청할 것인지를 놓고 협의를 진행했다.23)

'국제' 공동투쟁이 반드시 순조로웠던 것만은 아니었다. 특히, 고베의

중국인들 사이에서는 조선인당원과의 공동투쟁에 대해 회의적으로 생각하는 사람들이 많았다. 실제로 그들 대부분은 일본공산당 민족대책부의 조선인 섹션이 관할하고 있는 기업을 지원하기 위해, 중국인들이 단지 동지라는 이유로 기부나 자금모집에 적극적으로 나서는 것에 대해 탐탁지 않게 생각했던 게 사실이다.[24] 이러한 점들을 고려하면, '국제' 공동투쟁을 지속해나간다는 것은 사실상 많은 어려움이 따르는 문제가 아닐 수 없었다. 결국, 얼마 안 있어 일본공산당은 민족을 초월한 공동투쟁 방침을 철회한다는 지령을 하달했다.

재일화교민주촉진회(I그림1I 참조)가 감찰위원을 포함한 임원 20명 가운데, 출신지가 파악되는 14명 중 12명이 타이완 출신이었고, 더군다나 주석, 부주석, 고문 2명 등 중추적 인물들 모두 타이완 일색이었다고 하는 사실은 앞서도 지적한 바 있다. 앞서 GHQ 조사에서 제시된 바 있는 일본공산당 내 중국인 섹션의 지도부 8명의 명부와 대조해보면, 당시 화교민주촉진회 임원 가운데 류치성, 캉밍츄, 우슈주(모두 타이완인) 등을 포함해 적어도 3명이 일본공산당 당원이었음을 알 수 있다. 또한 앞의 조직도에서 상호 연대하고 있는 것으로 되어 있는 재일유학생동학총회의 회장 보런(博仁, 特克斯)[25]도 일본공산당 당원이었다.

1953년은 일본을 활동무대로 하는 공산주의자들에게는 크나큰 전기

---

23) 「〈出入國管理令〉に對する共産主義者の共鬪について(1952.1.25)」, GHQ文書GS(B) 04242(61) 「中國人と日本共産黨(1950.3~1951.5)」 파일.
24) 「日本共産黨中國人グループから黨臨時中央指導部への報告(1952.3.8)」, 4쪽, GHQ 文書GS(B)04242(61) 「中國人と日本共産黨(1950.3~1951.5)」 파일.
25) 田中剛, 「蒙疆政權留日學生への聞き取り調査報告: IVプリントクス(博仁特克斯)氏へのインタビュー(2003.12.11)」, 『阪神華僑の國際ネットワークに關する研究』, 平成14年度~平成15年度 科學研究費補助金研究成果報告書, 2005, 284-306 쪽에 따르면, 1923년 내몽고 온뉴트기(旗) 왕공가(王公家)에서 태어난 보런은 1941년에 도일, 일본공산당에 입당한 것으로 되어 있다.

가 마련된 해였다. 3월에는 스탈린이 죽었고, 7월에는 한국전쟁이 휴전되었다. 이로부터 기존의 일국일당주의는 사실상 철폐되고, 외국인 공산주의자는 거주국 공산당이 아니라 조국 공산당의 지도를 받도록 되었고, 거주국의 내정에도 간섭할 수 없게 되었다.[26] 이에 따라 재일조선인의 좌파운동은 통일민주전선(統一民主戰線, 民戰)에서 재일조선인총연합회(在日朝鮮人總連合會, 朝鮮總連)로 노선전환이 이루어졌다. 그동안 일본공산당의 지도를 받아왔던 재일조선인은 이제 조선총련을 매개로 조선노동당의 지도를 받게 된 것이다. 재일화교들의 좌파운동에서도 마찬가지의 전개양상이 보인다.[27] 즉, 일본의 화교좌파운동은 중국공산당 화교대책분야의 책임자였던 랴오청즈(廖承志)의 직접 지도하에 들어가게 된 것이다.[28]

화교민주촉진회를 사실상 조직한 장본인으로 알려진 양춘송이 일본공산당 직속이었던 타이완공산당의 당원이었다는 것은 공공연한 사실이다. 그러나 양춘송은 1950년 중국으로 건너간 뒤, 과거의 동지였던 시에쉐홍(謝雪紅)의 추천으로 1953년 중국공산당에 입당하게 된다.[29] 화교민주촉진회가 발족되기 전, 양춘송은 청용안(曾永安) (이들은 모두 타이완 하카客家 출신이다.)과 함께 역점사업의 하나로 『중국통신(中國通訊)』을 발행했다. 도쿄 본사 외에도 오사카 지사와 도카이(東海) 지국을 두고 있던 이 주간지 회사는 "중국의 정치, 경제, 사회, 문화 등과 관련한 제반 시사뉴스 및 자료를 제공함으로써, 재일화교의 조국에 대한 인식을 제고

---

26) ヂンダレ研究會 編, 『「在日」と50年代文化運動』, 人文書院, 2010, 26-27쪽.
27) 廖承志, 「華僑問題について」, 『世界』第110號, 1955. 2.
28) 랴오청즈와 전후 중일관계에 대해서는, 공동연구 성과보고서로 王雪萍 編著, 『前後日中關係と廖承志: 中國の知日派と對日政策』, (慶應義塾大學出版會, 2013)이 출판되었다.
29) 楊錦昌, 「謝雪紅の死と楊春松のこと」, 『臺灣靑年』第191號, 1976. 9.

하고 조국에 대한 자긍심을 촉구하는 동시에 일본과 조선 양 국민이 중국에 대해 올바르게 인식하고 이해하는데 이바지한다."는 취지하에, 1946년 10월에 창립되었다.[30] 이는 중국, 일본, 조선의 연대강화를 천명하는 첫 출발인 셈이었다. 앞서 거론한 재일조선인의 좌익 시 동인지 (詩誌) 《진달래(ヂンダレ)》(1953년 창간)의 주요 필진이었던 유명한 재일시인 김시종의 회고에 따르면, 그가 처음 일본에 건너온 전후 초기에는 주로 오사카에서 발행되고 있던 화교(타이완인)신문인 『국제신문』에 작품을 발표했었다고 한다.[31] 이밖에 도쿄동학회의 주요 멤버를 중심으로 중국어로 발행된 재일화교잡지 『화광(華光)』의 경우에는 중국 국내는 물론 조선에 거주하는 화교사회에도 상당한 독자층을 확보하고 있었다.[32] 이처럼 공산주의운동을 통해 중국, 조선, 타이완, 일본 간에는 긴밀한 '국제'연대의식이 존재하고 있었다고 할 수 있다.

기타 '좌경'화된 타이완인과 타이완인 조직

이와 같이 타이완인 중심의 화교민주촉진회, 타이완유학생단체인 동학총회, 화교총회, 화교연합회 등 각종 화교단체 및 조직들은 처음에는 공산당원 및 그 동조자를 매개로 일본공산당과 밀접한 관계를 형성하고 있었지만, 1953년경부터는 중국공산당의 지도에 따르는 피라미드조

---

30) 中國通訊社, 『業務案內』(1947年 8月頃). 『중국통신』(무역판) 창간호가 발행된 것은 민간무역이 시작되기 직전인 1947년 8월 2일이었다. 이후, 무역판, 자료판, 종합판(주간 중국통신)이 합병되어 『중국통신』(주2회 발행)이 된다. 이외에 경제속보판도 있었다. 회비는 연 2,000엔이었다. 중일무역에 관한 모든 문제에 있어 회원의 편의를 도모하는데 목적이 있었다. 자료판의 호수를 그대로 이어받은 『중국통신』 245호는 1947년 10월 3일 간행되었다.
31) ヂンダレ研究會 編, 『「在日」と50年代文化運動』, 人文書院, 2010, 70쪽.
32) 「朝鮮總經售處設立啓事」, 『華光』 第1卷 第5期, 32쪽.

직에 편입되었다. 여기서는 다른 사례를 통해, 당시 타이완인의 행동양식과 국제민족연대의 존재양태를 고찰해보기로 하겠다.

고베에서 태어난 타이완 출신 화교2세로 교토대학 의학부 학생이었던 차이동룽(蔡東隆)[33]은 그의 형 차이동화(蔡東華, 1947년 공학부 졸업)에 이어 재일중국인동학총회(留日中國人同學總會, 고카기숙사光華寮를 거점으로 하고 있었다) 회장을 맡게 되면서 본격적으로 학생운동에 참여했다. 이들 차이(蔡)씨 형제를 비롯한 교토의 중국인학생들은 중화인민공화국이 건국되고 처음으로 맞는 1950년 5월 1일 노동절 행사에 참가했다. 당시 이들이 공통으로 가지고 있던 생각은 "일본인 노동자와 연대해 새롭게 탄생한 중국과의 우호협력에 가교 역할을 하겠다."는 것이었다. 그런데 이른바 레드퍼지가 한창이던 1950년 10월, 차이동룽이 정령(政令) 325호(점령목적의 저해행위 처벌령) 위반으로 GHQ에 연행되는 사건이 일어났다. 차이동룽은 고베에 거주하는 친족을 비롯한 주변사람들이 동분서주 애쓴 덕분에 며칠 만에 석방되었지만, 이후로 그는 타이완당국으로부터 줄곧 '적화(赤化)' 혐의자로 분류되었다. 심지어 타이완정부는 일본에 유학하고 있던 그의 사촌 쉬(許) 모가 그와 연락을 하고 지낸다는 사실을 알고, 타이완에 사는 그의 모든 친족들에게 출국금지명령을 내리기까지 했다.[34] 온갖 어려움 속에서 간신히 의사면허를 취득한 차이동룽은 이후 줄곧 일본공산당 계열의 의료생협(醫療生協)에서 근무했다. 특히, 그는 지역의료에 남다른 열정을 보여 많은 환자들로부터 절대적인 신뢰와 존경

---

33) 차이동룽은 1926년 일본에서 무역상이었던 아버지 차이빙황(蔡炳煌)의 둘째아들로 일본에서 태어나 줄곧 의사생활을 하다가 2000년 사망했다. 草川八重子, 『ある巨木: 蔡東隆ものがたり』, かもがわ出版, 2001. ; 그의 형 차이동화는 타이완으로 돌아가 영화업계의 거물이 되었고, 형수는 왕위더(王育德)의 누이이다.

34) 「密(臺灣警備總司令部から內政部宛, 外交部へ抄送, 1958年10月20日)」, 外交部檔案11-EAP-00542 「共匪在日活動(1957~1968)」 파일, 67-68쪽.

동남아화교와 동북아화교의 마주보기

을 받았다. 그가 세상을 떠난 것은 2000년이었다. 일본인이었던 그의 부인 기누(絹) 여사의 회고에 따르면, 연행될 당시 그의 석방을 위해 "가장 열심히 도와준 것은 조선인학생이었다."고 한다. 공동투쟁시대의 민족 간 연대의 대표적인 사례로 기억될만한 일이 아닐까 생각된다.

1953년이 전기가 될 수밖에 없는 또 하나의 이유를 들어보기로 하겠다. 국제적십자는 1953년부터 1956년에 걸쳐 중국잔류 일본인귀환 사업을 실시한 바 있다. 그런데 이 기회를 이용해, 일본거주 중국인 가운데 귀국을 희망하고 있던 사람들이 교토의 마이즈루항(舞鶴港)을 통해 집단귀국을 감행했다는 사실은 이미 주지하는 바일 것이다. 귀국자로 이루어진 일본귀환자단체전국연합회(日本引揚者團體全國聯合會)가 공산주의 세력의 8대 거점 중의 하나였다는 사실은 이미 언급한 바 있다. 반면, 전후에도 중국에 그대로 남아 중국의 국가건설에 이바지한 많은 일본인 가운데 공산주의 동조세력이 형성되었는데, 이들이 훗날 중일국교 정상화를 추진한 세력이 되었다는 것은 이미 널리 알려진 사실이다. 한편, 본래 일본인 귀환을 위해 마련되었던 배를 이용해, 일본에서 중국으로 귀국한 재일화교 및 재일유학생은 1949년부터 1950년대 말까지 4, 5천명에 달했는데, 흥미로운 점은 이 가운데 약 3천 명 정도가 타이완인이었다는 사실이다.[35] 1953년부터 시작된 마이즈루항으로부터의 3회에 걸친 집단귀국사업에 근거해 말한다면, 대륙출신 승선자가 400명 남짓인데 반해, 대륙으로 건너간 타이완인은 2,000명 이상이었다는 기록도 있다.[36] 이유가 어찌되었든, 대륙으로 '귀국한' 타이완인이 다수를

---

35) 王雪萍, 「留日學生の選擇: '愛國'と'歷史'」, 『一九四五年の歷史認識』, 東京大學出版會, 2009, 204쪽.

36) 丘念台, 「對在日匪共活動之管見(1956.4.17)」, 外交部檔案11-EAP-00550, 「共匪在日活動(1955~1957)」 파일, 27쪽.

차지했다는 것만큼은 분명한 사실이다. 훗날 중국내에서 고위직을 지내며 중일교류를 위해 진력한 타이완 출신 린리윈(林麗韞, 中華全國台灣同胞聯誼會 초대회장)과 양궈칭(楊國慶, 동 단체 명예회장)도 바로 이 귀국사업을 통해 중국으로 건너온 사람들이었다. 이 사업 이후에도 개인적으로 귀국한 젊은 화교들도 상당수 있었다. 물론 개중에는 생활파탄자들도 있었고 타이완에서 밀입국한 이들도 포함되어 있었다.[37]

그러나 대륙생활에 제대로 적응하지 못해 훗날 일본으로 되돌아온 타이완인도 꽤 있었다. 이들 중에는 중국공산당에 대한 협력을 조건으로 중국정부로부터 정식 출국허가를 받은 경우도 있었다. 양복점을 운영하던 류톈난(劉天南, 台南 출신) 등은 이러한 조건과 목적으로 일본에 되돌아왔다가 간첩혐의로 일본 경시청 공안3과에 체포되기도 했다.[38] 사료에는 나타나지 않지만, 처음부터 공산당의 지령을 받은 타이완인이 귀국선을 이용해 자발적으로 일본에 재입국한 경우도 있었을 것이다.

|표2|는 GHQ 당국이 요주의인물로 지목한 재일중국인 극좌파를 열거한 것이다. 이를 보면, 화교민주촉진회, 화교민보사, 주일대표단 내부그룹, 간첩혐의가 의심되는 요주의 학생 및 유학생조직, 과학기술자협회란 이름으로 중국과 연계된 세력, 대표부에 거점을 둔 학자그룹, 의사회, 사회주의학습그룹 등의 지식인 외에도 대륙과의 무역에 종사했던 상인그룹이나 「타이완해방촉진회(解放台灣促進會)」 등이 포함되어 있음을 알 수 있다. 「타이완해방촉진회」에 대해서는 구체적인 사실이 없

---

37) 余秀雲, 「臺灣—日本—大陸」, 『回國五十年』, 臺海出版社, 2003.
38) 「華商スパイ團捕まる: 中共里歸り希望者に密命」, 『每日新聞』, 1958.7.17, 外交部檔案11-EAP-00550, 「共匪在日活動(1957~1963)」 파일, 35쪽. 전후 귀국한 화교가 대일공작의 사명을 띠고 일본에 밀입국한 사실을 추궁한 경시청 공안3과는 양복점을 경영하던 류(劉), 홍(洪), ○, 린(林) 등을 체포했다.

어 명확히 밝혀낼 수는 없지만, 앞의 조직도에 나오는 「타이완성민화평
촉진회(臺灣省民和平促進會)」와 동일조직이 아닐까 하는 게 필자 개인의 추
측이다. 물론, 이에 대해서는 검토의 여지가 있다. 그러나 그 성원 중
에 훗날 좌파 화교조직의 중핵을 담당했던 타이완인들이 많다는 점에
서, 타이완 출신의 지식인과 상인의 느슨한 모임이었을 가능성이 높다.
어쨌든 이상의 단체에 복수로 이름이 올라와 있는 요주의 '극좌'파에
타이완인이 많았다는 것은 확인할 수 있을 것이다.

|표2| 재일중국인 극좌파

(1950년 1월 GHQ 조사)

華僑民主促進會	于恩洋, 劉永金(鑫), 吳永藏, 曾森茂, 呂漱石, 周阿銀, 李桂山, 許柳村, 黃秀鳳
中國共産黨直屬 東京諜報員(學生)	王振仁, 王振基, 博仁, 關仁慶, 韓慶愈, 喬傳源, 張銘忠, 白滿志, 王連達, 高永祥, 何小培, 王大中, 王大文, 楊文波, 湯大傑
留日科學技術協會	蔡慶播, 葉天思, 許昆在, 簡鏡山, 關仁慶, 陶坊資, 王毓聲, 樂錦鍠, 周秋甫, 李芳寧, 高銘智
留日學生同學總會	博仁(特克斯), 陳文貴, 崔士彦, 關關慶, 簡鏡山, 陳秘旻, 曹萬幅, 烏勒吉達賴
社会科学マルク スレーニン主義 研究会	王傑, 王兆元, 王毓聲, 呂永和, 李桂山, 林連德, 郭承敏, 陳文貴, 陳隆深, 陳秋旻, 崔子彦, 博仁
華僑民報	申文芳, 曾森茂, 許柳村, 蔡錦聰, 薛榮
中國駐日代表團	謝南光, 李待琛(=科學技術協會顧問)
中國商人	林以文(東京華僑聯合會), 劉啓盛, 于恩洋
京都	于長久
解放台灣促進會	東京: 甘文芳, 李延禧, 劉明電 神戸: 施牧樵, 許炎亭, 黃萬居, 王昭德, 陳□仁, 王記, 李義招, 黃頭, 林□木, 蔡謀鉋, 黃□亥, 陳瑞麟, 李江任, 陳義方, 蔡振耀, 林水永, 郭炳安, 陳仁芳 大阪: 陳承家, 王文明, 賴珠村, 林炳耀, 葉智貴, 楊吉當, 蘇啓輝 關東: 李嘉章, 姬德驥, 呂揚, 謝渓秋, 康鳴球, 黃桂華, 蔡明材,

	羅矛龍, 文永盛, 陳耀垣, 林如才, 吳永藏, 巫開堯, 周阿銀, 曾永安, 蔡錦聰, 劉正, 黃天恩, 廖春木, 陳錦聰, 劉啓盛, 鐘永章, 李士榮, 張松柏, 賴富貴, 蔡錦淵, 邱紹棠, 曾森茂, 陳焜旺, 許柳村
기타(中國科連/華僑醫師會/學生)	中國科連: 陳國讓 華僑醫師會: 馬朝茂, 潘洒祿, 廖春木 學生: 高銘智, 洪山海, 郭民生, 廖亞章, 林智三, 林大富, 孫小根, 楊秀勇, 鄧素娥

출처:「在日中國人極左派」, GHQ文書GS(B)04242(61)「中國人と日本共産黨(1950.3~1951.5)」파일에 근거해 작성.

앞에서 인용한 국민당원 츄녠타이(丘念台)의 분석[39]에 근거해 이 부분을 정리해보면, 다음과 같다. 전후 초기 일본공산당은 20만 명까지 그 세력이 확장되지만, 레드퍼지의 역풍으로 10만 명도 채 되지 않는 세력으로 축소되었다. 개중에는 수만 명에 달하는 재일조선인당원뿐만 아니라 중국인당원과 타이완인당원도 포함되어 있었다. 상당수의 화교가 좌경화되었다고는 하지만, 중국인공산당원은 전체 당원 중 채 100명도 되지 않았다. 그러나 중국인공산당원은 십여 명의 러시아공산당원과 함께 일본인, 조선인, 타이완인 공산당원의 핵심적 지주였다. 타이완공산당은 일본공산당의 지부로 출발했지만, 전후에는 이를 대신해 화교민주촉진회가 성립되었다. 이 조직은 초창기에는 일본공산당에 속해 있었지만, 자동 해산된 이후에는 타이완세력은 중국공산당의 지휘 하에 들어갔다.

39) 丘念台,「對在日匪共活動之管見(1956.4.17)」, 外交部檔案11-EAP-00550,「共匪在日活動(1955~1957)」파일, 27쪽.

3. 타이완국민정부의 대응과 재일타이완인
(1952~1958)

국공내전이라는 현실에 직면한 국민정부의 입장에서 볼 때, 전쟁 중에 전면 철수하지 않을 수 없었던 일본화교사회 내 국민당조직의 복원과 지반강화는 무엇보다 중요한 과제였다. 1952년 4월 샌프란시스코평화조약이 체결되면서, 주일대표단은 대사관과 영사관으로 승격되었다. 이에 본국정부는 외교사절과 당 조직을 통해 교민에 대한 직접관리를 시작했다. 교민정책의 핵심은 화교학교와 화상의 확보에 있었다. 다시 말해, 교육거점이라 할 수 있는 화교학교의 관할권을 장악하고 재일화상들을 자기 진영으로 포섭하는 것이 중요한 선결과제였던 것이다.

화교학교의 쟁취

전후 화교는 전승국국민으로서의 지위를 부여받았다. 일본 각지의 화교학교가 이 시기 부흥기를 맞이하게 된 것도 이와 무관치 않을 것이다. 타이완인도 얼마 없고 일관되게 광동어(廣東語) 교육만을 실시해 오던 요코하마에서도 이때부터 도쿄의 유학생을 교사로 초빙해 베이징어(北京語) 교육을 실시하기 시작했다. 교사 신축도 순조롭게 진행되었다. 그런데 화교학교의 좌경화를 우려한 주일대표단의 지지를 받아 파견되어 왔던 천(陳) 교장이 현장의 반대로 교장 직을 그만두지 않을 수 없게 되었다. 이에 학교는 1952년 4월부터는 교장이 부재하고, 5월부터는 이사장마저 부재하게 되는 비상사태에 직면하게 되었다. 더군다나 8·1사건과 9·1사건이 잇따라 발생하기까지 했다. 급기야는 영사관이 파견한 이사와 교원들이 학교를 접수하게 되면서, 기존의 교사 및 학부

모들과 심한 갈등을 빚게 되고 심지어는 물리적 충돌까지 일어나게 되었다. 이것이 이른바 '요코하마화교학교사건'이다. 이 사건을 계기로, 요코하마에서는 타이완 국민정부가 관할하는 중화학원(中華學院)과 베이징정부를 지지하는 야마노테중화학교(山手中華學校)를 중심으로 화교사회가 양분되는 상황에 처하게 되었다. 이런 상황까지 오게 된 데에는 일본정부 및 일본경찰의 강력한 개입이 크게 작용했다. 이 사건은 "정치력을 발동한" 일본당국이 타이완정부와 반공을 기치로 협력 체제를 구축하는데 결정적 계기로 작용한 사건이었다. 학생 수 감소로 운영난에 빠진 학교를 살리기 위해, 당초의 기금운용규칙을 위반해서라도 긴급사태에 대비해야 했던 중화학원 측은 그때까지 누구도 손을 대지 않았던 5만 달러의 화교교육기금을 인출하는 사태를 빚고 말았다. 이 기금 인출 결정과정의 배후에는 일본정부와 미국정부의 적극적인 조언과 개입이 있었던 것으로 알려져 있다.[40] 유학생의 영향력이 비교적 강했던 교토의 화교학교는 1953년에 베이징정부로부터 50만 엔의 보조금을 받았다는 이유로 '공산당에 부역한(附匪)' 화교학교라는 딱지가 붙었다.[41]

도쿄화교학교의 경우, 타이완정부는 요코하마와 교토에서의 전철을 되밟지 않기 위해 만전의 대비태세를 갖추어 접수했다. 즉, '주도면밀한' 사전계획에 따른 '신중한' 처리라는 기본방침을 설정하고 그에 따라 1953년 교원인사 개입, 1956년 말 이사회 개편 등 순차적 행보를 통해 일을 마무리했다. 이렇듯 신축적으로 대처한 결과, '공산당 세력을 축

40) 陳來幸 著/李毓昭 譯, 「1950年代冷戰影響下的橫浜中華學校與東京中華學校」, 『戴國煇國際學術研討會論文集』, 文訊出版社, 2011.
41) 교토 화교의 전반적인 상황에 대해서는, 陳正雄,「京都の華僑」, 神戸華僑華人研究會 編, 『神戸と華僑: この150年の歩み』, 神戸新聞總合センター, 2004. ; 小沼新·陳正雄, 「日本の華僑學校-2-光華小學校(京都)と山手中華學校(橫浜)」, 『宮崎大學教育學部紀要·社會科學』, 第57號, 1985. 참조.

출'하는데 성공할 수 있었다.[42] 물론 여기에는 닝보동향회(寧波同鄕會)와 장저방(江浙幇)의 절대적인 지원도 무시할 수 없었다. 이후, 요코하마화교학교가 바나나 수입에 의존해 교사신축을 진행한 것처럼, 도쿄화교학교도 1957년에 특정품목의 수출입 우선권 부여라는 정부의 특별조치와 배려를 통해 교사 개축에 따른 경비를 보전할 수 있게 됨에 따라 증축공사를 순조롭게 진행할 수 있었다.[43] 1946년부터 주일대표단의 감독 하에 있었던 오사카화교학교도 도쿄화교학교와 마찬가지로 보조금 지원을 통해 교사를 신축했다. 타이완정부는 이와 같은 방식으로 화교학교를 하나둘씩 자기 진영으로 끌어들이는데 성공했다.

그러나 타이완정부가 마지막으로 착수한 고베중화동문학교(神戶中華同文學校) 개조계획은 뜻대로 이루어지지 않았다. 교장 및 교무주임 경질을 골자로 하는 이 계획은 교동회(校董會), 가장회(家長會), 교우회(校友會) 등의 일치된 반대로 결국 실패로 끝났다.[44] 전후 교사 재건을 둘러싼 양측의 줄다리기도 결국에는 새로운 학교법인으로 출범한 중화동문학교이사회가 기존의 교동회와 관계를 단절하는 것으로 마무리되었다. 이처럼 국민정부의 화교교육 개입은 고베 화교사회의 강력한 저항으로 저지되었다. 1958년의 일이다.[45]

현존하는 다섯 개 화교학교는 지금도 베이징파와 타이완파로 나뉘어

42) 「密(浜發46字第0071號, 孫秉乾1957年1月) 11日發外交部收代電」, (外交部檔案11
   -EAP-02124 「東京中華學校」 파일, 44-52쪽.
43) 陳來幸 著/李毓昭 譯, 「1950年代冷戰影響下的橫浜中華學校與東京中華學校」,
   『戴國煇國際學術硏討會論文集』, 文訊出版社, 2011.
44) 許瓊豊, 「在日華僑の經濟秩序の再編: 一九四五年から一九五〇年代までの神戶
   を中心に」, 『星陵臺論集』, 第41卷 第3號, 2009 참조.
45) 졸고, 「陳德仁: 日中文化交流の橋渡し」, 神戶華僑華人硏究會 編, 『神戶と華僑:
   この150年の步み』, 神戶新聞總合センター, 2004.

있다. 즉, 고베중화동문학교와 요코하마야마노테중화학교는 베이징파이고, 오사카화교학교와 도쿄화교학교 그리고 요코하마중화학원은 타이완파이다. 냉전시기 일본에서의 국공대립 양상이 화교학교의 존재방식에도 그대로 반영되어 있는 셈이다.

중일무역재개와 화상을 둘러싼 중국대륙과 타이완의 쟁탈전

전쟁이 끝난 지 꼭 2년만인 1947년 8월 15일부터 중일 간에 조건부 민간무역이 재개되었다. 이는 우선적으로 바이어(상무대표)의 일본방문이라는 형태로 시작되었다. 물론, 여기에는 GHQ의 통제가 뒤따랐다. 이 듬해인 1948년 8월부터는 일본인업자와 바이어간에 직접계약이 허용되었고, 1949년 2월부터는 수출계약에 관한 승인권한이 일본정부로 이관되었다. 전후 중일간의 민간무역은 상기한 세 과정을 거치며 단계적으로 발전해왔다. 이 사이, 중국 국내에서는 국공내전이 발발했고 결국, 일본정부의 교섭상대였던 장제스(蔣介石) 국민정부는 타이완으로 패퇴했다. 일본정부는 베이징정부와는 국교가 없었던 탓에, 1952년 타이완정부와 일화조약(日華條約)을 체결했다. 사실상 이때부터는 중국과 일본 간의 무역이 일본과 타이완의 무역으로 그 범위가 좁혀지게 된 것이다. 다시 말해, 이제 중일간의 무역은 앞서 언급한 황무이, 시에청웬, 린무투 등의 타이완상인과 일부 재일화상들의 활동만을 보장할 수 있는 협소한 장으로 변모해버린 것이다. 이렇게 되자, 일본에서는 조야를 막론하고 중국대륙과의 무역재개를 기대하는 여론이 팽배해졌다. 그 결과, 1949년 5월에는 중일무역촉진회가 발족했고, 같은 달 24일에는 중일무역촉진의원연맹이 결성되기에 이르렀다.[46)]

베이징에 신정부가 건립되자, 1949년 10월에는 중일우호협회가 설립되었다. 그러나 이듬해 발발한 한국전쟁을 기화로, 일본정부는 점차 반 (反)사회주의 색채를 강화해나가기 시작했고, 급기야는 대중수출을 전 면금지하는 등 중화인민공화국에 대한 적대시정책을 실시하기에 이르 렀다. 그러나 이러한 상황 속에서도, 중일무역촉진회나 관계재개에 적 극적인 의원 등을 중심으로 정부의 방침을 무시한 채, 1952년 4월에는 제1차 중일민간무역협정을 그리고 한국전쟁 휴전 직후인 1953년에 7월 에는 제2차 무역협정을 잇달아 체결했다. 나아가 1955년 4월에는 제3 차 무역협정을 체결했다. 이로써 일본 내에서는 머지않아 중국대륙과 의 무역이 활발해질 것이란 기대를 하는 사람들이 늘어나기 시작했다. 그러나 기시 노부스케(岸信介) 내각은 1957년 출범과 동시에 중국적대시 정책을 노골화했다. 1958년 5월에는 중화인민공화국 국기를 강제로 끌 어내리는 이른바 '나가사키국기사건'이 일어나게 되면서, 양국의 민간 무역은 재차 중단되는 사태에 직면하고 말았다.

1952년부터 1958년에 걸친 시기에는 타이완정부와 베이징정부 간에 화교학교 쟁탈전과 같은 치열한 인적쟁탈전이 벌어졌다. 특히, 타이완 정부는 베이징정부의 화상정책에 대응하기 위해, ① 화교무역조직의 강 화 ② 매력적인 무역품목의 제시 ③ 회전자금의 제공 등 세 가지 중점 대책을 마련해 실시했다.

당시 재일타이완인의 6할에서 7할 정도는 중국공산당에 우호적이거 나 동조한 것으로 알려져 있다. 대륙출신자에 비해 타이완출신자의 '좌 경화' 현상이 뚜렷했던 원인 중의 하나는, 그들이 대륙출신화교와는 '질 적으로 달랐기' 때문이다. 구체적으로, 50년 동안 일제식민지를 경험했

---

46) 「中共貿易を担う人々: 業者・華僑・政黨をめぐって」, 『潮流』 第4卷 第8號, 1949.8.

던 타이완인은 대륙출신자와는 달리, 본토의 정치상황에 대해 잘 알지 못했기 때문에 베이징정부의 '선동과 유혹'에 쉽게 동요될 수 있었다. 두 번째 원인은 이들을 둘러싼 '환경이 매우 열악했다'는 점에 있었다. 패전 후, 일본은 미국의 점령정책을 감수하지 않을 수 없었다. 따라서 민족적 자존심이 강한 일본사람들 사이에는 쉽게 '반미좌경화'로 빠져드는 경향도 있었고, '대륙에는 친밀감을 느끼고 타이완은 경시'하는 풍조도 강했다. 재일타이완인 중에도 이러한 풍조에 영향을 받아 공산당에 동조하는 이들이 적지 않았다고 한다. 이에 대해, 츄녠타이[47]는 1956년 4월, 너무나 안타깝고 슬픈 일이라고 토론한 바 있다.[48]

약 1년이 지난 후인 1957년에는 사태가 더욱 심각해졌다. 타이완정부 내부에서는, 일본인과 재일타이완인의 상당수가 공산당에 경도되어 타이완정부를 경시하고 심지어는 불만을 품게 된 데에는 다음 네 가지의 원인이 존재한다는 분석이 내려졌다.[49] ① 일본인은 현실을 중시하는 민족성을 가지고 있지만, 타이완인은 조국(타이완)에 귀국하는 자가 적고, 타이완의 진보에 대한 이해가 없다. ② 매년 일본의 대중국 수출무역은 큰 수치를 점하고 있지만, 타이완은 일본 대외무역의 2% 밖에 차지하지 못하고 있다. ③ 공산당정부는 대량의 자금을 살포해 일본의 신문을 매수하고 선전공작을 펼치고 있지만, 국민정부의 주일공작원

---

47) 1894년에 태어나 1967년 사망했다. 일본의 타이완할양에 저항해 타이완민주국에서 의용군을 지휘하다가 광동으로 건너간 츄평자(丘逢甲)의 맏아들이다. 일본유학을 마치고 귀국해서는 전후에 타이완성(台灣省) 직속 당부(黨部) 집행위원을 지내기도 했다.

48) 丘念台, 「對在日匪共活動之管見(1956.4.17)」, 外交部檔案11-EAP-00550, 「共匪在日活動(1955~1957)」 파일, 27-29쪽.

49) 「周海通發, 葉公超外交部長宛て(1957.12.20)」, 「准第6組函」, 外交部檔案11-EAP-00550, 「共匪在日活動(1957~1963)」 파일, 9-10쪽.

동남아화교와 동북아화교의 마주보기

중에는 타이완 출신인 자가 극소수이며, 활동력도 전반적으로 약화되고 있어 지도력을 제대로 행사하고 있지 못하다. ④ 타이완 출신의 재일교포는 랴오원이(廖文毅) 등의 이른바 '타이완독립운동'의 영향을 받고 있다.

따라서 타이완정부는 이상의 원인에 근거해 다음과 같은 처방을 내렸다. 첫째, 재일반공화교조직을 강화하기 위해 타이완 출신 동지들을 발탁해 일본에 파견함으로써 실제적인 지도를 담당하도록 한다. 이를 통해, 타이완 출신 교포들을 보다 많이 확보하고 이로써 랴오원이 등의 활동을 분쇄함과 동시에 일본에서의 공산당 '통일전선음모'에 타격을 가할 필요가 있다. 둘째, 미국과의 관계를 통해 일본의 거대신문을 반공진영으로 끌어들임으로써 반공적인 논조로 타이완의 발전상을 보도하도록 공작해야만 한다.

한편, 1955년 4월에 체결된 제3차 민간무역협정에는 각지에서 견본시장을 개최할 것에 합의하는 등, 무역시장의 확대를 한층 더 기대할 수 있는 요목들이 다수 포함되어 있었다. 이에 국민정부는 위기의식을 갖고 대응책을 마련하는데 부심했다. 실제로 1956년 일본의 총 수출액 25억 달러 가운데 대중 수출액은 약 6,730만 달러로 전체의 2.7%였고, 동년 대중 수입액은 총 수입액 약 32억 달러 가운데 2.6%인 약 8,360만 달러에 그쳤다. 그러나 이듬해인 1957년에는 일본정부가 중일무역 금수조치를 완화하게 되면서 일본의 대중 무역총액은 2억 달러로 증가하게 되었다.[50] 이렇게 보면, 양국 간의 교역이 확대기조에 있었던 것만은 분명했다. 반면, 일본과 타이완의 무역이 차지하는 비율은 전체의

---

50) 「(密)駐日大使館宛1957.12.28. 外交部發電稿: 駐日大使館希查明上年及本年日匪貿易總額」, 外交部檔案11-EAP-00550, 「共匪在日活動(1957~1963)」 파일, 15쪽.

2% 정도로 보고되고 있었다. 더욱이 중국과 길항상태를 유지하고 있던 대일무역량도 점차 그 차이가 벌어져 이제는 역전되는 추세에 있었다.

중국대륙과의 무역에 종사하는 화교상사(華僑商社)들은 도쿄뿐만 아니라 한신(阪神) 지역에도 화교무역공회(華僑貿易公會)를 조직하고 있었다.[51] 이 시기, 도쿄화교무역공회(東京華僑貿易公會, 日本橋通3-4 소재)는 개편을 단행해 진용을 새롭게 강화했다. 이에 따라 중화민국 여권을 소지한 화교와 그동안 타이완계 화교조직의 회원이었던 화상 그리고 그 어느 쪽에도 속하지 않는 중간파 화상들이 중국대륙과의 무역에 참여하고자 잇달아 화교무역공회에 가입하게 되었다. 베이징정부도 이 조직을 통해 대일수출 물자를 '분배'하고자 했다. 즉, 베이징정부의 입장은 우선 화교무역공회의 '건전화'를 기한 연후에 이를 기초로 화상들에게 중국물산을 수입할 기회를 부여하겠다는 것이었다. 이러한 정부의 의지가 화교총회 상무이사 위언양(于恩洋)을 통해 전해지게 되면서, 이 연장선상에서 무역공회의 개조 및 강화가 이루어지게 된 것이다. 뿐만 아니라 경영자금의 융통에 어려움을 겪고 있던 화교들 중에는 중립적 입장의 화상을 통해, 베이징파 화교들이 운영하는 일본화교경제합작사(日本華僑經濟合作社, 자본금 2천만 엔, 이사장 뤼슈스呂漱石, 이사 캉밍츄 康鳴球, 황진줘엔 黃金卷 등)로부터 저리의 융자를 받은 이들도 있었다. 타이완정부 측에서 볼 때,

---

51) 한신 지역의 화교무역공회는 일본화교무역상조합(日本華僑貿易商組合)을 가리킨다. 1955년에 신중국(新中國)을 지지하는 고베의 화교상사가 양국의 교역사업을 발전시키기 위해 설립한 협동조합으로, 정식 명칭은 협동조합일본화교무역상조합(協同組合日本華僑貿易商組合)이다. 초대 이사장은 고베 거주 타이완 출신의 린칭무(林淸木)였다. 조합의 실제 활동은 1952년부터 시작되었다. 그러나 1958년 나가사키국기사건이 일어나는 바람에 조합운영은 난항을 겪게 되었고, 결국 1967년 3월에 해산되었다. 斯波義信·可兒弘明·游仲勳 編, 『華僑·華人事典』, 弘文堂, 2002, 602쪽,

이는 베이징공산당정부에 의한 타이베이파 혹은 중간파 화교에 대한 '이간' 공작 내지 '회유' 공작이 명백하기 때문에 그대로 두고 볼 수만은 없는 일이었다.[52]

더욱이 중국의 각종 경제무역시찰단이 연이어 일본을 방문했다. 가령, 중국토산공사(中國土産公司)는 푸젠공사(福建公司)를 통해 말린 죽순 800톤을 최저가격으로 화교무역공회에 매각했는데, 이는 타이완 측으로 볼 때에는 타이완의 죽순 수출시장을 위협하는 것으로 생각되었다. 또한 화교무역공회가 중국식품공사(中國食品公司) 시찰단 대표를 통해, 냉동새우와 냉동육을 구입한다는 소식까지 전해지게 되자, 타이완정부 입장에서는 이러한 거래가 갈수록 증가하게 되면 재일화상 중에 "이러한 이익을 눈앞에 두고 유혹되지 않는 자가 없을 것"이며, 실제로도 작금에 이러한 화상들의 동향이 감지되고 있어 "실로 심히 우려되지 않을 수 없는 지경에까지 이르렀다."는 인식을 갖고 있었다. 따라서 타이완정부로서는 어떻게 하든지 저리융자의 방안을 강구해 보다 많은 거래 기회를 화상들에게 부여하는 것이 무엇보다 중요한 과제였다.

|표3|은 친(親) 베이징파 화교조직 및 회사에 대해 정리한 것이다.

---

52) 「密(外交部宛1957.12.5.駐日大使館發」, 「駐日經濟參事處有關日匪間經濟關係週報第31期(1957.11.12)」, 外交部檔案11-EAP-00550, 「共匪在日活動(1957~1963)」 파일, 4-5쪽/8쪽.

|표3| 친(親)베이징 화교단체 및 상무조직 조사표

조직명칭	책임자	주소	업무성격	주요성원
東京華僑貿易公司	會長(賴德和) 理事長(韓敬華)	東京中央區八重洲 3-7	中日貿易	理事(林水源, 馮國光, 黃金券, 賴正山, 于大海蕭恩承) 監事(呂漱石, 陳□坦)
日本華僑經濟合作社	理事長(呂漱石)	東京港區芝	中日貿易融資業務	劉啓興, 康鳴球, 黃水錦, 林正傳, 林哲, 盧培元
日本華僑貿易商公會	理事長(林淸木)	神戶	中日貿易	陳義方(中央洋行) 陳水樹(泰安公司) 紀淸標(建興物産會社)
華孚公司	廖伯飛	東京目黑區	中日貿易	
南海公司	陳共榮	東京千代田區	中日貿易	
一心公司	王德赫	東京中央區築地	中日貿易	
三一公司	王仲明	東京中央區	中日貿易	王暉 等
華豊公司	李樹森	東京日本橋	中日貿易 華北機關 직속	李欣, 徐錫駒, 李樹林, 周紹
南光貿易有限公司	梁祖輝	神戶	中日貿易	
聯合企業株式會社	蕭恩承	東京江東區	中日貿易	林榮河, 林榮鎭

출처: 「在日親匪華僑社團及匪僞商務組織調査簡表(1957.10.31)」, 外交部檔案11-EAP -00550, 「共匪在日活動(1957~1963)」 파일, 16쪽.

이러한 사태에 직면해 국민정부의 중추부(中樞部)는 다음과 같은 방침을 정해, 각 부국(部局)에 하달했다. ① 도쿄 중국은행(中國銀行)을 통해, 화교에 대한 융자를 실시한다. ② 무역을 일부 개방해 반공화교조직을 강화한다. ③ 주일대사관 및 각지 영사관에 한두 명의 뛰어난 타이완 출신 동지를 선발해, 관원(館員)과 재일교포 간의 관계강화에 노력한다. ④ 파격적인 원고료 지급 등의 방법을 통해, 일본의 저명한 작가 및 평

론가에게 반공선전문 집필을 의뢰한다.[53]

한편, 1954년 1월에는 베이징정부의 신정치협상회의 화교대표 창구로서 재일화교협상회의(留日華僑協商會議, 사무국장 천쿤왕陳焜旺)가 설립되었다. 일본의 내정에 간섭하지 않는다는 랴오청즈(廖承志)의 방침은 이 협상회의를 통해 각지 화교단체에 하달되었다. 이후, 베이징 지지파 화교들을 중심으로 지역별 협상회의가 조직되었다. 이 조직은 1957년경에 화교연의회(華僑聯誼會)로 개편되어 국민당계 화교총회와 대립하게 되었다. 고베 화교연의회는 1957년 2월, 회장에 천이팡(陳義方), 부회장에 린쉐이용(林水永), 차이쩐야오(蔡振耀), 차이송라이(蔡送來), 천헝화(陳恒華), 감찰위원에 린칭무(林淸木), 천통(陳通), 장촨웬(莊傳淵)이 취임했다. 회장과 이사를 포함한 임원진의 과반수는 타이완인으로 채워졌다. 현재 고베에 있는 나카야마노테(中山手)의 화교총회가 바로 이 연의회의 후신이고, 기타노(北野)에 있는 재일화교총회(留日華僑總會)는 국민당계 화교총회의 후신이다.

이 시기, 두 개의 화교총회로 양분되어 있던 도쿄에서는 1958년 7월에 베이징계 총회이사의 개선(改選)이 있었다. 여기에서 당선된 이사 59명 중에서도 타이완 출신은 31명으로 과반수를 차지했다. 그리고 나머지 이사는 푸젠 8명, 장수 6명, 산동 5명, 저장 3명, 랴오닝 2명, 내몽고 1명의 순이었다.[54]

53) 「周海通發, 葉公超外交部長宛て(1957.12.20)」, 「准第6組函」, 外交部檔案11-EAP-00550, 「共匪在日活動(1957~1963)」 파일, 9-10쪽.

54) 「僞東京華僑總會第十屆理事改選」, 外交部檔案11-EAP-00550, 「共匪在日活動(1957~1963)」 파일, 95-99쪽.

맺음말

　전후 자동적으로 중국국적을 취득해 화교사회의 일원이 된 타이완출신자들은 대륙출신의 신화교가 급증하기 시작하던 1980년대 전까지만 해도 일본 화교커뮤니티 전체의 과반을 차지할 정도로 최대다수를 형성하고 있었다. 1945년 이전부터 일본에서 성장해온 타이완인 가운데 전후 국민당 통치하에 있던 타이완으로 돌아간 이들은 거의 없었다. 특히, 전후 초기에는 국민당이나 국민정부도 재일타이완인을 그다지 중용하지 않았다. 반면, 궁핍한 타이완인에게 "손을 내민" 것은 정작 베이징정부였다. 베이징정부는 귀국선으로 대륙에 건너온 이들에게 직장을 마련해주는 등 비교적 관용적인 화교정책을 펼쳤다. 그 결과, 점령기와 한국전쟁을 거치고 난 1950년대 중반이 되면, 당시 반미 내셔널리즘의 성향을 가지고 있던 많은 일본인들이 그랬던 것처럼, 60%에서 70%에 이르는 타이완인들도 베이징에서 탄생한 공산당정부에 동조했다. 국민정부의 입장에서 보면, 이른바 "동포의 독화(毒化)"가 예상외로 급속하게 진행되고 있었던 것이다. 사실, 2·28사건으로 친족들이 박해를 당하는 가운데, 국민정부의 행정권이 미치지 않는 일본에서 자유의지에 따라 베이징정부에 동조하는 타이완인이 다수 있었다는 것은 전혀 이상한 일도 아니었다.

　역으로 국민정부에 충성을 맹세한 화교들 대부분은 1945년 이전부터 국민당 지부를 지탱해온 대륙출신 화교들이었다. 전쟁종식 직전까지 화교커뮤니티를 이끌어왔던 교령(僑領)들은 자의반 타의반으로 왕징웨이 괴뢰정권이나 일본의 특고(特高)경찰들과 직간접적인 관계를 맺고 있었기 때문에, 전후에는 어쩔 수 없이 전면에서 물러나야 했다. 대신에 그 자리를 차지하게 된 것은 차세대 청년층과 유학생으로 왔다가 일본에 정착하게 된 사람들이었다. 물론, 그 안에는 신생 베이징정부에 동조하는 대륙출신자들도 당연히 존재했다. 타이완인의 비율이 극히 낮았던 요코하마에서는 1952년에 발생한 학교사건으로 인해 화교커뮤니티가 두 개의 세력으로 양분되어 있다시피 했다. 반면, 도쿄에서는 중화학교 이사회 개편과 교사재건을 위한 기금마련에 적극적인 역할을 했던 닝보동향회 중심의 저장방(浙江幇)이 국민정부의 정책을 뒷받침하는 강력한 후원세력으로 존재했다. 한편, 중국대륙을 경유해 다시 일본에 온 시에난광, 양춘송, 류밍뎬, 캉밍츄, 간원팡, 천쿤왕, 뤼슈스, 리옌시(李延禧) 등과 같은 타이완 출신의 관료, 사회운동가, 마르크스주의연구자, 의사, 유학생, 상인 등의 지식인계층은, 베이징정부를 지원하는 전국적 화교조직을 독자적으로 결성했다. 이들을 측면에서 지원한 것은 1945년 이전부터 일본에 있었던 보런이나 위언양 등의 유학생을 중심으로 한 대륙북방 출신자들이었다. 즉, 도쿄에서는 타이완인과 유학생 그리고 전(前) 유학생들이 주로 베이징정부를 지지했고 반면에, 저장방은 타이완정부를 지지하고 있었던 것이다. 고베와 오사카에서는 1945년 이전부터 국민당을 지지해왔던 사람들을 중심으로 국민당 거점의 복원과 부흥을 꾀하는 움직임들이 나타나기 시작했고, 화교커뮤니티의 새로운 중심세력으로 부상하기 시작한 광동계 하카 등도 국민정부의 새로운 동원대상의 핵심이 되었다. 그리고 1952년에 시작된 화교학교의 주도권 및 화상 확보를 둘러싼 국공 간 쟁탈공방 속에서, 국민정부는 보다 많은 타이완인을 자기편으로 끌어들이지 않으면 안 되겠다는 생각을 가지게 되었다.

한편, 전후 초기에 조선인공산당원과 중국인공산당원은 모두 일본공산당 민족대책부의 하부조직으로 활동하고 있었다. 그러나 이 가운데 중국인 당원은 결코 많은 수가 아니었다. 그럼에도 불구하고 소수의 당원을 중심으로 상기한 '좌경' 단체들 속에서 주도적이고 주체적인 활동들을 벌여나가고 있었다. 이러한 스탈린주의 운동방식은 GHQ 점령 종료, 스탈린 사망, 한국전쟁 휴전 등으로 인해, 조선인이나 중국인 모두 자국 공산당의 지시를 받는 것으로 그 방침이 대폭 전환되었다. 당시 화교운동의 전체방향에 대한 구체적인 지침을 하달한 것은 적십자 대표로 일본에 와 있던 랴오청즈였다. 당시 도쿄와 고베를 중심으로 활동하던 화교사무위원회 부주임이었던 그는, 1954년 11월에 "거주국의 법률을 준수할 것, 내정에 간섭하지 않을 것, 화교들 간에는 서로 의견이 달라도 상호 단결할 것" 등을 내용으로 하는 담화를 발표했다.[55] 1958년 고베중화동문학교의 교사개축문제로 심각한 위기에 직면했을 때에도 궁극적으로는 화교사회 전체의 분열로 이어지지 않을 수 있었던 것도 바로 이러한 맥락에서 이해될 수 있을 것이라 생각된다.

---

55) 廖承志, 「華僑問題について」, 『世界』 第110號, 1955. 2.

동남아화교와 동북아화교의 마주보기

일본의 차이나타운 연구
― 고베 난킹마치(南京町)를 중심으로

이정희(李正熙)

 이 글은 일본의 차이나타운인 고베 난킹마치(南京町)[1]의 조성과정 검토를 통해 인천차이나타운 조성에 올바른 방향성을 제시하려는 것이 목적이다.

 고베의 난킹마치는 요코하마(橫浜)의 중화가(中華街), 나가사키(長崎)의 신치중화가(新地中華街)와 함께 일본의 3대 차이나타운의 하나로 알려져 있다. 고베의 난킹마치는 요코하마의 중화가처럼 연간 약3천만 명이 찾는 세계적인 차이나타운은 아니지만, 일본에서는 중화가 다음의 규모와 국내외 관광객에게 인지도가 꽤 높은 차이나타운이다.

 일본의 3대 차이나타운이 본격적으로 조성되기 시작한 것은 중화가가 1950년대, 난킹마치와 신치중화가는 각각 1980년대부터다. 요코하마의 중화가를 제외한 난킹마치와 신치중화가는 일본의 패전 이후부터 1970년대까지 차이나타운의 면모를 거의 찾아 볼 수 없을 정도로 황폐화되어 있었는데, 각각의 시기에 새롭게 개발된 차이나타운이라 할 수

---

1) '난킹마치'는 고베의 일본인들이 중국인의 거주지란 의미로 불렀던 명칭이다. 화교들은 난킹마치를 '탕런지에'(唐人街)로 불렀다고 한다. 王維, 『素顔の中華街』, 洋泉社, 2003, 46쪽.

있다.

이 글이 고베의 난킹마치를 사례로 들어 일본의 차이나타운의 형성과 조성 과정을 살펴보려는 것은 현재 진행 중인 인천차이나타운 조성에 도움이 되고자 하는 의도가 있다. 인천차이나타운 조성은 전체적으로 문화화된 경관이나 문화콘텐츠가 부족하고 중화요리점 위주의 상업화에 치우친 개발이 이뤄지고 있다는 지적이 제기되어 있고[2], 이와 같은 지나친 상업화된 경관은 결국 차이나타운의 최대의 매력인 중국적인 이국정취를 느끼고 체험할 수 없도록 하여 지속가능한 차이나타운으로서 발전하는데 한계가 있다.

인천차이나타운이 조성되기 시작한 시기는 2000년대로 고베 난킹마치보다 약 20년 뒤지지만 시기적으로 큰 차는 없다. 또한 인천과 고베는 근대시기 개항장이라는 공통점과 화교의 이주 시기가 19세기 말로 비슷하다. 이런 점에서 고베 난킹마치가 어떤 개념으로 차이나타운이 조성되었는지, 난킹마치 번영회와 행정 당국은 조성과정에서 어떤 역할을 했는지, 양자는 어떤 관계 속에서 조성 사업을 추진했는지, 고베의 화교 단체 및 연구기관은 어떤 역할을 했는지에 대해 살펴보는 것은, 인천차이나타운 조성에 많은 참고가 될 수 있을 것이다.

한편, 차이나타운은 화교의 역사와 문화(축제, 음식, 예능)가 응축된 곳이다. 비즈니스와 문화의 주최자인 화교가 외부인에게 정보를 잘 공개하지 않는 폐쇄성으로 인해 화교가 아닌 외부인이 차이나타운을 분석하기는 쉽지 않다. 특히 화교와 일본인이 아닌 한국인이 일본의 차이나타운을 분석하기란 더욱 어려울 수밖에 없다.

---

2) 유예지, 「인천차이나타운 경관의 상업화: 주체별 역할을 중심으로」, 서울대학교석사학위논문, 2012.

이런 사정으로 국내에서 일본의 차이나타운에 관한 연구는 거의 이뤄지지 않은 것 같다. 유중하가 한중수교 15주년 기념으로 일본의 3대 차이나타운을 3회에 걸쳐 간단하게 소개한 것3)과 이동현4)도 3대 차이나타운의 소개 수준에 머물러 있다. 그리고 이옥련5)은 근대 인천화교 사회의 형성 및 경제활동의 비교 대상으로 근대 요코하마 화교사회의 형성에 대해 검토했지만, 요코하마 차이나타운을 논의한 것은 아니었다.

일본에서도 일본의 차이나타운에 관한 안내서는 많은 반면6), 학술적 연구 성과는 상대적으로 많지 않은 편이다. 그 가운데 가장 돋보이는 연구는 일본의 3대 차이나타운을 문화인류학적 관점에서 검토한 왕웨이(王維, 2001, 2003)와 장위링(張玉玲, 2008)의 연구 성과다. 왕웨이는 화교 주최의 각종 연중행사와 제사 등을 참여 조사하고, 다수의 화교에 대한 인터뷰를 통해 차이나타운의 운영 원리와 화교사회 전체의 시스템을 면밀히 검토했다. 장위링은 화교 문화를 중화학교, 사자춤, 관제묘(關帝廟), 화교역사박물관 등을 사례로 소개하고 차이나타운을 다민족공생사회의 하나의 좋은 모델로 위치 지워 검토했다.

3) 유중하, 「한중수교 15주년 기획연재: 일본의 차이나타운들 1─코오베와 화상대회 그리고 성냥」, 『플랫폼』 Vol.4, 2007. ; 유중하, 「한중수교 15주년 기획연재: 일본의 차이나타운들 2─나가사키 차이나타운, 신치」, 『플랫폼』 Vol.5, 2007. ; 유중하, 「한중수교 15주년 기획연재: 일본의 차이나타운들 3─부루라이또 요코하마」, 『플랫폼』 Vol.6, 2007.
4) 이동현, 「일본의 3대 차이나타운 특징과 시사점」, 『부산발전포럼』, Vol.115, 2009.
5) 이옥련, 「인천 화교사회의 형성과 전개」, (재)인천문화재단, 2008. ; 李玉蓮, 「근대 개항도시의 화교(華僑)사회와 동아시아 해상네트워크: 인천(仁川)과 요코하마(橫濱)를 중심으로」, 『인천연구』 제7호, 2013.
6) 그와 같은 연구 성과는 다음과 같다. 讀賣新聞社横浜支局, 『横浜中華街物語』, アドア出版, 1998. ; 陳優繼, 『ちゃんぽんと長崎華僑』, 長崎新聞社, 2009. ; 林兼正・小田豊二, 『横濱中華街物語』, 集英社, ホーム社, 2009. ; 横浜商科大學編, 『横浜中華街の世界』, 横浜商科大學, 2012.

그러나 두 연구자의 연구 성과는 최근의 난킹마치의 변화를 담아내지 못한 한계가 있다. 필자는 두 연구자의 기존 연구 성과를 충분히 참조하면서 이들이 사용하지 않았던 고베화교 및 화교 연구 단체의 최근의 소식지와 전단지 그리고 고베화교 관련 시설 견학 등을 통해 상기의 고베 난킹마치 조성에 관한 연구과제에 대해 검토하고자 한다.

본고는 먼저 140년에 걸친 고베 화교의 역사를 개관한 후, 난킹마치의 형성 및 조성 과정과 난킹마치의 대표적인 축제인 구정축제(春節祭)에 대해 살펴보고, 난킹마치를 지탱하는 고베의 각종 화교 관련 연구단체와 화교박물관의 활동을 소개한 후, 마지막에 난킹마치 조성 과정이 인천차이나타운 조성에 시사하는 점이 무엇인지 살펴보는 순서로 전개한다.

1. 고베화교의 역사

본 장에서는 고베 난킹마치의 형성과 조성의 이해를 돕기 위해 고베 화교 140년의 역사를 사회경제적 관점에서 3기로 나눠 상세히 소개하고자 한다. 이처럼 3기로 나눈 것은 고베화교 경제활동의 성쇠와 전쟁과 같은 정치적 사건을 기준으로 했다는 점을 밝혀둔다.

제1기(1880년대-1900년대)

고베에 화교가 처음으로 이주한 것은 고베가 개항된 1868년으로 인천보다 약 15년 앞선다. 나가사키와 요코하마는 이보다 빠른 1859년에 개항되면서 두 도시에 중국인의 이주가 본격적으로 이뤄졌기 때문에

고베 화교의 정착은 두 도시에 비해 9년 뒤가 된다.[7] 고베화교의 이주
및 정착은 이처럼 두 도시에 비해 조금 늦었지만 고베화교의 인구와
경제력은 두 도시의 화교를 곧 능가하게 된다.

1880년 고베가 포함된 효고현(兵庫縣)의 화교 인구는 516명에 불과했
지만, 1930년은 8,219명으로 같은 해 나가사키현(長崎縣) 2,324명, 가나가
와현(神奈川縣, 요코하마) 4,955명, 오사카(大阪) 4,318명, 도쿄(東京) 7,547명을
상회, 일본화교 전체 인구의 21%를 차지했다.[8] 이러한 추세는 일본의
패전 이후에도 이어졌는데, 1984년과 1992년의 경우 효고현의 화교 인
구는 각각 6,504명(전체의 29%)과 6,780명(전체의 26%)으로 일본의 도시 가
운데서는 가장 많았다.[9]

이주 초기 고베화교의 경제활동은 무역상이 중심이었다. 이들 화상
은 고베와 중국 및 동남아시아 간의 중계무역을 주로 담당했다. 일본인
무역상은 이 시기에 중국과 동남아시아에 상업네트워크를 구축하지 못
한 상태였기 때문에 화상은 일본산 면사, 성냥, 수산물, 양산 등을 거의
독점적으로 수출하고 면화, 설탕, 쌀 등을 수입하여 큰 부를 축적했다.
화상의 출신지는 광동성(廣東省)이 가장 많았으며 저장성(浙江省)과 장수

---

7) 단, 나가사키에는 16세기 후반부터 무역을 목적으로 한 중국인이 거주하기 시작,
중국인 집단거주지인 '당인야시키'가 형성되어 있었고, 중국식 사찰인 당사(唐寺),
관제묘(關帝廟) 등이 설치되어 독자적인 중국식 문화행사를 거행하고 있었다.
8) 過放, 『在日華僑のアイデンティティの變容: 華僑の多元的共生』, 東信堂, 1999,
54쪽.
9) 過放, 위의 책(1996), 65쪽. 여기서 화교 인구는 특별영주권을 받은 이른바 '구화
교'(혹은 노화교(老華僑)라 함)만을 포함한 것이다. 1984년과 1992년의 재일중국
인 총인구 가운데 '구화교'는 전체의 32.9%와 13.5%에 불과하고 그 나머지는 중국
의 개혁개방 이후 중국 대륙에서 일본에 이주한 '신화교'가 차지했다. 이들 구화교
의 법적 지위는 기본적으로 재일한국인과 같으며 지방참정권이 없으며 중앙정부
와 지방정부의 각종 복지 혜택에서 일본인에 비해 차별적인 대우를 받고 있다.

성(江蘇省) 출신의 이른바 산장계(三江系)와 푸젠성(福建省) 출신의 푸젠계가 그 뒤를 이었다.[10]

화교는 무역업 이외에 서양인의 일용적인 서비스와 물품을 제공하는 분야에도 진출했다. 대표적인 것이 양복점, 이발관, 제화, 인쇄 업종이다. 그리고 화교 경영의 중화요리점도 이 시기에 설립되었다. 1904년 말 현재 고베화교 2,151명의 직업별 분포는 상인 145명(무역상80, 직물상41, 잡화상16, 약종상5, 과자상2, 전당포1명), 양복점 89명, 이발업 26명, 음식점 13명이며, 직공 및 노동자가 662명이고, 그 이외는 피부양가족이 대부분을 차지했다.[11]

화교의 인구증가와 경제발전에 따라 화교사회를 규율하고 상호협력하기 위한 다양한 사회단체가 조직된 것도 이 시기다. 푸젠계가 1870년 상인간의 분쟁 조정을 목적으로 빠민공소(八閩公所), 광동계 상인이 1876년 광이에공소(廣業公所)를 각각 조직하고 그 회관을 1903년 건설했다. 산장계와 산장공소 설립 연대는 분명하지 않으나 1891년 이전에 설립된 것은 확인되어 있다.[12] 1870년에는 고베에서 사망한 화교를 위한 묘지인 중화의장(中華義莊)이 조성되었는데 초기의 관리는 이들 공소에 의해 이루어졌다.

그리고 1878년 설립된 청국 영사관의 권고에 따라 각 공소가 협력하여 1891년 조직된 것이 신한중화회관(神阪中華會館)으로 이들의 활동 거점인 회관이 준공된 것은 1893년이었다. 신한중화회관은 각 공소의 협력체제의 상징적인 조직으로 중화의장의 관리, 각종 제사와 문화행사의

---

10) 籠谷直人, 『アジア國際通商秩序と近代日本』, 名古屋大學出版會, 2000, 65-71쪽.
11) 中華會館 編, 『落地生根:神戸華僑と神阪中華會館の百年〈増訂版〉』, 硏文出版, 2013, 117쪽.
12) 內田直作, 『日本華僑社會の研究』, 同文館, 1949, 157-160쪽.

주최 등 화교사회를 연결시켜주는 중요한 역할을 담당했다.

청국 정부가 국내와 화교의 상공회의소 설립을 추진하는 정책에 고베화교도 동참, 고베중화총상회가 1909년 5월에 발족되었다.[13] 고베중화총상회는 정부의 공인기관으로서 화상 간의 상사중재를 비롯하여 주로 정치적, 경제적 사안을 처리했다. 그리고 화교 자제의 교육을 위한 고베화교동문학교(神戸華僑同文學校)가 1900년에 개교했다. 이처럼 제1기는 화상의 활발한 경제활동과 각종 사회단체와 교육기관이 설립된, 고베화교의 형성기로 볼 수 있다.

제2기(1910년대-1940년대 전반)

1910년대부터 1940년대 전반까지의 제2기는 고베화교를 둘러싼 정치경제적 환경에 따라 다시 1910년대-1920년대의 전반기와 1930년대부터 1940년대 전반까지의 후반기로 나눌 수 있다.

전반기의 고베화교 인구는 1910년 1,700명, 1920년 3,271명, 그리고 1930년은 6,780명으로 급속히 증가했다. 그러나 제1기에 무역을 통해 거부를 축적한 고베화상은 전반기 무렵부터 점차 일본인 무역상에 그 지위를 내어주고 만다. 하지만 이들 고베화교 무역상이 고베항의 동남아시아 수출무역에서 차지하는 비율은 1920-30년대에 줄곧 3-4할에 달하여 여전히 높은 비중을 차지했다.[14]

전반기에 특히 주목할 점은 화교의 직업이 제1기에 비해 보다 다양해지고 그 인원도 많이 증가했다는 점이다. 만주사변 직전 고베화교 무역상은 98명, 요식업은 207명(주인15명, 종업원192명), 직물상은 53명(주인10

---

13) 中華會館 編, 위의 책(2013), 127쪽.
14) 中華會館 編, 위의 책(2013), 124쪽.

명, 행상43명), 이발업은 358명(주인39명, 종업원319명), 페인트직공은 141명, 양복점은 354명(주인34명, 직공320명)이었다.[15]

이와 같은 직업의 다양화는 각종 동업조합의 설립으로 이어졌다. 요리업조합인 고베화교화주연의회(神戶華僑華廚聯義會)는 1922년, 양복점조합인 신한화교양복상조합(神阪華僑洋服商組合)은 1922년, 이발업조합인 고베화교이발업연합회(神戶華僑理髮業聯合會)는 1925년, 도장업조합인 고베화교도업동업공회(神戶華僑塗業同業公會)는 1925년, 포목상조합인 효고현화상주업공회(兵庫縣華商綢業公會)는 1935년에 각각 설립되었다.[16]

한편, 일본 정부가 1899년 칙령 제352호를 공포하여 기능을 보유하지 않은 중국인 단순 육체노동자, 이른바 쿨리의 일본 이주를 엄격히 제한하여 일본의 화교노동자 인구는 극소수에 불과했다.[17] 이것은 일본화교와 조선화교의 가장 큰 차이의 하나로 조선화교가 일본화교의 인구를 훨씬 상회한 최대의 요인이었다.[18]

이어 후반기는 중일간의 마찰이 격화되어 결국 만주사변, 중일전쟁의 발발을 초래, 화교를 정치경제적으로 매우 어려운 처지에 놓이게 했다. 먼저 1931년 9월 발생한 만주사변으로 인해 귀국하는 화교가 급증,

---

15) 中華會館 編, 위의 책(2013), 183쪽.
16) 內田, 위의 책(1949), 319-320쪽.
17) 동 칙령 제352호의 성립과 시행에 대해서는 다음의 연구를 참고. 許淑眞, 「日本における勞動移民禁止法の成立： 勅令第352號をめぐって」, 『東アジアの法と社會：布目潮渢博士古稀記念論集』, 汲古書院, 1990. ; 許淑眞, 「勞動移民禁止法の施行をめぐって： 大正13年の事例を中心に」, 『社會學雜誌』, 1990.
18) 일본화교와 조선화교의 또 다른 큰 차이는 출신지가 전자가 광동성, 푸젠성, 저장성 및 장수성이 중심인데 비해 후자는 산동성이라는 점, 화교경제의 중심이 전자가 무역상인데 비해 후자는 직물상이라는 점, 토지소유권은 전자에게는 부여되지 않았지만 후자에게는 부여되었다는 점 등이다.(李正熙, 『朝鮮華僑と近代東アジア』, 京都大學學術出版會, 2012, 524쪽)

1931년 말의 고베화교 인구는 3,968명으로 1930년 말보다 무려 41%나 감소했다. 그 후 고베로 되돌아온 화교 증가로 인구는 1936년에 4,744명으로 회복하지만, 1937년 7월 발발한 중일전쟁으로 그해 12월의 인구는 2,512명으로 급감했다. 그러나 일본군 점령지역에 친일괴뢰정부가 수립되면서 다시 증가 추세로 돌아서 1939년에는 4,420명으로 회복되었다.[19] 그러나 고베화교의 인구가 최고로 많았던 1930년에 비하면 약 6할의 수준에 불과했다.

또한 중일전쟁과 제2차 세계대전으로 고베화교 경제의 중심이었던 무역상의 수출입무역이 위축되고, 일본 정부의 통제경제 실시로 화교에 대한 각종 경제활동 제약 조치가 이뤄져 고베화교의 경제는 급격히 쇠퇴의 길을 걷게 된다. 일본 당국의 화교 탄압은 중일전쟁 후 더욱 심해졌는데, 1937년 9월 고베의 국민당 관계자 12명을 검거한 것을 시작으로 1938년 5월까지 총 44명의 고베화교를 검거했다.

그리고 1944년 8월에는 푸젠성 출신의 직물행상인 12명이 경찰에 연행되어 이 가운데 6명이 혹독한 고문을 받거나 살해되었다. 일제 당국은 1939년 1월에 광동, 푸젠, 산장의 각 공소를 해산시키고 신한중화총상회에 통합시켰다. 여기에다 1945년 6월 연합국에 의한 고베대공습으로 화교의 상점은 물론이고 신한중화회관과 각종 화교 관련 시설이 불탔으며, 화교 180명이 사망했다.[20] 이로 인해 고베화교가 약 70년간 쌓아온 사회경제적 기반은 거의 무너진 것이나 다름없었다.

19) 中華會館 編, 위의 책(2013), 413쪽.
20) 中華會館 編, 위의 책(2013), 190-222쪽. 특히 푸젠성의 푸칭현(福淸縣) 출신 직물 행상에 대한 탄압에 대해서는 다음을 참고. 林同春, 『橋を渡る人: 華僑波瀾萬丈私史』, エピック, 1997. ; 林珠榮, 『落淚成珠: ある華僑の詩』, 晃洋書房, 2011.

제3기(1940년대 후반~현재)

다음은 제3기인 1945년부터 현재까지의 시기다. 이 시기의 가장 큰 특징은 일제의 신민이었던 타이완인이 중국 국적을 회복했다는 점과, 1972년에 중일간의 국교정상화로 중국 본토에서 일본으로 중국인의 이주가 대량으로 이뤄졌다는 점이다.

일본 거주 타이완인이 중국 국적을 회복하자 이들은 대륙 출신 구화교와 구별하기 위해 '신화교'로 불리었다.[21] 1948년 7월 말 현재 일본 화교의 총수는 3만5,379명이었는데, 이 가운데 대륙출신 구화교가 2만 431명, 타이완계 신화교가 1만4,958명으로 전체 화교의 42%를 차지했다. 고베화교만을 놓고 보면, 타이완계 신화교는 전체 화교 인구의 46%를 차지했다.[22] 이처럼 타이완계 신화교의 생성은 한국화교 사회에서는 볼 수 없는 독특한 양상이라 할 수 있다.

당시 타이완의 국민당과 중국의 공산당은 이념을 달리하여 치열하게 대립하고 있었던 관계로 그 모순은 늘 일본화교 내부에 잠재해 있었고 어떤 때는 격렬하게 표출되기도 했다. 고베의 대륙출신 구화교의 고베화교총회(神戶華僑總會)와 타이완계 신화교의 타이완성민회(臺灣省民會)는 1946년 11월 합병하여 새롭게 고베화교총회(神戶華僑總會)를 조직했다. 이 단체는 화교의 배급, 경제활동에 대해 점령 당국과 교섭을 주로 담당했으며 타이완의 신한교무분판(神阪僑務分處, 영사관)의 하부조직과 같은 성격을 가지고 있었다.[23]

---

21) 1972년 중일국교 정상화 이후 중국 본토에서 일본으로 이주한 화교도 일반적으로 '신화교'로 부르기 때문에 두 종류의 '신화교'가 존재한다. 본고에서는 혼란을 피하기 위해 일본의 패전 직후 화교가 된 타이완인을 타이완계 '신화교', 후자를 대륙계 '신화교'로 나눠 표기한다.

22) 中華會館 編, 위의 책(2013), 240-241쪽.

한편, 1952년 중화인민공화국 건국을 지지하는 타이완계 신화교들이 고베화교총회에서 이탈하고, 1957년에는 친중국계 이사들이 고베화교연의회(神戶華僑聯誼會)를 조직하여 분리 독립하는 진통을 겪었으나, 두 단체는 1976년에 다시 통합됐다. 그러나 같은 해 친타이완계가 고베화교총회에서 분리하여 류일고베화교총회(留日神戶華僑總會)를 설립, 현재는 두 단체가 각각 활동하고 있는 상태다.[24]

고베화교사회는 이처럼 두 단체로 양분되어 있기는 하지만 요코하마에 비해 첨예하게 대립하고 있지는 않다. 요코하마화교사회의 경우, 첨예한 이념대립으로 1952년 친중국계가 요코하마중화학교(橫浜中華學校)에서 이탈하여 새롭게 요코하마야마노테중화학교(橫浜山手中華學校)를 설립, 현재까지 서로 다른 교육을 실시하고 있다.[25]

고베중화동문학교(神戶中華同文學校)는 중국 대륙의 간체자 교육과 사회 및 역사 교육을 실시하는 친중국적 성향의 학교라 할 수 있다. 그러나 고베에는 화교학교가 하나밖에 존재하지 않기 때문에 구화교든 대만계 신화교든 거의 모두가 이 학교의 동창 혹은 동문 관계에 있어 양자 간의 이념적 대립 및 마찰을 완화해 주는 역할을 하고 있다. 이것이 요코하마화교사회에 비해 고베화교사회의 양자 간의 관계가 상대적으로 양호한 이유로 꼽는 사람이 많다.

한편, 고베화교의 경제는 중일전쟁 기간 중 쇠퇴했지만 패전 이후 서서히 회복했다. 화교의 주요한 직종은 전전에 많았던 무역상, 이발업, 요식업에다 새롭게 파친코, 부동산업 등이 추가되었다. 1952년 경

---

23) 山田信夫編, 『日本華僑と文化摩擦』, 巖南堂書店, 1983, 141-143쪽.
24) 可兒弘明 · 斯波義信 · 遊仲勳編, 『華僑 · 華人事典』, 弘文堂, 2002, 260쪽.
25) 可兒弘明 · 斯波義信 · 遊仲勳 編, 위의 책(2002), 781쪽. 이 사건을 '요코하마화교학교사건'이라 부른다.

일본화교의 총자본 가운데 약 6할은 고베화교가 차지할 정도로 고베화교의 경제력은 여전히 타 지역화교를 압도하고 있었다.[26]

1972년 중일국교정상화 이후 중국 대륙으로부터 일본에 이주하는 중국인이 급속히 증가한 것은 고베화교사회뿐 아니라 일본화교 사회 전체에 큰 변화를 일으켰다.[27] 2007년 말의 통계로 재일중국인 총수는 60만6,889명으로 사상 처음으로 재일한국인 인구를 누르고 재일 외국인 인구에서 1위를 차지했다. 고베는 1960년대까지 재일중국인이 가장 많은 도시였지만, 중국인이 도쿄, 오사카, 나고야 등으로 많이 이주한 관계로 현재는 7위로 전락했다.[28]

대륙계 신화교의 증가와 일본경제의 구조변화로 고베화교의 직업에도 큰 변화가 일어났다. 1990년대 고베화교 취업자 4,145명의 직업별 분포는 사무업 1,180명(28%), 서비스업 692명(17%), 기능직 411명(10%), 관리직 390명(9%), 기술직 205명(5%), 의료관계 165명(4%)의 순으로 많았다.[29] 전전의 주요한 화교 직종이었던 요식업, 이발업, 도장업 등은 거의 사라지고 서비스업과 관리 그리고 의사 등의 의료 관계 종사자가 많이 증가했다.

26) 過放, 「神戸華僑・華人に關する硏究動向」, 飯島渉編, 『華僑・華人史硏究の現在』, 汲古書院, 1999, 52쪽.
27) 중국 대륙에서 이주한 신화교에 대한 연구는 상대적으로 매우 적은 편인데, 다음의 두 연구 성과는 일본 사회 내 신화교의 실정을 파악하는데 도움을 준다. 譚璐美・劉傑, 『新華僑老華僑 : 變容する日本の中國人社會』, 文藝春秋, 2008. ; 吉田忠則, 『見えざる隣人 : 中國人と日本社會』, 日本經濟新聞社, 2009.
28) 安井三吉, 「神戸華僑歷史博物館と孫文書『天下爲公』碑」, 『海港都市硏究』5, 2010, 99쪽.
29) 中華會館 編, 위의 책(2013), 267쪽.

2. 난킹마치의 조성과 구정축제(春節祭)

난킹마치의 형성

난킹마치의 형성은 다음과 같다. 청국과 일본은 1871년 대등한 중일 수호조규를 체결, 인천과 같은 청국전관조계는 일본에 설치되지 않았다. 그 대신 개항 초기 개항지에는 외국인거류지가 설치되어 외국인은 이 구역에서 거주하게 된다. 그러나 외국인 특히 화교의 인구 증가와 외국인 경제의 발전으로 외국인거류지가 협소해지자, 거류지를 확대할 필요성이 제기됐다.

요코하마는 거류지를 확대하여 이 문제에 대처했지만, 고베는 현재의 중앙구 서쪽 지역을 잡거지(雜居地, 현재의 난킹마치)로 지정하여 외국인과 일본인이 함께 거주할 수 있도록 했다. 이런 배경으로 요코하마는 화교가 거류지 일각에 집중 거주하여 현재의 중화가로 발전한 반면, 고베는 잡거지인 난킹마치에 화교가 집단거주하면서 상업 활동을 전개, 이곳에 차이나타운이 형성되었다.30)

고베에 1874-77년 거주지가 파악된 화교 43명의 주거는 외국인거류지 1명 이외의 42명은 모두 난킹마치였다. 그리고 1910년 고베에는 화상의 점포 154개소가 있었는데, 난킹마치 130개, 그 이외의 지역 24개로 전체의 8할 이상이 난킹마치에 집중되어 있었다.31)

난킹마치는 1920년대까지 화교인구의 증가와 경제 번영으로 활기가 넘쳤다. 하지만 1930년대 들어 중일관계가 악화되자 난킹마치는 그 영

향을 받았다. 1935년 경 난킹마치에는 약 70개의 점포가 있었는데 그 가운데 화교 점포가 23개로 전체의 약 33%를 차지했다. 1910년에 비해 점포수가 급격히 감소한 것과 일본인 점포가 상대적으로 많이 증가한 것을 알 수 있다. 점포 23개소의 내역은 중화요리점 9개소, 식육점 4개소, 잡화점 7개소, 한방약점 3개소였다. 화교 경영의 중화요리점은 디이러우(第一樓), 라오상지(老祥記), 부아이(博愛), 동싱러우(東興樓), 다동러우(大東樓) 등으로 이 가운데 라오상지는 난킹마치에서 지금도 영업을 계속 하고 있다.[32]

중일전쟁 발발 후 고베화교가 본국으로 대량 귀국한 후, 일본인이 난킹마치의 점포를 더욱 많이 차지하게 되었다. 그리고 1945년 6월 고베대공습으로 난킹마치는 전소되어 중국적 경관은 거의 사라졌다. 화교는 전후 혼란기에 난킹마치에 노점을 설치하여 미군으로부터 받은 배급 물자 등을 판매하거나 중화요리를 할 줄 아는 화교는 만두, 라면 등을 판매했다. 화교 무역상은 홍콩과 대만의 무역상과 연락하여 설탕, 의약품을 밀수했다. 난킹마치는 1950~60년대는 외국인 선원을 상대로 한 술집이 급증하고, 베트남 전쟁이 시작된 후에는 베트남에서 귀휴한 미군의 난투가 끊이지 않아 일반 시민은 난킹마치를 경원했다.[33]

1965년 난킹마치의 시장조합에 가맹된 점포는 65개소로 그 업종은 요리점 8개소, 해산물을 포함한 식료품점 12개소, 식육점 6개소, 나머지는 생선, 과일가게였다. 화교로 보이는 점주는 23명으로 나머지는 전

---

32) 神戶新聞社 編, 『素顔の華僑: 逆境に耐える力』, 人文書院, 1987, 35·41쪽. 라오상지(老祥記)는 1915년 저장성 출신의 차오송치(曹松琪)에 의해 난킹마치에 설립되었다. 라오상지는 '돼지만두'로 유명하며, 이 사업의 성공을 발판으로 2004년 난킹마치에 차오자바오즈관(曹家包子館), 2006년에 중국 잡화점인 위에롱(月龍)을 개업했다.
33) 神戶新聞社 編, 위의 책(1987), 34쪽.

부 일본인이었다. 일본인 경영의 점포는 거의가 중국물산과 무관한 것이 대부분이었다. 1981년에는 화교경영의 중화요리점은 6개소, 정육점 3개소, 잡화 및 식품점이 9개소로 1960년대보다 더욱 줄어들었다.[34) 화교의 주요한 거주지는 이전의 난킹마치에서 약간 떨어진 곳으로 이주가 이뤄져 1970년대 초반에는 차이나타운으로서의 면모는 거의 상실된 것이나 다름없었다.

난킹마치의 조성

난킹마치 지역민이 동 지역을 활성하려는 시도는 1960년대부터 있었지만 지역의 충분한 합의가 이뤄지지 않아 중단되었다. 이런 가운데 1972년 중일국교정상화는 난킹마치 조성에 좋은 계기가 됐다. 인천차이나타운 조성이 1992년 한일국교정상화가 계기가 된 것과 비슷하다.

고베시가 양국의 국교정상화 직후 '도시경관만들기사업'의 일환으로 난킹마치를 중국적인 경관이 물씬 풍기는 마을만들기를 지원하는 방침을 정했다. 고베시는 동 지역의 구획정리(주민들로부터 토지징수)의 대가로 난킹마치에 대한 지원을 약속했다. 시의 지원을 받으려면 법인조직이 필요함에 따라 난킹마치에서 영업하고 있던 약 60명의 화교 및 일본인 상점주가 1977년에 설립한 것이 난킹마치상점가진흥조합이다.[35)

동 조합은 1977년 설립 이래 현재까지 난킹마치의 제반 업무를 관장하고 있다. 2000년 11월 현재 조합원은 94명, 가맹점 103개소, 무점포 2개소, 찬조회원 8명이었다. 동 조합 가맹점 가운데 6할은 일본인 업

---

34) 神戸新聞社 編, 위의 책(1987), 35쪽.
35) 王維, 『日本華僑における傳統の再編とエスニシティ: 祭祀と藝能を中心に』, 風響社, 2001, 168-169쪽.

주, 4할은 화교 업주이며, 그리고 화교 조합원의 약 반 수는 화교 2세와 3세였다.[36] 동 조합은 최근의 조합원 상황을 공개하지 않고 있지만 2000년과 비교해 큰 변화가 없다는 게 중론이다. 일본인 조합원과 화교 조합원의 관계는 매우 원만하며 충돌하는 경우는 잘 없다고 한다. 동 조합은 기관지로『난킹마치통신』(南京町通信)을 월 1회 발행하는데, 특집기사, 난킹마치뉴스, 신문보도, 동 조합의 의사록, 수지결산 등의 내용으로 20쪽 분량이다.

한편, 인천차이나타운에 동 조합과 같은 '인천차이나타운번영연합회'가 화교 상인 27명으로 설립된 것은 2004년 6월이며, 동 차이나타운의 한국인 상인은 독자적으로 그해 7월 '북성동번영회'를 설립했는데[37], 현재는 두 번영회가 통합되어 '차이나타운 상가 번영회'로서 활동하고 있다. 이들 번영회는 전게의 이창호의 연구를 토대로 난킹마치상점가진흥조합과 비교해 볼 때 화교와 한국인 회원 간의 관계는 원만하다고 할 수 없을 것 같다.

동 조합은 난킹마치 조성에 자발적이면서도 주체적으로 참가했다. 동 조합은 설립 직후 부흥정비계획의 책정작업을 진행, 1978년에 '고베시도시경관조례'가 설정된 것을 계기로 난킹마치를 중국풍 외관으로 하기 위한 기술 및 자금 지원에 관한 요청서를 고베시에 제출했다. 또한 동 조합은 난킹마치에 조합원, 시의 직원, 컨설턴트를 중심으로 한 '마을만들기협의회'를 조직하여 실질적인 사업의 기본설계의 검토와 협의를 거쳐 1981년 '정비사업시행계획'을 확정했다. 이 시행 계획은 동서 160m, 남북 110m의 난킹마치에 거리폭 8m의 중심 도로를 건설하고,

---

36) 可兒弘明・斯波義信・遊仲勳 編, 위의 책(2002), 266-267・586쪽.
37) 이창호,「한국 화교(華僑)의 사회적 공간과 장소: 인천 차이나타운을 중심으로」, 한국학중앙연구원박사학위논문, 2007, 274-276쪽.

가로등 15기와 나무를 심고, 난킹마치의 동서남북의 교차지에 차이나플라자(307㎡)를 설치, 중국풍의 정자와 패루를 설치하는 것이 골자였다.[38] 즉, 동 조합이 난킹마치 조성 계획 작성에 주도적인 역할을 수행한 것이다.

동 조합은 이 계획에 따라 1982년 남쪽 패루인 난로문(南樓門, 혹은 가이에이문(海榮門))을 설치했다. 이 문은 높이 7.6m로 2층 지붕에 용과 봉황이 조각된 호화스런 것이다. '南京町'라는 글자는 당시 고베중화동문학교의 리만즈(李萬之) 교장이 썼다. 이어 1983년 고베모토마치라이온스클럽이 차이나플라자 한가운데에 높이 6.8 m, 직경3 m의 6각 건축물인 중국풍의 정자를 기증했다. 1985년에는 난킹마치의 정문이라 할 수 있는 패루 초안문(長安門)이 준공되었다. 이 문은 중국과 일본의 영원한 평화와 우호를 기원하는 뜻을 담아 약 100명의 석조 기술자가 1년 반의 시간을 들여 제작했다. 이어 1987년에는 차이나플라자에 중국풍의 공중전화박스를 설치하고, 1988년에는 난킹마치의 북문 입구에 대리석으로 만든 중국 사자상이, 이듬해인 1989년에는 차이나플라자에 12지를 새긴 석상이 각각 설치됐다.[39]

이러한 동 조합 주도의 차이나타운 조성 추진 결과, 고베시도시경관심의회는 1990년 고베시장에게 난킹마치를 도시경관형성지역으로 지정하도록 요구하는 답신서(答申書)를 제출하여 이것이 채택되었다. 이로서 난킹마치는 보다 중국 정취 풍부한 매력 있는 차이나타운을 조성할 수 있는 길이 열리게 되었다. 즉, 새로운 건물의 개축, 신축되는 중국풍 건조물에 대해 경관형성기준에 적합하다고 판단되면 고베시로부터 조

38) 南京町振興組合, 「南京町の沿革」, 1994, 2쪽.
39) 南京町振興組合, 위의 글(1994), 2-5쪽.

성금을 받을 수 있게 된 것이다.[40]

고베시는 답신서를 토대로 그해 난킹마치를 고베시도시경관조례 제30조의 규정에 따라 난킹마치와 그 주변을 경관형성지역으로 지정했다. 동 조합은 이 조례를 활용하여 1993년 중국풍 건물인 난킹마치회관인 가류전(臥龍殿)을 건축했다. 가류전의 글자는 고베화교 역사작가로 유명한 천순천(陳舜臣)씨의 휘호다.[41]

이처럼 난킹마치의 차이나타운 조성은 동 조합의 자발적이면서 주체적인 추진과 고베시가 여기에 호응하는 형태로 상호 협력 체제를 구축, 장기적이면서 단계적으로 중화풍의 경관을 갖추게 된 것으로 평가할 수 있다. 반면, 인천차이나타운의 조성은 번영회가 중심이 되어 추진한 것이 아니라 인천시와 중구청 등의 관 주도하에 일방적으로 추진되었다.[42]

한편, 난킹마치의 차이나타운 조성은 각계로부터 높은 평가를 받고 있다. 동 조합은 1986년 일본정부의 건설대신으로부터 매력적인 마을 만들기 추진의 공로로 감사장을 받았으며, 또한 특색있는 마을경관만들기의 공로로 1986년 효고현 지사로부터 공로패를 수상했다.

구정축제의 기획 및 개최

다음은 난킹마치상점가진흥조합이 난킹마치의 인지도를 높이기 위

---

40) 南京町振興組合編, 『南京町通信』(1990年8月), 5-6쪽.
41) 南京町振興組合, 같은 글, 1994, 5-6쪽. 천순천(陳舜臣)은 『아편전쟁』, 『제갈공명』, 『태평천국』 등 수많은 역사소설을 집필하여 동아시아에 많은 독자를 확보한 고베화교다. 2014년 5월 고베에 '천순천아시아문예관'이 개설되었다.
42) 이창호, 위의 논문(2007), 259쪽. 인천차이나타운 조성 사업은 중구청 주도하에 제1단계 사업(2001-2004년)과 제2단계 사업(2004-2005년)이 끝난 상태다.

해 기획한 구정축제에 대해 살펴보자.

동 조합이 구정축제를 기획하기 시작한 것은 1986년으로 보인다. 동 조합의 1986년도의 각 부서의 계획서에, 사업부의 계획 가운데 하나로 구정축제의 성공적 개최가 포함되어 있다. 동 조합이 구정축제를 포함시킨 이유는 네 가지였다. 첫째, 회원 전원참가에 의한 단결, 둘째, 난킹마치의 홍보, 셋째, 이벤트 성공으로 각 상점의 영업 이익 증대, 넷째, 난킹마치의 인지도 제고.

동 조합의 1986년 조직도를 보면, 이사장(일본인) 밑에 3명(2명은 일본인, 1명은 화교)의 부이사장을 두었다. 각 부이사장 밑에는 환경부장, 사업부장 및 재무부장, 총무부장을 두었다.[43)]

한편, 구정축제를 주요한 이벤트로 결정한 이유에 대해 동 조합은 "신정은 각 가정에서 쉬는 국민적 행사로 정착되어 있지만 구정을 쉬는 풍습은 거의 찾아 볼 수 없다. 그러나 중국에서는 아직도 구정을 쉬는 풍습이 있다. 또한 시기적으로도 이 시기는 한산하고 관계 단체 및 각 상점가 분들도 참가하기 쉬운 때라 기획하게 되었다"고 밝혔다. 동 조합은 구정축제 기획의 기본 개념을 '난킹마치다움'에 두고 다음의 다섯 가지를 추구했다. 첫째, 중국의 이국정취, 둘째, 붐비는 분위기, 셋째, 노점(露店)이 있는 밝고 안심할 수 있는 분위기, 넷째, 원색의 현란함과 폭죽소리로 활기찬 분위기 조성, 다섯째, 중국 정취 넘치는 요리.[44)]

동 조합은 이러한 기획 하에 1986년 10월 7일부터 1박2일간 나가사키의 신치중화가를 견학하고, 중화가 관계자와 교류회를 가졌다. 견학 후 동 조합은 구정축제의 성공적 개최를 위해서는 특별한 이벤트가 필

---

43) 南京町振興組合編,『南京町通信』(1986年10月(創刊號)), 4-5쪽.
44) 南京町振興組合編,『南京町通信』(1986年10月(創刊號)), 7-8쪽.

요하다는 판단을 하고, 용춤 및 용퍼레이드의 기획을 수립했다. 같은 해 10월 15일부터 2박3일간 3명의 동 조합 회원이 홍콩을 방문하여 행사 용품(용, 악기, 각종 의류)을 구매했다.[45] 동 조합은 약 40m에 달하는 용을 움직이는데 약 50-60명의 인원이 필요하기 때문에 용춤애호회를 조직하여 일반인의 참가자를 모집했다.

1987년 1월 29일부터 2월 1일 사이의 4일간에 걸쳐 개최된 제1회 구정축제는 방문객이 29만명에 달했으며, 동 조합의 청년부 회원이 중심이 된 용춤 및 용 퍼레이드는 언론에 대대적으로 보도되었다. 당시 동조합의 이사장인 이쿠시마이와히코(生島巖彦)는 구정축제의 최대의 성과로 '고베의 난킹마치'라는 이미지가 전국적으로 정착하고 고베의 관광거점으로서 인지되었다는데 두었다.[46]

제1회 구정축제의 프로그램은 동 조합 청년부의 용춤, 고베화교총회의 회원에 의한 사자춤, 고베중화동문학교 학생에 의한 중국 무용 등이 피로되어 고베화교의 전폭적인 지원 하에 이뤄진 것을 알 수 있다. 또한 구정축제에서 인기를 끈 것은 각 점포 위에 설치된 노점이었다. 노점은 동 조합 직영매점 3개소, 조합원 참가 노점 54개소, 기타 3개소를 포함하여 약 60개소에 달했다. 노점은 요코하마와 나가사키의 중화가에는 설치된 적이 없었기 때문에 난킹마치의 풍물로 방문객의 큰 인기를 끌었다.[47] 이 행사 후 난킹마치의 노점은 평상시에도 설치되어 지금에 이르고 있는데 난킹마치의 명물이 되었다.

제1회 구정축제는 수지면에서도 좋은 성과를 올렸다. 수입의 내역을 보면, 고베시 지원금은 20만엔에 불과하고 동 조합에서 150만엔, 주변

---

45) 南京町振興組合編, 『南京町通信』(1986年10月(創刊號)), 13-14쪽.
46) 南京町商店街振興組合, 『南京町通信』(1987年2月·3月), 1쪽.
47) 南京町商店街振興組合, 『南京町通信』(1987年2月·3月), 9-10쪽.

기업의 협찬금 358만4,400엔, 동 조합회원의 축의금 766만5,000엔, 노점매상수입 175만8,800엔, 기타 55만1,108엔으로 총 1,525만9,308엔이었다. 지출의 내역을 보면, 광고비가 95만3,800엔, 이벤트용품구입비가 374만3,754엔, 이벤트출연료지출이 150만엔, 운영비가 132만5,815엔, 노점 등의 설치비가 122만7,400엔, 아르바이트 및 경비 비용 165만엔, 기타 208만9,320엔, 총 1,249만89엔이었다.[48] 수입이 지출을 훨씬 능가하는 흑자 행사였던 것이다.

제1회 구정축제가 성공을 거둠에 따라 그 후 매년 개최되고 있다. 다만 소화천황(昭和天皇)이 서거한 1989년, 고베대지진이 일어난 1995년은 구정축제 개최가 취소되었다.[49] 구정축제는 구정에 해당하는 날을 중심으로 3-4일간 개최하는 것이 원칙이지만 때에 따라서는 7-8일을 개최한 적도 있다. 구정축제 기간 중 난킹마치의 방문객 수는 제1회 때 29만 명을 시작으로 평균 30-40만 명에 달한다.(1표11 참고) 난킹마치 구정축제가 고베의 대표적인 연중행사로 정착하자 고베시는 1997년 동 축제를 지역무형민속문화재로 지정했다.

48) 南京町商店街振興組合, 『南京町通信』(1987年2月·3月), 3쪽.
49) 대지진으로 인한 고베화교의 피해에 대해서는 安井三吉·陳來幸·過放, 『阪神大地震と華僑』, 1996이 매우 상세하다.

|표1| 고베 난킹마치 구정축제의 기간 및 방문객 수

회수	연도	개최일	구정일	방문객 수 (만 명)
제1회	1987	1.29~2.1(4일)	1.29	29
제2회	1988	2.18~2.21(4일)	2.18	35
제3회	1990	1.26~1.28(3일)	1.27	30
제4회	1991	2.15~2.17(3일)	2.15	28
제5회	1992	2.7~2.9(3일)	2.4	37
제6회	1993	1.22~1.24(3일)	1.23	38
제7회	1994	2.11~2.13(3일)	2.10	40
제8회	1996	2.23~2.25(3일)	2.19	38.5
제8회	1997	2.7~2.9(3일)	2.8	46
제10회	1998	1.30~2.1(3일)	1.28	39.9
제11회	1999	2.19~2.21(3일)	2.16	41
제12회	2000	2.4~2.6(3일)	2.5	36.9
제13회	2001	1.26~1.28(3일)	1.24	30.5
제14회	2002	2.15~2.17(3일)	2.12	38.5
제15회	2003	1.31~2.2(3일)	1.28	41
제16회	2004	1.22~1.25(4일)	1.22	40
제17회	2005	2.9~2.20(12일)	2.9	58.1
제18회	2006	1.29~2.5(8일)	1.29	34.9
제19회	2007	2.23~2.25(3일)	2.18	33.7
제20회	2008	2.7~2.11(5일)	2.7	38.6
제21회	2009	1.26~2.1(7일)	1.26	35.7
제22회	2010	2.14~2.21(8일)	2.14	42.4
제23회	2011	2.3~2.6(4일)	2.3	34.9
제24회	2012	1.23~1.29(7일)	1.23	—
제25회	2013	2.10~2.17(8일)	2.10	—
제26회	2014	1.31~2.2(3일)	1.31	—

출처: 神戸華僑歴史博物館 編, 『神戸華僑歴史博物館通信』
No.17, 2013.11.30, 1쪽을 근거로 작성

필자는 2014년 2월 1일 제26회 구정축제를 견학했다. 주요한 무대가 설치된 차이나프라자 주변은 입추의 여지가 없을 정도로 붐볐다. 외국인 방문객도 많이 눈에 띄었는데, 중국인 관광객은 물론이고 한국인, 서양인도 많았다. 노점에서 중국인 유학생으로 보이는 점원이 서투른 일본어로 호객하는 목소리가 여기저기서 들렸다.

제26회 구정축제의 프로그램은 제1회 축제에 비해 참가단체가 늘어나고 프로그램은 보다 다채로워졌다. |표2|는 지난 1월 31일부터 2월 2일 사이에 개최된 제26회 구정축제의 프로그램이다.

1월 31일 개최된 '중국사인유행'(中國史人遊行)은 일반 시민을 경극(京劇)의 의상과 화장 시키고, 삼국지의 영웅과 양귀비로 분장시켜 난킹마치 주변의 거리를 약 5시간에 걸쳐 퍼레이드 하는 행사다. 제1회 대회 때부터 시작된 용춤은 고베시립효고상업고등학교의 용사단(龍獅團)에 의해 실시되었고, 용사단은 이외에도 사자춤 공연도 했다. 고베화교총회의 무사대(舞獅隊), 난킹마치의 용사단(龍獅團)은 사자춤 공연을 했다. 고베화교총회(神戶華僑總會)는 이외에도 동 총회 태극권협회가 태극권을, 동 총회 화예민간무도대(華藝民間舞蹈隊)가 무용을, 동 총회의 민족악기단(民族樂器團)이 악기연주를 하는 등 고베화교의 사회단체로서는 가장 적극적으로 구정축제에 참가했다. 그리고 고베화교유치원의 원아의 연기, 고베중화동문학교의 학생에 의한 무용 및 사자춤의 연기가 펼쳐졌다.

한편, 구정축제에 화교만이 참가하는 것은 아니다. 동 조합 회원의 6할은 일본인이며, 용퍼레이드를 담당하는 난킹마치 무용대 멤버의 상당수는 일본인이다. 또한 고베시립효고상업고등학교의 용사단은 1988년 결성되어 매년 구정축제에서 용춤, 사자춤 공연을 한다.[50] 화교와

---

50) 王維, 위의 책(2001), 176-180쪽.

일본인이 구정축제에 함께 하는 모습은 요코하마 중화가의 구정축제에서는 잘 볼 수 없는 광경이다.

|표2| 고베 난킹마치 구정축제의 기간 및 방문객 수

1.31(금)		2.1(토)		2.2(일)	
10:30	무사기원 제사	—	—	—	—
11:00	개막	11:00	태극권	11:00	음악
11:30	변검	11:45	사자춤	11;30	사자춤
12:00	중국사인유행	12:30	변검	12:00	태극권
13:00	고베화교유치원연기	13:00	노래	13:00	음악
13:30	노래			13:30	용춤, 사자춤
14:00	태극권	14:00	변검	14:00	화가권(花架拳)
		14:30	무용	14:30	사자춤
15:00	노래	15:00	태극권	15:00	태극권
				15:30	무용
16:00	변검	16:00	용춤, 사자춤	16:00	변검
16:30	노래			16:30	화가권
17:00	중국사인유행	17:00	무용	17:00	무용
				17:30	사자춤
18:00	변검	18:00	용춤, 사자춤	18:00	노래
				18:30	변검
19:00	사자춤	19:00	변검	19:00	사자춤
20:00		20:00	사자춤	20:00	사자춤

출처: 난킹마치상점가진흥조합의 배포자료를 참고로 작성.

다음은 구정축제의 예산에 대해 살펴보도록 하자. 전체적으로 볼 때, 구정축제의 예산은 제1회 때보다 매년 증가하고 있다. 2004년 개최된 제16회 구정축제를 예로 들면 다음과 같다. 수입의 내역은, 고베시 등으로부터의 보조금이 375만엔으로 전체의 16%, 각 기업과 타 상점가진흥조합으로부터의 협찬금이 636만9,475엔으로 전체의 27%, 동 조합의 조합원 84명으로부터의 협찬금이 544만8천엔으로 전체의 23%, 노점매상금이 365만5400엔으로 전체의 15%, 기타 19%였다. 동 조합이 구정축제로 부담한 금액은 전체의 약 사분의 일에 불과하며 그 이외는 보조금, 협찬금, 노점 수익금 등으로 조달된 것이다. 지출의 내역을 보면, 행사 관계가 730만8,625엔으로 전체의 31%, 가무단 관계가 463만959엔으로 전체의 20%로 이벤트 관계가 전체의 절반을 차지했다. 그 이외 노점 설치가 247만1,892엔으로 10%, 경비관계가 223만9,440엔으로 9%를 차지했다.[51]

그러나 난킹마치가 모든 면에서 순조롭게 발전하고 있는 것은 아니다. 예를 들면, 난킹마치의 구화교 상점주와 대륙계 신화교 상점주 간의 마찰, 이벤트 자금의 부족, 독창적인 상품 개발과 점원 서비스의 결여 등을 들 수 있다.[52] 여기에 최근 중일간의 정치적 마찰 증가로 난킹마치를 찾는 관광객 수가 줄어들었다는 후문이다.

한편, 인천차이나타운은 1998년부터 '인천중국문화관광페스티벌'이라는 행사를 매년 개최하고 있으며, 행사 기간 중 적지 않은 관광객이 찾고 있다. 그러나 난킹마치의 구정축제와 비교해 볼 때 행사 프로그램에는 큰 차가 없지만 그 운영에는 다른 점이 있다. 즉, 난킹마치의 구정축제의 행사 주체는 어디까지나 난킹마치상점가진흥조합인데 반해, 인천차이나타운은 번영회가 아니라 행정기관이 행사공연을 전문적으로 취급하는 회사에 외주를 주어 운영하고 있다는 점이다. 따라서 인천화교 단체나 화교학교의 참가가 빈약하고 중국, 대만 등지서 용춤과 사자춤 전문 공연단을 많이 초청하고 있는 실정이다.

51) 南京町商店街振興組合, 『南京町通信』(1987年6月), 10쪽.
52) 宋晨陽, 「神戸南京町の發展と今後: 華僑のファミリー・ヒストリーを踏まえて」(神戸華僑華人研究會定例會發表文,2014.7.12).

3. 난킹마치를 지탱하는 고베화교 관련 단체

앞 장에서 고베 난킹마치 조성에서 난킹마치상점가진흥조합과 고베시의 역할에 대해 살펴봤다. 그러나 고베 난킹마치의 조성과 유지에는 이외에 많은 화교 단체와 화교 연구기관 등이 있다는 것을 간과해서는 안 된다. 본 장에서는 이들 화교 단체와 화교 연구기관의 활동이 차이나타운의 조성과 활성화에 어떤 기여를 하고 있는지 살펴보도록 한다.

각 동향회 조직과 연중행사

고베는 일본의 다른 지역보다 화교의 동향회 활동이 매우 활발한 지역이다. 고베화교의 동향회 조직은 현재 6개가 존재한다. 인천화교의 경우 근대시기 남방(南帮), 산동방(山東帮), 광동방(廣東帮) 등 세 개의 동향회 조직이 있었지만 현재 활동하는 곳은 한 곳도 없는 것과 대조된다.

일본의 패전 이전 고베화교사회에는 광동공소, 푸젠공소, 산장공소가 설립되어 동향회의 기능을 담당하고 있었지만, 중일전쟁 이후 일제 당국에 의해 해산되어 신한중화총상회에 통폐합되었다는 것은 앞에서 살펴본 대로다.

종전 직후 각 지역의 동향회 조직이 재조직되기 시작한 것은 중일국교정상화를 전후한 시기다. 푸젠동향회가 다시 설립된 것은 1971년이고, 장수동향회와 광동동향회는 1972년, 타이완동향회는 1973년, 산동성동향회는 1983년, 저장성동향회는 1989년에 각각 설립되었다.[53]

중국 대륙에서 신화교의 이주가 대량으로 이뤄지기 이전인 1982년의

---

53) 神戸新聞社 編, 위의 책(1987), 152-153쪽. ; 王維, 위의 책(2001), 149쪽. ; 財團法人三江會館編, 『神戸三江會館簡史1912-2007』, 2007, 65쪽.

고베화교 인구는 9,200명이었는데, 각 출신성별 인구는 타이완이 3,600명, 광동성이 2,000명, 장수성이 1,100명, 푸젠성이 1,000명, 산동성이 650명, 저장성이 450명, 기타 400명의 순이었다.[54]

각 동향회의 설립 목적은 기본적으로 회원 간 친목 및 복지 증진을 도모하는 데에 있다. 타이완동향회의 설립 취지를 보면, 1)회원 간 친목과 상호의 경제발전 도모, 2)회원의 생활향상 촉진과 문화경제교류의 긴밀화, 3)회원의 복지증진, 의 세 가지다.[55] 산동성동향회는 회원 간의 친목과 복지 그리고 생활향상을 위한 상호협조, 고향의 문화도덕의 창달을 설립 취지로 하고 있다.[56]

1939년 해체되었던 각 공소도 중화총상회로부터 독립하여 새롭게 재조직되었다. 1983년에는 산장회관(三江會館)이 설립되어 동향 자제의 교육지원, 노인복지, 중일우호교류 등의 활동을 펼치고 있다.[57] 푸젠공소도 중화총상회로부터 독립하여 푸젠회관을 설립했다. 그러나 광동공소는 광동성 출신자 대부분이 중화총상회에 참가하고 있고, 그 자리에 1979년 중화총상회 건물을 세웠기 때문에 광동회관을 설립하지 않기로 결의하여 자체의 회관은 없는 상태다.

중화회관은 이러한 동향회 조직을 바탕으로 설립되었는데, 고베대공습 때 완전히 소실되어 새로운 건물이 건축된 것은 1998년이었다. 2013년 중화회관 총회에서 승인된 법인의 설립 목적은 화교의 전통문화 계승, 화교의 복지향상, 그리고 중일우호증진에 두고 있다. 주요한 사업으로는 화교의 공동자산인 중화의지, 관제묘의 관리와 화교의 각

---

54) 兵庫縣山東省同鄕會編, 『兵庫縣山東省同鄕會創立紀念刊』, 1984, 7쪽.
55) 社團法人兵庫縣臺灣同鄕會, 『兵庫縣臺灣同鄕會創立20周年記念誌』, 1993, 2쪽.
56) 兵庫縣山東省同鄕會編, 『兵庫縣山東省同鄕會創立紀念刊』, 1984, 9쪽.
57) 財團法人三江會館, 위의 책(2007), 64쪽.

종 전통 제사의 계승이다.[58]

중화의장은 고베와 오사카화교가 사용하는 공동묘지이다. 이 공동묘지는 1870년에 창건되어 묘지 주변이 시가지가 되면서 공중위생과 도시계획의 관점에서 중화회관이 중심이 되어 1941년 현재의 위치로 이전, 지금에 이르고 있다. 이 공동묘지에는 석가여래, 복덕정신(福德正神), 관음보살(觀音菩薩), 지장보살(地藏菩薩)을 제사지내는 예당(禮堂)이 갖춰져 있다. 1997년 10월 현재 묘지 이용자 수는 842명, 납골당 이용자수는 247명이다.[59] 양력 4월 5일 청명절에는 중화회관의 임원이 공식행사로서 예당을 참배한다.

관제묘는 삼국지에 등장하는 관우를 제사지내는 사당으로 일본에는 고베 이외에 요코하마 중화가와 오사카에도 있다. 현재의 관제묘는 1888년에 건립되어 1945년 고베대공습, 1977년 화재, 1995년 고베대지진 때 각각 소실 혹은 큰 피해를 입었으나, 그때마다 중화회관이 중심이 되어 재건을 거듭하여 현재에 이르고 있다. 관제묘 중앙에는 주신(主神)인 관우, 오른쪽에는 관음보살, 왼쪽에는 천후성모(天后聖母)가 안치되어 있다. 천후성모는 항해의 여신으로 푸젠성과 타이완에서는 마조(媽祖)로 불린다.[60] 인천차이나타운의 의선당에도 이와 같은 신을 모시고 있다.

58) 中華會館 編, 위의 책(2013), 386쪽.
59) 中華會館 編, 위의 책(2013), 320-328쪽.
60) 中華會館 編, 위의 책(2013), 334-338쪽.

|표3| 고베화교의 연중행사

제사 및 행사	개최장소	기일(음력)
구정축제	난킹마치	1.1 전후
관제성도일(關帝成道日)	관제묘	1.13
복덕정신성탄(福德正神聖誕)	관제묘	2.2
관음보살성탄(觀音菩薩聖誕)	관제묘	2.19
청명절	중화의장	4.5(양력)
마조(媽祖)탄생일	관제묘	5.5
관제제(關帝祭)	관제묘	5.13
관음제(觀音祭)	관제묘	6.19
보도승회(普度勝會)	관제묘	7.14~16
중추절	난킹마치	8.15
관음제(觀音祭)	관제묘	9.19
국경절(건국기념일)	화교총회	10.1(양력)

출처: 王維, 위의 책(2003), 176쪽.

관제묘에서는 고베화교의 각종 전통문화 행사가 개최된다. 음력 1월 13일에는 관제성도일(關帝成道日), 2월 2일과 19일에는 촌락의 수호신인 복덕정신(福德正神)의 탄생일을 기념하는 제사, 관음보살의 탄생일을 기념하는 제사, 5월 5일에는 마조의 탄생을 기념하는 제사, 13일에는 관우의 제사, 6월 19일과 9월 19일에는 관음보살의 제사, 7월 14일부터 3일간은 보도승회(普度勝會)가 개최된다.(|표3|참고)

이 가운데 보도승회는 고베화교사회 최대의 전통행사로 특히 푸젠성의 푸칭현 출신이 1934년부터 이 전통을 이어왔는데 지금도 이 행사의 준비와 집행은 푸젠동향회에서 담당하고 있다. 보도승회는 조상의 영혼을 추모하는 일련의 행사로 불교식으로 이뤄진다.[61] 이 행사는 1997

---

61) 王維, 위의 책(2001), 155-156쪽.

년 고베시로부터 지역무형민속문화재로 지정되었다. 푸젠동향회는 보도승회 이외에도 관제묘의 연중행사인 복덕정신성탄(福德正神聖誕), 마조탄생일, 관제제(關帝祭) 등의 제사를 담당하고 있다.[62]

한편, 고베화교를 하나로 묶어주는데 고베중화동문학교의 존재는 매우 중요하다. 고베에는 1899년 고베화교동문학교가 설립되어 1900년에 개교했다. 이어 1914년과 1919년에는 각각 고베화강학교(神戶華强學校)와 중화학교(中華學校)가 설립되어 1928년에는 두 학교가 합병하여 신한중화공학(神阪中華公學)으로 교명을 바꾸었다. 1939년에는 고베화교동문학교(神戶華僑同文學校)와 신한중화공학(神阪中華公學)이 통합되어 현재의 고베중화동문학교가 되어 현재에 이르고 있다.

이 학교는 초등부와 중등부를 둔 초중 일관학교로 재학생은 2012년도 18학급 약 686명이다. 현재 재학생의 다수는 화교 혹은 화인의 자제가 차지하고 일본인 학생이 2할을 차지한다. 학생의 국적은 일본, 중국, 대만, 한국, 홍콩, 마카오, 영국, 싱가포르 등 12개 국으로 국제학교로서의 면모를 갖추고 있다.[63]

이 학교는 고베화교의 문화전통 계승과 아이덴티티 유지 그리고 차세대 고베화교의 육성에 크게 기여하고 있다. 동 학교는 매년 개최되는 구정축제 때 중국 전통 무용과 사자춤 공연을 하고 있는 것은 앞에서 살펴본 대로다.

---

62) 張玉玲, 『華僑文化の創出とアイデンティティ: 中華學校・獅子舞・關帝廟・歷史博物館』, unite, 2008, 122~123쪽.
63) 神戶中華同文學校의 홈페이지(http://www.tongwen.ed.jp).

고베화교 연구단체와 고베화교역사박물관

차이나타운의 조성과 활성화에 빼놓을 수 없는 것이 화교 및 그들의
각종 행사와 기록을 보존하고 연구하는 활동이다. 고베에는 화교를 전
문적으로 연구하는 고베화교화인연구회, 고베화교의 구술을 채록하여
기록하는 神阪京화교구술기록연구회, 지역 화교의 역사를 보존하고 전
시하는 고베화교역사박물관이 있다. 이들 세 단체는 난킹마치를 보다
차이나타운답게 하는 중요한 역할을 담당하고 있는데, 이들 각 단체에
대해 살펴보도록 하자.

① 고베화교화인연구회

고베 지역 지식인이 고베화교의 역사를 체계적으로 연구하기 시작한
것은 1980년대 들어서다. 일본인 연구자인 고야마토시오(鴻山俊雄)가 화
교문제연구소를 설립하여 『일화월보』(日華月報)를 1966년 10월부터 1990
년 7월까지 총 271호를 발행하여 활동했지만 어디까지나 개인적인 활
동에 불과했으며 전문적인 연구라고는 할 수 없었다.[64] 그리고 화교로
서는 당시 고베중화총상회장인 천더런(陳德仁, 1917-1998)씨가 개인적으로
고베화교사를 쓰기 위해 각종 자료와 사료를 수집하고 있었다.

고베화교화인연구회가 설립된 것은 1987년이다. 1985년 나가사키에
나가사키화교연구회가 설립되어 일본에서 지역 화교에 관한 학제적인
화교연구가 시작된 것에 영향을 받았다고 할 수 있다. 당시 고베대학의
야스이산기치(安井三吉) 교수와 천더런씨가 중심이 되어 간사이(關西)지역

---

64) 神戶華僑歷史博物館 編, 『神戶華僑歷史博物館創設30周年記念誌(1979-2009)』,
2009, 76쪽.

의 화교와 화인, 연구자, 시민이 참가하여 설립되었다.

이 연구회는 지난 26년 동안 평균 2, 3개월에 한 번의 회수로 화교 관련 발표회(例會)를 개최해왔다. 2014년 2월 8일에는 149회의 발표회를 개최했다. 동 연구회는 연구 발표회와 기념강연회(지금까지 24회)의 내용을 담은 통신을 1988년 7월부터 발행하고 있다. 2014년 5월 17일까지 총 72호를 발행했다.[65]

2014년 3월 현재의 회원은 89명이다. 일반회원이 54명, 학생회원이 17명, 통신회원이 14명, 특별회원이 4명이다. 회비는 일반회원의 경우 연간 3천엔이다. 연 수입은 회비수입이 16만8,000원으로 대부분을 차지한다. 2013년도의 연구회의 지출은 발표장 대여료 2만5,050엔, 강사 사례비 2만5,000엔, 통신비 1만7,270엔, 인쇄비 6,710엔, 문구 및 잡비 6,794엔, 사무국원비 3만5,000엔, 뒷 풀이 부족분 지출 2만425엔으로 총13만6,249엔이다. 연구회 운영이 회원의 회비로 이뤄지고 있는 것을 알 수 있다.[66]

연구발표회는 주제가 고베화교에 한정된 것이 아니라 전 세계의 화교 일반에 걸쳐 있고, 발표회 참석자 수는 평균 20-30명이다. 2008년에는 연구회 창립 20주년 기념지를 발행했다.[67] 이 연구회는 일본 정부로부터 연구비 지원을 받아 고베화교를 중심으로 한 다양한 학술적 연구를 수행했으며, 새로운 화교사 발굴에 큰 기여를 하고 있다. 또한 일본인 시민과 화교 간의 교류의 장을 제공해줄 뿐 아니라 각 대학의 대학원생과 유학생에게 발표의 기회를 제공하여 차세대 연구자 육성에도 기여하고 있다.

---

65) 神戸華僑華人研究會 編, 『通迅』第72號, 2014年5月17日.
66) 神戸華僑華人研究會 第27回總會報告(2014年4月12日) 자료.
67) 神戸華僑華人研究會 編, 『神戸華僑華人研究會創立20周年記念誌』, 2008.

② 神阪京화교구술기록연구회

이 연구회는 고베, 오사카, 교토를 중심으로 화교의 생애를 인터뷰를 통해 체계적, 계속적으로 기록으로 남기기 위해 2007년 4월 발족된 연구회다. 인터뷰의 대상은 구화교가 주된 대상이지만 대만계와 대륙계 신화교도 포함된다. 이 연구회는 고베화교역사박물관 산하의 연구 기관으로 소속되어 활동하고 있다.

지금까지 일본화교에 관한 역사는 문헌 조사를 중심으로 연구가 추진되어 많은 서적, 논문, 보고서가 발표되었지만, 화교의 생생한 목소리를 담은 생애사의 기록은 거의 이뤄지지 않았다. 이 연구회가 발족된 주요한 문제의식은 바로 여기에 있다.

이 연구회는 2007년 1월 27일 연구회 프로젝트 시동에 앞서 "고베화교의 구술기록을 남기기 위하여-그 의미와 방법"이라는 제목의 심포지엄을 고베의 중화회관에서 개최하고, 이 프로젝트의 활동취지에 찬동하는 연구자들이 참가하여 그해 4월 연구회가 발족되었다.

연구회의 활동거점은 고베화교역사박물관이다. 연구회의 대표는 교토 세이카대학(京都精華大學)의 우훙밍(吳宏明) 교수, 생애사의 책자 발행의 편집 담당은 대륙계 신화교인 야마구치현립대학의 장위링(張玉玲) 교수다.

이 연구회는 지금까지 5권의 구술 생애사 보고서를 발행했다. 2008년에 1호를 발간하고, 매년 한 차례 발행하다 2012년은 사정으로 발행되지 못했으며, 2013년에는 제5호가 발행되었다. 총 5권의 보고서에 수록된 화교는 총28명이다.

이 연구회의 구술 작업과 편집 작업은 매우 치밀하게 이뤄진다. 조사원 2-3명이 해당 화교를 방문하여 생애에 관한 구술조사를 실시한다. 질문내용은 사전에 준비하지만 실제 인터뷰 현장에서는 인터뷰의 흐름에 따라 임기응변식으로 행하기도 한다. 1회의 인터뷰 시간은 2시간을 넘지 않도록 하고 있고, 필요한 경우는 2회에 걸쳐 인터뷰 할 경우도 있다. 인터뷰가 종료되면 녹음한 내용을 원고로 작성하고, 이 원고는 1, 2개월에 한 번 개최되는 연구회의 발표회에 조사원이 직접 보고를 하고 이에 대해 연구회원의 활발한 질문이 이뤄진다. 이를 바탕으로 조사원이 다시 원고를 작성한 후, 내용을 인터뷰한 화교에게 확인을 받고, 필요에 따라 삭제, 수정 등을 행한다. 조사원은 수정한 원고를 정리하여 편집담당자와 고베화교역사발물관의 최종 점검을 받아 12월에 발행된다.[68] 보고서의 분량은 약 130쪽 정도다.

이 연구회의 활동에 자극받아 요코하마 중화회관과 요코하마개항자료관은 11명의 요코하마 화교의 구술기록을 정리하여 출판했다.[69]

③ 고베화교역사박물관

난킹마치의 세이안문(西安門)을 나와 해안 쪽으로 약 5분 걸어가다 보면 고베중화총상회(KCC)빌딩이 나온다. 이 건물의 2층에 고베화교역사박물관이 있다. 이곳은 일본에서 유일한 화교 전문 박물관이다. 필자가 방문한 2014년 2월 1일에 동 박물관에서 난킹마치 구정축제 사진전이 개최되고 있었다. 1월 23일부터 2월 25일까지 약 한달 동안 개최되는 특별전시회로 구정축제로 난킹마치를 방문한 사람들이 이곳을 많이 찾고 있었다.

---

68) 神阪京華僑口述記錄研究會 編, 『聞き書き・關西華僑のライフヒストリー第5號』, 神戸華僑歴史博物館, 2013, 122-126쪽.
69) 財團法人中華會館・橫浜開港資料 編, 『橫浜華僑の記憶: 橫浜華僑口述歴史記錄集』, 財團法人中華會館, 2010.

고베화교역사박물관이 설립된 것은 1979년으로 올해로 35년째를 맞이한다. 당시 고베중화총상회장이던 천더런이 고베화교사를 기록하기 위해 20여 년 동안 모아온 자료와 화교와 시민의 기증품을 기반으로 개관했다.

동 박물관의 자료는 천더런씨가 수집한 기증 자료(천더런컬렉션)가 중심이고 그 후 스자청(石嘉成)컬렉션, 신한교무분처교무당안(神阪僑務分處僑務檔案), 여우종쉰(游仲勳)컬렉션이 추가되었다. 천더런씨는 화교 2세로서 전후 고베중화청년회의 총간사, 고베중화동문학교의 이사장, 고베중화총상회장 등의 요직을 지낸 인물이라 이상의 단체 관련 문서를 많이 소장하고 있었다. 천더런컬렉션의 총수는 1,887점에 달한다.[70] 동 박물관에는 연구실이 설치되어 있는데 야스이산키치 교수가 2004년부터 연구실장으로 근무하며 기증 자료의 목록화 작업을 하고 있다. 박물관에는 많은 1차 자료가 있기 때문에 화교 연구자들이 많이 이용하고 있다. 동 박물관의 전시관에는 1860년대부터 약 140년간의 고베화교의 역사를 시대 순으로 전시하고 있다. 전시를 주제별로 보면, '고베 개항과 중국인의 이주', '신해혁명과 화교', '화교사회의 발전', '항일전쟁과 화교', '화교사회의 부흥', '공생공영의 시대' 등으로 구성되어 있다.

동 박물관은 2003년 6월부터 『통신』(通信)을 발행하고 있고, 현재까지 총 21호를 발행했다. 『통신』의 일지 난에는 동 박물관을 방문한 단체 방문단과 인원이 기록되어 있다. 2013년 1월–8월의 단체 방문 난에는 일본 각 대학의 학생과 지자체의 국제교류원, 그리고 대만의 대학생과 국부기념관 직원이 방문한 것이 기록되어 있었다.[71]

---

70) 安井三吉, 「神戸華僑歴史博物館と孫文書'天下爲公'碑」, 『海港都市研究』 5, 2010, 100-101쪽. ; 神戸華僑歴史博物館, 『陳德仁コレクション(文書)』, 2007.
71) 神戸華僑歴史博物館 編, 『神戸華僑歴史博物館通信』, No.21, 2013.11.30.

동 박물관은 고베화교역사박물관발전기금회의 재정적 지원과 운영위원회에 의해 운영된다. 기금회의 회원은 2010년도에 107명, 모금액은 120만엔에 달했다.[72] 이 발전기금으로 박물관의 제반 운영비가 지출되며, 박물관의 가이드는 자원봉사자가 담당하고 있다. 박물관의 입장료는 300엔이다.

이상에서 고베화교화인연구회, 神阪京화교구술기록연구회, 고베화교역사박물관에 대해 각각 살펴봤는데, 현재 인천지역에는 이런 연구회나 박물관이 없다. 인천차이나타운이 관 주도로 조성되고 있는 배경에는 이와 같은 연구단체의 부재와 인천화교에 대한 체계적인 연구가 이뤄지지 않고 있는 것도 간과할 수 없을 것이다.

맺음말

이상의 검토를 통해, 고베 난킹마치는 1920년대까지 차이나타운으로서 번성하지만, 그 후 점차 쇠퇴하여 1960년대는 차이나타운으로서의 기능을 거의 상실한 상태에 있었지만, 1980년대부터 난킹마치상점가진흥조합과 고베시의 난킹마치 조성 사업에 힘입어 난킹마치는 고베를 대표하는 관광명소, 일본의 3대 차이나타운의 하나로 정착된 것을 파악할 수 있었다. 또한 고베지역 화교동향회 조직의 활발한 문화 활동과 화교연구단체와 고베화교역사북물관이 난킹마치의 문화콘텐츠를 보다 풍요롭게 하고 난킹마치를 활성화 하는데 기여하고 있다는 것을 확인

72) 神戸華僑歷史博物館 編, 『神戸華僑歷史博物館通信』No.17, 2011.3.31.

할 수 있었다.

이와 같은 고베 난킹마치 조성 사례는 인천차이나타운 조성에 다음과 같은 시사점을 던져주는 것은 아닐까 한다.

첫째, 인천차이나타운 조성은 기존에 관 주도로 이뤄졌지만 여기서 탈피하여 '차이나타운 상가 번영회'의 자발적이고 주체적인 참여가 이뤄져야 한다. 난킹마치의 조성에서 고베시는 어디까지나 조역(助役)이지 주역의 위치에 있지 않았다. 난킹마치상점가진흥조합이 자발적이면서도 주체적으로 난킹마치 조성을 주도했으며, 이런 태도가 난킹마치의 중국적 경관 조성과 난킹마치 구정축제를 기획하고 성공시킨 원동력이라 할 수 있다.

둘째, '차이나타운 상가 번영회'는 지속가능한 인천차이나타운 조성이라는 목표 하에 한국인과 화교 회원이 보다 상호 협력하도록 노력해야한다. 난킹마치상점가진흥조합의 경우, 조합원의 6할은 일본인, 4할은 화교지만 서로 난킹마치 활성화라는 공통 목표 하에서 상호 협력하는 모습을 보여줬는데, '차이나타운 상가 번영회'가 참고해야 할 것이다.

셋째, 인천화교를 학제적으로 연구하는 가칭 '인천화교화인연구회'와 같은 연구회 조직이 필요하다. 그동안 인천화교에 대한 연구는 개별적으로 이뤄져 체계적이고 종합적이지 못했으며, 개별적인 연구 성과가 인천화교와 인천 시민에게 공유되지도 못했던 게 사실이다. 화교 연구자뿐 아니라 화교도 인천 시민도 부담 없이 참가하는 연구회가 조직된다면 올바른 인천차이나타운의 조성과 활성화에 기여할 수 있을 것이다. 또한 화교 관련 문헌 연구에 그치는 것이 아니라 구화교를 대상으로 화교 생애 구술사를 기록으로 남기는 작업이 필요하다. 이것은 인천차이나타운의 역사성을 보다 풍요롭게 하는데 중요하다.

넷째, 인천차이나타운 조성과 활성화는 인천화교의 활발한 사회경제활동과 문화 활동이 근간이 되어야 한다. 인천화교 인구는 지속적으로 감소하고 있는 추세이며 화교 1세대와 2세대의 고령화로 화교의 전통 문화 행사가 제대로 이뤄지지 않고 있다. 인천화교 사회 내부에서 이런 위기적 상황을 심각하게 인식하여 자체적으로 대책을 수립할 필요가 있는데, 화교협회에 소속된 청년회 조직의 활성화나 이전의 산동동향 회와 같은 동향회의 재조직을 통해 해결될 수 있기를 기대한다.

이 글은 인천차이나타운 조성의 하나의 모델로서 고베 난킹마치를 검토하였기에 후자를 과대평가한 것으로 비쳐질 수도 있을 것이다. 본 문에서 살펴본 대로 고베 난킹마치는 구화교 상점주와 대륙계 신화교 상점주 간의 마찰, 이벤트 자금의 부족, 독창적인 상품 개발과 점원 서비스의 결여 등의 새로운 과제에 직면해 있다.

인천차이나타운은 고베 난킹마치에 비해 차이나타운 조성에 있어 다음과 같은 유리한 점을 가지고 있다. 인천차이나타운은 화교의 생활공간이자 경제활동 공간이지만 고베 난킹마치는 경제활동 위주의 공간이기 때문에 인천차이나타운은 화교의 생활 자체를 직접 체험할 수 있는 장점이 있다. 또한 인천차이나타운에는 화교협회, 화교학교, 화교 문화 활동의 중심지인 의선당, 중화기독교회 등이 밀집되어 있는 반면, 고베 난킹마치는 이와 같은 시설이 없고 인근 지역에 산재해 있어 차이나타운으로서의 집중성이 부족한 편이다.

따라서 인천차이나타운은 이와 같은 장점과 위에서 제기한 문제를 잘 해결하는 방향으로 조성된다면 국제적으로 인정받는 차이나타운으로 발전할 가능성이 높다고 본다.

1919년 봄

― 일제강점기 타이완의 중국인 인력거부

왕쉐신(王學新)

인력거는 영어로 'rickshaw'라고 한다. 본래 일본어 'じんりきしゃ(人力車)'에서 유래한 이 말은, 1874년에 홍콩과 상하이(上海)에 처음 전해졌다.[1] 1885년경에는 타이완, 베이징(北京), 톈진(天津)으로까지 전파되었다. 이 말이 중국 전역에서 보편적으로 사용되기 시작한 것은 그리고 얼마 후였다.[2] 1930년대에 들어서면, 인력거는 이미 베이징, 톈진, 상하이, 한커우(漢口), 광저우(廣州), 난징(南京) 등 중국 대도시에서 주요 교통수단으로 이용되고 있었다.[3]

인력거는 매우 편리했다. 그래서일까? 일제강점기 타이완에서도 시내를 질주하는 인력거는 쉽게 볼 수 있었다. 인력거의 인기가 인력거부의 위상을 높이는 것은 자연스러운 일이다. 심지어 인력거부들은 일정 정도 독점적인 세력을 형성하기까지 했다. 그런데 공교롭게도 타이완

---

1) 賢溢,「香港掌故〔交通工具―人力車〕」, 大紀元網
   (http://www.epochtimes.com.hk/b5/7/6/1/45690.htm), 2014.4.1. 검색.
2) 高橋みつる,「中国近代における人力車夫文学について(上)」, 愛知教育大學研究報告45, 人文・社會科學編, 1996.3, 176-169쪽. ; 莊珊曼,「1929年北平人力車夫風潮研究」, 首都師範大學碩士論文, 2007.4. 4쪽.
3) 言心哲,『南京人力車夫生活的分析』, 出版地不詳・出版者不詳, 1935, 1쪽.

427

에서 활동하는 인력거부의 대부분은 중국인이었다. 타이완북부는 그 정도가 훨씬 더 심했다.

타이베이(台北)의 경우, 전체 인력거부 가운데 반수 이상이 중국인이었다. 거의 60%에 가까웠다. 엄청난 '가두세력(street power)'이었다고 할 수 있다. 경찰의 집중관리대상이 되었던 것도 이 때문이다. 그들은 인력거 운영전략도 매우 독특했다. 그래서 타이완 출신 인력거부들은 그들의 전략을 배우려고 애썼다.

인력거부와 관련된 연구는 기존에도 있었다.[4] 그러나 중국인 인력거부단체 즉, 화교단체를 중심으로 한 논의는 거의 없었던 게 사실이다. 따라서 이 글에서는 일제강점기 타이완의 중국인 인력거부의 영업행태와 그로 인해 발생한 문제 그리고 그에 따른 당국의 관리조치 등에 대해 고찰함으로써, 그들의 흥망과정을 규명하고자 한다.

1. 중국인 인력거부의 타이완 이주와 가두세력의 형성

인력거는 사람의 힘으로 동물의 힘을 대체한 교통수단이다. 따라서 시내의 짧은 거리를 오갈 때에는 아주 용이했다. 버스가 생기기 이전의 근대 도회지에서, 인력거는 전근대적인 가마를 대체한 가장 편리하고

---

4) 蔡龍保, 「舊事物·新管理: 日治初期臺北地區人力車的發展(1895~1904)」, 『臺灣學研究國際學術研討會: 殖民與近代化論文集』, 中央圖書館臺灣分館(臺北縣), 2009年, 391-407쪽. ; 王學新, 「華工人力車夫的管理問題」, 『日據時期在臺華人史料選編』, 國史館臺灣文獻館(南投), 2013年, 209-216쪽. ; 王學新, 「賤業vs交通機關: 論日據時期臺灣人力車夫之本質」, 『第八屆總督府公文類纂學術研討會』, 臺灣文獻館主辦, 2014.8.28. ; 鄒婉玲, 「日治時期臺北地區人力車之發展」, 中興大學歷史所碩論, 2013. 鄒婉玲의 논문은 아직 공개되지 않아 참고할 수 없었다.

빠른 시내교통수단 중의 하나였다. 덕분에 가마는 도로교통이 잘 발달되지 못한 시골이나 산중으로 밀려났다. 그러나 그마저도 도시와 농촌을 연결하는 기차가 생기면서부터는 아예 일반교통수단에서 사라지고 말았다. 그래서 사람들은 기차나 전차를 타고 역에서 내린 후에는, 인력거를 이용해야만 가고자 하는 구체적인 목적지에 닿을 수 있었다.[5] 이처럼 당시 교통수단 중에서 인력거가 차지하는 위치는 가히 절대적이었다.

당시 타이완에서 인력거를 끄는 사람 중에는 일본인도 있었고, 타이완인도 있었고 외국인(즉, 중국인. 이하, 화공이란 칭한다.)도 있었다. 그러나 일본인 인력거부는 그 수가 극히 적었고, 대부분은 본도인(本島人, 타이완인)이나 화공(華工)이었다. 타이완총독부통계서 안에는 경찰이 관리하는 영업에 대한 통계도 함께 수록되어 있다. 이를 보면, 인력거부의 출신과 지역의 차이를 알 수 있다. 메이지(明治) 37년(1904) 4월 9일 공포된 타이베이 현령(縣令) 제11호 〈인력거에 관한 영업취체규칙〉 제1조에는 다음과 같이 규정되어 있다. "'인력거 영업자'는 다음 세 부류로 정한다. 1. 인력거 임대업자 2. 인력거부를 고용해 영업하는 자 3. 인력거를 개인적으로 소유해 자력으로 운행하는 자." 또 인력거부에 대해서는 "4. 제1항에 부합하는 자로부터 인력거를 임대해 운행하는 자 5. 제2항에 부합하는 자에 고용되어 인력거를 운행하는 자"라고 정의되어 있다.[6] 그러나 인력거 영업자 중의 제3항에 해당하는 자 역시 사실상 인력거부라고 할 수 있다. 참고할만한 자료가 많지 않아 단정할 수는 없

---

5) 南溟遊子,「本島に於ける各種交通機關興亡の跡を語る(三)」,『旅と運輸』, n038, 1939.5.17.
6) 臺北廳令第十一號 〈人力車關スル營業取締規則〉,『臺灣總督府公文類纂』(이하, 公文類纂), 檔號: V00944/A010(V表卷號, A表件號), 國史館臺灣文獻館 소장.

겠지만, 인력거 영업자 중에 직접 인력거를 끄는 이른바 자영업자들이 절대다수를 차지했을 것으로 보인다. |그림1|을 보면, 인력거부와 인력거 영업자 중에 본도인이 제일 많고, 내지인(內地人, 일본인)이 제일 적다는 것을 알 수 있다. 그리고 외국인 즉, 중국인 인력거부의 수는 전체의 20% 내지 30% 정도 된다. 단, 타이완에서 정밀한 호구조사가 본격적으로 이루어진 해는 메이지 38년(1905)이기 때문에, 그 이전의 자료는 정확하다고는 볼 수 없다.7) 그러나 대략적으로 볼 때, 중국인 인력거부는 1906년부터 중일전쟁 발발 전(1937)까지는 전체 인력거부 가운데 약 1/4을 차지하고 있고, 전쟁 발발 후에는 그 수가 10%까지 감소하고 있다.

|그림1| 인력거부 및 인력거 영업자의 변화

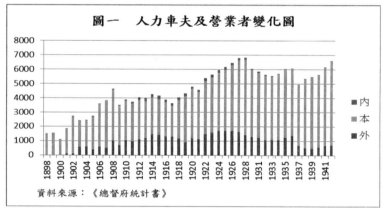

타이완에 건너와 인력거부에 종사하는 화공은 일본이 타이완을 점령하던 당시에도 이미 존재하고 있었다. 그러나 타이완인의 국적선택 기한이 만료되는 시점인 메이지 30년(1897) 5월 8일 이전까지는 이들을 타

---

7) 王學新, 「編戶分民 : 日據時期戶口調查簿系統之建立」, 『臺灣文獻』 第65卷 第4期, 2014.12, 77-130쪽.

이완화교로 분류하기는 사실상 힘들다. 따라서 중국인 인력거부의 문제가 발생하게 된 것도 실제로는 이 기한이 지난 후였다. 메이지 31년(1898)까지만 해도, 중국(淸國)인은 외국인잡거지 이외의 지역에 거주할 수 없었다. 더군다나 이 당시에는 〈청국인 타이완상륙 조례(淸國人臺灣上陸條例)〉가 공포되어 실시되고 있는 상황이었다. 그럼에도 불구하고 화공들의 수는 갈수록 증가했다. 심지어 이들로 인해 타이베이 근교 일대는 상당한 변화를 겪기도 했다.

> 타이베이 인근은 본래 통상잡거지(通商雜居地)가 아니다. 재작년에도 한 차례 외인(外人)에 대한 조사를 거친 바 있지만, 이번에는 외인이 그때보다 더 늘었다. 무릇 **청국의 싱화(興化), 터우베이(頭北), 장취엔(漳泉) 등의 해변에 살던 자들이 배를 타고 비밀리에 무더기로 본도의 외진 항구에 상륙하고 있다. 더구나 이들은 이 지역까지 몰려와 쿨리나 인력거부 혹은 똥장수 등으로 일하며** 한데 뒤섞여 살고 있다. 헤아려보건대, 이들이 이곳으로 오게 된 까닭은 고향의 땅이 척박하고 갈수록 그 도를 더해감에 새로이 살 길을 찾아 떠날 수밖에 없는데 있다. 고로, 다투어 동쪽으로 바다를 건너와 생계를 도모하고 있는 바이다.[8]

일본식민정부는 점령기간 내내 중국인의 타이완 상륙을 엄격히 제한해왔다. 그렇지만 바다 맞은편에 있는 중국에서는 각종 증명서를 위조하거나 매매하는 일이 비일비재했다. 따라서 이를 이용해 몰래 타이완으로 건너오는 화공이나 쿨리들도 갈수록 증가했다. 일례로, 타이완에 있는 중국인이 소지한 증명서는 태반이 가짜였다. "인력거부들은 대개 남루한 차림에 발에는 신발을 거의 신지 않았다. 그래도 저마다 관리나

---

8) 「分別寄留」, 《臺灣日日新報》, 1898.06.28, 5면.

동남아화교와 동북아화교의 마주보기

토호들의 보증서 하나쯤은 소지하고 다녔다. 심지어 개중에는 두세 개의 보증서를 가진 이들도 있었다. 또 개중에는 차공권(茶工卷)[9]을 소지하고 있으면서 공사판에서 일을 하는 이들도 있었다. 도피나 밀수 등 기타 범법수단으로 이용되는 예도 적지 않았다."[10] 근대 이후, 중국은 해마다 대량의 화공을 해외로 내보냈다. 타이완이 일본에 할양된 이후에는, 화공들 사이에 타이완을 '남양 이외의 가장 가까운 또 다른 남양'으로 생각하는 흐름이 생겨났다. 실제로 화공들 중에 타이완을 선택하는 이들이 적지 않았다. 그들은 타이완에서 차를 제조하는 차공(茶工)이나 담배를 제조하는 연공(煙工) 혹은 기타 잡역부로 일하기도 했지만, 대부분은 인력거를 끄는 인력거부들이었다.[11] 그런데 흥미로운 사실은 그들 중의 상당수가 여전히 변발을 하고 있었다는 점이다. 변발한 인력거부들이 기차역 플랫폼을 빠져나오는 손님들에 대고 "따런(大人), 타시겠습니까?" "타시지요?"[12]라고 소리치는 모습은 보는 이들에게 색다른 느낌을 주는 것이었다. '따런'이란 말은 본래 본도인들이 일본인 특히, 일본경찰을 부를 때 쓰는 관용어였다. 그런데 인력거부들은 호객행위를 할 때, 꼭 이 '따런'이라는 호칭을 붙였다.[13] 다이쇼(大正) 초기(1910년대), 일본인들이 처음 타이베이 기차역에 내렸을 때 받는 인상은 대개 다음과 같은 것이었다.

---

9) 차(茶) 제조업에 종사하는 중국인노동자가 소지하고 있는 증명서.(옮긴이)
10) 〈(3)臺湾拓殖株式会社ノ支那人労働者取扱事業経営ニ関スル件〉, JACAR : B06050364900, 日本亞細亞歷史資料中心網站.
11) 「人力車組合可廢」, 《漢文臺灣日日新報》, 1907.6.15, 2면.
12) 「臺灣人の俥夫」, 『臺灣』, n009(1911.9.3), 60~61쪽.
13) 南樵, 「餘墨叢談/呼稱大人」, 《漢文臺灣日日新報》, 1908.2.16, 4면.

타이완의 수도인 타이베이의 기차역에 도착해 플랫폼을 빠져나오니 광장에는 족히 백 명은 훨씬 넘을 것 같은 타이완 인력거부들이 **빽빽하게** 도열해 있는 모습을 보고 꽤나 놀랐다. 더욱이 자동차나 마차는 거의 찾아볼 수 없었고, 보이는 거라고는 불결하기 짝이 없는 본도인(사실 태반은 중국인이다) 인력거부들이 고래고래 소리를 치며 손님들을 꾀는 모습뿐이었다. 아마도 이러한 정경은 다른 어디에서도 볼 수 없는 것이리라.[14]

|그림2| 타이완 북부의 인력거부 및 영업자의 출신별 비율변화

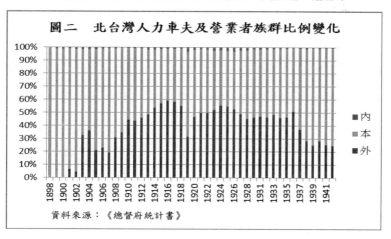

중국인 인력거부의 대다수가 타이베이 시내에 집중되어 있었다는 것은 분명한 사실이다. 그러나 필자는 자료의 한계 때문에 부득이 타이완 북부(타오웬桃園 이북)를 중심으로 분석을 진행할 수밖에 없었다. **|그림2|** 에서 알 수 있듯이, 1910년부터 1936년 사이에 타이완 북부를 무대로 영업을 하는 인력거부 가운데 거의 반 수 이상이 중국인 인력거부 및 영업자들이었다. 심지어 그 수는 60%에 육박하기도 했다. 만일 타이베이만

---

14) 「臺北驛から博物館一帶の大通が事務所街として大に發展しつゝある 府後街の北側」, 《臺灣日日新報》, 1917.9.11, 7면.

놓고 따져본다면, 그 비율은 훨씬 더 높아질 것이다. 1937년 중일전쟁이 발발한 후에도, 중국인 인력거부의 수는 최소 25%에서 30% 정도는 기본적으로 유지되었다. |그림3|에서 보는 것처럼, 중국인 인력거부 및 영업자의 수는 1908년 이후에는 대개 1,000명 선을 유지하고 있다. 1910년부터 1918년 사이에는 약간의 기복을 보인다. 즉, 1914년에 정점을 찍었다가 1919년에 바닥을 치고 있음을 볼 수 있다. 그러나 곧바로 다시 상승곡선을 회복하고 있다. 1922년부터 1927년 사이에는 1926년을 기점으로 상승세가 꺾여 다시 하강곡선을 그리게 되지만, 대체로 1,500명 선은 유지되고 있다. 이상에 따르면, 타이완 북부의 중국인 인력거부의 증감이 전체 인력거부의 증감을 좌우할 정도로 그 세력과 영향력은 결코 무시할 수 없는 수준이었다는 것을 알 수 있다. 그러나 다음 장에서 보다 자세히 살펴보겠지만, 그들에게 있어서 매우 보편화되어 있던 그들의 영업방식과 저항수단은 남들의 원성을 사기에 충분한 것이었다. 식민지 당국도 이에 대한 개혁에 주요한 방점을 두고 있었다.

|그림3| 타이완 북부의 인력거부 및 영업자의 수량변화

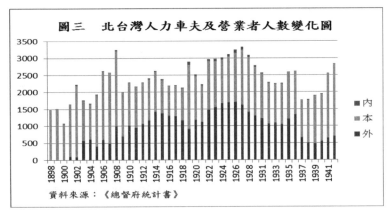

인력거부의 경우, 사회적 지위는 낮지만 그 기세만큼은 만만치 않았다. 특히, 청국 출신의 인력거부들은 항시 10여명 정도가 함께 기거했고, 길을 다닐 때에도 꼭 무리를 지어 다녔다. 심지어 피로써 의형제를 맺고 유사시에는 공동보조를 취하기도 함으로써 웬만해서는 함부로 건드릴 수조차 없었다. 인력거부들 간에 손님을 두고 벌어지는 소소한 다툼은 늘 있기 마련이다. 그러나 그것이 생각지도 않게 서로 원수가 될 정도의 큰 일로 비화되는 경우도 종종 있었다.[15] 타이베이의 중국인 인력거부는 역을 중심으로 크게 두 파로 나뉘어 있었다. 하나는 타이베이 역을 중심으로 북쪽에서 활동하는 따따오청(大稻埕)파이고 다른 하나는 그 남쪽을 주 무대로 하는 멍자(艋舺)파였다. 이 두 파는 걸핏하면 손님 쟁탈전을 벌이기 일쑤였고, 경우에 따라서는 큰 싸움을 벌이기도 했다. 그러나 분명한 점은, 중국인 인력거부들은 언제나 똘똘 뭉쳐 있었다는 사실이다. 가령, 자신의 파 가운데 어느 누가 다쳐서 일을 할 수 없을 때에는 그 나머지 사람들이 얼마씩 추렴해 도와주곤 했다. 이런 경우는 본도인 인력거부들에게서는 찾아볼 수 없는 일이었다.[16]

1902년 7월 타이베이 인력거부들이 동맹파업을 일으켰다. 멍자 인력거조합과 따따오청 인력거조합은 총 천여 대의 인력거를 보유하고 있었다. 그런데 식민당국은 이들에 대한 일제조사를 통해, 인력거 차체의 결함, 인력거부의 단복이나 모자의 미착용, 인력거 등(燈)의 미부착 혹은 성명이나 주소가 불분명하다는 갖가지 이유를 대며 상당수의 인력

---

15) 「幾降血雨」, 《漢文臺灣日日新報》, 1911.6.25, 3면. ; 「車夫蠻觸」, 《漢文臺灣日日新報》, 1909.6.3, 5면. ; 「喩利忘義」, 《漢文臺灣日日新報》, 1906.2.16, 5면. ; 「挾恨毆打」, 《漢文臺灣日日新報》, 1911.7.17, 3면, ; 「復讐一年」, 《漢文臺灣日日新報》, 1911.7.22, 3면.
16) 「臺北の車夫」, 《臺灣日日新報》, 1919.10.11, 4면.

거부들에게 벌금을 부과했다. 인력거부들은 자신들이 힘들게 번 돈을 모두 벌금으로 바쳐야 한다는 게 억울했다. 그래서 곳곳에서 불만의 목소리가 터져 나오기 시작했고 급기야는 동맹파업으로 이어지게 된 것이다. 그러나 정작 그들이 파업을 일으키게 된 데에는 사실 또 다른 이유가 있었다. 원래 멍자경찰서는 봄에 정기적으로 실시하던 차체검사 시에, 몰래 잠입한 청국의 불법노동자들이 있는지 여부를 함께 조사하기로 결정하고 이를 각 파출소에 하달했다. 그리고 총무과에서 발급한 재적증명서를 소지하고 있지 않은 자들에 한해, 영업허가증 회수에 나섰다. 그런데 따따오청 젠청(建成)파출소 순사가 잘못 알고 청국인 인력거부 전체의 영업허가증을 회수해버린 것이다. 이 일로 인해 인력거부들은 극도의 공황상태에 빠졌다. 이때 가장 적극적으로 파업을 주도하고 나선 것은 청국인 불법노동자들이 가장 많이 속해있던 파벌이었다. 이들은 경무과(警務課)의 이번 조치는 영업허가증을 한꺼번에 회수하고 재발급할 때 보다 무거운 세금을 부과하기 위한 것이라고 선동했다. 결국 인력거부들은 7월 24일부로 일제히 동맹파업에 나섰다. 그러나 파업은 당국의 강력한 제지로 단 하루 만에 끝나고 말았다.[17] 1905년 10월 타이완 임시호구조사가 실시되면서, 불법노동자들은 점차 자리를 잃고 사라지게 되었다.

　주로 멍자 구시가지와 따따오청 젠청 일대를 무대로 한 중국인 인력거부들 간에는 인력거 요금을 담합하는 일도 비일비재했다. 당시 따따오청은 일명 샤오장저우(小漳州)로 불리기도 했다. 이는 인근에 장저우 출신의 매춘부들이 많이 몰려있는 사창가가 있었기 때문이다. 중국인 인력거부들은 종종 이 사창가 앞에 손님들을 내려주고 화대의 일부를

17) 「車夫同盟罷業の詳報」,《臺灣日日新報》, 1902.7.26, 5면.

받아 챙기기도 했다. 일종의 성매매 중개료인 셈인데, 그 부수입이 꽤 쏠쏠한 편이었다. 그런데 이런 일이 일상화되다시피 하자, 정부의 규정을 꼬박꼬박 지켜가며 영업을 하는 인력거부들이 이에 반발해 파업을 일으키고 가두시위에 나서기도 했다.[18]

식민당국이 1정(丁, 109m) 당 1전(錢)의 요금을 받는 것으로 요금체계를 고정화하면서부터는 곳곳에서 인력거부들의 파업이 잇따랐다. 심지어 1921년 타이베이 인력거부들의 춘계 대파업이 일어났을 때에는, 춘절(春節) 기간 내내 시내교통이 거의 마비되다시피 해서 시민들의 불편이 이만저만이 아니었다. 일반사람들은 이들에 대해 보통 이렇게 생각하고 있었다. "인력거부 중에 못된 놈들은 대개 일자리를 찾아 바다를 건너온 중국 놈들입니다. 이놈들은 다들 돈에 환장한 놈들이라, 조그만 이득이라도 있을라치면 일단 챙기고부터 봅니다. 길도 잘 모르고, 말도 잘 안 통하지만, 욕심만큼은 천하제일입니다. 한마디로 무지막지하고 난폭하기 그지없는 놈들이라고 생각하면 맞을 겁니다."[19] 그러나 실제로 그들 가운데에는 본도인도 적지 않았다.

1927년 노동절 전날인 4월 30일에는 타이베이 시내 2천여 명에 달하는 인력거부들의 일제 파업이 있었다. 이에 같은 날 타이베이 보안과(保安課)에서는 인력거부들을 모아놓고 간곡한 설득작업을 벌였다. 보안과 측에서 말하는 요지는 이랬다. "당신들은 대개 바다 건너 중국에서 온 분들입니다. 그러니 고향에는 벌어 먹일 처자식도 있지 않습니까? 또 피차 국법이란 게 있어 악은 벌하고 선은 장려하게 되어 있지 않습

---

18) 「不法極まる慾張りから拖車の同盟罷業徒歩主義の宣傳と當局の大英斷とを以て對抗せよ」, 《臺灣日日新報》, 1921.2.17, 7면.
19) 「不法極まる慾張りから拖車の同盟罷業徒歩主義の宣傳と當局の大英斷とを以て對抗せよ」, 《臺灣日日新報》, 1921.2.17, 7면

니까? 그런데 이렇게 함부로 부화뇌동한다면 응당 법률로 제재를 가하는 수밖에 다른 도리가 없습니다. 그러면 고향에 있는 처자식도 힘들어지지 않겠습니까?"[20] 이번 파업은 바로 당일 저녁에 끝났다. 일본식민당국은 이번 파업이 중국 대륙출신의 일부 과격분자들이 뒤에서 부추기고 선동해서 일어난 것이라 결론지었다. 그래서 이들을 철저하게 취체하고 색출하겠다는 방침 하에, 모두 26명의 불온한 인력거부를 검거해 중국으로 추방해버렸다.[21] 또한 화교공우회(華僑工友會, 일종의 화교 노동조합—옮긴이)의 강연도 아울러 금지했다.

이상의 내용을 종합해보면, 타이완 북부 지역의 인력거부 가운데 60%가 중국인이었다면, 나머지 40%의 대부분은 본도인이었다는 말이 된다. 그런데도 당국이나 민간에서는, 파업은 당연히 중국인 인력거부들이 주도해 일어났을 것이라 추단하는 것이 일반적이었다. 이는 그만큼 중국인 인력거부들의 세력이 컸음을 반증하는 것이라 볼 수 있다.

2. 중국인 인력거부의 처우와 경영방식

본래 인력거부라는 직업은 중국에서는 우마(牛馬)를 대신하는 것이라 해서 대개 '천업(賤業)'으로 여겨졌다. 도시의 부랑자들마저도 "비렁뱅이나 도둑으로 전전하지 않을 거라면, 잠시나마 인력거를 끄는 것도 한 방법일 겁니다. 하지만 이건 그야말로 더 이상 어쩌지 못할 때 선택하

---

20) 「臺北州保安課説諭罷業車夫」,《臺灣日日新報》, 1927.5.1, 4면.
21) 「臺北市內車夫の罷業終熄メーデーそ云ふのに煽動者の檢擧二十六名 不穩分子は對岸へ放逐」,《臺灣日日新報》, 1927.5.2, 2면.

게 되는 최후의 수단입니다."22)라는 생각을 가지고 있을 정도였다. 심지어 인도네시아 자바의 푸젠공회(福建公會)에서는, 중국인들이 매춘부나 인력거부로 일하는 것을 금지했다. 이는 나라망신을 시키는 부끄러운 일이라 생각했기 때문이다. 그래서 혹여 발각이라도 되는 날이면, 무거운 벌금을 매기거나 인력거 자체를 아예 부숴버리기도 했다.23) 그러나 타이완에 와서 인력거부로 종사하는 화공들의 경우에는 사회적으로 전혀 무시를 당하지 않았다. 오히려 꼭 필요한 '교통수단'을 담당하고 있는 자들로서 그에 합당한 인정을 받고 있었다.24) 타이완으로 건너오는 중국인들 가운데 대부분이 인력거부로 일하게 된 것도 바로 이 때문이다. 이들은 대개 몇 명 혹은 십여 명 정도가 집 한 채를 빌려 공동으로 기거하고 생활했다. 처음 타이완에 온 사람들의 경우에는 대부분 인력거를 임대해 영업을 시작했고, 매사 먹을 것도 줄이고 쓸 것도 아껴가며 그야말로 근검절약의 생활을 지켜나갔다. 그래서 대개는 20전도 안되는 돈으로 하루를 버티기 일쑤였다. 그렇게 해서 모은 돈으로 자신의 인력거를 구입하는 것이다.25) 수입은 일정치 않았지만, 그래도 하루 평균 80전에서 1원 30전 정도는 벌 수 있었고, 운이 좋은 날이면 1원 40전 이상도 챙겨갈 수 있었다.26)

인력거 임대비용의 경우에는, 임대업자가 정해진 규약에 따라 하루 20전 이상은 거둘 수 없게 되어 있었다. 그러나 이는 말 그대로 규약일

---

22) 李景漢, 「北京人力車夫現狀的調查」, 『社會學雜誌』, 第2卷 第4期, 1925. 莊珊曼, 「1929年北平人力車夫風潮研究」, 首都師範大學碩士論文, 2007.4, 19쪽 재인용.

23) 「消閑錄/賤中之貴」, 《漢文臺灣日日新報》, 1907.10.20, 5면.

24) 王學新, 「賤業vs交通機關 : 論日據時期臺灣人力車夫之本質」, 『第八屆總督府公文類纂學術研討會』, 臺灣文獻館主辦, 2014.8.28.

25) 「臺灣力役者生活狀態/苦力/車夫/轎夫/坑夫」, 《漢文臺灣日日新報》, 1910.9.23, 3면.

26) 「臺灣人の俥夫」, 『臺灣』, n009(1911.9.3), 60-61쪽.

뿐이었다. 인력거부들은 대개 2교대로 일했기 때문에, 신차의 경우에는 주간은 18전, 야간은 11전에서 12전을 받아가는 게 보통이었고, 2년이 지난 인력거의 경우에는 주간 10전, 야간 8전의 임대료를 거두어갔다. 또 고무타이어로 된 인력거는 주간에 25전, 야간에 15전을 징수했다.[27] 통상 인력거부가 하루에 벌어들이는 수입이 40전은 되어야 인력거 임대료와 식비, 기타 잡비나 방세 등을 제하고 겨우 먹고 살 수 있었다.

인력거부가 힘들게 모은 돈으로 인력거를 구입하게 되면, 그 즉시로 그는 사장이 되는 것이다. 그때부터는 남에게 임대도 가능했고, 자신이 직접 운행할 수 도 있었다. 고무타이어가 장착된 신식의 인력거라면 구입하는데 대략 100원 정도가 소요되었다. 그러나 처음 차를 받았을 때 10원을 내고 나머지 90원은 9개월에 나누어 내면 되었다. 대금 납입이 끝나면 그때부터는 해마다 2원의 세금을 납부해야 했다. 인력거 영업허가증을 수령할 시에도 10전의 수수료를 내야 했고, 이외에도 달마다 인력거 1대 당 약 15전, 인력거부 1인당 5전 정도를 인력거조합에 회비조로 납부해야 했다. 또 매년 4월과 10월 두 차례에 걸쳐 정기검사를 받아야 했고[28] 만일 검사에 통과하지 못했을 시에는, 곧바로 정비소에 정비를 맡겨야 했다.

일반적으로 볼 때, 타이완 인력거부의 수입은 쿨리들 중에서는 고소득에 해당했다. 당시 신문보도에 따르면, 1907년 타이베이 인력거부가 하루에 벌어들이는 수입은 평균 80전이었다고 한다.[29] 1922년에는 타이베이 시내 인력거부들의 하루 평균수입이 2원이었고,[30] 1927년에는

---

27) 「臺灣人の俥夫」, 『臺灣』, n009(1911.9.3), 60~61쪽.
28) 「臺灣人の俥夫」, 『臺灣』, n009(1911.9.3), 60~61쪽.
29) 「臺北市民交通費」, 《漢文臺灣日日新報》, 1907.4.6, 2면.
30) 「華僑自臺灣之送金」, 《臺灣日日新報》, 1922.3.28, 6면.

약 3.5원이었다.[31] 특히, 그 중에서도 타이베이 역내에 배정된 인력거부의 수입이 가장 많았다.[32] 이처럼 인력거부의 수입이 증가했다는 것은 그만큼 경제가 성장한 결과라고 할 수 있다.

앞서 말한 바와 같이, 인력거부가 매일 최소 40전 이상을 벌 수만 있다면, 매월 12원을 저축할 수가 있었다. 또 이렇게 해서 새로 인력거를 구입하게 되면, 월수입은 더 많아졌다. 대개는 생활비 40전에서 50전만 제하고 나머지는 모두 고향에 있는 가족들에게 송금하게 되는데, 그 돈이 대략 80만 원 이상이었다고 한다.[33] |그림5|에서 보는 것처럼, 1910년대 중국인 인력거부 중에서 인력거 소유자는 꽤 많았다. 그런데 그들의 경영방식이라는 게 보통은 손님을 억지로 잡아끌다시피 해서 인력거에 태우고, 하차 시에는 바가지를 씌우는 식이었다. 만일 손님이 부당하다고 생각해 요금을 제때 주지 않으면 입에 담지 못할 욕설을 마구 퍼붓기도 하고, 그래도 주지 않으면 험악한 얼굴을 들이대며 으름장을 놓기도 했다. 특히, 이런 점에서 푸젠성 싱화나 터우베이 출신들의 악명이 자자했다.[34]

본래 인력거부는 힘을 쓰는 육체적인 직업이다. 따라서 젊고 힘 있는 자들은 상관없겠지만, 나이가 많거나 집에 부양해야 할 식구가 많은

---

31) 「臺北市の車夫は二千人以上ゐる一人一日平均三圓半の収入半數以上は出稼の支那人」, 《臺灣日日新報》, 1927.5.5, 5면.
32) 「臺北の車夫」, 《臺灣日日新報》, 1919.10.11, 4면. 타이베이 역내 인력거부는 1인당 매월 1원을 일본인 감독에게 바쳐야 역내에 자리를 배정받을 수 있었다. 처음에는 2,30명에 불과했지만, 1919년에는 8,90명으로 늘어났다. 역내에 자리를 배정받을 수 있기 위해서는 신체검사와 언어시험을 반드시 통과해야 했다. 그것이 모두 통과되면, 작은 깃발을 받게 되는데 이것이 곧 특허를 의미하는 표식이라고 할 수 있다.
33) 「華僑自臺灣之送金」, 《臺灣日日新報》, 1922.3.28, 6면.
34) 「蟬琴蛙鼓」, 《漢文臺灣日日新報》, 1911.6.1, 3면.

이들은 어쩔 수 없이 이처럼 비도덕적인 방법을 쓰지 않으면 안 되었다. 그렇게라도 하지 않으면 살아가기가 힘들었던 것이다. 이는 인력거부들 사이에선 보이지 않는 관행처럼 되어 있었다.[35] 하물며, 청국의 인력거부들은 돈을 벌기 위해 산 넘고 물 건너 힘든 여정을 마다하지 않고 타이완에 온 사람들이다. 따라서 그들에게 있어 중요한 것은 무엇보다 돈이었다. 설사 잘못을 저질렀어도 차라리 곤장을 맞을지언정 벌금은 내지 않으려 했다.[36] 또 앞서 말한 것처럼, 인력거부가 정해진 규정대로 요금을 받게 되면 애는 애대로 쓰고 정작 큰돈을 벌지는 못하는 게 현실이었다. 편안한 걸 좋아하고 힘든 건 꺼리는 게 세간의 인지상정이다. 만일 손님이 팁이라도 듬뿍 쥐어준다면 인력거부는 쉽게 돈을 벌 수 있다. 그런데 대개 돈을 더 얹어주는 이들은 무대에 서는 일부 배우들뿐이었다.[37] 따라서 인력거부들은 목적지에 도착하면 승객들에게 돈을 더 달라고 강짜를 뿌리기 일쑤였다. 그래서 만일 누군가가 모종의 방식으로 팁을 떠 뜯어냈다고 소문이라도 나면, 저마다 그걸 배우려고 혈안이 되어 몰려가기도 했다. 결국 이러한 풍조가 만연하게 되면서, 서비스의 질은 전체적으로 떨어질 수밖에 없었다.

인력거의 요금은 거래 전과 거래 후로 나누어보면, 보다 쉽게 이해할 수 있다. 손님이 인력거를 타기 전에 인력거부와 흥정해 결정한 가격은 거래전의 요금이라 할 수 있다. 이때 인력거부는 손님을 잡기 위해 비교적 낮은 가격을 제시하는 게 보통이다. 그러나 인력거가 목적지

---

35) 李庚燉, 『玄鎭健의 「운수 좋은 날」과 老舍의 「駱駝祥子」 비교연구—근대성의 인식태도와 소설양식의 변화를 중심으로』, 성균관대학교대학원 국어국문학과석사논문, 1998, 24쪽.

36) 「頑冥無恥」, 《漢文臺灣日日新報》, 1910.2.25, 5면.

37) 「臺灣人の俥夫」, 『臺灣』, n009(1911.9.3), 60-61쪽.

에 도달한 후에 승객은 미리 약정한 금액을 주려고 하지만, 인력거부는 이래저래 구실을 대서 요금을 올리곤 한다. 이게 바로 거래 후의 요금인 셈이다. 인력거부와 고객은 일대일관계이다. 따라서 거래 후 요금에 대한 흥정에는 일종의 기 싸움이 필요하다. 인력거부들이 거래 후에는 어김없이 대놓고 위협을 가하는 것도 바로 이 때문이다. 목적을 달성할 수 있는지 없는지는 누가 더 기가 센 지에 따라 판가름되기 마련이었던 것이다.

당시 중국인 인력거부에 대한 승객들의 평판은 비난일색이었다. 한마디로 아주 교활하다는 것이었다. 가령, 약정한 요금이 8전인데 손님이 12전을 주면, 그들은 대번에 15전을 요구하고 나선다는 것이다. 그리고 승객이 불응하면 즉각 노골적인 욕설을 퍼붓는다는 것이다. 일본인 손님 중에는 이런 상황을 제대로 이해 못해 화를 내는 경우도 있다. 그러면 여지없이 날아드는 건 욕설이다. 그래서 어쩔 수 없이 10전을 더 주면, 이번에는 또 잔돈이 없다고 버틴다. 혹시 손님이 20전짜리 지폐나 50전짜리 지폐를 낼라치면, 잠깐만 기다리라 해놓고는 바로 줄행랑을 놓아버린다. 그러면 손님들은 이 말도 안 되는 만행에 너무나 어이가 없어 그저 눈만 휘둥그렇게 뜬 채 그 자리에 서 있기 일쑤이다.[38]

일반적으로 사람들은 인력거를 탈 때, 가격을 묻지 않는다. 도착해서 되는 대로 값을 치르는 게 보통이다. 때로는 정부가 고시한 정가대로 줄 때도 있고 혹은 정가 이상을 줄 때도 있다. 일정치 않은 셈이다. 그런데 청국 터우베이 출신의 인력거부들은 비루한 습성을 지니고 있다. 욕심이 한이 없는 사람들이다. 손님이 타면, 멋대로 값을 매긴다. 따따오청이 아

38) 「臺灣人の俥夫」, 『臺灣』, n009(1911.9.3), 60-61쪽.

무리 멀더라도 요금이 6전까지 나올리는 만무하다. 손님이 타기 전에는 마치 고기냄새에 꼬여드는 파리 떼와도 같아 아무리 손사래를 쳐도 자꾸 몰려든다. 손님은 일단 인력거에 오르면 목적지에 도착할 때까지는 값을 묻지 않는 게 상례이다. 그런데 도착해서 정가대로 요금을 치르면, 그는 돈을 더 내라고 악다구니를 쳐댄다. 만에 하나 손님이 더 이상 줄 수 없다고 버티기라도 하면, **그 즉시로 갖가지 험악한 말들을 쏟아낸다.** 대개의 손님들은 상대할 가치가 없는 망나니라고 생각해 내처 돈을 줘버리고 그 자리를 떠난다. 그러면 그는 이것이 습관화되고 생활화되기 마련이다. 아무 거리낌이 없어진다. 정말 한심하기 그지없는 작자들이다.[39]

여기서 말하는 '갖가지 험악한 말들을 쏟아내는' 방식은 거래 후 요금을 올릴 때, 그들이 즐겨 쓰는 상용수법이다. 필자는 몇 년 전에 마카오에 있는 마거묘(媽閣廟)에서 이 사당을 지키는 할머니 한 분에게서 가르침을 받은 적이 있었다. 그런데 이 할머니는 사당에 들어와 참배하면서 향유전(香油錢)[40]을 내지 않으면, 고래고래 욕을 해대는 것이었다. 그 내용을 다 알아들을 수는 없었지만, 필시 참배객들에게는 참기 어려운 말들이었으리라. 결국 참배객들 대부분은 그냥 돈을 주고 만다. 일제강점기 타이완에서 벌어진 일도 이와 유사한 경우라 생각된다. 손님들은 설사 다 알아듣지는 못하더라도 그 말이 차마 입에 담지 못할 욕설이라는 것쯤은 미루어 알았을 것이다. 그래도 이런 상황 자체가 도저히 참기 어려워 어쩔 수 없이 돈을 던져주고 얼른 그 자리를 떠나고 마는 것이다.

---

39) 「車夫可惡」, 《漢文臺灣日日新報》, 1907.10.4, 5면. 굵은 글씨는 필자의 강조.
40) 사당에서 제를 올릴 때에는 향, 초, 등유(燈油), 지전(紙錢) 등의 제물을 바친다. 그러나 후에는 이를 돈을 바치는 것으로 가름했는데 이 돈을 보통 향유전 혹은 향화전(香火錢)이라고 한다.(옮긴이)

거래 후 요금의 증가폭은 인력거부와 승객 간의 기 싸움에 따라 결정된다. 그런데 "감나무에서 연시만 골라먹는다"는 말이 있는 것처럼, 손님이 건장한 사내이거나 일본인이라면 돈을 더 요구하는 경우는 별로 없다. 그러나 반대로 부녀자나 어린아이가 탈 경우에는 멋대로 요금을 부르고 그마저도 주지 않으면 죽일 듯이 덤벼든다.[41] 이렇게 "끊임없이 욕을 해대면, 여인들은 정말 난감해 했다."[42] 이처럼 인력거부들은 약자에게는 강하고 강자에게는 약했다. 이러한 광경은 당시로서는 시내 어디에서나 흔히 볼 수 있는 모습이었다. 심지어 개중에는 젊은 여인이 타면 저속하고 경박한 말들을 쏟아내며 가는 내내 희롱을 일삼는 이들도 있었다. 그러면 그 여인은 이미 인력거를 탄 이상, 도저히 어찌할 도리가 없어 꾹 참고 대꾸하지 않는 도리 밖에는 없었다. 그리고 도착했을 때에는 어김없이 협박을 당하기 일쑤였다. 요구한 돈을 주지 않으면 그 자리를 쉽게 모면하기는 어려웠다.[43] 또 경우에 따라서는 인력거부가 지나가는 여인을 일종의 '봉'이라 생각해서 억지로 태우는 바람에 갖가지 말썽을 일으키는 일도 비일비재하게 일어났다.[44] 이처럼 인력거부들의 안하무인격 태도와 요금을 부당하게 더 타내기 위해 욕설을 퍼붓는 일들로 인해 곳곳에서 싸움이 벌어졌다. 이럴 때마다 손님들은 대부분 그 자리를 모면하기 위해 꾹 참는 것 외에는 다른 도리가 없기는 했지만, 나중에 쏟아지는 원성은 갈수록 더해만 갔다.[45]

---

41) 「無禮」, 《漢文臺灣日日新報》, 1911.6.4, 3면. ; 「惡車夫」, 《漢文臺灣日日新報》, 1906.1.28, 5면.
42) 「挽車者鑑」, 《漢文臺灣日日新報》, 1908.12.12, 5면.
43) 「車夫無狀」, 《漢文臺灣日日新報》, 1908.12.29, 5면.
44) 「車夫橫暴」, 《漢文臺灣日日新報》, 1909.5.22, 5면.
45) 臺灣警察協會囑託志波吉太郎, 「都市に於ける人力車の取締と其改善」, 《臺灣警察協會雜誌》, n098(1925.8.1), 95-99쪽.

이외에도 거래 전후의 요금은 승객의 출신과도 관련이 있었다. 가령, 길이 익숙지 않은 외국인이라도 만나면 부르는 게 값이었다. 만일 그가 요구한대로 주지 않으면 욕설을 퍼붓고 주먹을 휘두르는 등 행패를 일삼았다.[46] 외지인이나 시골사람들 중에 이러한 사기행위와도 같은 일을 당하지 않은 경우는 거의 없었다.[47]

인력거부와 승객 간의 다툼은 태반이 요금문제에서 비롯되었다. 만일 타기 전에 명확하게 요금을 말하지 않는 경우에는 도착했을 때 꼭 다툼이 벌어졌다. 설령, 타기 전에 이미 요금을 말했다 할지라도 도착하게 되면, 인력거부들은 도로상황이 좋지 못했다는 등, 비가 와서 노면이 미끄러웠다는 등, 밤길이라서 운행이 힘들었다는 등, 시간이 많이 걸렸고 체력적으로도 힘들었다는 등 등등의 갖은 핑계를 대서 추가요금을 요구하곤 했다. 정부가 고시한 인력거 정가표가 있었지만 차부에게는 무용지물이나 다름없었다. 게다가 그 규정을 제대로 지키기를 기대한다는 건 애초부터 무리였다. 또 공기가 팽팽하게 주입된 고무타이어를 창착한 신형 인력거의 경우에는 30% 정도 요금을 더 받는 게 보통이었지만, 그 배 이상을 요구하는 경우도 있었다.[48] 이러한 각종 불법행위를 방지하기 위해 타이베이 경찰당국도 많은 노력을 기울였다. 일례로, 시내 주요 교차로 표지판에 요금표를 붙여놓기도 했고, 인력거부들에게 요금표를 배포해주기도 했다. 심지어는 인력거조합사무소가 일반인들에게 요금표를 나누어주도록 강제하기도 했다. 그러나 중요한

46) 「車夫無狀」,《漢文臺灣日日新報》, 1911.9.9, 3면.
47) 「桂香月影」,《漢文臺灣日日新報》, 1909.11.3, 7면.
48) 「楓葉荻花」,《漢文臺灣日日新報》, 1911.10.13, 3면. ; 「南部近信/車夫苛索」,《漢文臺灣日日新報》, 1911.10.6, 3면. ; 「乘人之患」,《漢文臺灣日日新報》, 1911.9.5, 1면.

것은 이러한 등등의 조치가 거의 아무런 소용도 없었고 효력도 거두지 못했다는 사실이다. 당국이 아무리 승객에게 인력거를 타기 전에 반드시 인력거부에게 요금표를 보여줄 것을 요구하라고 권고했다 하더라도, 부녀자나 어린아이 혹은 어느 정도 체면을 중시하는 사람들에게는 결코 쉬운 일이 아니었다.[49] 만에 하나 분쟁이라도 일어날라치면, 이래저래 골치 아픈 일이 잇따를 것은 불을 보듯 뻔한 일이기도 했기 때문이다. 그래서 아무리 신문지상에 그런 일이 발생했을 시에는 언제든 경찰에 고발조치해야 한다는 광고문구가 등장하더라도 사람들은 그저 참고 지나갈 수밖에 없었던 것이다.[50] 설사 사후에 고발은 할 수 있다 하더라도 정작 필요한 사고 현장에는 경찰이라곤 그림자조차 찾아볼 수 없는 상황이기 때문에 이 또한 별무소득이었다. 혹여 승객이 강하게 반발해 인력거부와 충돌이라도 벌어지게 되면 인근에 있던 청국인 인력거부 수십 명이 떼로 몰려와 금방이라도 달려들 기세로 덤비니 어쩔 도리가 없는 일이었다.[51] 이 경우에는 승객이 그 누구라도 예외가 없었다. 실제로 일본인 남자가 구타를 당한 적도 있었다.[52] 적어도 거리에서만큼은 그들이 왕인 셈이었다. 그러나 어쨌든 중국인 인력거부들이 이런 방식으로 폭리를 취하게 되자, 본도인 인력거부들도 이들을 따라서 그대로 행동하기도 했다. 심지어는 그 경우가 더 지나칠 때도 있었다.[53] 이렇게 부당한 요금을 요구하고, 욕을 퍼붓는 일은 이제 타이

49) 臺灣警察協會囑託志波吉太郎, 「都市に於ける人力車の取締と其改善」, 《臺灣警察協會雜誌》, n098(1925.8.1), 95-99쪽.

50) 「車資注意」, 《漢文臺灣日日新報》, 1908.10.8, 7면. ; 「乘車注意」, 《漢文臺灣日日新報》, 1909.10.24, 7면.

51) 「僱車被毆」, 《漢文臺灣日日新報》, 1910.2.27, 7면.

52) 「路逢夾擊」, 《漢文臺灣日日新報》, 1908.9.16, 5면.

53) 「萬紫千紅」, 《漢文臺灣日日新報》, 1908.2.19, 5면.

완 전체에서 일상화된 일이 되어버렸다.[54]

3. 인력거부의 관리문제

인력거에 관한 관리규정이 처음으로 마련된 곳은 역시나 타이베이였다. 메이지 29년(1896) 9월 30일에 타이베이 현령 갑 제16호 〈인력거영업취체규칙〉이 공포되었고, 10월 20일부터 정식으로 실시되었다.[55]

1900년 8월, 타이베이 시내 인력거부 7백여 명이 돌연 파업을 벌였다. 파업의 원인은 두 가지였다. 하나는 노동자관리제도의 불공평성이 문제였다. 다시 말해, 불합리한 조합비 징수에 그 원인이 있었던 것이다. 청국인 인력거부는 〈청국노동자취체규칙〉에 따라 도급업자(承包人)에게 매월 40전을 주고, 또 이와는 별도로 인력거조합에 매달 15전을

---

54) 「約束車夫」, 《漢文臺灣日日新報》, 1908.11.19, 5면. ; 「赤崁帆影/車夫可惡」, 《漢文臺灣日日新報》, 1908.12.10, 4면. ; 「鯤南近信/兇惡車夫」, 《漢文臺灣日日新報》, 1909.6.16, 5면. 타이난(臺南)에 있는 타이난극장(臺南座戱院)에서 청국의 연극인 리웬시(梨園戱)가 공연되었을 때, 시내에 사는 여인네들이 대부분 이 연극을 보러 극장으로 몰려갔다. 그런데 인력거를 탈 때마다 인력거부들이 터무니없는 요금을 요구하는 일이 빈번하게 일어났다. 만일 말을 듣지 않으면 연약한 여인들임에도 불구하고 입에 담지 못할 상소리를 해댔다. ; 「赤崁片帆/嚴懲車夫」, 《漢文臺灣日日新報》, 1907.5.25, 5면. 타이난의 교통이 갈수록 번잡해지게 되면서, 인력거부의 수도 늘어났다. 그러나 인력거부의 대부분은 무뢰배들이었다. 항상 많은 추가 요금을 요구했다. ; 「嘉義通信/繁建示標」, 《漢文臺灣日日新報》, 1908.10.30, 6면. 1908년 10월 쟈이(嘉義)에는 인력거부가 30여 명 있었다. 그런데 특히, 이들은 추가요금을 요구하는 것으로 악명이 자자했다.

55) 臺北縣令甲第十六號 〈人力車營業取締規則〉, 『臺灣總督府公文類纂』, 檔號 : (이하, 公文類纂)V00088/A009/041-042(V表卷號, A表件號, 以下表頁數), 國史館 臺灣文獻館 소장.

납부하도록 되어 있었다. 그런데 본도인에게는 이러한 규정이 없었던 것이다. 불평이 나오기에 충분한 상황이었다. 다른 하나는 일종의 권력투쟁 때문이었다. 당시 멍자 인력거영업조합의 조합장은 저우딩즈(周定志)라는 사람이었는데, 이 사람은 청국노동자 도급인이기도 했다. 따라서 그는 양쪽에서 돈을 받는 격이라 그 수입이 만만치 않았다. 이렇게 되자, 그 자리를 노리는 사람이 많아지게 되었던 것이다.56) 이때부터 당국은 이들의 파업을 예의주시하기 시작했다. 나아가 조합에 대한 통제도 강화했고, 파업에 따른 벌칙을 관리규칙 내에 명문화했다.

메이지 34년(1901) 7월 18일, 타이베이현(縣)은 메이지 29년(1896) 9월의 타이베이 현령 갑 제16호 〈인력거영업취체규칙〉을 개정한 현령 제13호 〈인력거영업자 및 인력거부(輓夫) 취체규칙〉을 제정, 공포함과 동시에 주관부서도 변무서(辨務署)로 바꾸었다. 이 새로운 규칙은 기본적으로 기존의 규칙을 원용하기는 했지만, 세부규정에 있어서는 기존의 32개 조항에서 50개 조항으로 늘리는 등 보다 상세한 내용을 담고 있었다. 그 중에서도 가장 대표적인 신설조항은 인력거조합을 설치할 것과 조합에 가입하지 않은 자는 영업을 할 수 없다는 규정이었다. 또 조합원 선거로 관리인을 선출하고, 그 관리인 주도로 조합의 규약을 제정해 자체적으로 관리할 수 있도록 하는 규정도 새롭게 포함되었다. 조합의 소관업무에는 인력거부 면허증과 차체 검사증(木牌)의 제작, 인력거부의 복장, 주차장의 사용 및 청결에 관한 규정 마련, 요금표 정정, 인력거 임대업자와 인력거부의 이익분배비율 규정 등이 포함되었다.57) 물론 그전에도 인력거조합은 설치되어 있었지만, 관리와 통제가 제대

56) 「人力車夫の同盟罷業に就て」, 《臺灣日日新報》, 1900.8.12, 2면.
57) 臺北縣令第十三號 〈人力車營業取締規則〉, 公文類纂V00611/A074.

동남아화교와 동북아화교의 마주보기

로 이루어지 않아 문제가 많다는 판단에, 이에 대해 특별히 상세규정을 새롭게 마련하게 된 것이다. 결국 이러한 새로운 규정을 통해, 당국은 조합의 권력이나 기능에 대해 엄격한 통제를 가할 수 있게 되었다.

메이지 37년(1904) 4월 9일에는 다시 타이베이 청령(廳令) 제11호 〈인력거에 관한 영업취체규칙〉이 제정, 공포되었다.[58] 이 규칙 제4조에는 다음과 같이 규정되어 있었다. "인력거는 비(非)인력거 영업자나 비 인력거부에게 임대할 수 없다. 또한 각 증명서는 남의 명의를 차용하거나 도용해 만들 수 없다." 또 제5조에는 "인력거 영업자나 인력거부로 인정된 자가 규약을 위반하거나 공공의 치안을 위해하는 행위를 했을 시에는, 당국은 영업정지나 영업허가취소를 명령할 수 있다."라고 되어 있었다.

또 같은 해 7월 11일에는 타이베이청(廳) 훈령 제35호 〈인력거에 관한 영업취체규칙 시행수속 및 인력거에 관한 영업조합규약표준〉이 제정되었다. 여기에는 다음과 같이 규정되어 있었다. "인력거 영업허가증 및 인력거부 면허증을 신청할 시에는, 먼저 조사를 거쳐 문제가 없는 것으로 판단된 경우에만 발급을 허가한다. 단, 연령, 체격, 지능의 조건 외에도, 일찍이 영업허가 취소를 당한 적이 있거나 그에 따른 개전의 정이 없는 자, 파업에 참여한 이력이 있는 자, 결당(結黨)해 계략을 꾸민 자, 무력으로 타인의 영업을 방해한 자, 전과자, 당국이 관리상 문제가 있다고 인정된 자는 제외한다."[59] 이는 당시에 이미 경찰에게 엄격한 취체권력이 부여되고 있었음을 보여주는 규정이라고 할 수 있다. 이외에도 동년 9월 24일에는 부령(府令) 제68호 〈청국노동자취체규칙〉이 공

---

58) 臺北廳令第十一號 〈人力車關スル營業取締規則〉, 公文類纂V00944/A010.

59) 臺北廳訓令第三十五號 〈人力車關スル營業取締規則施行手續〉, 公文類纂 V00944/A061.

포되었다. 이 규칙 제12조에는 "청장(廳長)은 청국노동자가 공공의 안녕 질서와 풍속을 해할 우려가 있다고 판단되면, 그의 본도(本島) 추방을 명할 수 있다."[60]라고 규정되어 있었는데, 이는 가장 엄중한 처분이었다고 할 수 있다.

이상의 조치들로 인해, 인력거 관리규칙은 대체로 완비되었다. 이때부터 각지에는 인력거조합이 속속 설치되기 시작했다. 그리고 당국은 각 조합이 책임지고 인력거부 관리에 만전을 기할 것과 자체적으로 요금정가표를 정해 일반에 공개할 것을 명령했다. 각 인력거조합은 각자의 영업구역이 따로 있었고, 별도의 전용주차장을 갖고 있었다. 간혹 타 조합의 인력거가 들어오는 경우가 있는데, 이때에도 주차는 허용되지 않았다.[61]

1904년에 제정된 일련의 규칙들은 인력거 소유자(인력거 영업자)와 사용자(인력거부) 간의 구분을 명확히 했다. 이는 실제상황에 부합되는 조치였다. 당시 인력거의 구입비용은 대당 40여 원 정도였다. 따라서 타이완에 갓 도착한 화공들의 경우에는 처음부터 인력거를 구입하는 것은 사실상 불가능했고, 인력거를 빌려 영업을 할 수밖에 없었다. 그리고 당시 인력거부 면허증, 인력거 영업허가증, 인력거검사필증 등은 모두 목재로 만들어졌다.[62] 이 목패는 교체도 쉽지 않았고, 사진도 부착되어 있지 않았다. 따라서 인력거부들은 자신이 영업을 하지 않을 때에는 대부분 이를 타인에게 빌려주곤 했다. 명의 도용이나 차용이 빈번해진 것도 바로 이 때문이다.[63] 1907년 1월 12일 타이베이청은, 1904년

60) 『臺灣總督府報』第1599號, 明治37年(1904)9月24日, 32쪽.
61) 「蟬琴蛙皷」, 《漢文臺灣日日新報》, 1910.6.2, 5면.
62) 臺北廳訓令第三十五號〈人力車關スル營業取締規則施行手續〉, 公文類纂 V00944/A061/075.

7월의 훈령 제35호 〈시행수속〉을 개정한 훈령 제1호를 공포했고,[64] 15일에는 〈인력거에 관한 영업취체규칙〉을 개정한 청령 제3호를 잇달아 반포했다.[65] 이때부터 인력거부 면허증, 인력거 영업허가증 등은 종이 재질로 바뀌게 되었다. 또 그 증명서들에는 사진도 부착되었고, 성명, 주소 등도 일목요연하게 병기되었다.[66]

1905년 10월에는 타이완 전역을 대상으로 한 임시호구조사가 실시되었고 이로 인해, 화공들의 신분과 주소도 모두 확인되었다. 12월 26일 훈령 제255호 〈호구조사규정〉 제5조에는 다음과 같이 규정되어 있었다. "호구실사는 이하 3종으로 구분해 실시한다. 제1종은 6개월에 한 차례 이상 실사를 진행한다. 제2종은 3개월에 한 차례 이상 실사를 진행한다. 제3종은 매월 한 차례 이상 실사를 진행한다." 여기서 특히, 제3종의 경우에는 "경찰의 요시찰자"를[67] 위한 것이었다. 인력거 집합소도 제3종 실사의 범위 안에 있었다.[68] 실제로 인력거부들이 손님을 기다리는 대합실도 중요한 정보처 중의 하나였기 때문에, 경찰이 어떤 사건을 조사할 시에는 항시 그곳에 가서 인력거부들을 대상으로 탐문조사를 벌이고 단서를 구해 사건을 해결하기도 했다.[69]

1908년 10월 24일 타이중공원(臺中公園)에서는 타이완 전역을 관통하는 종단철도 개통식(일명, '전통식全通式')이 열렸다. 이때, 타이완의 각 지방

---

63) 「人力車夫新鑑札」, 《漢文臺灣日日新報》, 1907.2.10, 5면.
64) 臺北廳訓令第一號 〈三十七年訓令三十五號人力車ニ關スル營業取締規施行手續中改正〉, 公文類纂V01283/A042.
65) 臺北廳令第三號 〈人力車ニ關スル取締規則中改正〉, 公文類纂V01283/A030.
66) 臺北廳訓令第一號〈三十七年訓令三十五號人力車ニ關スル營業取締規施行手續中改正〉, 公文類纂V01283/A042/311.
67) 『臺灣總督府報』, 第1887號, 明治38年(1905)12月26日, 89쪽.
68) 〈內訓第一號戶口實查ノ場合ニ於ケル視察心得〉, 公文類纂V01164/A008.
69) 「隱匿枕箱」, 《漢文臺灣日日新報》, 1910.1.21, 5면.

청은 해당관할구역의 미관을 위해 인력거와 인력거부에 대한 일제단속 및 정리를 실시했다. 그 결과, 타이베이에서만도 전체 922대의 인력거 가운데 400여대가 폐기처분되었다. 사실상, 인력거 및 인력거부에 대한 대규모 정리 작업이라 할만 했다.[70]

1909년 8월과 9월 사이까지만 해도 타이베이의 인력거부는 약 2,500명 정도 되었다. 그런데 타이베이 경무과가 그간 수차례 제재를 가했음에도 불구하고, 악습은 여전히 고쳐지지 않고 있었다. 결국, 경무과는 동년 10월 1일자로 인력거와 인력거부에 대한 전면조사를 단행했다. 조사 결과, 더 이상 사용이 불가능한 인력거는 폐기하도록 지시했고, 인력거부 중에서 일본어를 할 줄 모르는 자들은 조합에 가서 일본어를 배우도록 명령했다. 그래서 부청(府廳) 뒤편에 있던 타이베이인력거조합 사무실은 밤마다 산수, 거리, 시간, 장소 등뿐만 아니라 일상적으로 상용해야 하는 간단한 일본어를 배우러 몰려드는 인력거부들로 넘쳐났다. 그들이 필수적으로 알고 있어야 하는 일본어 단어는 대략 100여 개 정도 되었고, 이수기간은 40일이었다. 일본어로 대답할 수 없는 자들에게는 면허증이 발급되지 않았다. 그러나 전언에 따르면, 졸업자는 불과 200여 명 남짓이었다고 한다.[71]

|그림3|에서 알 수 있듯이, 당시 청국인 인력거부 중에 상당수가 귀국을 선택했다. 그들에게 그 이유를 물으면 하나같이 돌아오는 대답은, 물가가 폭등해서 수지가 맞지 않는다는 것이었다.[72] 그러나 무엇보

---

70) 「人力車の增加」, 《臺灣日日新報》, 1909.2.28, 7면.
71) 「車夫卒業」, 《漢文臺灣日日新報》, 1909.9.1, 5면. ; 「車夫學習國語」, 《漢文臺灣日日新報》, 1909.6.26, 5면. ; 「試驗車夫」, 《漢文臺灣日日新報》, 1909.6.11, 5면. ; 「檢查車夫」, 《漢文臺灣日日新報》, 1909.9.30, 5면.
72) 「蟬琴蛙鼓」, 《漢文臺灣日日新報》, 1909.9.9, 5면.

다 이는 관리상의 엄격한 통제와도 무관치 않을 것이다.

1911년 4월과 5월 사이에 실시된 춘계 인력거검사에서 48대가 불량으로 판정되어 폐기처분되는 바람에, 인력거의 수는 909대로 감소되었다. 또 인력거부의 체력과 연령 조사를 통해, 539명이 중도 탈락해 1,451명만이 남게 되었다.[73] 10월 1일부터 22일까지는 인력거 및 인력거부의 복장에 대한 조사가 재차 실시되었는데 조사 결과, 합격자는 인력거 838대, 영업자 552명, 인력거부 1,375명이었다. 결국, 71대의 인력거가 더 사라진 것이다.[74] 이 역시 취체가 엄격해진 결과라 할 수 있다.

1915년 7월 타이베이청은 현령으로 인력거 취체규칙을 새롭게 마련했다. 이 규정에 따르면, 지청(支廳)의 인력거부는 시내에 들어와 영업할 수가 없었다. 당국으로서는 타이베이의 인력거부들 중에 면허증 소지자는 일단 언어시험을 통과한 자들이기 때문에 당연히 일본어로 승객들과 대화할 수 있다고 판단한 반면, 지청의 인력거부들은 그렇지 못하다는 것이었다. 더욱이 그동안 지청의 인력거부는 그 수가 미미해 당국의 관리 및 통제를 그다지 별로 받지 않았지만, 이에 대해서도 차제에 엄격히 단속하겠다는 취지였다. 그러나 당시 타이베이 시내를 활보하는 인력거부 중에는 여전히 길도 잘 모르고, 간단한 일본어조차 구사하지 못하는 자들도 섞여 있었던 게 사실이다. 이는 합격한 인력거부의 차체, 복장, 면허증을 도용한 이들이 상당수 포함되어 있다는 사실을 증명하는 또 다른 증거라고 할 수 있다.[75] 일례로, 1917년 초 신문에는

73) 「車體檢查」, 《漢文臺灣日日新報》, 1911.4.2, 3면. ; 「車體檢查完畢」, 《漢文臺灣日日新報》, 1911.5.17, 3면.
74) 「東車檢查」, 《漢文臺灣日日新報》, 1910.10.27, 3면.
75) 「人力車之規則」, 《臺灣日日新報》, 1915.7.5, 4면. ; 「人力車之規則(續前)」, 《臺灣日日新報》, 1915.7.7, 6면.

취엔저우(泉州) 센여우현(仙遊縣) 출신의 인력거부들이 길도 잘 모르고 언어도 잘 통하지 않아 이들에 대한 승객들의 불만이 대단하다는 기사가 실린 적이 있었는데, 알고 보니 이들 역시 면허증 소지자였다.[76]

경찰의 취체가 심해지면서 인력거부의 기술적 능력과 일본어 수준이 높아진 것은 사실이다. 1917년 공진회(共進會)가 열리는 동안, 경찰의 엄격한 취체 때문이기도 하겠지만 그에 앞서 각 노선에 대한 요금표가 신문지상에 공표됨으로써, 인력거부들의 추가요금 요구도 대폭 감소했고, 인력거도 일제히 고무타이어를 장착한 신형 인력거로 교체되었다. 물론, 승객들도 이러한 조치를 환영했다.[77]

그러나 인력거부들은 춘계와 추계에 실시되는 두 번의 차체 검사 등과 같은 특별한 경우에만 차량정비 등에 유의하고, 유사시에만 규정대로 행동했을 뿐, 평소에는 인력거가 파손되어도 제때 정비하는 경우도 거의 드물었고, 우천 시에 여자들에게 추가요금을 강요하는 예도 여전했다. 또 면허증이 없는 자들에게 인력거를 임대해주는 영업자들도 사라지지 않았다. 이러한 행태는 처벌을 가해도 쉽게 개선되지 않았다. 그래서 1918년 6월 경무과는 이러한 폐단을 근절하기 위해 최고의 벌금을 부과하고 최장의 구류조치를 실시하기로 결정했다.[78] 가령, 멍자의 중국인 인력거부 중에 린여우(林有)라는 자가 여러 차례 주의조치를 내렸음에도 범법행위를 그치지 않다가 급기야는 7월 26일 밤 또 다시 일본인 여성에게 부당요금을 강요하고 그것도 여의치 않자 욕을 하는 등 무례를 일삼는 일이 벌어지게 되자, 경찰은 〈청국노동자취체규칙〉

---

76) 「人力車夫と車體(上) 改良して欲しい數數」, 《臺灣日日新報》, 1917.3.21, 7면.
77) 「臺北の交通機關人力車は中中立派」, 《臺灣日日新報》, 1916.4.6, 5면.
78) 「人力車取締勵行」, 《臺灣日日新報》, 1918.6.9, 6면.

에 따라 곧바로 그를 중국으로 추방해버렸다.[79]

경찰의 취체가 삼엄해지면서, 인력거부들의 추가요금을 강요하는 방식도 바뀌었다. 가령, 이런 식이었다. 손님을 태우고 가다가 도중에 인력거가 고장 났다는 핑계를 대며 일방적으로 멈추고는 도통 갈 생각을 하지 않는 것이다. 그러면 하는 수 없이 승객이 돈을 더 내주면 그때서야 언제 그랬냐는 듯 인력거를 움직이는 것이다.[80]

1918년 6월에 이르면, 타이베이 시내 인력거부의 수는 약 1/3로 격감하게 된다. 이는 때마침 유행성독감이 창궐했기 때문이다. 그들은 적게는 오륙 명, 많게는 이삼십 명이 함께 합숙을 하고 있었고 위생관념도 별로 없었다. 또 병이 나도 제때 약을 먹지 않아 오히려 병을 키우는 일이 비일비재했다. 이들 사이에 독감이 급속히 퍼져나가게 된 것도 바로 이 때문이다.[81]

|그림4|를 보게 되면, 중국인 인력거부의 입·출경 차이의 증가율[82] 이 1919년에 최저점에 달하고 있다는 것을 알 수 있다. 이 그림은 중국인 인력거부들이 타이완에 들어오고 떠나는 변화의 추이를 나타내는데, |그림6|의 결과와도 동일하다. 중국인 인력거부들이 타이완을 떠나는 원인은 1920년대 은값 상승과도 관련이 있다. 즉, 화공들이 타이완에서 벌어들이는 수입이 상대적으로 하락하게 되면서 상당수가 귀국을 선택하게 된 것이다.[83] 이외에도 이는 민국 8년(1919)에 일어난 오사운동과도 직간접적인 관련이 있었다. 타이완총독부에서 발행하는 다이

---

79) 「支那車夫退去」, 《臺灣日日新報》, 1918.8.3, 4면.
80) 「車賃上げと車夫の問題　數は減て居らぬと云ふ」, 《臺灣日日新報》, 1919.7.25, 7면.
81) 「車夫缺乏　爲流行性熱病所侵」, 《臺灣日日新報》, 1918.6.26, 6면.
82) 입·출경 차이의 증가율=본년도 입·출경 차이(화공 인력거부의 타이완 입경 수 —타이완 출경 수)−지난년도 입·출경 차이/지난년도 입·출경 차이의 절대치.
83) 「交通機關としての人力車　大正恒産の新計畫」, 《臺灣日日新報》, 1920.3.11, 4면.

쇼 9년(1920) 1월 10일자 《시사통보(時事通報)》 제28호에 따르면, 화공의 모집상황과 관련해 다음과 같이 기술하고 있다. "은값 상승과 배일(排日) 경향의 앙양으로 인해, 1919년 1월부터 10월 사이에 도래한 수는 예년에 비해 약 1,400명에서 1,500명 정도가 감소했다. 또 수입 면에서, 본 도인 쿨리들은 일당 1.7원을 받는데 비해, 중국의 쿨리들은 80전밖에 받지 못하고 있는 실정이라 그마저도 화공들이 타이완에 오는 것에 별다른 흥미를 느끼지 못하게 되는 것이다."[84]

|그림4| 화공 인력거부의 입·출경 차이의 증가율 변화

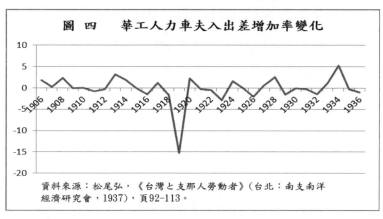

그러나 무엇보다 주된 원인은 바로 경찰 취체의 삼엄함에 있었다. 신문보도에 따르면, 1919년 봄부터 일본인들은 타이베이 시내 인력거부의 수가 감소되고 있고, 인력거부의 태도도 훨씬 난폭해지고 있음을 체감했지만, 그것이 어디에서 연유했는지는 알지 못하고 있었다고 한

---

84) 「支那労働者募集状況ニ関シ臺湾総督府ヨリ通報ノ件　大正九年十一月」, JACAR : B12081475200.

다.[85] 그러나 인력거부들이 타이완을 떠나게 된 데에는, 춘계와 추계 두 차례에 걸쳐 실시되는 차체검사 외에도 인력거부 중에 상당수가 불량 인력거부로 검거되어 자연 도태되었거나 일본어를 배우기 싫어했다는 게 주원인으로 작용했다. 결국, 이는 당국의 인력거부에 대한 취체전략이 주효한 결과로 볼 수 있을 것이다. 또 이때에는 고무타이어 인력거도 업그레이드되어 굵은 바퀴와 가는 바퀴 두 종류가 있었다. 굵은 바퀴의 인력거는 대략 160원 정도 되었고, 가는 바퀴의 인력거는 약 120원 정도였다. 본래 굵은 바퀴의 인력거는 일본인 인력거부들만이 사용하던 것이었는데, 1919년 봄부터는 보편화되었다.[86] 그러나 공교롭게도 굵은 바퀴의 인력거가 유행하게 되면서, 중국인 인력거부들이 자신의 구식 인력거를 헐값에 넘기고 타이완을 떠나게 되는 결과를 낳고 말았던 것이다. 왜냐하면 신형 인력거 구입에는 어마어마한 돈이 들기도 했고, 검사도 훨씬 까다로워졌기 때문이다. 처음 타이완에 오는 화공들은 대부분 인력거를 구입할 돈이 없는 사람들이었다. 그런데 차제에 인력거마저 신형으로 대폭 교체되면, 중국인 인력거부들로서는 아예 인력거를 구입할 엄두조차 낼 수 없었던 것이다. 이는 궁극적으로 중국인 인력거부가 생계수단마저 상실하게 되었다는 것을 의미하는 것이라 볼 수 있다.[87] |그림5|에서 볼 수 있는 것처럼, 이 당시 인력거 소유자의 대부분은 본도인과 일본인으로 바뀌었다. 반면에 화공들은 대부분 아무런 기반도 없는 가난한 무산계급이었기 때문에 그저 이들에게 고용되어 지내는 수밖에 없었다.[88] 그러나 곧 이은 버스의 등장

---

85) 「減つたやうな車夫の數　近來臺北市中」, 《臺灣日日新報》, 1919.3.21, 7면.
86) 「車體と車夫の數が減じ新開妙し」, 《臺灣日日新報》, 1919.4.25, 7면.
87) 「臺北の車夫」, 《臺灣日日新報》, 1919.10.11, 4면.
88) 「もぐり不良車夫を嚴重に取締る　每日平均二人位づつ處分番號を屆出でよ」,

으로, 그들은 생계마저도 위협당할 정도의 심각한 상황에 내몰리게 되었다. 이제 더 이상 그들이 설 자리는 그 어디에도 없게 된 것이다.

|그림5| 타이완 북부지역 인력거 수의 구조적 변화

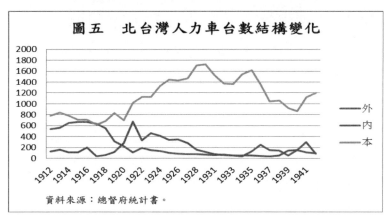

圖五　北台灣人力車台數結構變化

資料來源：總督府統計書。

1927년 타이베이의 남(南)경찰서와 북(北)경찰서 두 곳이 관할하는 인력거부들은 자동차회사가 노선을 확대하는 것에 반대해 4월 30일부터 동맹파업을 벌이기로 결의했다. 그러나 파업을 결행하기도 전에 경찰의 설득과 회유로 파업결의를 철회하고 현업에 복귀하고 말았다. 애꿎은 26명만이 주동자로 몰려 검거되었다.[89] 대신에 인력거부단체는 승합자동차에 대항하기 위한 수단으로, 타이베이역(臺北站)에서 완화역(萬華站)까지 일률적으로 10전의 요금만 받기로 했다. 그러나 이러한 전략은 실시되고 얼마 안 있어 돌연 취소되고 원래대로 1정 당 1전을 받는 것

《臺灣日日新報》, 1929.8.11, 4면.

89) 「臺北市內人力車夫除內地車夫外三十日起同盟罷業為乘合自動車新線路」, 《臺灣日日新報》, 1927.5.1, 4면. ; 「人力車夫罷業終熄檢擧煽動者二十六名」, 《臺灣日日新報》, 1927.5.2, 4면.

으로 돌아가고 말았다. 이는 무엇보다 인력거부들이 수입 감소에 따른 생계의 고통을 도저히 감당할 수 없었기 때문이다.[90] 그래서 전략을 다시 수정했다. 이번에는 3, 4백 명을 한 팀으로 해서 인력거부 전체를 총 10개의 팀으로 나누고, 팀 간 교대로 버스정류장 인근에 밀집해 호객행위를 벌이기 시작했다. 비가 오는 날에도 더는 추가요금을 받지 않았다. 그렇게 수일을 계속하자, 시민들도 인력거부를 동정했는지 인력거를 타는 이들이 늘어났고 상대적으로 버스승객은 반감했다.[91] 그러나 인력거부 수백 명이 당직을 서듯 한꺼번에 버스정류장 부근에 밀집하는 바람에 길이 혼잡하게 되자, 북경찰서는 교통흐름을 방해한다는 혐의로 인력거부들을 잡아들이기 시작했다. 개중에 반발하는 자들은 구류에 처해지기도 했다.[92] 결국 이 전략도 실패로 끝나고 말았다.

1929년 8월 일본 관리 중에 한 명은 다음과 같은 요지로 시민들에게 호소했다. "중국의 전란으로 인해 실업자가 된 중국인 노동자들 상당수가 타이완으로 몰려오는 바람에, 타이베이 시내는 상시적으로 법규를 위반하고, 걸핏하면 부당한 요금을 징수하기 일쑤이고 게다가 일본어도 못하면서 무례하기까지 한 무자격자 인력거부들로 넘쳐나고 있다. 따라서 이에 대한 취체를 강화하고자 하니, 시민들도 불량 인력거부를 검거하는데 적극 협조해주기 바란다."[93] 이는 |그림6|에서 1922년부터 1929년간에 보이는 두 번째 기복현상에 해당한다. 타이베이 남경찰서의

---

90) 「十錢均一に同業から抗議乘合自動車との對抗立消か」, 《臺灣日日新報》, 1927. 5.13, 2면.

91) 「稻艋間乘合車乘客忽減腕車夫輪流爭客」, 《臺灣日日新報》, 1927.5.7, 4면.

92) 「檢擧車夫留置二十九日」, 《臺灣日日新報》, 1927.5.8, 4면. ; 「乘合自動車に對する車夫連の反感漸次險惡六日夜警官に暴行」, 《臺灣日日新報》, 1927.5.8, 2면.

93) 「もぐり不良車夫を嚴重に取締る　毎日平均二人位づつ處分番號を屆出でよ」, 《臺灣日日新報》, 1929.8.11, 4면.

경우에는, 관할구역 내 인력거부 가운데 도박, 폭력, 채무불이행 등의 범법행위로 영업허가가 취소된 자가 매년 200명 이상에 달했다. 따라서 1934년 4월 경찰서는 독자적으로 인력거조합자치취체법을 제정해 시행했다. 이 법은 인력거 주차장을 단위로, 조합에 의해 임명된 오장(伍長)이 책임지고 소속 인력거부의 기숙사를 확인할 것과 그럼에도 범법행위가 계속될 시에는 연좌제를 실시해 연대책임을 묻겠다는 것이었다.[94]

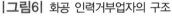

|그림6| 화공 인력거부업자의 구조

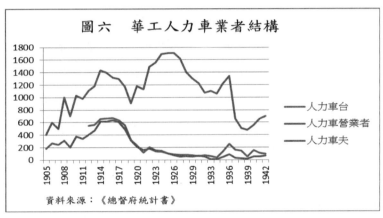

중일전쟁 발발 이후, 휘발유와 타이어에 대한 관리 및 통제가 엄격해지면서 자동차 운행은 일정정도 제한을 받게 되었다. 이는 결과적으로 인력거의 급증을 초래했다. 그러나 이 때문인지 인력거부들의 태도는 전보다 더 거만해졌다. 결국, 승객들의 불만의 목소리가 여기저기서 터져 나오게 되자, 북경찰서는 1938년 8월 8일과 9일 양일간에 걸쳐 인

---

94) 「人力車夫の自治的取締 駐車場を單位に連坐規定で 南署の新しい試み」, 《臺灣日日新報》, 1934.4.18, 2면.

력거부 수백 명을 모아놓고 당부에 가까운 훈화를 실시했다.[95] 나아가 법규를 준수하지 않거나 요금을 과다 징수하는 인력거부들에게는 그 즉시로 영업허가를 취소했다.[96] 그러나 주지하다시피, 인력거부란 업종은 이미 사향산업이었다.

|그림6|을 보게 되면, 1912년부터 1918년 사이에 화공 중에 인력거 소유자가 꽤 많다는 것을 알 수 있다. 특히, 1916년에는 그 수가 671대로 정점에 달하고 있다. 당시에는 중국인 인력거부의 거의 대부분이 인력거 소유자였다. 그러나 1919년 이후에는 하강곡선을 그리고 있다. 기존에 인력거를 소유하고 있던 중국인 인력거부 대다수가 인력거를 팔고 타이완을 떠났기 때문이다. 이러한 경향은 특히, 1921년에 최고조에 달하게 된다. 물론 이후에도 대량의 신(新)화공들이 타이완으로 몰려와 남은 공백을 메꾸기는 했지만, 이들 역시 대부분은 인력거를 소유하지 못한 채 영업을 시작해야 했기 때문에 구조적으로 큰 변화는 일으키지 못했다. 더욱이 그들은 인력거를 구입할 수 있을 만큼의 돈을 저축할 수도 없었다. 따라서 타이베이에서 중국인 인력거부가 차지하는 수적 비율은 여전히 가장 높았지만, 그들 대다수는 생산수단이라 할 수 있는 인력거를 소유하지 못한 채, 남에게 고용되어 힘들게 생계를 유지해야 하는 자들이었다. 애석하게도 자료의 한계로 이에 대한 원인 분석은 뒤로 미루기로 하겠다.

---

95) 「人力車夫連に時局認識を注入　北署で業者に嚴重訓示」,《臺灣日日新報》, 1938. 8.11, 2면.

96) 「惡質車夫罷業取消」,《臺灣日日新報》, 1941.6.15, 2면.

맺음말

 일제강점기 타이완의 중국인 인력거부는 대부분 타이완 북부에 집중되어 있었다. 특히, 그들 세력의 사실상의 본거지라 할 수 있는 타이베이에서는 그 수가 거의 60%에 가까웠다. 따라서 그들의 경영방식이나 저항수단은 본도인 인력거부들에게는 필히 배우고 따라야 할 일종의 본보기나 다름없었다. 일본경찰의 집중적인 취체대상이 된 것도 바로 이 때문이다.

 1912년부터 1918년 사이, 중국인 인력거부의 대다수는 자신의 생산수단이라 할 수 있는 인력거를 소유하고 있었다. 따라서 그들이 벌어들이는 수입도 꽤 많은 편이었다. 그러나 1919년 봄부터 이들 인력거부들이 대거 타이완을 떠나게 되면서 더 이상의 자본 축적은 없었다. 그들이 타이완을 떠나게 된 이유는 은값 상승과 중국의 배일운동의 영향 때문이었다. 그러나 이것은 표면적인 이유였고 실제로는 그들에 대한 당국의 취체전략이 주효했기 때문이라고 할 수 있다. 물론, 이후에도 대륙에서 흘러들어오는 난민들은 꾸준히 존재했지만, 이들 역시 처음에는 인력거 없이 남에게 고용되어 영업을 해야 하는 자들이었고, 전자와는 달리 인력거를 구입할 수 있는 돈을 저축할 방법도 없는 사람들이었다. 그도 그럴 것이 당시에는 새로운 교통수단으로 버스가 등장한 탓에, 이들의 수입은 갈수록 줄어드는 상황이었고 인력거를 구입한다는 것은 엄두도 못 낼 처지였던 것이다.

 따라서 타이완의 중국인 인력거부는 1919년을 하나의 분수령으로 전기와 후기로 나누어 볼 수 있다. 전기에는 인력거부들의 수입도 괜찮았고 그들의 악행도 대단했다. 저마다 일확천금을 꿈꾸고 있다 보니, 수

단방법을 가리지 않고 돈을 모았고 그렇게 돈이 모이면 언제든 고향으로 돌아갔다. "자기대문 앞의 눈만 쓸고 남의 집 지붕 위의 서리는 관여치 않는다."[97]는 말이 있는데, 이들이 꼭 그런 격이다. 어찌 보면 극도의 기회주의자였던 셈이다. 반면, 후기에는 인력거부 대부분이 중국의 전란을 피해 타이완으로 건너온 자들이었다. 그리고 이들은 타이완이라는 새로운 환경에 적응하기 바빠 제대로 돈을 벌지도 못한 이들이었다. 한마디로 스러져가는 사향산업에 뒤늦게 발을 들여놓은 사람들이었던 것이다.

　타이완은 그 자체로 화인사회라고 할 수 있다. 따라서 이러한 화인사회 안에서 별도로 '화교'라 불리는 자들은 과연 어떤 부류였을까? 타이완인은 타이완의 '화교'에 대해 도대체 어떻게 바라보고 있었을까? 화교를 해외에 거주한 중국국적 소지자라고 정의한다면, 국제법상 일본에 할양된 타이완에 거주하는 화공은 당연히 '화교'가 될 것이다. 그러나 정서적으로 볼 때, 타이완인과 타이완화교를 일도양단하듯 구분해낼 수는 없을 것이다. 중국인 인력거부의 타이완 생활을 되짚어볼때, 보통의 사람들이 중국인과 타이완인의 차이를 구분할 방법은 사실상 없다고 확신한다. 초창기는 말할 나위도 없을 것이고, 그 이후라 할지라도 쉬운 일은 아닐 것이다. 사람들은 말썽을 일으키는 인력거부 대부분을 중국인이라고 생각하지만 실제로는 본도인도 적지 않았다. 본래 해외에 거주하는 중국인은 '당산인(唐山人)'이라고 불렸다. 그러나 1920년대부터는 '화교'라 부르는 것이 보편화되었다. 그러나 이는 단지 '화교'라는 말이 유행되면서 그저 따라 부른 것에 불과하다. 사실, 여기에는 특별한 의미란 없다. 아마도 타이완인과 타이완화교 아니 중국인

97) 「臺灣漫遊記略　臺灣華僑文化的落後」, 《臺灣日日新報》, 1927.3.3, 4면.

간에 이념적 간극이 형성되고 그것이 진정한 차이로 변하게 된 것은 황민화운동 이후일 것이다.[98]

98) 山霞紫甫, 「臺灣華僑」, 《臺法月報》, V037, n010(1943.9.15).

필자소개

제1부

탄치벵(陳志明, Tan Chee-Beng, 말레이시아)
중국 중산대학(中山大學) 인류학과 석좌교수 겸 세계해외화인연구학회(ISSCO) 회장

류홍(劉宏, Liu Hong, 싱가포르)
싱가포르 남양이공대학(南洋理工大學) 인문·사회과학원 원장 겸 남양공공관리대학원 원장

펑자오롱(彭兆榮, 彭兆荣, 중국)
중국 샤먼대학(廈門大學) 인류학연구소 소장 겸 관광인류학연구센터(旅游人類學硏究中心)
주임교수

제2부

왕언메이(王恩美, 타이완)
타이완 국립타이완사범대학(國立臺灣師範大學) 동아시아학과 교수

송승석(宋承錫, 한국)
한국 국립인천대학 중국학술원 교수

송우창(宋伍强, 중국)
중국 광동와이위와이마오대학(廣東外語外貿大學) 교수

제3부

런나(任娜, 중국)

중국 광저우지난대학(廣州暨南大學) 국제관계학원/화교화인연구원 포스트 닥터 과정

장보웨이(江柏煒, 타이완)

타이완 국립타이완사범대학(國立臺灣師範大學) 동아시아학과 주임교수 겸 해외화인연구센터 주임

공닝(龔寧, 龚宁, 중국)

중국 샤먼대학(廈門大學) 천자경연구소(陳嘉庚研究所) 교수

친라이코(陳來幸, 일본)

일본 효고현립대학(兵庫縣立大學) 경제학부 교수 겸 고베(神戶)화교화인연구회 회장

이정희(李正熙, 한국)

한국 국립인천대학 중국학술원 교수

왕쉐신(王學新, 타이완)

타이완 국사관(國史館) 타이완문헌관 연구원

중국관행연구총서 05

동남아화교와 동북아화교 마주보기

초판 1쇄 인쇄   2015년 4월 20일
초판 1쇄 발행   2015년 4월 30일
초판 2쇄 발행   2016년 9월 1일

중국관행연구총서 · 중국관행자료총서 편찬위원회

위 원 장 I 장정아
부위원장 I 안치영
위   원 I 김지환 · 박경석 · 송승석 · 이정희

편 저 자 I 송승석 · 이정희
펴 낸 이 I 하운근
펴 낸 곳 I 學古房

주   소 I 경기도 고양시 덕양구 통일로 140 삼송테크노밸리 A동 B224
전   화 I (02)353-9908   편집부(02)356-9903
팩   스 I (02)6959-8234
홈페이지 I http://hakgobang.co.kr/
전자우편 I hakgobang@naver.com,   hakgobang@chol.com
등록번호 I 제311-1994-000001호

ISBN   978-89-6071-487-8   94910
            978-89-6071-320-8   (세트)

값 : 33,000원

이 도서의 국립중앙도서관 출판시도서목록(CIP)은 서지정보유통지원시스템 홈페이지
(http://seoji.nl.go.kr)와 국가자료공동목록시스템(http://www.nl.go.kr/kolisnet)에서 이용하실 수
있습니다.(CIP제어번호: CIP2015011704)

■ 파본은 교환해 드립니다.